# Pensée, expérience, pratique

## Essai sur la théorie du jugement de John Dewey

http://www.librairieharmattan.com
diffusion.harmattan@wanadoo.fr
harmattan1@wanadoo.fr

© L'Harmattan, 2006
ISBN : 2-296-00891-7
EAN : 9782296008915

Collection « La Philosophie en commun »
Dirigée par Stéphane Douailler, Jacques Poulain et Patrice Vermeren

**Roberto Frega**

# Pensée, expérience, pratique

## Essai sur la théorie du jugement de John Dewey

**L'Harmattan**
5-7, rue de l'École-Polytechnique ; 75005 Paris
FRANCE

**L'Harmattan Hongrie**
Könyvesbolt
Kossuth L. u. 14-16
1053 Budapest

**Espace L'Harmattan Kinshasa**
Fac..des Sc. Sociales, Pol. et Adm. ;
BP243, KIN XI
Université de Kinshasa – RDC

**L'Harmattan Italia**
Via Degli Artisti, 15
10124 Torino
ITALIE

**L'Harmattan Burkina Faso**
1200 logements villa 96
12B2260
Ouagadougou 12

## Notes de rédaction

Toutes les traductions des textes cités sont nôtres, excepté quand la citation renvoie explicitement à l'édition française.

Suivant l'usage désormais courant, nous employons les guillemets simples lorsque la référence est au mot. Les guillemets françaises doubles sont employées dans tous les autres cas.

## Remerciements

Ce livre a bénéficié du soutien de plusieurs personnes qui, grâce à leur présence constante ou intermittente, l'ont rendu plus agréable et, en quelque façon, possible. Je tiens tout particulièrement à remercier Jacques Poulain, pour le soutien dont toute ma recherche a bénéficié, Roberto Brigati et Sandra Laugier, pour la lecture attentive du manuscrit et pour leur remarques critiques, toujours très utiles.J'aime remercier Nino Pasi, ami généreux et attentif pendant toutes mes années parisiennes et Evelyne Palsky pour son amitié et son hospitalité toujours accueillante. Je tiens à remercier Pier Giovanni Bresciani et les partenaires de Studio Méta & associati, qui m'ont appris l'importance et la subtilité de la pratique intelligente. Je remercie Julie Brumberg, Guillaume Garreta, Sandra Lapointe et Matilde Missiroli qui ont soigneusement lu des parties de ce livre et dont les remarques patientes et pointues ont été précieuses. Je remercie également Valérie Donati et Pierre Brumberg, qui ont mis leur expertise de rédaction au service d'une meilleure clarté d'expression.

Je remercie enfin et surtout mes parents et Dana, implicite toujours présupposé par toute pratique de pensée. C'est à eux que ce travail est dédié.

*« Ce n'est pas à l'exactitude que je tends, mais à une vue synoptique »*
Wittgenstein 1989, § 895

# Introduction. Anthropologie de la pensée et théorie du jugement

Qu'est ce que la pensée ? Quelle est la nature de la connaissance ? Ces questions classiques résonnent tout au long de l'œuvre de Dewey. Comprendre la nature de la pensée, et par là, redéfinir notre compréhension de la connaissance et de sa place dans la vie des individus et des sociétés, tel est le projet deweyen. A une époque où la philosophie est de plus en plus dépossédée de ce qui lui appartient, certains diront, le plus essentiellement, c'est-à-dire l'étude exclusif de la pensée, un tel projet semble voué à l'échec ou à se perdre dans une considération appliquée de ces nouvelles disciplines scientifiques (neurosciences, sciences cognitives, pragmatiques du langage et de la pensée) qui se partagent depuis quelques décennies le domaine du cognitif. L'œuvre de Dewey ouvre pourtant une troisième voie, à la fois plus ambitieuse et plus résolument philosophique. D'une part, Dewey semble anticiper la révolution cognitive : il prône une approche expérimentale de l'étude de la pensée et de la connaissance. D'autre part, son projet témoigne d'une ambition spécifiquement philosophique. L'investigation des structures logiques de la pensée et de la connaissance devient ainsi le point de départ d'un questionnement qui s'étend progressivement à la nature de l'homme, au rapport de l'individu à la société, à la transformation des modalités par lesquelles l'homme interagit avec l'environnement socioculturel et naturel. Il en ressort, comme on montrera dans la suite, une théorie de la logique qui se situe à contre-courant eu égard aux évolutions que cette discipline a connue dans le vingtième siècle, si bien que l'usage du terme 'logique' pour une telle enquête pourrait sembler déplacé. La mise en place par Dewey d'une 'logique expérimentale' suffit selon nous pour désigner son projet 'logique', tout en reconnaissant que ce dernier partage fort peu ce que le terme de 'logique' signifie en philosophie depuis la révolution opérée par la logique formelle du vingtième siècle. Il n'en reste pas moins vrai que l'enquête logico-épistémologique occupe une place de premier rang dans la totalité du projet philosophique deweyen. Cette image d'une pensée et d'une connaissance ancrées dans des pratiques humaines en évolution constante est à son tour le fruit d'une pensée philosophique qui se veut elle-même d'emblée en contexte. Elle reconnaît le fait primaire de son enracinement dans l'espace-temps d'une civilisation, d'une époque, d'une situation qui sont en évolution et elle accepte le défi que ce rapport au contexte comporte. Il en résulte très tôt la remise en question de ces conceptions de la pensée figées dans la répétition de formes anciennes qui privilégient la permanence sur le changement, l'être stable sur le devenir, la contemplation sur l'action. Le projet deweyen de renouvellement de la philosophie donne ainsi lieu à la reconstruction des catégories fondamentales de la pensée et de la connaissance. Loin de toute entreprise de réduction de la philosophie à la critique de la culture, le pragmatisme deweyen inscrit l'activité philosophique dans une tâche critique de reconstruction de la théorie logique et de l'épistémologie. Plongeant son regard à la fois dans les nouvelles procédures de la recherche scientifique, dans les formes changeantes de la participation politique et dans les structures matérielles issue de la révolution industrielle, Dewey entreprend le renouveau de ces disciplines à partir de considérations d'ordre empirique. Tout en reconnaissant la différence essentielle qui sépare les formes cognitives du sens commun de celles issu de la science, Dewey identifie leur paradigme commun dans les conditions naturelles, anthropologiques et sociales qui sont à la base de l'évolution de l'espèce humaine. Ici, le projet d'une nouvelle théorie de la pensée se heurte inévitablement à la nécessité de construire un cadre anthropobiologique de référence, qui servira de fondement à sa théorie de la pensée et de la connaissance. Chez Dewey donc l'étude des structures de la pensée et de la connaissance s'historicise, tandis que l'histoire se transforme en histoire des formes politiques et sociales, des modes économiques de production et des traits épistémologiques des formes de production des connaissances et de fixation des croyances. A partir de ces prolégomènes, Dewey est rapidement amené à percevoir la philosophie entendue au sens traditionnel de recherche visant la détermination des lois universelles de la pensée comme n'étant que le résultat du besoin d'auto-assurance poursuivi par une caste de professionnels de l'intellect. Dominée par ce besoin, la philosophie se serait ainsi transformée en une recherche toujours plus éloignée de la vie réelle, devenant une conversation autoréférentielle sans ascendant sur la vie politique, scientifique, éducative, sociale, éthique ou esthétique des communautés auxquelles les philosophes pourtant appartiennent. Dans cette polémique contre une conception de professionnalisation qui ne pouvait que nuire à la philosophie, Dewey démontre sa continuité avec la longue tradition de l'antiprofessionnalisme en philosophie, commencée en Amérique quelques générations auparavant par Ralph Emerson, et dont on retrouve les échos aujourd'hui, entre autres, chez RichardRorty, Stanley Cavell, Cornel West et Richard Shusterman. Dewey s'éloigne toutefois de ce projet de réduction de la philosophie à critique de la culture, car il aborde la reconstruction de la philosophie non pas justement par la critique sociale de sa fonction mais à travers une reconstruction originale de son noyau plus dur, c'est à dire la théorie de la pensée et de la connaissance. Le projet d'une nouvelle philosophie capable d'aborder les problèmes les plus saisissants de l'époque commence chez Dewey par un détour logico-épistémologique. Par conséquent, s'il y a chez Dewey critique de la culture, ce n'est qu'en deuxième instance, comme conséquence d'une interrogation qui vise d'abord les conceptions courantes de la pensée et de la connaissance.

Dans sa forme, ce projet de recommencement en philosophie n'est pas caractérisé ni par un mouvement de renversement qui amènerait la philosophie plus près de son essence originale (car originaire), ni par un retour au sens commun et à son exercice universel et ordinaire. Il s'agit plutôt d'un effort de reconstruction des formes de la pensée, telles qu'elles sont mises en place dans les pratiques de pensée les plus évoluées. Dans les pratiques expérimentales de la science, Dewey croit trouver la réponse à la question plus générale du rapport de la pensée au monde, et du rôle que l'action et la pratique y jouent. Cette forme de relation, au succès évolutif incontestable, devient dès lors pour Dewey le paradigme pour définir la nature de la pensée en tant que telle, ou du moins dans sa valeur de médiation instrumentale, nommée par Dewey intelligence. Au cœur de ce projet et en rapport essentiel avec ces interrogations, Dewey a donc déployé une réflexion sur les dimensions pratiques de la vie humaine, interrogeant la pensée et la connaissance d'après leur rapport au monde concret de l'action, de la socialité et des intentions qui définissent le domaine des pratiques.

Le rapport entre le noétique et le pratique est défini par Dewey dans le cadre d'une anthropologie qui doit beaucoup à l'évolutionnisme naissant, mais qui s'en affranchit rapidement pour acquérir toute l'ampleur d'une anthropobiologie philosophique. Si la conception logico-épistémologique deweyenne doit beaucoup aux connaissances scientifiques de son époque, elle détermine à son tour des conséquences épistémologiques importantes, car elle est à la base de toute la refléxion politique, sociale et pédagogique de cet auteur. Cet entrelacement entre enquête logico-épistémologique et attention constante aux problèmes contemporains de la société constitue le sens profond de l'entreprise philosophique chez Dewey. Si ce cadre constitue l'horizon d'intelligibilité et l'ambition culturelle plus vaste de l'entreprise philosophique deweyenne, il s'ensuit que tout son programme de philosophie appliquée aux grandes questions sociales, politiques, économiques et éducatives doit être compris et expliqué à partir du noyau logico-épistémologique de sa pensée. Le lien entre ces deux niveaux se fait par la médiation théorique des trois dimensions théoriques suivantes. La première est d'ordre anthropologique : toute la pensée deweyenne, que ce soit en logique, en épistémologie, en pédagogie ou en politique, s'ancre dans un paradigme anthropobiologique. L'anthropologie devient ainsi le premier cadre de référence. En définissant la nature de l'homme et la qualité de ses interactions avec son environnement, l'anthropologie pose les coordonnées fondamentales pour la théorie de la pensée et de la connaissance. La deuxième dimension concerne la nature active de la pensée : d'après Dewey, la pensée est avant tout une forme d'action dotée d'un pouvoir d'intervention et de transformation ; elle est considérée par Dewey comme étant la modalité proprement humaine du rapport entre l'organisme et son environnement. La troisième dimension, étroitement liée aux deux premières, consiste dans le primat attribué à la pratique dans les explications philosophiques de la nature de la pensée, de la connaissance, de la signification et plus généralement de la rationalité.

Ces trois axes permettent d'ordonner la totalité de la pensée deweyenne car ils la traversent entièrement, si bien que tout notre travail est organisé à partir de leur considération. Notamment, si la pensée active constitue l'objet thématique du livre, les deux autres dimensions sont traitées à un niveau quelque peu différent.

Nous commençons par présenter la théorie deweyenne de la pensée comme action. Ses éléments sont introduits à partir de l'analyse des écrits deweyens de philosophie de la pensée. On parvient ainsi à dégager l'image deweyenne de la pensée (chapitre 1). Nous examinons ensuite (chapitre 2) certaines théories philosophiques qui ont récemment revendiqué l'héritage deweyen (Rorty, Shusterman, West). Notre intention est de montrer que sans une reconnaissance adéquate de la place occupée par sa réflexion logique et épistémologique on sous-estime profondément le rôle que la philosophie deweyenne peut encore jouer en philosophie. Nous cherchons ainsi à déterminer les conditions d'un héritage deweyen en philosophie aujourd'hui. A partir du cadre ainsi esquissé, nous abordons l'analyse de la théorie du jugement, notamment en ce qui concerne ses rapport avec la conception deweyenne de la pensée comme enquête. Le chapitre 3 est consacré à la conception deweyenne du 'jugement de pratique', et présente sa théorie de l'unité des éléments pratique et logique dans le jugement. Nous montrons ainsi la nouveauté introduite par Dewey dans la théorie du jugement et expliquons l'importance philosophique de la notion d'acte. Nous introduisons ensuite la notion de 'situation' en tant que catégorie fondamentale de la théorie de la pensée et discutons les interprétations le plus importantes (chapitre 4). Sur cette base, nous analysons plus en détail la structure logique du jugement comme moment essentiel de la théorie de la pensée (chapitre 5). Dans le chapitre suivant (chapitre 6), nous reprenons la théorie du jugement par rapport à la notion de délibération et à la conception deweyenne du rapport entre les moyens et les fins. Dans le dernier chapitre

(chapitre 7), la théorie deweyenne de la pensée en tant qu'action est soumise à l'épreuve sans doute la plus difficile : elle y est sollicitée par rapport au domaine plus imperméable à une conception instrumentale de la pensée, celui de l'identité et du soi. Dans les conclusions, nous traçons les lignes d'une théorie de la rationalité cohérente avec les thèses avancées tout au long de la recherche. Nous proposons notamment l'hypothèse qu'une telle théorie devrait être construite autour de la notion d'*articulation conceptuelle*, telle qu'elle est introduite, quoique de façon embryonnaire, par Dewey lui-même.

« Where is the wisdom we have lost in knowledge?
Where is the knowledge we have lost in information? »

T. S. Eliot, "Choruses from The Rock"

# 1. La pensée en action et l'image pragmatiste de la pensée

> *« Knowledge which is merely a reduplication in ideas of what exists already in the world may afford us the satisfaction of a photograph, but that is all »*
>
> LW 4: 110

## 1.1 Conditions pour une théorie de la pensée comme action

En 1903 Dewey publie, avec six autres philosophes de l'Université de Chicago, une collection d'articles de logique qui est censé sonner le coup d'envoi d'un nouveau mouvement philosophique. Dans la préface à ce volume, Dewey en définit les implications majeures. Il le fait en proposant une liste de questions, que nous retrouverons au fondement de sa théorie de la pensée. Ce programme de renouvellement de l'enquête logique prend son point de départ dans la thèse que *« le jugement est la fonction centrale de la connaissance »*[1]. Cette thèse, qui définit le sens et la direction d'évolution de la nouvelle théorie, est complétée par quatre thèses auxiliaires :

1. l'acte de connaître est indissolublement lié aux différentes fonctions de l'affection, de l'évaluation et de la pratique ;
2. en tant que moment constitutif de l'expérience, la connaissance revêt une fonction reconstructive et transformative et non pas représentative ;
3. le jugement est le moyen à travers lequel se font le contrôle et la transformation de la réalité ;
4. il n'y a aucun standard général de recherche de la vérité mais uniquement des méthodes locales et spécifiques pour sa détermination.

---

[1] MW 2 : 296.

C'est sur la base de ces thèses que Dewey construit son projet de renouveau de la logique et de l'épistémologie aboutissant à une théorie de la pensée qui s'articule en deux volets : la *philosophie comme logique de l'expérience* et la *philosophie comme épistémologie de la pratique*[2]. Cette conception de la *pensée comme action* est contenue dans les écrits de philosophie de la pensée publiés par Dewey entre 1900 et 1917. Dans ces textes souvent négligés, Dewey met progressivement en place sa propre image de la pensée tout en expliquant ses rapports avec les principales écoles philosophiques de son époque. Dans ces articles[3], Dewey n'a jamais proposé une présentation systématique de ses conceptions[4]. C'est toutefois ici que les fondements conceptuels de sa théorie sont avancés et que sa conception de la pensée est présentée. Avant d'aborder la question centrale de la philosophie comme logique de l'expérience et comme épistémologie de la pratique, et étant donné l'état fragmentaire des positions exprimées dans ces textes, il nous a semblé prioritaire d'en reconstruire les cadre. La conception deweyenne de la pensée comme action, telle qu'elle émerge de ces textes, est organisée autour de six thèses principales, que nous examinons dans la suite de ce chapitre :

1. le principe de créativité ;
2. l'hypothèse de continuité ;
3. le primat du contexte ;
4. la conception nominale des distinctions catégorielles ;
5. la théorie des idées comme hypothèses ;
6. la théorie de la connaissance comme signe.

## 1.2 La pensée entre psychologie et logique

« Some Stages in Logical Thought » est le premier texte important que Dewey consacre à la logique[5]. Ce texte présente une théorie évolutionniste

---

[2] Ce livre est consacré à l'analyse du premier aspect de cette conception. Pour une analyse du concept d'épistémologie des pratiques de connaissance, cf. Frega 2006.

[3] La plus grande partie de ces articles sera republiée dans *Essays in experimental logic* de 1917. Il s'agit d'un texte qui rassemble les réflexions le plus importantes consacrées par Dewey à la question du statut de la pensée et de la nature de la connaissance entre 1900 et 1916.

[4] Elle ne verra le jour que vingt ans plus tard dans sa *Logic* de 1938, lorsque Dewey sera près de la fin de son long parcours philosophique.

[5] Nous n'examinons pas les textes publiés par Dewey avant 1900 car leur rôle dans le développement dont nous retraçons l'histoire nous semble peu relevant. En ce qui concerne « Some Stages in Logical Thought », son importance dans la production logique deweyenne

de la connaissance et de la pensée, dont l'inspiration provient de Peirce, et notamment de son article de 1878 sur les méthodes de fixation des croyances qui, deux décennies auparavant, avait donné naissance au mouvement pragmatiste[6]. Dans « Some Stages », la logique est conçue dès le début comme la théorie des modes historiquement déterminés à travers lesquels les hommes établissent les croyances nécessaires à leur survie. Dewey introduit une distinction entre connaissance et pensée qui deviendra fondamentale pour sa théorie de la pensée comme action. Cette distinction, qui n'est pas nouvelle en philosophie, est toutefois définie par Dewey de façon originale. En partant de l'usage quotidien des termes 'savoir' et 'connaissance', Dewey remarque que la pensée s'oppose à la connaissance comme le mouvement s'oppose à la stabilité, car « la pensée, quand elle est nécessaire, conduit à la connaissance; son but ou objet est d'assurer un équilibre stable »[7]. Cette distinction traditionnelle entre le résultat et le processus apte à le produire est toutefois explicitement refusée[8]. Pour ce faire, Dewey commence par considérer que la pensée est « un cas d'incertitude active dirigée contre une conviction ou une confiance absolue »[9]. La conception anthropobiologique[10] qui soutient le projet deweyen trouve son point de départ dans l'idée d'une passivité originaire de la pensée, qui implique le fait que *d'habitude nous ne pensons pas*[11], et que l'homme pense exclusivement si quelque chose le

est confirmée par le fait que ce texte a été conservé dans le recueil *Essays in Experimental Logic* de 1917, qui rassemble tout ce que Dewey a jugé être encore actuel de sa production en matière logique.

[6] C.S. Peirce, "The Fixation of Belief", *The Popular Science Monthly*, nov. 1878, maintenant dans *The Collected Papers of C.S. Peirce*, 1931-1958, Cambridge, Mass., Harvard University Press, désormais cité comme *CP*.

[7] MW 1 : 151.

[8] Le refus de cette opposition constitue une condition préalable pour le développement d'une conception de la pensée comme acte.

[9] MW 1 : 153.

[10] 'Anthropobiologie' est un terme qui dérive de l'anthropologie philosophique du philosophe allemand Arnold Gehlen. Nous l'utilisons car le paradigme gehlenien est proche de la conception deweyenne. On remarquera que Gehlen, tout comme Dewey, construit une anthropologie qui se propose de dépasser le dualisme entre la dimension de l'extériorité physique et la dimension de l'intériorité mentale ou psychique et de donner une explication biologique, et toutefois non réductrice, des phénomènes noétiques. De plus, chez Gehlen comme chez Dewey l'articulation de ces aspects est opérée par le concept d'*action* : l'homme étant « l'être qui agit » (Gehlen 1950, ch. 1), c'est par rapport à l'action que la pensée se développe et s'intègre aux autres dimensions existentielles de la vie humaine. Il est tout à fait remarquable le fait que Gehlen trouve dans le pragmatisme américain, et notamment dans l'œuvre de Dewey, une source d'inspiration fondamentale, tout en refusant l'approche darwinienne qui en constitue le fondement. Les rapports entre Dewey et Gehlen, malgré leur importance, semblent n'avoir fait l'objet d'aucune étude particulière. Le paradigme anthropobiologique constitue, nous le verrons par la suite, une application du principe de continuité, essentiel à toute la philosophie de Dewey.

[11] Il est en ce sens que la pensée est chez Dewey un acte rare.

force à le faire. Cette thèse s'enracine dans la conception deweyenne du soi comme un faisceau d'habitudes et dans l'idée de l'habitude comme forme organisée et stable du rapport organisme-environnement[12]. Le statut de la pensée entre activité et passivité dépend du fait que les habitudes « sont trop organisées, trop insistantes et trop déterminées pour avoir besoin de s'adonner à l'enquête ou à l'imagination. [...] L'habitude en tant que telle est complètement adaptée à un environnement pour pouvoir l'inspecter ou l'analyser »[13]. Bien que constituant un processus tout à fait quotidien et ordinaire, la pensée est conçue par Dewey comme étant un *événement rare*. Si la pensée est définie avant tout à partir de sa structure d'acte, à la grande différence des logiciens de son époque, par acte Dewey n'entend ni l'appréhension d'un contenu, ni des processus psychiques mais plutôt une action *publique et observable*, qui a lieu dans des conditions spécifiques, d'après des régularités dont la détermination constitue l'objet de la logique.

Cette thèse est étonnante car elle refuse d'emblée les deux cotés de ce partage à travers lequel philosophie et psychologie se sont reparties le domaine de l'esprit. La pensée n'est pas définie à partir du rapport au vrai, c'est à dire comme saisie d'un contenu propositionnel ; elle consiste plutôt dans l'acte qui conduit à la connaissance (entendue comme la possession consciente d'un contenu propositionnel déterminé). Mais en même temps la pensée n'est pas un processus qui serait à étudier à travers les lois de la psychologie, car Dewey ne s'intéresse pas aux conditions affectives, physiologiques ou sociales de ce processus ni au fonctionnement des mécanismes organiques de la pensée[14]. Bien au contraire, il s'intéresse plutôt à son déploiement extérieur en vue de la détermination du vrai. On dira alors que chez Dewey *le rapport de la pensée à la vérité se fait par le biais de la structure d'acte de la première*. C'est en tant qu'active et transformative que la pensée a accès, un accès en même temps logique et pratique, à la vérité. L'idée d'une histoire naturelle de la logique et de la connaissance trouve ici sa légitimation et son point de départ.

Cet aspect permet en outre d'éclairer la position deweyenne par rapport aux théories logiques de son époque. On remarquera à ce propos que la plupart des théories logiques se fondent sur l'acceptation, souvent implicite et non réfléchie, du partage entre la connaissance comme contenu propositionnel et la pensée comme processus psychologique. L'étude du fonctionnement de la pensée en tant que processus empirique, dont les conditions doivent être déterminées par voie expérimentale, est ainsi confiée aux sciences psychologiques (un rôle dont héritent aujourd'hui les sciences cognitives), alors que la philosophie se réserve le domaine de l'étude des

---

[12] Thèse que nous présentons plus amplement dans le chapitre 3.
[13] MW 14 : 124.
[14] On dirait aujourd'hui 'cognitifs'.

significations et trouve dans la logique formelle sa discipline de référence. Si la logique contemporaine trouve dans l'idée frégéenne de *Begriffschrift* son image la plus pure, nous pouvons déjà comprendre l'ampleur de l'écart qui sépare la théorie deweyenne de la pensée de la plupart des théories de la pensée produites au vingtième siècle. Cette différence est essentielle à la fois pour comprendre le lieu d'origine de la théorie deweyenne de la pensée, ses motivations et les raisons de l'absence d'intérêt dont elle a longtemps souffert[15].

Le principe constitutif de la logique expérimentale est le refus de cette dualité de départ entre psychologie et philosophie. On se tromperait alors à voir dans ce programme deweyen - comme Russell entre autre l'a fait - une tentative de réhabilitation du psychologisme. Bien au contraire, ce que Dewey vise à travers cette thèse c'est la conviction que *le partage entre la logique et la psychologie n'est pas pertinent pour la théorie de la pensée*[16]. Ayant défini *la pensée comme étant une forme d'activité,* Dewey voit cette dernière comme n'étant pas plus psychologique que logique mais comme étant *une forme d'action.* Il est dans ce sens que la logique[17] est conçue par Dewey comme étant une discipline expérimentale, car son objet n'est plus le contenu d'un acte mental ou d'une proposition, mais une forme de conduite caractérisée par le fait d'être intelligente, c'est-à-dire qualifiée par l'exercice de la pensée[18]. Le dépassement de ce dualisme présuppose toutefois que les

---

[15] J. Tiles, qui a consacré une partie de ses recherches (Tiles, 1988) à réduire le gouffre qui sépare la philosophie deweyenne et la philosophie analytique, n'a toutefois pas remarqué le rôle que le rapport entre la connaissance et la pensée joue dans la généalogie de cette différence.

[16] « The autonomy of logic precludes the idea that its 'foundations' are psychological », LW 12 : 28, et peu après : « Personally, I doubt whether there exists anything that may be called *thought* as a strictly psychical existence. But it is not necessary to go into that question here. For even if there be such a thing, it does not determine the meaning of 'thought' for logic ».

[17] Comme nous avons déjà remarqué, l'emploi du mot '*logic*' chez Dewey est très loin du sens que la philosophie courante lui attribue. En tant que branche de la philosophie, la logique étudie d'après Dewey la pensée humaine dans toute ses caractéristiques. Toutefois, le fait de ne pas avoir adopté une perspective langagière, rend la comparaison de la logique deweyenne avec la logique contemporaine une entreprise dépourvue de signification (mais voir les textes de Burke cités en bibliographie pour une conception différente). En même temps, il serait aussi erroné de considérer la philosophie de Dewey comme appartenant au domaine de la philosophie de l'esprit, car la notion même d'esprit (*mind* en anglais) est presque absente des textes deweyens. Nous sommes donc conscient du fait que le terme de logique appliqué à Dewey risque de donner lieu à des contresens. Par la suite on montrera en détail la signification exacte que les expression 'logique' et 'logique expérimentale' assument chez Dewey.

[18] On montrera dans la suite que ce fait ne contribue nullement à faire de la théorie de la pensée de Dewey une théorie de l'action, car l'étude de la pensée comme forme d'action ne se propose pas d'expliquer le fonctionnement de l'action humaine mais celui de la pensée en ce qui concerne sa nature et ses conditions de validité et de vérité.

termes qui le constituent soient définis d'une manière originale. Une telle division pourrait en effet nous faire croire que la pensée et la connaissance s'opposent comme le processus s'oppose au résultat, ou comme le moyen s'oppose à la fin. Cette dernière est effectivement l'interprétation que Frege en donne et, avec lui, une bonne partie de la tradition analytique. Dans un cas comme dans l'autre, on ne parvient pas à donner à la pensée une véritable autonomie par rapport à la connaissance : elle reste la condition extérieure[19] pour atteindre la seule dimension épistémologique importante : celle de la croyance vraie justifiée (*justified true belief*). Pour Dewey, un tel dualisme est mal construit, car il nous oblige à poser la question de la nature de la pensée à partir d'une dialectique du processus et du résultat ou, ce qui revient au même, du moyen et de la fin. D'où l'idée que l'acte de penser serait subordonné à ce qui en constitue le véritable but : la croyance vraie qui en résulte.

Il est sans doute vrai qu'une certaine dialectique est implicite dans le pragmatisme[20], dans la mesure où ce dernier définit le rôle et la fonction de la pensée à partir d'un modèle dont la dynamique s'exprime en trois temps : équilibre – doute – équilibre. Ce modèle, dont la logique fut définie pour la première fois par Peirce, est aussi au fondement de la conception deweyenne de la pensée, comme on le voit déjà dans « Some Stages in Logical Thought ». On aurait même raison d'affirmer que pour Dewey la pensée est le mouvement qui nous fait passer d'une condition d'incertitude à une nouvelle certitude. Nous l'avons dit au début de ce chapitre, en citant la définition deweyenne de la pensée comme « cas d'incertitude active dirigée contre une conviction ou une assurance absolue ». Nous ne pouvons toutefois pas nous arrêter à cette définition, et ce pour au moins deux raisons. La première, qui sera examinée dans la deuxième et troisième parties de ce travail, est que l'horizon de la théorie deweyenne de la pensée n'est pas celui de l'épistémologie des croyances mais celui de l'épistémologie de la pensée comme action et de l'épistémologie des pratiques de connaissance. Cela signifie que pour Dewey la question qui domine l'activité de la pensée n'est pas celle de la détermination des conditions de vérité des croyances mais celle de leur fonctionnement dans le contexte d'une situation problématique de référence[21]. La deuxième raison, traitée dans ce chapitre, concerne l'image de la pensée proprement deweyenne. On retrouve dans cette manière de concevoir l'opposition entre la pensée et la connaissance les éléments de deux conceptions tout à fait différentes de ce qu'on appelle penser et, d'une manière plus générale, de deux conceptions du rapport entre la pensée et la réalité. On pourra donc définir la théorie de la pensée en action par contraste

[19] Moyen instrumental et non pas constitutif, dira Dewey par la suite.
[20] Au moins dans celui des origines.
[21] Ce sujet sera repris par la suite. On peut aussi voir Tiles, 1988: 112.

avec un paradigme que Dewey appellera plus tard la « Spectator theory of knowledge » et dont nous devrons par la suite détailler les traits constitutifs. Le traitement deweyen de la dialectique du doute et de la fixation de la croyance est essentiel pour accomplir le passage d'une image de la pensée à l'autre. C'est en effet sur cette base que *le dualisme entre la pensée et la connaissance est dépassé vers une théorie de la pensée comme acte*, dans laquelle l'acte singulier de jugement et la production de connaissance deviennent indiscernables. Il faut remarquer à ce propos que la nouveauté de la pensée deweyenne consiste sans doute dans le fait d'avoir *réinséré la finalité dans l'acte de penser*. Si l'horizon qui définit l'acte de penser est celui de la vie comme interaction entre l'organisme et l'environnement, il s'ensuit que la nature de la pensée ne peut être saisie qu'en étudiant l'acte de penser à partir du but qu'il vise. Or, si nous affirmons, comme l'a fait presque toute la tradition philosophique, que la connaissance consiste dans la possession ou dans la saisie de propositions d'ordre général, nous serons dès lors contraint d'admettre que la pensée est quelque chose d'un ordre tout à fait différent.

### *1.2.1 Vers une anthropologie de la pensée. Dewey lecteur de Peirce*

L'idée d'une histoire naturelle de la connaissance et de la logique est déjà bien développée chez Peirce, qui la pose comme fondement de son projet pragmatiste. L'adoption de cette perspective est notamment ce qui lui permet de réaliser une double inclusion de la pensée. D'abord dans le cadre de l'expérience humaine, en montrant la relation entre la lutte pour l'existence et la recherche de la connaissance comme forme de contrôle et de sécurisation. Successivement, dans l'horizon historique et évolutif des habitudes humaines, à travers l'esquisse d'une histoire des formes naturelles des méthodes de fixation des croyances. La pensée – et avec elle la connaissance – est ainsi définie déjà par Peirce comme un outils dont l'homme se sert dans sa lutte quotidienne pour la survie. Dans ce contexte, elle accomplit une double fonction :

1. elle élimine le désagréable état du doute ;
2. elle produit les habitudes et les routines qui forment le tissu de notre existence.

Cette conception présuppose l'idée que le doute est le moteur de la connaissance et de la pensée mais en même temps une condition extrêmement désagréable, voir insupportable. Dans le cadre de cette reconstruction historique, la méthode expérimentale est présentée comme étant la dernière étape du parcours évolutif accompli par l'espèce humaine dans sa recherche de formes progressivement plus fiables et efficaces de rapport au monde. La conception peircienne de la pensée est dès ses origines fort imprégnée de comportementalisme. Si « ce qui nous détermine à tirer une inférence plutôt qu'une autre de prémisses données est une certaine habitude mentale constitutionnelle ou acquise »[22], la *nature dispositionnelle de la pensée* acquiert une importance fondamentale. La pensée est d'après Peirce une habitude de deuxième niveau, car elle nous permet de produire ces habitudes primaires qui sont les croyances, qui ne sont que les habitudes qui « guident nos désirs et modèlent nos actions »[23]. Cette procédure de deuxième niveau opère avec une dynamique stimulus-réponse : « l'irritation du doute cause une lutte pour atteindre un état de croyance ». « La lutte commence avec le doute et se termine avec la cessation du doute », en sorte que « le seul but de l'enquête est l'établissement d'une opinion »[24]. L'étude des habitudes à travers lesquelles les individus réalisent les inférences devient par conséquent un chapitre essentiel de la théorie logique.

Déjà chez Peirce l'idée de croyance est le centre d'une théorie de la pensée structurée à partir de son rapport à l'action. La théorie pragmatiste de la signification affirme en effet que deux croyances se distinguent entre elles en raison « des différents modes d'action qu'elles font surgir »[25]. Par conséquent, si « les croyances ne se distinguent pas par cet aspect, si elles calment le même doute en produisant la même règle d'action, alors aucune différence dans la manière dont nous en sommes conscient en fait des croyances différentes, comme le fait de sonner le même motif en clefs différentes n'en fait pas pour autant des motifs différents ». De là découle la maxime pragmatiste que « pour développer la signification de n'importe quelle chose, nous devons tout simplement déterminer quelles habitudes elle produit, car ce qu'une chose signifie est tout simplement l'habitude qu'elle comporte »[26]. De cette affirmation, Peirce conclut que « même si la pensée est essentiellement action », la croyance constitue le repos de la pensée, car en elle « la pensée se relaxe »[27] et l'irritation qui l'avait mise en mouvement disparaît. Chez Dewey le point de départ de la distinction entre pensée et connaissance se trouve également dans la nécessité de formuler cette distinction entre l'inquiétude d'un organisme en déséquilibre et la possession d'une certitude stable qui manifeste un ajustement bien équilibré avec son environnement. Ce présupposé est le point de départ de l'idée d'une histoire naturelle de la pensée, car si la possession de croyances stables constitue un

[22] CP 5.367.
[23] CP 5.371.
[24] CP 5.374.
[25] CP 5.398.
[26] CP 5.400.
[27] CP 5.397.

universel anthropologique (parce qu'elle est la condition même de la survie pour l'homme), les méthodes que les hommes ont développées pour les produire varient en raison des cultures et des époques. La répartition universelle et partagée du doute et du besoin de certitude chez tous les hommes conduit ainsi à une pluralité de méthodes de sécurisation distinctes.

La reconstruction historique proposée par Dewey est toutefois assez différente de celle que Peirce avait jadis esquissée et les conséquences que Dewey en tire seront d'un ordre assez différent. Pour Peirce, l'humanité apparaît comme une espèce toujours égale à elle-même, dominée par la coercition psychologique qu'exerce la souffrance provoquée par le doute. L'histoire naturelle de la pensée est par conséquent le récit de l'évolution continue et positive vers des formes de production de croyances toujours plus efficaces, c'est à dire capables de réduire progressivement l'emprise du doute et de l'incertitude sur notre existence[28]. Le doute maintient tout au long de l'histoire son rôle d'état psychique désagréable qui provoque une souffrance que des nouvelles croyances sont appelées à apaiser. Les quatre méthodes de fixation reconnues par Peirce (ténacité, autorité, *a priori* et expérimentale) représentent les étapes du développement de l'espèce humaine dans un *cadre anthropologique stable : l'homme est du début à la fin l'animal qui fuit l'incertitude à travers la recherche d'opinions stables.* Ce qui change est uniquement la façon d'établir ces opinions et le degré de leur efficacité.

Dewey introduit dans ce schéma une rupture radicale, qui le conduit à une interprétation du rôle et de la nature du doute assez différente de celle de Peirce. Sans doute Dewey accepte au départ le schéma darwinien d'une évolution régie par les lois de la survie et de l'adaptation. Il s'agit même du paradigme anthropobiologique d'après lequel l'acte de penser pourra assumer les traits de l'enquête[29]. Il reconnaît toutefois en même temps qu'à l'intérieur de ce cadre le doute ne constitue pas un trait constant mais une donnée qui varie considérablement dans l'histoire. De cette manière, la dialectique croyance stable – doute – croyance stable n'est plus conçue comme un universel anthropologique, mais devient la marque d'une forme de vie spécifique. Dans cette forme de vie, l'enquête est conçue comme une activité douloureuse dont l'homme cherche à se débarrasser le plus rapidement possible. Nous avons là l'esquisse de deux anthropologies qui se distinguent entre elles en raison de leurs épistémologies respectives. Pour

[28] Ce postulat anthropologique se manifeste aussi dans la conception peircienne de la vérité comme limite de l'enquête.

[29] Cf. notamment le deuxième chapitre de *Logic*, où Dewey remarque que « living may be regarded as a continual rhythm of disequilibrations and recoveries of equilibrium » (LW 12 : 34). Ce mouvement qui définit la nature de la vie n'est que le paradigme général dont le mouvement de la pensée qui équilibre-doute-équilibre n'est qu'un cas particulier.

accomplir le passage de la première à la deuxième, Dewey redéfinit les notions de 'doute' et de 'croyance'. Ces deux termes ne désignent plus en premier lieu des états psychiques, comme c'était encore le cas chez Peirce, mais avant tout des attributs cognitifs *: ils appartiennent au langage de l'épistémologie et non plus à celui de la psychologie*[30].

Cette transformation a lieu à deux niveaux. En ce qui concerne le premier, Dewey partage avec Peirce l'idée que l'espèce humaine a inventé des solutions différentes pour résoudre le même problème, celui de parvenir à des opinions stables capables de calmer l'état de doute. Dans ce cadre, le doute maintient sa caractéristique d'état désagréable dont l'homme cherche à se débarrasser. Au deuxième niveau la fonction des croyances stables devient, elle aussi, une variable historique, si bien que ces différentes formes de la pensée « dénotent des degrés différents dans l'évolution des fonctions du doute et de l'enquête »[31]. Nous sommes dès lors conduits à remettre en question l'opposition initiale entre la connaissance et la pensée. Cette dernière n'est plus considérée comme un universel dont la logique devrait déterminer les lois, mais comme l'attribut d'une pratique dont les traits évoluent dans le temps. Notamment, la rupture radicale entrainée par l'avènement de la science expérimentale moderne et surtout contemporaine est la cause d'une transformation dans nos pratiques de fixation des croyances et donc de recherche de la vérité[32]. Ce passage explique chez Dewey l'idée de l'historicité de l'objet de la logique.

La signification de cette conception naturalisée de la pensée est double. Sur le plan épistémologique elle dénote, comme chez Peirce, le passage à une méthode de fixation des croyances plus efficace, dans laquelle le besoin subjectif de sécurité s'accorde avec une connaissance meilleure du fonctionnement réel des processus naturels et garantit ainsi une maîtrise plus assurée. D'où la reconnaissance de la valeur supérieure de la méthode expérimentale et de la dimension intersubjective de la recherche scientifique en tant que formes d'adaptation plus efficaces. Sur le plan anthropologique, Dewey met en lumière le passage d'un stade initial dans lequel « le doute est à peine toléré (« *hardly endured* ») mais pas activement entretenu (not

---

[30] Pour une lecture semblable du rapport entre Dewey et Peirce, voir le troisième chapitre de Sleeper, 2001, qui remarque que Dewey accomplit le passage d'une 'psychologie de l'enquête' à une 'logique de la méthode scientifique' : « what Peirce had intended primarily as a psychological adjunt to his logical theory, Dewey turns into the substance of logic itself », Sleeper, 2001: 50.

[31] MW 1 : 165-166.

[32] En réalité, l'avènement de la science expérimentale n'est pour Dewey qu'une des causes qui se trouvent à la base de la configuration contemporaine du rapport homme – monde, les autres étant les révolutions politique et industrielle. Sur ces questions nous renvoyons à Frega 2006, en cours de publication.

*entertained*) »[33] à un stade final dans lequel l'homme est à l'aise dans les activités de « recherche définitive et consciente des problèmes », car il a enfin « appris à jouer avec les périls et on peut même dire qu'il va les chercher »[34]. « Dans le stade de développement marqué par l'émergence de la science, l'institution délibérée des problèmes devient un but de l'enquête. »[35] Entre l'homme qui fuit l'incertitude et traite le doute comme « un intrus » dont il faut se débarrasser le plus tôt possible, et l'homme qui entretient le doute comme la source la plus riche de son bien être, « la qualité de la pensée s'altère »[36]. Se produit ainsi une discontinuité qui n'est pas seulement d'ordre épistémologique mais concerne aussi l'anthropologie. Sur un plan différent, cette même distinction se manifeste aussi dans l'opposition de l'homme ordinaire qui craint le doute et du scientifique qui au contraire voit dans les doutes des sources de connaissance. Il s'ensuit la définition deweyenne de l'attitude scientifique comme appréciation active de l'état de doute, et de la méthode scientifique comme « une technique pour faire un usage productif du doute à travers sa conversion en des opération d'enquête spécifiques »[37]. Cette définition est posée par Dewey au fondement de sa théorie de la pensée. Elle justifie le fait que Dewey moule sa logique sur le paradigme scientifique de l'enquête[38].

La recherche de certitude, que pendant la plus grande partie de l'histoire de l'homme avait constitué le but de l'activité de la pensée, devient maintenant un obstacle. Dès ce moment – historiquement repérable dans le processus de genèse de la modernité – ce qui permet à l'espèce humaine de s'affirmer n'est plus la possession de croyances inébranlables mais le fait d'être constamment dans un processus actif de remise en question de ses propres opinions et habitudes : *les croyances se sont transformées en hypothèses et la possession stable de connaissance, en enquête généralisée.* Nous nous trouvons donc face à deux histoires parallèles, dont l'une se déroule sur le plan d'une anthropologie philosophique et a pour objet le rapport du sujet à la vérité et à la connaissance, tandis que l'autre se déroule sur le plan épistémologique du statut des croyances. Sur le premier plan, nous assistons à l'affirmation d'une compétence progressivement décisive pour gérer l'incertitude et pour la valoriser en tant que facteur productif dans le rapport de l'homme à son monde. Cette transformation dénote une rupture anthropologique dans la mesure où la connaissance passe d'une fonction

---

[33] « The initial stage is where the doubt is hardly endured but not entertained ; it is no welcome guest but an intruder, to be got rid of as speedily as possible », MW 1 : 152.
[34] LW 4 : 9.
[35] LW 12 : 42.
[36] MW 1 : 157.
[37] LW 4 : 182.
[38] Tous ces aspect sont traités en détail dans les chapitres 3 et 5.

presque rituelle de moyen de sécurisation à celle d'outil, d'arme dont l'homme se sert activement pour maîtriser son environnement. Dewey remarquera dans *The Quest for Certainty*, qu'*il y a inversion du rapport du sujet au savoir*. Si dans le premier stade l'homme transforme ses croyances afin de se protéger du monde, dans le deuxième il apprend à faire de la connaissance le moyen pour intervenir directement dans le monde et le contrôler. Sur le plan épistémologique, l'histoire naturelle de la pensée affirme que les formes de la pensée évoluent dans le temps, en raison des pratiques à travers lesquelles le rapport de l'homme à son environnement se déploie.

La théorie de l'enquête de Dewey se différencie aussi de celle de Peirce par un autre aspect important. Chez Peirce, la théorie de la pensée tourne autour de la notion de croyance. Même si elle est définie pragmatiquement en fonction de ses effets pratiques, il n'en reste pas moins que la fonction de la pensée est définie dans un cadre subjectiviste : elle consiste dans la fixation d'une croyance, et cette fixation en détermine le but et la limite. En revanche, pour Dewey l'horizon dans lequel situer et comprendre l'acte de penser n'est plus celui du rapport cognitif d'un sujet à ses croyances mais celui du *rapport d'un sujet à une situation objective,* dans laquelle sujet et pensée sont inclus en tant qu'éléments constitutifs[39].

## 1.3 Du tribunal au laboratoire : éléments pour une nouvelle image de la pensée

> « *Quis custodiet ipsos custodes ?* »
>
> LW 16: 185
>
> « *Inventio* is more important than *judicium*, discovery than 'proof' »
>
> MW 1 : 168.

La priorité de la connaissance sur la pensée, telle qu'elle se manifeste dans l'histoire de l'humanité avant l'apparition de la méthode expérimentale, s'exprime dans le principe du *primat de la règle*, qui caractérise d'après Dewey toutes les cultures primitives et traditionnelles. Dans ce cadre, nous avons affaire à une conception des idées comme règles rigides et non discutables dont on se sert pour gérer toute question qui se présente dans

[39] Ce point a été remarqué avec précision par Putnam, 1994: 201-202.

l'expérience[40]. Il s'agit pour Dewey d'un mécanisme presque automatique, si bien qu'on peut même se demander « s'il peut être proprement désigné comme stade de pensée »[41]. Le seul doute qui peut naître dans un tel contexte concerne la détermination de l'idée qui serait la plus adéquate pour maîtriser un fait donné. Comme le remarque Dewey, dans ce cadre la pensée est considérée comme étant à la fois extérieure aux faits et aux idées, car les deux existent comme des données dont la pensée ne peut que reconnaître l'existence, afin d'en affirmer ou nier l'accord. Penser signifie dès lors appliquer une idée (règle) à un cas particulier : « doute et enquête ne sont pas tournés ni vers la nature du fait lui-même, ni vers la valeur de l'idée en tant que telle, mais simplement vers la manière dont l'une est attachée à l'autre »[42].

Ces traits définissent ce que Dewey appelle *le paradigme judiciaire de la pensée*[43]. Ce paradigme ne dénote pas un état primitif et dépassé mais une forme de pensée encore actuelle, qui aurait dominé presque toute l'histoire de la philosophie. Ce paradigme constitue ce qu'il y a de plus opposé à l'idée de pensée active, car il méconnaît la nature propre du jugement réduit à une espèce de *pré*-jugement[44]. Le paradigme judiciaire assigne à la pensée un rôle purement opératoire, qui consiste à mettre en rapport des idées qui lui sont données de l'extérieur et qu'elle n'a pas contribué à formuler. « Penser est subsumer – simplement placer une proposition particulière sous une universelle. »[45] Selon le modèle judiciaire, la pensée est un tribunal[46], et la réalité est donnée à la pensée sous la forme du donné[47]. L'exercice de la pensée est ainsi subordonné à des fins de classification : il s'agit de subsumer la réalité à la règle qui s'y applique mieux. Ce modèle judiciaire[48] exprime un état de la pensée dont le propre est de concevoir le système des idées comme totalité close. Dans un tel système il n'y a pas à proprement parler aucune découverte possible, car le seul acte de penser admis est l'application d'une règle générale à un cas particulier. L'absence de créativité caractérise cette forme de pensée qu'on pourrait appeler 'passive' et dont le propre est de concevoir l'acte de penser à partir d'une relation triadique : les idées en tant qu'entités autonomes ; les faits en tant

[40] Sur la signification du terme 'idée' chez Dewey, cf. plus bas le paragraphe 1.6.
[41] MW 1 : 156.
[42] MW 1 : 155.
[43] Nous ne sommes pas loin du 'tribunal de la raison' de Kant, auquel ce discours se rapproche à la fois dans le langage employé et pour l'image de la pensée présupposée.
[44] MW 1 : 155.
[45] MW 1 : 166.
[46] La valeur paradigmatique du jugement judiciaire en tant que paradigme de l'acte de penser est affirmée par Dewey dans *Logic*. Cf. notamment LW 12 : 123-124.
[47] Comme, par exemple, lorsque devant un tribunal un crime est examiné le juge.
[48] Dewey parle à ce propos de « *the metaphor of the law court* ».

qu'objectivités indépendantes et la pensée comme ce qui établit le lien entre les faits et les idées. Cette conception est en même temps le trait essentiel de la pensée préscientifique et le fondement de ce que Dewey appelle le 'sophisme philosophique' (*the philosophical fallacy*) par excellence. Ce sophisme se produit chaque fois que nous traitons deux entités comme étant ontologiquement séparées, alors qu'elles, au contraire, correspondent à des abstractions intellectuelles qui saisissent des aspects constituant une même unité ontologique, un même tout[49].

Cette critique du sophisme philosophique se déroule donc sur deux plans, celui de la genèse socio-historique des pratiques de pensée et celui de ses implications logiques et épistémologiques. Le passage de la conception, selon laquelle la fixité des idées est leur attribut essentiel à celle qui conçoit cette fixité comme l'effet de notre activité intellectuelle, témoigne du changement anthropologique dont nous avons parlé et que Dewey inscrit dans le cadre de l'histoire naturelle de la logique[50]. Le passage d'une théorie *fixiste à* une théorie *dynamique* des idées illustre le premier trait constitutif de la structure de la pensée active : il s'agit de la *créativité*. Penser pour Dewey relève avant tout de l'acte intellectuel de création des idées et non pas de l'acte d'appréhension d'idées déjà données[51]. D'après Dewey, non seulement il n'y a pas de troisième monde, mais l'idée même d'un tel règne[52] implique une conception de la pensée qui ne peut pas rendre compte de sa propre nature et surtout de sa fonction spécifique. Le caractère proprement productif de la pensée ne se manifeste pleinement qu'à partir de la révolution scientifique, et notamment en raison du développement de la méthode expérimentale. Dewey ira jusqu'à dire que c'est uniquement grâce à elle si la conception de l'idée en tant qu'hypothèse parvient enfin à s'affirmer. C'est en effet à l'intérieur de ce cadre théorique que « l'idée est maintenant regardée comme essentiellement assujettie au changement et comme un article manufacturé qui requiert donc d'être préparé en fonction de son usage »[53].

---

[49] Sur les différents types de sophisme attribués par Dewey à la tradition philosophique occidentale, voir par exemple MW 7 : 37, MW 14 : 122 et LW 1 : 34. Voir aussi l'analyse qu'en fait Tiles, 1988: 19 sq.

[50] Par ailleurs, ces deux conceptions du statut de l'idée correspondent à deux théories de la pensée qui en philosophie ne sont nullement dans un rapport de succession historique mais plutôt de coexistence, comme le montre très bien la comparaison que Dewey établit entre sa conception de la logique et celle de ses contemporains Russell et Lotze.

[51] Nous montrons par la suite que cet acte de création ne doit pas s'entendre au sens de génération *ex novo* mais comme acte d'appropriation créative, dont les caractéristiques déterminent la structure de l'acte de jugement.

[52] Comme on la trouve sous une forme différente chez Frege ou chez Popper.

[53] MW 1 : 157.

La conséquence de ces transformations est qu'à partir de la révolution scientifique, *le laboratoire remplace le tribunal en tant que métaphore de la pensée*[54]. Dès lors, le penseur ne sera plus le garant d'une procédure formelle presque automatisée mais un artisan qui produit des outils pour exercer l'activité de penser, à l'adresse de tous ceux qui, pour des raisons quotidiennes ou professionnelles, accomplissent eux aussi des actes de pensée. Cette deuxième fonction est tellement importante qu'elle justifie le partage du travail qui est à l'origine d'une classe intellectuelle spécialisée. Dans cette nouvelle image de la pensée, ce qui change est « la conception de la relation entre la loi et le cas particulier »[55], car la nature de l'acte de penser est telle que la règle est posée dans l'acte même de son application. Nous verrons plus loin comment Dewey développera cette intuition. Elle sera en fait au fondement de sa théorie du jugement comme acte singulier structuré autour d'une conception immanente du critère, et d'une conception de l'acte de penser comme *mouvement autoréflexif d'une intelligence qui maîtrise ses propres conditions de fonctionnement.* Dans ce basculement d'un modèle de pensée vers l'autre, ce qui change est à la fois le statut des idées, celui des faits et, par voie de conséquence, celui de la pensée en tant qu'activité qui les met en rapport.

## 1.4 Le principe de continuité et le primat du contexte

> *« There are but two alternatives : either there is an object 'in itself' of mind 'in itself', or else there are a series of situations where elements vary with the varying functions to which they belong »*
>
> MW 2 : 312.

### *1.4.1 Pensée et expérience*

Le primat logique de l'acte sert de fondement au deuxième trait de la conception deweyenne de la pensée : le principe de continuité. Principe fondamental de la métaphysique deweyenne, il est aussi un principe

---

[54] Avec une nuance, Hannah Arendt dira qu'à partir de la modernité la pensée n'est plus orientée vers la spéculation mais plutôt vers l'action.

[55] MW 1 : 158.

méthodologique, qui détermine à la fois la façon de construire les catégories conceptuelles, la conception de ce qu'est un problème philosophique et sous quelles conditions une solution est philosophiquement acceptable[56]. En ce qui concerne la théorie de la pensée, le postulat de continuité présente trois aspects distincts.

D'abord, l'acte de penser appartient au *continuum* de l'expérience. Ce rapport est caractérisé par la *primauté fonctionnelle, temporelle et explicative de l'expérience sur la pensée*. Le fait brut de l'expérience en tant que situation non analysée et pour cela non (encore) réflexive ni réfléchie constitue l'horizon dans le cadre duquel l'exercice de la pensée a lieu. En tant que non réflexive, l'expérience est caractérisée par les conditions suivantes :

1. la priorité logique et ontologique de l'expérience en tant que totalité indéterminée sur ses traits et ses qualités ;
2. une variabilité constante entre des noyaux attentionnels et un fonds flou dépourvu de distinctions[57].

Ce caractère non réflexif et indéterminé de l'expérience explique la nature secondaire et dérivée de l'acte de penser. La pensée est définie d'abord comme trait constitutif du fonctionnement organique de l'espèce humaine. Elle est donc en continuité avec les autres modalités existentielles constitutives de la nature humaine, comme l'affectivité, la perception et la motricité. C'est par rapport à cette continuité que Dewey affirme la possibilité de soumettre la pensée à des formes d'enquête expérimentale, car la pensée sera considérée avant tout comme un ensemble d'événements observables et qui peuvent être objet d'expérimentation : « la réflexion est une occurrence naturelle tout autant qu'un orage ou une plante qui pousse »[58].

Deuxièmement, le principe de continuité permet d'expliquer un autre trait constitutif de la pensée. D'après Dewey l'acte de penser ne constitue jamais un acte spontané ou isolé. Dans son fonctionnement ordinaire, la pensée suit quelque chose (*comes after*), provient de quelque chose (*comes out of*) et enfin elle se produit en vue de quelque chose (*for the sake of*)[59]. La pensée est une activité relationnelle qui se décline par rapport à une motivation qui

[56] Elaboré dans les articles de logique publiés dans les années dix et vingt, il a été repris tel quel dans *Logic* de 1938, où Dewey affirme que « The primary postulate of a naturalistic theory of logic is continuity of the lower (less complex) and the higher (more complex) activities and forms ». LW 12 : 30.

[57] Cela correspond à la distinction entre l'avant-plan et l'arrière-plan dans les discussions contemporaine sur la structure de l'intentionnalité. Mais cf. aussi le rapport entre les éléments proximal et distal dans la théorie de la connaissance de Michael Polanyi, que nous examinons dans le ch. 11.

[58] MW 10 : 343.

[59] MW 2: 296.

l'active et a une finalité qui la dirige. Son caractère est donc *intermédiaire et reconstructif*[60] : il n'y a de pensée qu'au milieu et qu'à partir du milieu[61] : « elle arrive entre une situation précédente (une interaction organisée de facteurs) d'expérience active et appréciative dans laquelle certains facteurs sont devenus discordants et incompatibles, et une situation successive, constituée à partir de la première par le biais d'actions issues de l'enquête réflexive »[62]. On ne s'étonnera pas que la pensée deweyenne ne soit nullement une pensée de l'origine ou de l'originaire. On a déjà vu que, d'après la conception deweyenne, la pensée ne commence jamais la première, car l'état de passivité qui la caractérise exclue l'idée d'une auto-activation. On ne se trouve donc pas face à une conscience métaphysique qui viserait le monde dans un désir originaire de connaissance. Au contraire, la pensée n'est intelligible que dans l'horizon de signification et de finalité que l'expérience qui l'inclut lui ouvre. En ce sens, le désir de connaissance est toujours défini à la fois par rapport à une situation objective qui l'exige et par rapport à une subjectivité épaisse[63] (expérience), celle du sujet dont la pensée a été provoquée par une situation singulière. Le principe de continuité entre l'expérience et la pensée a pour conséquence que la pensée ne peut avoir que ce rôle dérivé et secondaire, seul compatible avec sa passivité. Cette dévaluation du concept d'origine se retrouve partout dans les écrits de Dewey. On remarque effectivement que les thèmes de la provenance, de l'origine et du passé ont dans le pragmatisme deweyen[64] une importance tout à fait secondaire. Si cette orientation au futur est à mettre en rapport avec les conditions historiques exceptionnelles des Etats-Unis à cette époque, sa contrepartie métaphysique doit être recherchée du côté de la

---

[60] 'Reconstruction' est un des mots clefs de Dewey. Nous avons décidé de traduire de manière presque littérale tous les mots appartenant à cette famille lexicale, même si parfois le résultat est un néologisme, car l'usage fréquent de ces termes aurait autrement conduit à un alourdissement excessif du texte.

[61] On retrouve ici les sources pragmatistes de la pensée de Gilles Deleuze, dont le rapport ambigu à la culture américaine – philosophique et littéraire – n'a pas été encore exploré.

[62] MW 10 : 331.

[63] L'adjectif 'épais' appliqué à la subjectivité doit s'entendre dans le sens anglo-saxon du mot 'thick' lorsqu'il est opposé à 'thin' dans l'effort de caractériser deux différentes approches à une certaine question théorique. Une théorie 'thin' est une théorie minimale (par exemple de l'éthique, ou de l'identité), qui considère uniquement les trait universels de son objet, tandis qu'une théorie 'thick' est une théorie qui prend explicitement en considération les aspects contextuels ou contingents de son objet. On parle alors de subjectivité épaisse pour remarquer le fait que d'après Dewey le sujet de l'acte de penser n'est jamais un sujet logique formel et pour cela universel, mais toujours un sujet déterminé et placé à l'intérieur d'une situation déterminée. La signification de cette expression sera éclairé par la suite, notamment à partir de l'analyse de la théorie deweyenne du jugement, et de la place occupée en son sein par la thèse de l'unité du logique et du pratique. Cf. le ch. 3. Pour la signification originaire du terme 'thick', cf. Geertz 1973 et Walzer 1994.

[64] Mais il faudrait dire dans le pragmatisme tout court.

théorie de la pensée, car cette dernière y est conçue avant tout dans sa valeur d'acte transformatif et pour cette raison orienté vers le futur. L'image d'une pensée se trouvant toujours au milieu, donc en phase de transition, dérive directement de l'approche anthropobiologique, car cette condition intermédiaire est avant tout celle de l'expérience. On remarquera que cette primauté du milieu n'implique pas une simple dévaluation de l'origine, mais une transformation de sa signification existentielle et philosophique[65].

La troisième fonction que Dewey assigne au postulat de continuité est celle d'affirmer l'appartenance de l'acte de penser à la situation objective qui en constitue l'objet. La pensée n'est pas un acte de réflexion qui viserait une situation-objet de l'extérieur mais appartient à la situation qu'elle vise. Incluse dans les situations qu'elle cherche à comprendre, la pensée est par conséquent un élément actif de son propre objet[66]. Son appartenance à la structure de la situation implique que la pensée est considérée comme ayant une consistance matérielle : elle relève d'une *qualité spécifique du comportement humain*. Ce troisième aspect de continuité sape ultérieurement le paradigme de la conscience comme pure représentation du monde, car *la continuité entre la pensée et la situation empêche de faire de l'opposition du sujet et de l'objet une donnée originaire*. Tout comme la continuité entre l'expérience et la pensée conduit à mettre en question l'idée d'un désir de connaissance désintéressé, la continuité entre la pensée et la situation conduit au refus du principe représentationnaliste. Ni désintéressée ni neutre, la pensée est dès lors conçue par Dewey comme étant une *forme d'action situationnellement produite et fonctionnellement orientée*.

Loin de réduire la pensée à la proposition qui constitue sa contrepartie objective, le principe de continuité en souligne la valeur événementielle : la pensée est dès lors vue comme un trait biologique qui différencie l'homme des autres l'espèces animales et comme élément matériellement constitutif de toute situation qui inclut des agents humains et qui pour cela est caractérisée par la présence d'un facteur problématique. Le principe de continuité permet en outre d'articuler les deux aspects qui caractérisent d'après Dewey la complexité temporelle de la pensée[67]. Appliqué à la théorie de la pensée, le principe de continuité implique que la pensée, en tant qu'activité composée par un ensemble complexe d'actes, doit être comprise

[65] L'importance de cette transformation nous paraît évidente si elle est mise en rapport avec le concept de situation.

[66] Dans la suite nous introduisons une distinction supplémentaire entre situation et objet en tant que catégories logiques. Ici nous considérons la pensée exclusivement dans sa qualité d'événement. Par conséquent, le terme 'objet' doit s'entendre ici au sens générique de corrélat de la pensée. Dans le ch. 4 on donnera une définition technique de ce terme, à partir de son opposition au concept de 'situation'. On verra alors que, au sens technique, le véritable corrélat de l'acte de penser n'est pas un objet mais une situation.

[67] MW 10 : 320.

à partir de sa *structure temporelle.* A ce propos, nous pouvons donc distinguer les deux aspects suivants. En premier lieu, en tant que forme de médiation[68], la pensée est conçue comme une activité secondaire et dérivée, produite à l'intérieur d'un processus plus ample dont le point de départ est une situation dans l'expérience et le point d'arrivée en est une autre. Ce passage est important car la définition même de la pensée est donnée par Dewey à partir de la définition du rôle que cette dernière joue dans ce passage : « la réflexion (et, par conséquent, la connaissance ayant des propriétés logiques) surgit à cause de l'apparition de facteurs incompatibles à l'intérieur de la situation empirique visée. » Il s'ensuit que « la réflexion apparaît comme le trait dominant d'une situation lorsqu'il y a quelque chose qui trouble »[69]. Le rapport à l'extériorité détermine à la fois la pensée dans ses prémisses, dans son mode de déroulement et dans sa conclusion, car c'est toujours en vue de cette résolution qu'elle est activée. Mais ce rapport détermine aussi sa structure, car il n'y a pensée que dans le mouvement qui dynamise une situation. La pensée constitue donc un processus temporellement étendu. La résolution d'une situation exige nécessairement que des événements se produisent et en transforment les conditions de fonctionnement. Parmi ces conditions, comme nous le verrons, il y a aussi l'activité d'enquête. Mais en deuxième lieu, en tant qu'action la pensée est aussi un processus dont l'accomplissement exige du temps : elle passe par des phases de sélection de données, de formulation d'hypothèses et de contrôle de parcours d'action. La temporalité est un trait essentiel de la pensée, car sa tâche n'est pas de se confronter à un réel déjà donné mais de contribuer activement à sa construction, et cela ne se fait pas dans l'instantanéité d'un acte logique, mais à travers une suite d'actions qui se déploie dans le temps, à travers laquelle la pensée se détermine tout en déterminant la situation qu'elle vise[70].

De ce point de vue, la pensée semble être omniprésente : on pense par rapport à n'importe quoi et toute chose peut être un objet pour la pensée : on pense dans les usines ainsi que dans les laboratoires, dans le cabinet des ministères ou au cours de l'expérience quotidienne. Mais il faudrait plutôt dire que *ça* pense, car il s'agit là d'une fonction constitutive de l'expérience plus que d'une activité consciente et intentionnelle. *Ça* pense car la pensée n'est pas d'abord l'effort conscient d'une subjectivité tournée vers l'abstraction mais le type de réponse biologique propre à l'espèce humaine,

---

[68] « Inquiry occupies an intermediate and mediating place in the development of an experience », MW 10 : 320.

[69] MW 10 : 326.

[70] L'analyse de tous ces aspects sera reprise à partir du chapitre 3.

exigée par l'occasion qui la sollicite dans l'expérience[71]. Dans son état de naïveté naturelle, la pensée est un élément constitutif essentiel et souvent implicite du comportement humain[72]. Dans l'expérience naturelle, nous ne posons jamais la question de ce qu'est la pensée, car « le problème n'est pas celui de savoir comment puis-je penser *überhaupt*, mais comment dois-je penser *ici et maintenant* ? »[73]. Dewey remarque dans ce deuxième sens que l'attribution à un sujet individuel (un moi) de la propriété de pensant, percevant ou croyant n'est pas l'établissement d'un fait objectif (comme dire « la pierre est dure ») mais « il signifie accepter et déclarer explicitement une responsabilité et avancer une prétention ». Cela signifie que le soi n'est ni « la source ni l'auteur de la pensée ou de l'affection ni son siège exclusif »[74]. Le sujet de la pensée est un sujet neutre, un 'on' ou un 'ça', car c'est toute une situation qui, à travers notre pensée, parvient à sa résolution. Mais la pensée est l'un des traits constitutifs de l'expérience aussi au sens que 'ça pense partout' et non pas uniquement dans le cabinet du philosophe ou du savant. Mais en même temps, la logique du 'ça pense' nous[75] échappe, car dans son expérience naturelle l'homme ne s'interroge pas sur la nature de la pensée ni sur ses rapports avec la réalité. La pensée est avant tout objet d'expérience et non pas de réflexion. Il s'agit d'une pensée vécue, ou, comme dirait Dewey, *eue* et non pas *connue*.

Dans cette remarque nous percevons les conséquences radicales de la perspective fonctionnaliste que Dewey fait sienne. Traditionnellement, l'attribution de pensées ou d'affections à un sujet est faite d'après une logique autoriale (*authorship*) : en disant 'je pense', on entend affirmer une relation de propriété qui identifie à la fois la nature du sujet et celle de l'expérience. Chez Dewey au contraire, le passage du 'on pense' au 'je pense' est opéré d'après la maxime pragmatiste. Notamment, l'attribution d'une croyance à un sujet (ou l'auto-attribution à soi-même) n'est pas opérée pour affirmer la souveraineté du sujet face aux pensées dont il serait l'origine. En ce sens, on est très loin du mythe de la conscience originaire cartésienne. L'attribution d'un état d'expérience à un sujet individuel est faite pour une autre raison. Elle signifie une présomption ou attribution de responsabilité. Sa signification est alors définie par rapport aux

---

[71] Cette conception impersonnelle de la pensée est présentée par Dewey dans *Experience and Nature*, cf. LW 1 : 179-180

[72] Il s'agit de ce que, dans *Logic*, Dewey appellera la matrice biologique de l'enquête, c'est-à-dire le fait que penser dénote la façon proprement humaine de décliner la forme universelle de la vie, qui est celle du rapport organisme-environnement. Voir le deuxième chapitre de *Logic*, LW 12 : 30-47.

[73] MW 2: 300.

[74] LW1 : 179-180.

[75] Mais le sujet ici est déjà devenu un sujet philosophique : le 'nous', c'est le nous des philosophes.

conséquences que cette attribution entraîne et qui concernent la dimension pratique de l'action. « Dire 'je pense, j'espère et j'aime' c'est dire en effet que la genèse n'est pas le dernier mot ; plutôt que de blâmer ou créditer la nature, sa propre famille, l'Eglise ou l'Etat pour ses propres croyances, affections et attentes, on assume ses propre responsabilités. Un acte d'adoption est ainsi proclamé, en vertu duquel on revendique les gains des biens futurs et on admet sa responsabilité pour les maux futurs qui suivront des activités en question »[76]. Le sujet individuel ne semble pas être beaucoup plus qu'un support extérieur sur lequel des expériences se fixent. En ce sens aussi s'esquisse une pensée du milieu où le commencement n'a qu'un sens instrumental : un sujet s'approprie une affection non pas pour en revendiquer l'exclusivité[77] mais afin d'accepter les conséquences qui en dérivent. En ce sens on peut dire que la pensée n'arrive jamais la première, car elle est affectée originairement par le fait d'être immergée en même temps dans l'étoffe d'une expérience et dans l'horizon d'une situation qui la sollicite.

Appliquer à la pensée le principe de continuité signifie que la pensée « est placée dans un *continuum* qu'il n'est pas lui-même objet de la pensée »[78]. A partir de ce double *continuum*, se produisent deux genres de processus de différenciation. Un premier processus, de nature réelle, voit la pensée émerger de l'expérience comme résultat d'un conflit parmi des facteurs incompatibles. Il y a donc différenciation du tout de l'expérience entre *pensée* et *pensé*, c'est à dire entre l'acte de réflexion et ce qui va devenir son objet. Un deuxième processus, de nature conceptuelle, préside à la genèse logique des catégories dont la pensée se sert pour accomplir son activité d'analyse et de restructuration de la situation problématique. La conception fonctionnelle et instrumentale s'applique donc à la fois à la pensée et à ses corrélats objectifs, car les deux sont requis et impliqués dans l'acte de recomposition de l'expérience. Dans le réel, les deux aspects ici distingués demeurent fort intriqués, car en dehors d'une situation problématique la pensée n'a pas de raison pour se produire. Si par contre un problème se manifeste, la pensée intervient avec l'objectif de le résoudre, et les distinctions dont elle se sert acquièrent le statut de moyens vis à vis d'un but qui n'est pas celui d'atteindre une connaissance de la situation mais d'en

---

[76] LW 1 : 180. La question de la responsabilité, évoquée ici en tant que conséquence de l'application de la maxime pragmatiste, constitue aussi un élément fondamental de la conception deweyenne de la rationalité. Notamment, la structure d'acte qui caractérise la pensée implique le refus de toute conception automatisante de la rationalité comme calcul et affirme que le seul lieu où la rationalité puisse être logée est l'acte délibératif placé au cœur de la pensée. Sur tous ces aspects, cf. Frega 2006.

[77] Cela serait plutôt propre à une pensée de l'origine

[78] MW 10 : 325.

réaliser la restructuration[79]. Dans l'articulation de la logique deweyenne, ces deux propriétés du principe de continuité conduisent aux deux thèses de l'unité du pratique et du logique et de la situation comme objet du jugement. La première thèse est un corollaire de la continuité entre la pensée et l'expérience, tandis que la deuxième dérive de la continuité entre la pensée et la situation. Ces deux thèses sont indissociables du primat fonctionnel du contexte, car d'après Dewey les deux ont trait à la question fondamentale de la nature et du mode de fonctionnement de l'abstraction. C'est pour cette raison que nous allons les aborder ensemble.

### *1.4.2 Le contexte de la pensée*

Il y a un trait commun aux critiques que Dewey a adressé à toute une partie de la tradition philosophique occidentale à plusieurs reprises. Il s'agit de ce qu' il a appelé « *the neglect of context* »[80], la méconnaissance du rôle que le contexte joue dans la structuration de l'acte de penser et dans la genèse de ses catégories.

Chez Dewey « la pensée surgit en réponse à ses propres occasions »[81], de telle sorte que « chaque problème réflexif et chaque opération surgit par rapport à une situation *spécifique* et doit servir quelque but *spécifique* »[82]. Cette conclusion est valable non seulement pour la pensée dans son exercice ordinaire, mais aussi pour la spéculation théorique la plus abstraite. Elle constitue notamment le point de départ de la théorie logique car, en tant que « théorie générale de la réflexion, en tant qu'opposée à son exercice concret, [la logique] émerge lorsque les occasions pour la réflexion sont réciproquement en conflit et ce à un point tel que la réponse spécifique et adéquate de la pensée est bloquée »[83]. C'est donc lorsque la pensée se trouve dans une impasse face à son fonctionnement à l'intérieur de l'expérience que l'exigence d'une réflexion générale sur la nature de la pensée se manifeste[84].

---

[79] Ou, de façon équivalente, la connaissance des conditions nécessaires à sa restructuration. L'équivalence des deux formulations doit nous mettre en garde vers toute lecture réduisant le moment pratique à la résolution des contingences matérielles. La pratique doit être comprise avant tout au sens fonctionnel : on cherche toujours la connaissance dans le cadre d'un problème, qu'il soit théorique ou pratique.

[80] « The most pervasive fallacy of philosophic thinking goes back to neglect of context », LW 6 : 5.

[81] MW 2 : 300.

[82] MW 2 : 301.

[83] MW 2 : 300.

[84] « The stimulus to that particular form of reflective thinking termed logical theory is found when circumstances require the act of thinking and nevertheless impede clear and coherent thinking in detail », MW 2 : 300.

On est ici très loin du paradigme aristotélicien de la philosophie comme émerveillement désintéressé. Tout comme dans le cas de la recherche d'une solution à un problème spécifique, le besoin de réfléchir à la nature formelle de la pensée naît, d'après Dewey, en réponse à des exigences propres à l'expérience concrète des hommes, notamment par rapport à des obstacles qui en quelque sorte l'empêchent. En ce sens, l'objet de la logique devient le *mode de fonctionnement* de la pensée en tant qu'activité fonctionnellement déterminée par les exigences d'un contexte de pratique. Ce passage d'une logique formelle à une *logique de l'expérience* induit un changement de l'horizon problématique qui détermine à la fois l'image de la pensée et l'identité de la logique. Ce changement est signalé par le passage de la question « comment puis-je penser *überhaupt* », à la question « comment dois-je penser *ici et maintenant* ? » Ce changement implique que la question kantienne visant la détermination des conditions de possibilité – le 'que *puis*-je connaître ? – est remplacé par une question qui vise les conditions réelles de la pensée – le comment pensé-je ici et maintenant ? de Dewey. L'entreprise pragmatique se substitue à l'entreprise transcendantale et la philosophie assume un rôle actif dans l'élaboration d'instruments et de connaissances qui vont jouer un rôle dans la conduite effective des hommes à la fois dans leurs expériences quotidiennes et professionnelles, dans la délibération pratique et dans la recherche scientifique. La prétention normative que Dewey attribue à la philosophie et à la logique doit s'entendre alors au sens d'une *normativité immanente.*

La primauté de l'usage et de la pratique prônée par Dewey entraîne des conséquences importantes dans la conception de la théorie logique. Notamment, Dewey estime qu'une théorie générale de la pensée ne se construit qu'à partir des modalités de son fonctionnement concret et spécifique, et non pas '*at large*', c'est à dire dans l'universalité artificielle d'une logique formelle. Par conséquent, son but ne consiste pas[85] dans la détermination des lois universelles qui régissent le rapport formel à la vérité. Dewey définit en effet tout autrement le but de la logique, qui est d'analyser les différentes modalités de fonctionnement des procédures d'enquête dans des contextes variés. Les généralités auxquelles une telle logique devra aboutir seront donc d'un ordre tout à fait différent. Notamment, elles devront satisfaire les critères qui suivent [86]:

1. déterminer les éléments communs à différents types de situations qui précèdent et forcent la pensée ;
2. déterminer la corrélation entre types de situations et types de réponses cognitives ;

[85] En tout cas pas seulement.
[86] MW 2 : 303.

3. distinguer les différents types de conséquences produites par les différents types de réponses.

Ces critères permettront à Dewey d'articuler le principe de la valeur universelle de la méthode expérimentale[87] avec l'idée selon laquelle la différence entre les types de problèmes qui se manifestent dans des situations différentes justifie le recours à des instruments et des modalités d'enquête différentes. Sur le plan logique, cette remarque implique le refus de toute stratégie réductionniste, par exemple de la pensée ordinaire ou des sciences sociales aux méthodes développées dans le cadre de la physique ou des mathématiques. Mais pour ce faire, il faudra que la notion logique de pensée comme activité comportementale d'enquête soit définie avant tout sur le plan anthropologique d'une théorie du rapport entre l'homme et son environnement. C'est uniquement à ce niveau que la pensée peut prétendre à une validité universelle, qui se déclinera ensuite dans les différentes formes qu'elle acquiert dans la pensée ordinaire, dans les sciences exactes, en esthétique, dans la religion et plus généralement partout où il y a effort conscient d'articuler une réponse symbolique à une situation problématique.

Le banc d'essai pour cette théorie sera offert à Dewey par la question du statut de l'enquête dans le sens commun et dans la science. Face à des formes de pensée aussi différentes, le défi consistera à montrer que, malgré leurs différences profondes, elles présentent certains traits constitutifs communs, et qu'« il n'y a pas de différence de principe entre les méthodes de la science et ceux de l'homme de la rue »[88]. De la même manière, Dewey affirmera que la même continuité se trouve, à plus grande raison, entre les méthodes des sciences dures et celles des sciences sociales et humaines, dont la re-fondation est au cœur du projet deweyen de renouvellement de la philosophie. A partir de ce principe de continuité, la différence entre les différentes formes de pensée sera établie par Dewey par référence aux distinctions typologiques évoquées plus haut, qui concernent :

1. le statut du matériel utilisé pour la définition du problème ;
2. le degré de formalisation et de rigueur dans les raisonnements acceptés ;
3. les différents critères pour l'établissement de la validité des conclusions obtenues.

Ces différences ne doivent toutefois pas nous faire sous-estimer les points en communs, car la notion de pensée qui les sous-tend présuppose la même conception d'une forme d'activité qui se sert des idées et des faits comme des éléments d'une logique axée autour du concept de situation problématique. Ces traits en commun délimitent l'espace de la théorie

[87] Il s'agit d'une autre application du principe de continuité.
[88] MW 2 : 305.

deweyenne des distinctions conceptuelles et sont au fondement de la théorie générale de la pensée comme enquête qu'il développera plus tard.

## 1.5 Le problème de la prédication et le statut des distinctions conceptuelles

Nous avons remarqué plus haut la nécessité de traiter conjointement la notion de contexte et la question de la prédication. Au fondement de la théorie de la pensée comme action se trouvent deux thèses sur le statut logique des concepts. La première thèse concerne la question de la référence. A cet égard, Dewey attribue une priorité logique à la dimension génétique de la pensée, et affirme que *les concepts sont déterminés d'après un critère d'ordre fonctionnel et non pas représentatif.* La deuxième thèse, que nous examinons dans le paragraphe suivant, concerne le statut du concept vis à vis de son contenu cognitif. En accord avec l'interprétation fonctionnelle des distinctions, le contenu conceptuel n'est pas considéré comme étant la représentation adéquate d'un objet ou d'un état des choses mais comme étant une *hypothèse qui porte sur des parcours d'action possibles*[89]. Cette approche fonctionnelle implique en outre que les concepts soient définis comme outils d'un genre particulier. Il s'agit de termes opératoires (*working terms*) « qui, en tant qu'opératoires, sont flexibles et historiques, relatifs et méthodologiques »[90]. Dès lors, la distinction esquissée jusqu'à présent entre deux conceptions de la philosophie et de la pensée se traduit par une différence entre deux types de théorie des concepts :

1. une théorie épistémologique[91], qui considère les prédicats comme propriétés statiques de substances autosuffisantes ;
2. une théorie pragmatiste, qui traite les prédicats comme les résultats historiquement déterminés des processus de différentiation fonctionnelle visant la résolution d'un problème.

---

[89] Comme on verra par la suite, le passage de l'ordre représentatif à l'ordre fonctionnel a des conséquences profondes sur la théorie de la vérité, car la perspective fonctionnaliste conduit inévitablement à privilégier la fonction de guide pour l'action par rapport à la fonction représentative.

[90] MW 2 : 306.

[91] Nous employons ici l'adjectif 'épistémologique' selon l'usage critique de Dewey, qui voit sa théorie de la connaissance comme une critique à ce qu'il appelle les conceptions épistémologiques de la connaissance. Pour un examen philosophique de l'idée d'une 'conception non épistémologique de la connaissance', qui n'est rien d'autre que l'épistémologie des pratiques de connaissance qui définit le cadre de référence pour toute réflexion sur la connaissance dans une perspective pragmatiste, on se reportera à Frega 2006.

Cette distinction, que Dewey examine à maintes reprises, peut être reconduite à l'opposition entre deux façons irréductibles de concevoir le rapport de la pensée à la réalité, et concerne « la différence faite entre ce qui est sélectionné comme matériel originaire »[92]. La première, que Dewey appelle 'réductionnisme épistémologique', trouve son origine dans une métaphysique atomiste. Celle-ci est caractérisée par la thèse que ce qui est premier et donné – ce qu'on accepte comme matériel originaire – ce sont toujours des substances indépendantes. Ce point de départ implique à son tour que la légitimation des distinctions conceptuelles dépend de leur correspondance à des *articulations naturelles du réel.* D'où l'idée que les problèmes fondamentaux de la philosophie concernent l'explication du rapport de relation et de composition entre ces substances originaires et ontologiquement irréductibles. Parmi les exemples classiques de réductionnisme épistémologique, Dewey cite le dualisme cartésien des substances, mais on pourrait également citer le dualisme kantien entre la sensibilité et l'intellect, la distinction positiviste entre les faits et les valeurs, le dogme empiriste de la distinction entre l'*a priori* et l'*a posteriori* et bien d'autres. Sur le plan logique et des théories de la signification, cette position implique que ce qui est originaire est toujours de l'ordre des éléments, tandis que le complexe résulte de la composition opérée avec des éléments simples[93].

La deuxième forme de pensée s'enracine au contraire dans une perspective holiste, qui attribue une primauté ontologique à l'idée d'une totalité non analysée et pour cela dépourvue d'articulations naturelles et intrinsèques. Les distinctions donc, loin d'être originaires, sont introduites par la pensée afin d'attribuer à cette totalité une signification qui nous permette de la traiter. Loin d'être le résultat d'un processus d'adéquation de la pensée à la réalité, ces distinctions naissent de l'effort que la pensée accomplit afin d'*articuler* le réel dans une structure apte à rendre l'action possible. Dans le langage plus tardif *d'Experience and Nature*, cette position a été ainsi formulée par Dewey : « l'expérience dans son intégrité primaire ne reconnaît aucune division entre l'acte et son matériel, le sujet et l'objet, mais elle les contient tous dans une totalité non analysée »[94]. Si dans le cas des théories atomistes les éléments simples sont considérés comme des données dont il s'agirait de déterminer la signification, chez Dewey le problème que chaque distinction conceptuelle soulève est tout autre. L'interprétation fonctionnelle de l'acte de penser implique en fait que

---

[92] « The first and perhaps the greatest difference made in philosophy by adoption respectively of empirical or non-empirical method is, thus, the difference made in what is selected as original material », LW 1 : 20.

[93] Il faut songer ici à la théorie atomiste de la signification de Russell.

[94] LW 1 : 18.

chaque distinction doit être interrogée par rapport aux *conditions généalogiques*[95] *qui ont produit l'émergence d'une séparation qui se présente à la pensée comme étant naturelle et allant de soi*. Le plan de l'explication en est par conséquent révolu. On considère dès lors qu'une explication satisfaisante ne consistera plus dans la détermination des conditions de possibilité du rapport entre ce qui se présente comme ontologiquement séparé (l'âme *et* le corps, la connaissance *et* la réalité, l'objet *et* le sujet). Ce qui demande à être expliqué ce sont plutôt les conditions historiques (culturelles, sociales, scientifiques, technologiques, économiques) qui ont conduit à *recouper le réel de tel manière plutôt que d'une autre*. Cette reconstruction historique procède par de généalogies des situations problématiques, car la différentiation conceptuelle qui donne lieu aux dualismes est toujours le résultat d'une tentative de résolution d'un problème spécifique par le biais de l'introduction d'une distinction conceptuelle qui permet de le traiter de façon satisfaisante. Nous ne sommes donc pas très loin de l'entreprise généalogique nietzschéenne, ni de l'archéologie foucauldienne. Dans les deux cas en effet, le sujet de la philosophie n'est pas l'établissement ce qui existe vraiment dans le monde (l'ontologie au sens anglo-saxon d'ameublement du monde), mais *la détermination des causes qui ont produit l'ordre conceptuel qui structure une certaine forme d'évidence*[96] (une *épistemê* au sens de Foucault ou une époque du monde au sens de Heidegger).

### *1.5.1 Une interprétation fonctionnelle des concepts*

A partir du cadre théorique que nous venons d'esquisser, on peut distinguer deux manières de concevoir le rapport de la pensée à la réalité. La première consiste à « prendre les distinctions entre pensée et fait, entre âme et corps, etc., en tant qu'ontologiques, comme étant intrinsèquement fixées

---

[95] On remarquera que chez Dewey la généalogie acquiert un caractère fonctionnel qui l'éloigne des connotations politiques auxquelles l'œuvre de F. Nietzsche d'abord et de M. Foucault ensuite nous avaient habitués. C'est par rapport à cette dimension fonctionnelle que Dewey peut affirmer par exemple que le dualisme métaphysique du sujet et de l'objet naît du fait que « recognition of subjective minds having a special equipment of psychological abilities is a necessary factor in subjecting the energies of nature to use as instrumentalities for ends », LW 1 : 22.

[96] Les exemples plus saisissants d'enquête généalogique chez Dewey se trouvent dans *Experience and Nature*, et notamment dans les chapitres 3 à 7, où la question de la genèse des dualismes entre moyen-fin, âme-corps, nature-expérience, etc. est abordée afin de montrer le processus de leur constitution historique dans le cadre de problèmes spécifiques.

dans l'aménagement de la structure de l'être »[97]. Les articulations étant réelles, la valeur des distinctions ne pourra alors qu'être représentative, car elle devra être modelée sur une réalité qui se manifeste à l'esprit déjà dotée de ses attributs catégoriels fondamentaux[98]. La deuxième manière de concevoir le rapport de la pensée à la réalité trouve son point de départ dans la thèse selon laquelle toute distinction catégorielle est le produit historiquement déterminé d'une activité de pensée. Les distinctions passent donc du statut fort de représentants des articulations naturelles de l'être à celui plus faible de 'modes' produits par la pensée à l'intérieur d'un horizon problématique donné. Notamment, à l'exemple des dualismes fondamentaux de la philosophie qui le montrent, la référence fonctionnelle de la pensée à une situation problématique n'implique aucune conception restreinte et réductive de la situation comme se référant à un contexte local de pratique. Il en suit que, une distinction étant donnée, le problème philosophique ne consiste pas à savoir si ce dualisme représente adéquatement la structure du réel, mais de comprendre *quelle conjoncture en explique la genèse,* les raisons historiques et conceptuelles qui expliquent l'émergence de cette articulation du réel plutôt que d'une autre. En prenant l'exemple du dualisme métaphysique de l'âme et du corps, Dewey remarque que sa légitimité fonctionnelle réside dans le fait que la distinction entre l'élément matériel et l'élément spirituel constitue une étape essentielle dans le processus de développement des formes de maîtrise technique sur l'environnement, maîtrise que les conceptions spiritualistes rendraient plus difficile[99]. On peut envisager de la même manière aussi le dualisme du sujet et de l'objet. Quoi qu'il en soit de la légitimité métaphysique de ce dernier, Dewey remarque que la connaissance scientifique ne pouvait se développer adéquatement qu'à condition d'affirmer préalablement l'indépendance de l'objet étudié du sujet observant. L'appréciation de la validité instrumentale de cette distinction doit être distinguée de l'affirmation spéculative qui traite cette séparation comme une représentation adéquate de la nature des choses. Si la première est considérée par Dewey comme légitime en raison de sa fonction, la deuxième est considérée comme absurde et insensée[100].

Bien que la différence entre ces deux théories de la distinction conceptuelle doive être appréciée sur le plan logique, sa compréhension exige toutefois la référence au tournant anthropologique exposé plus haut. Il faut se rappeler que la perspective fonctionnelle découle de ce tournant, car

---

[97] MW 2 : 308.

[98] La nécessité de cette conclusion a clairement été montrée par G. Deleuze dans son étude sur Spinoza (Deleuze 1968)

[99] Cf. LW 1 : 20-22 et *passim* tout le chapitre premier. Pour une analyse détaillée, voir aussi les chapitres 6 et 7 du même livre.

[100] LW 1 : 184-185.

ce dernier implique que *la connaissance passe de l'état de fin ultime à celui de moyen.* Par conséquent, le statut de ses éléments subit des changements importants. On comprend mieux alors dans quel sens Dewey considère que la limite majeure des théories classiques de la connaissance est d'avoir traité comme final et absolu ce qui en réalité n'était que l'étape fonctionnelle et intermédiaire d'un processus plus étendu. Méconnaissant la dimension historique et évolutive de la connaissance et de la pensée, ces théories considèrent comme étant donnée[101] une distinction qui, au contraire, est le produit d'un processus qui s'est déployé dans le cadre d'une situation déterminée exigeant de la pensée une réponse singulière et fonctionnellement adaptée à ses conditions[102]. Les distinctions conceptuelles perdent ainsi le statut de données irréductibles pour acquérir le statut de conséquences. Dès lors, une distinction étant donnée, il s'ensuit pour Dewey que « sa signification, son caractère, sa force, sont connus seulement lorsqu'ils sont considérés comme les résultats d'un plan pour satisfaire les conditions impliquées dans quelque situation spécifique »[103]. Les traits distingués restent tels. Change toutefois le statut de leur validité, qui ne réside plus dans leur correspondance fixe et statique avec des traits de réalité préexistants, mais dépend du fait d'être les *aspects d'une réponse spécifique à une stimulation déterminée, éléments d'une fonction à accomplir.*

Le principe de continuité et le postulat holiste impliquent que les distinctions catégorielles ont un statut purement fonctionnel. Les dualismes métaphysiques sont ainsi réinterprétés comme n'étant que « des dualités, distinctions qui ont une valeur métaphysique instrumentale et pratique mais non pas finale », ce qui signifie qu'ils ont « une valeur métaphysique en un sens pratique et expérimental et non pas par le fait d'indiquer un clivage existentiel radical dans la nature des choses »[104]. L'idée d'un tel clivage est tout simplement hors de l'horizon explicatif du pragmatisme, tout comme dans la science expérimentale la question ontologique de la nature substantielle des choses est abandonnée au profit de l'étude de leurs capacités d'agir et de pâtir. Il en suit la transformation intégrale de notre conception de l'abstraction. Notamment, elle n'est plus considérée comme étant le corrélat représentatif d'une distinction ontologique mais, en tant que résultat de l'activité de la pensée, elle devient le corrélat fonctionnel des actes de pensée. Cette référence à la fonction implique que toute abstraction est indexée à une situation ou contexte, qui constitue le cadre qui en explique la genèse. Cet ancrage des catégories conceptuelles au contexte doit se

---

[101] Au sens d'originaire, irréductible.

[102] D'où la critique récurrente de la '*philosophical fallacy*' qui consiste dans « la transformation de fonctions finales en existences antécédentes » LW 1 : 40.

[103] MW 2 : 310.

[104] MW 3 : 155.

comprendre chez Dewey avant tout dans la perspective des généalogies historiques. Sa finalité n'est pourtant pas celle de relativiser les catégories de la connaissance humaine pour en affirmer la nature arbitraire et ouvrir ainsi la voie à une forme de relativisme épistémologique. La confiance deweyenne en la science l'empêche de tomber dans ce genre de pièges intellectuels. Dewey s'efforce plutôt de montrer que les distinctions catégorielles ne dérivent pas d'un désir de connaissance désintéressée, mais de l'effort de comprendre le réel de manière à pouvoir interagir avec lui. L'étendue des notions de contexte et de situation peut par conséquent varier considérablement. Si dans la théorie du jugement la situation de référence tend à se réduire à un horizon spatio-temporel plutôt restreint, le contexte de référence pour des enquêtes historiques sur la généalogie des catégories du corps et de l'esprit ou de la fin et du moyen s'étend sur plusieurs siècles et embrasse des événement aussi différents que la naissance de la science moderne ou le passage de l'antiquité grecque à la civilisation chrétienne. En cette perspective, la question de l'étendue du contexte n'est pas pertinente. La détermination d'une distinction catégorielle se fait toujours par rapport à des conditions qui sont déterminées par l'horizon d'un problème et non pas dans le but abstrait et générique de déterminer les catégories absolues du rapport entre la pensée '*at large*' et la réalité '*at large*'. Il y a donc un gouffre infranchissable entre l'idée d'un contexte déterminé et dont l'extension peut être aussi très ample, et l'idée de l'indépendance de tout contexte. En ce sens, même la naissance de la logique – discipline abstraite et a-contextuelle par excellence – dépend de conditions historiques qui spécifient la nature d'un problème eu égard duquel la logique constitue une tentative de réponse. Par conséquent, la prétention à l'universalité, que ce soit d'une théorie ou d'une distinction catégorielle, doit toujours être spécifiée par rapport à un cadre déterminé et dont le niveau de généralité peut être très variable. Disparaît ainsi le problème posé par la conception de la généralité comme abstraction indépendante de tout contexte, car toute distinction est sélectionnée en raison du rôle qu'elle joue eu égard à une situation déterminée et cette corrélation fait partie de façon indissoluble de son sens. Ce qui pourra éventuellement changer, c'est le niveau de généralité de la situation de référence.

L'opposition entre le critère fonctionnel et le critère représentatif demeure indépendante du débat entre le réalisme et le nominalisme[105]. La position soutenue par Dewey nous semble en ce sens compatible à la fois

[105] Historiquement, les positions deweyennes s'insèrent plutôt dans le débat entre le réalisme et l'idéalisme et concernent notamment la critique de la thèse qui réduit la réalité à un contenu mental. Nous ne reprenons pas les termes de ce débat historique, car ils nous semblent totalement dépassés. Pour une reconstruction des positions de Dewey vis à vis des réalistes et des idéalistes, voir Tiles, 1988, ch. 6.

avec le réalisme scientifique et avec le constructionnisme, car elle déplace l'enjeu de la question. Si en fait réalisme et constructionnisme s'affrontent sur le plan du statut de l'objet de la représentation, qui est réel d'après le premier et construit d'après le deuxième, le fonctionnalisme deweyen vise un problème d'un ordre tout à fait différent. Il nous demande de ne plus interroger la signification des concepts du point de vue de ce qu'ils représentent, pour s'intéresser plutôt aux raisons fonctionnelles qui les justifient et les expliquent. Si Dewey nie une portée ontologique aux distinctions conceptuelles, ce n'est pas afin d'affirmer un nominalisme relativiste, mais plutôt pour abandonner *à la fois* nominalisme et réalisme en faveur d'une perspective qui déplace la question de la signification du plan de la représentation à celui de l'usage.

### *Idées et faits*

La première distinction catégorielle à tomber sous les coups de la critique deweyenne est celle qui oppose les idées et les faits, car l'acte de penser ne se définit plus à partir de la mise en rapport logique des idées prédéterminées avec des faits pré-constitués. Par conséquent, « la distinction entre signification et fait est traitée dans le développement d'une science, ou de n'importe quel problème scientifique particulier, comme une division pratique *intentionnelle et induite* du travail ; comme l'attribution d'une position relative par rapport à l'exécution d'une tâche »[106]. Selon Dewey il y a en fait toujours double genèse et co-détermination réciproque des traits distingués. L'interprétation fonctionnelle des catégories de la pensée permet en outre de mieux expliquer en quoi la temporalité est un trait constitutif de la pensée. En tant que processus, la pensée est caractérisée par les traits suivants :

1. la situation qui constitue le stimulus antécédent n'a pas la forme d'un état de choses donné mais toujours d'une totalité indéterminée que la pensée doit transformer en situation problématique ;
2. le processus de pensée en tant que déroulement d'une activité d'enquête aboutit au jugement pratique final ;
3. l'horizon problématique établit les limites (dans le sens de conditions de validité) et les fins du processus de pensée et d'action.

[106] MW 2 : 308.

### *1.5.2 Une logique des aspects*

Dans les *Studies in logical theory,* Dewey a proposé une première théorie des distinctions conceptuelles, à partir de la notion d'aspect duel (*dual aspect*)[107]. Les choses sont dites avoir un aspect duel parce que la pensée construit ses déterminations à partir de la position de distinctions qui dédoublent le réel d'après la même forme exprimée par les dualismes métaphysiques traditionnels. Ainsi, « là où il y a une lutte, il y a des obstacles, là où il y a affection il y a des personnes qui sont affectées », etc. Il faudra donc déterminer le statut des aspects ainsi distingués et par conséquent des termes qui les dénotent. Dans le cadre du fonctionnalisme, la théorie des distinctions conceptuelles donne lieu à deux types de différenciation conceptuelle. La première est la *distinction à l'intérieur* (*distinction within*), ou bien la différenciation - à l'intérieur d'une fonction ou d'une attitude donnée - des aspects structurels et contemporains qui en font partie. Il s'agit notamment de la distinction entre moyen et fin, ou entre l'acte de penser et son contenu ou entre un agent et son action. Le deuxième est la *distinction entre* (*distinction between*), qui se produit entre une fonction ou une attitude et celle qui la précède ou qui la suit. Il s'agit d'une distinction sérielle, dynamique et opératoire[108]. Elle permet de différencier, à l'intérieur d'une activité déterminée, des phase et des étapes, par exemple lorsque le processus de l'action est divisé en problématisation, délibération et action. Dans les deux cas, l'objet de la pensée est conçu comme étant une totalité homogène par rapport à laquelle les distinctions introduisent des *différentiations fonctionnelles* et non pas réelles. Par conséquent, dans un cas comme dans l'autre *un concept n'est jamais le corrélat d'une substance mais toujours d'un aspect.* Le passage d'une ontologie substantielle à une ontologie des aspects est tout à fait cohérent avec la conception active de la pensée, car il constitue le fondement d'une théorie fonctionnelle de l'abstraction. Au contraire, une ontologie substantielle, puisqu'elle affirme que les distinctions conceptuelles correspondent à des parties réellement existantes et ontologiquement séparées dans la réalité (ce que la métaphysique appelle des substances), ne peut que légitimer la conception de la connaissance comme représentation. Connaître signifie alors représenter fidèlement les articulations du réel telles qu'elles sont, c'est-à-dire indépendamment de leur insertion dans une situation quelconque et indépendamment des attributs du sujet connaissant.

---

[107] MW 2 : 311.

[108] « The distinction *between* each attitude and function and its predecessor and successor is serial, dynamic, operative. The distinction *within* any given operation or function are structural, contemporaneous , and distributive », MW 2 : 311.

Dans la conception pragmatiste *les distinctions conceptuelles passent du statut de représentations adéquates du réel à celui d'instruments*. Dès lors, elles perdent toute valeur représentative vis à vis des articulations supposées naturelles du réel. Plus radicalement, c'est l'idée même d'une articulation naturelle – c'est à dire existant en soi, indépendamment de tout facteur – que la connaissance devrait reproduire, qui est laissée pour compte. D'après Dewey les distinctions conceptuelles sont « instituées et maintenues dans l'intérêt de l'intelligence, avec tout ce que cela signifie par rapport aux fonctions vitales »[109]. Si nous acceptons la thèse du caractère modal[110] des distinctions, la question des conditions, qui rendent possible une vraie connaissance du monde (la pensée comme rapport entre connaissance '*at large*' et réalité '*at large*'), cesse d'être un problème pour la philosophie, et cela pour au moins trois raisons. D'abord car l'existence des distinctions conceptuelles ne constitue plus un fait donné dont il s'agit de justifier l'existence mais le résultat d'opérations historiques dont il s'agit de montrer le mode de fonctionnement. Deuxièmement, car ce genre de questionnement est abandonné : la généralité de sa formulation n'est plus considérée comme la marque d'un niveau très élevé d'abstraction conceptuelle mais plutôt comme le signe d'une mauvaise métaphysique. Troisièmement, car la question philosophiquement décisive devient dès lors celle de la constitution génétique de la relation entre pensée et réalité dans le cadre de situations spécifiques, caractérisées par des problèmes spécifiques qui sont à l'origine des distinctions dont la pensée se sert, car « le seul moyen de définir les termes caractéristiques d'une situation est de discriminer les fonctions auxquelles ils appartiennent »[111].

Nous parvenons ainsi à ce qui nous paraît être l'une des thèses majeures de la philosophie deweyenne de la pensée, c'est-à-dire *le passage d'une logique de la pensée à une logique de l'expérience*[112]. L'objet de la logique cesse d'être la pensée en tant que processus psychique ou rapport formel entre symboles pour devenir l'étude du '*reflective behave*'[113], le comportement réflexif. Son but devient alors celui de comprendre comment la pensée, en tant qu'aspect de l'expérience fonctionnellement orienté, opère à l'intérieur de situations caractérisées par la présence de processus réflexifs mis en place afin de résoudre un problème spécifique. En ce sens, le seul universel logique serait ce trait de la constitution anthropobiologique de

[109] MW 4 : 82.

[110] Modal du point de vue de l'ontologie, mais fonctionnel du point de vue choisi par Dewey d'une 'noologie' ou théorie de la pensée.

[111] MW 2 : 312.

[112] « Dewey's interest in logic can be broadly characterized as an interest in the logic of experience », S. Rosenthal, « The Logical Reconstruction of Experience : Dewey and Lewis », dans Burke *et al.*, 2002: 73.

[113] MW 2 : 313.

l'homme, qui est la modalité spécifiquement humaine d'articuler l'organisme à l'environnement. Cette articulation se fait chez l'homme par le recours à la médiation symbolique, dont l'enquête constitue un cas exemplaire[114]. Pris à son niveau le plus général, le problème philosophique que la logique doit résoudre est de comprendre « comment un type fonctionnel de situation ou d'attitude dans l'expérience passe et se transforme dans un autre », les types d'expérience considérés par Dewey étant l'esthétique, le pratique, le technologique, le scientifique, le socio-éthique, le religieux, etc. Ainsi définie, la pensée assume deux significations différentes. D'abord, la pensée est l'activité qui pose les différenciations fonctionnelles présentes au sein de l'expérience. Il s'agit alors d'en définir le rôle et le mode de fonctionnement par rapport à l'expérience dans son intégralité mais aussi par rapport aux autres facteurs distingués. C'est ici que la dimension anthropologique de la pensée entre en jeu. Deuxièmement, la pensée est l'aspect[115] qui, dans l'expérience, se différencie en vertu de cette fonction spécifique qui est la réflexion. De ce point de vue, son rôle est aussi celui de comprendre la structure générale des rapports qui régissent les différents aspects du tout. C'est dans ce deuxième sens que la philosophie devient une véritable théorie de l'expérience, car elle seule est en mesure de *fonder une logique en tant que théorie du comportement réflexif*[116]. L'étude de la pensée s'accomplit à travers la détermination de ses distinctions essentielles. Mais dans la mesure où elles ne sont que le résultat d'une division fonctionnelle du travail qui dépend de la place occupée par la fonction réflexive dans l'expérience, le rapport entre logique de la pensée et logique de l'expérience devient incontournable.

### *Réalité, expérience et pensée*

Une application exemplaire de cette théorie des distinctions concerne la définition des concepts d'expérience et de réalité ainsi que leur rapport respectif. Dewey s'en sert notamment pour démontrer que la thèse de

---

[114] « Inquiry is a development out of organic-environmental integration and interaction°», LW 12: 42.

[115] Nous parlons ici d'aspect et non pas d'élément pour la raison susmentionnée que les corrélats des catégories sont des aspects fonctionnellement distingués et non pas des entités réellement existantes.

[116] « The more detailed treatment of the organs and methods of reflection cannot be carried on with security save as we have a correct idea of the position of reflection amid the typical functions of experience » MW 2 : 316. La notion de 'reflective behave' avait été introduite à page 311 du même texte.

l'identité de l'expérience et de la réalité n'implique pas l'acceptation de l'idéalisme mais est parfaitement compatible avec une position réaliste, que Dewey appelle 'naïve'[117]. L'objection réaliste, notamment dans la formulation donnée par A. Lovejoy, soutient que la thèse deweyenne de l'identité de l'expérience et de la réalité n'est pas valide pour les événements qui ont eu lieu dans le passé et dont nous ne possédons aucune preuve documentaire. Par conséquent, réalité et expérience appartiendraient à deux ordres distincts. L'objection de Lovejoy est formulée à partir d'une théorie des distinctions opposée à celle de Dewey et qui se fonde sur des présupposés logiques différents. Pour le réalisme, le rapport entre l'expérience et la réalité est un rapport entre formes d'êtres distinctes. D'où le recours à l'objection historique[118], car elle semble présenter un cas indiscutable de séparation réelle, l'existence d'un terme étant temporellement et ontologiquement indépendante de celle de l'autre. C'est en ces termes d'ailleurs que la question métaphysique du rapport entre *esse* et *percipi* a été posée traditionnellement. Là où il n'y a pas mémoire d'un état de choses, l'existence semble être quelque chose dont on ne peut en aucune manière faire l'expérience. La même question est abordée par Dewey de façon complètement différente, car expérience et réalité sont considérées comme des aspects et non pas comme des entités ontologiquement distinctes. Par conséquent, la distinction ne renvoie pas à des entités ontologiquement prédéterminées mais à des aspects qui seront différenciés suivant les deux critères de la *distinction within* et de la *distinction between*. Sur le plan de la contemporanéité, l'expérience et la réalité ne sont que deux aspects structurels (*distinction within*) appartenant à une même totalité. Sur le plan du développement temporel, la distinction entre un passé précédant toute subjectivité et le présent actuel est traitée comme étant la distinction entre deux phases d'un même processus (*distinction between*). Il n'y a donc pas discontinuité et l'objection réaliste est réfutée. Pour compléter son argument, Dewey introduit la notion de 'transition vers' (*transition towards*), d'après laquelle « les conditions qui précèdent l'expérience sont déjà *en transition* vers l'état de choses dans lequel elle sont expérimentées »[119]. Dès lors, la réalité en tant qu'existence antécédente et indépendante, n'est que « la portion précédente, historiquement parlant, de ce que sera plus tard l'expérience. Ainsi considérée, la question du rapport entre la réalité et l'expérience est reformulée dans les termes du rapport entre une version

[117] Pour une analyse détaillée de ce débat on se référera à Tiles, 1988, ch. 6.
[118] Qui affirme qu'on ne peut avoir aucune expérience d'un événement ayant eu lieu avant l'apparition de l'homme sur terre ; par conséquent, expérience et réalité dénotent des entités irréductibles. Pour la formulation deweyenne de cette objection, voir MW 3 : 101.
[119] MW 3: 101.

précédente et une version successive »[120]. En ce sens, la réalité du passé se détermine toujours en fonction des effets et conséquences actuelles qu'il produit[121]. Cette idée d'une réalité passée, toujours en transition vers le présent, est valable à la fois sur le plan de l'expérience et sur le plan de la connaissance. La question du rapport entre la notion de transition et la conception évolutionniste de la science ne nous concerne pas ici. Il nous suffit de souligner que le type de réponse à ce problème dépend du choix théorique concernant le statut logique des distinctions, en sorte que cette brève analyse constitue une confirmation pour notre hypothèse. Dans *Experience and Nature,* Dewey fera de ce postulat continuiste le point de départ qui lui permettra de reformuler sa méthode philosophique, à partir de la considération que « la différence première et peut être plus importante, est celle qui concerne ce qu'on choisit comme matériel originaire »[122]. Dans le pragmatisme deweyen, ce qui prend la place de matériel originaire, c'est le tout indéterminé d'une totalité pré-catégorielle non analysée, face à laquelle la pensée introduira les distinctions qu'elle jugera essentielles afin de la déterminer en vue d'un but spécifique. Cette totalité est ce que Dewey appellera une 'situation indéterminée'.

[120] MW 3 : 102.
[121] « The past events has left effects, consequences, that are present and that will continue in the future », MW 6: 7,
[122] LW 1 : 28.

## 1.6 Idées comme hypothèses[123]

La conception fonctionnelle n'est pourtant que l'un des aspects de la théorie deweyenne des concepts. Elle sert notamment à expliquer le statut des abstractions en s'appuyant sur le critère fonctionnel exprimé par l'idée de sélection en vue d'un objectif[124]. Sur le plan de la référence, la théorie deweyenne des concepts présente des thèses dont le radicalisme est la conséquence de la conception fonctionnelle. L'une de ces conséquences concerne l'interprétation pragmatiste des attributs logiques. Sur ce plan, la voie entreprise par Dewey ne fait que poursuivre la tradition empiriste initiée par Bacon et perpétuée par certains contemporains de Dewey comme Peirce et Whitehead. Elle consiste à concevoir les attributs comme des manières d'agir et de pâtir, en prenant comme modèle la pratique de la connaissance dans l'activité expérimentale du laboratoire. L'idée que la signification se détermine en termes de conséquences pratiques rend possible le passage d'une conception des attributs comme propriétés (les qualités primaires et secondaires de la tradition empiriste) à une conception qui les définit en termes d'opérations possibles. Une proposition comme « le diamant est dur » se traduit ainsi en une série de propositions conditionnelles qui décrivent les effets que certaines expériences produiraient sur cet objet en termes de ses manières d'agir et de pâtir[125]. A partir de ce principe, Dewey opère une généralisation importante, qui consiste à étendre la maxime pragmatiste du

---

[123] Le langage deweyen oscille entre les termes d''idée', de 'proposition', de 'jugement' et de 'théorie', manquant ainsi d'une certaine précision, qui est aujourd'hui obligatoire en philosophie. Avant tout, Dewey ne semble pas prêter attention à la différence entre le contenu mental et son expression dans le langage. A ce propos, le refus deweyen généralisé du mentalisme implique que lorsque Dewey parle d'idée, il se réfère en réalité à un contenu conceptuel pris dans son expression linguistique. La différence entre les deux dimensions de l'idée et de son expression n'occupe en effet dans sa philosophie qu'une place marginale. Une cause ultérieure de confusion dépend de ce que l'extension du terme 'idée' est variable : parfois il désigne un concept, parfois une proposition, parfois une théorie. En ce sens, le terme 'idée' dénote tout contenu cognitif considéré dans son expression linguistique. Loin donc d'indiquer la représentation comme image mentale au sens de la tradition empiriste, le concept d'idée dénote toute sorte d'artefact symbolique intervenant dans l'activité de penser. Nous remplaçons ici le terme d'idée par ceux de concept, proposition, jugement ou théorie chaque fois que le discours exige un niveau de spécification plus élevé. En ce qui concerne la distinction entre jugement et proposition, elle est de nature technique et sera expliquée dans le chapitre 5.

[124] Idée qui trouve une correspondance importante dans la structure logique des procédures expérimentales d'enquête et, plus en général, dans la structure de la connaissance et de la perception, dont le paradigme commun n'est pas celui de la représentation, mais précisément celui de la sélection de certains éléments par rapport à des buts à atteindre.

[125] Comme, par exemple, le fait que le diamant n'est pas rayé par une lame et qu'il peut au contraire rayer d'autres substances, etc.

domaine des propriétés des objets et des définitions des concepts à celui de la théorie de l'action. Cette généralisation marque une rupture avec la théorie pragmatiste qu'on retrouve chez ces prédécesseurs, car la primauté attribuée aux conséquences dans la détermination de la signification sera conçue de manière sensiblement différente. On passe ainsi de la phase définitoire propre à toute entreprise scientifique - qui consiste notamment à solliciter une entité afin d'en étudier les réponses et, à partir de ces dernières, à en définir la nature - à la phase opératoire, qui consiste dans l'emploi des concepts ou théories pour contrôler des parcours d'action dans des contextes d'usage. De cette manière, le rôle attribué aux conséquences et, plus généralement, la conception des idées se transforment. C'est cette généralisation qui assoit la conception deweyenne des idées comme des hypothèses portant sur des parcours d'action possibles, dont la signification se détermine à partir de leur fonction en tant qu'indications pour orienter l'action.

### *1.6.1 Deux postulats*

Le rôle des idées dans le contrôle de l'action devient dans le pragmatisme deweyen le critère qui permet d'expliquer la logique de la signification et la nature des abstractions. Pour Dewey comme pour Peirce, la découverte du rôle joué par les action dans la logique des idées est une conséquence de la révolution scientifique. Sur ce plan, la conséquence primaire de cette révolution, et notamment de l'évolutionnisme darwinien, est d'ordre ontologique et concerne la primauté du mouvement et du changement vis à vis de l'être stable[126]. Cette transformation, qui a lieu d'abord sur le plan ontologique (l'historicité comme trait ontologique universel revendiqué par le darwinisme) et en suite sur le plan épistémologique (le changement comme seul objet légitime de la recherche scientifique) détermine le dépassement de la conception des idées comme représentations du réel dont la valeur dépendrait du degré de correspondance[127]. Cette transformation a une double explication. Tout d'abord, l'idée du réel comme ensemble de transformations jamais accomplies et toujours en train de se produire, implique que l'idéal d'une connaissance stable et ultime est sans valeur ni utilité[128]. Par conséquent, l'idée de connaissance comme adéquation est remise en question : la connaissance passe ainsi du statut de fin ultime

---

[126] « The Influence of Darwinism on philosophy », MW 4 : 3-14.
[127] MW 4 : 127-129.
[128] Ce 'et' assume pour Dewey la signification de relation causale.

justifiant toute entreprise scientifique à celui de moyen à employer dans le cadre de certaines pratiques. Deuxièmement, la révolution expérimentale conduit à la déconstruction de l'opposition entre la théorie et la pratique et aboutit à une conception des idées comme hypothèses qui se justifient en fonction des parcours d'action qu'elles rendent possible : les opérations et procédures mises en place dans les phases de sélection des données, d'expérimentation, de vérification et d'application.

Il est par rapport à ce cadre que Dewey propose de considérer les idées comme étant des schèmes pour l'action. Dès lors, « l'usage de ce qui est donné ou complet pour anticiper les conséquences de processus en acte est précisément ce qui est signifié par 'idée' ou 'intelligence' »[129]. Cette interprétation de la forme logique de l'idée ne conduit pas Dewey, malgré son opposition radicale à la « *spectator theory of knowledge* », à abandonner la thèse attribuant à l'idée un contenu représentatif. Dewey assigne plutôt un rôle différent à la représentation à l'intérieur de l'acte de penser. Ce développement repose sur deux postulats. Le premier reconnaît le statut d'idée uniquement aux symboles qui satisfont les deux conditions suivantes : (i) il représente quelque chose qui n'est pas donné, et (ii) il inclut un rapport du donné à ce qui ne l'est pas. Ce postulat permet ainsi d'affirmer que *la structure de l'idée est celle d'un signe*. L'idée est, par conséquent, de nature relationnelle. Le deuxième postulat consiste à dire que la notion d'idée ne définit pas un contenu mental abstrait ni une représentation neutre, mais *le point de vue d'un sujet qui occupe une place spécifique à l'intérieur d'une situation problématique*. Elle représente une situation, pensée par rapport aux exigences d'un sujet donné. A partir de ces deux postulats, Dewey affirme que chaque idée opère une sélection active de certains éléments de la situation en vue d'un but. En ce sens elle n'est pas une représentation au sens d'une image. Une idée n'est pas l'image d'un état de choses mais une *indication vectorielle* qui se structure à travers une double relation :

1. entre ce qui est donné et ce qui ne l'est pas (l'*idée comme signe*) ;
2. entre l'idée comme paramètre interne d'une situation et la situation en tant qu'orientée vers sa solution (l'*idée comme instrument*).

## *Dewey et les exemples*

Ces remarques requièrent quelques éclaircissement. En particulier, le deuxième postulat semble présupposer un subjectivisme naïf qui n'est pas compatible avec la perspective deweyenne. Dewey lui-même se sert

[129] MW 10 : 16.

d'exemples à cet égard opportun pour illustrer sa théorie. Mais spécifions d'abord les conditions que l'examen d'un cas singulier doit satisfaire si l'on veut qu'il soit cohérent avec la perspective philosophique adoptée. D'une manière générale, l'exemple devra considérer l'idée à l'intérieur d'un contexte d'action. Afin de respecter le principe de fonctionnalité, l'idée ne doit pas être considérée dans sa simple valeur représentative mais par rapport aux *conditions réelles de son fonctionnement en contexte*. Un exemple qui ne tient pas compte du moment actif de *l'usage en contexte* produira des résultats qui contredisent les principes de la théorie qu'il est supposé mettre à l'épreuve. Cette condition implique deux réquisits différent. Le premier concerne la signification de l'expression 'usage de l'idée' : comprendre le fonctionnement logique d'une idée signifie comprendre le mode de fonctionnement d'un outil. Le deuxième concerne le contexte de cet usage et se trouve étroitement lié au premier : en tant que forme d'activité, la pensée a lieu dans un contexte déterminé et par rapport à une fin spécifiée. Prises ensemble, ces deux conditions rendent raison des exemples dont Dewey se sert pour illustrer sa théorie[130], si bien que la mise à nu du critère qui guide le choix de ses exemples permet de mieux comprendre certaines de ses thèses philosophiques et de les contraster avec d'autres théories. Dans le cadre d'une théorie représentative des concepts, on a typiquement recours à des exemples qui font de la reconnaissance le moment central du fonctionnement de la pensée et qui, par conséquent, expliquent la nature de la signification à partir de la valeur représentative du signe. On ne s'étonnera donc pas que Frege, Russell ou Austin choisissent des exemples que Dewey ne pourrait pas considérer valables pour illustrer sa théorie. Le chat austinien ou l'étoile fregéenne constituent des exemples adéquats lorsqu'il s'agit d'expliquer la nature de la signification à partir du rapport entre un nom et son porteur, c'est-à-dire la référence ou la détermination des conditions de vérité d'un état de choses donné. Ces problèmes, dont l'importance est par ailleurs indéniables, présupposent toutefois selon Dewey une méprise essentielle vis à vis de ce qui constituerait le caractère essentiel de la signification, c'est-à-dire les conditions dynamique de son usage en contexte. Expliquer le rôle et

[130] C'est encore Cavell qui, tout en se considérant un continuateur de la philosophie du langage ordinaire, reconnaît l'importance philosophique des exemples, et notamment la fausseté illusoire de la philosophie du langage, lorsqu'elle choisit les siens. « The philosopher [...] often takes the isolated man bent silently over a book as his model for what using language is. ». Chez Cavell, de façon très deweyenne, ce refus est en même temps le point de départ pour la reconnaissance du primat de la pratique : « the primary fact of natural language is that it is something spoken, spoken together. Talking together is acting together, not making motions and noises at one another. [...] The activities we engage in by talking are intricate and intricately related to one another. », Cavell, 1969, p. 33-34.

la nature de la pensée à partir du modèle de la nomination[131] (la signification comme correspondance mot – chose ou proposition – état de choses) signifie selon Dewey négliger l'aspect le plus essentiel du fonctionnement de la pensée, qui concerne les conditions réelles de son fonctionnement à l'intérieur de l'expérience. Le principe de fonctionnalité et le primat du contexte impliquent chez Dewey que la signification d'une expression n'est déterminée ni par la référence ni par la connotation mais tout d'abord par les *implications pratiques associées à son usage.* La valeur représentative n'est toutefois pas niée . Elle est bien plutôt considérée comme un présupposé instrumental : elle est la condition qui rend possible la signification. Pour cette raison, elle est à la base d'une théorie de la signification sans toutefois en constituer l'élément essentiel. En ce sens, la correspondance entre une proposition et un état de choses définit les caractéristiques que l'idée en tant qu'outil doit satisfaire mais pas encore les conditions qui déterminent sa signification.

Pour illustrer sa théorie des idées, Dewey se sert ainsi d'exemples qui représentent une situation problématique singulière. Dans un exemple célèbre, afin d'expliquer la nature de la signification, Dewey considère le cas d'un homme perdu en forêt et qui cherche, par le biais de sa réflexion, à retrouver son chemin. Pour répondre à la question de savoir ce qu'est une idée, Dewey invoque tous les éléments essentiels à la constitution d'une situation singulière. A partir de cette reconstruction, il deviendra possible de comprendre la signification à partir de sa dimension anthropologique d'outil susceptible de régler les actions humaines. Nous sommes donc en présence d'un sujet avec des intentions, d'une situation problématique qui le sollicite et qui perturbe la continuation de l'activité en cours, de l'activation d'un processus de réflexion et enfin de la mise en place d'un parcours d'action dont le but est de surmonter la difficulté survenue. Nous reconnaissons ici la structure situation problématique – acte de penser – situation déterminée, qui caractérise la théorie deweyenne de la pensée. La considération de tous ces aspects est essentielle, car une théorie de la signification de ce genre ne peut pas être expliquée si l'on prends comme exemple de référence le cas d'une situation simplifiée dans laquelle la pensée est conçue comme pleinement indépendante des autres dimensions de l'expérience et des conditions contextuelles qui la sollicitent, car c'est précisément ce double rapport fonctionnel qui en explique les traits distinctifs. Une fois déterminée la spécification du type de situations par rapport auxquelles les hommes s'engagent dans des processus d'enquête, la structure logique de l'idée est expliquée à travers l'analyse des conditions de son usage. Cette analyse

[131] Ce que S. Cavell, suivant Wittgenstein, a défini comme une tendance suspecte à faire de la nomination (*naming*) la source fondamentale de la signification (Cavell, 1969, p. 19).

s'effectue à partir des questions suivantes : Qu'est ce que signifie, pour un homme dans une situation, d'avoir des idées ? Quelle est la structure de l'idée lorsqu'elle est en action ? S'agit – il d'une représentation au sens traditionnel ou plutôt de quelque chose de différent ? À travers ce type d'exemples, la conception de l'idée comme représentation perd toute sa pertinence, car le sujet fait partie de l'état de choses que l'idée serait censée représenter et la représentation est construite non pas en vertu de son exactitude mais en fonction de son efficacité par rapport à l'objectif qui nous force à penser.

### *1.6.2 Carte et territoire : de l'adéquation à la sélection*

Une autre manière d'illustrer la théorie deweyenne des idées consiste à se servir de la distinction entre carte et territoire, rendue célèbre par G. Bateson, mais déjà employée par Dewey pour expliquer son interprétation opérationnelle des concepts[132]. Dewey propose de considérer le rapport entre la carte et le territoire comme le paradigme du rapport entre l'idée et son corrélat objectuel. Le point essentiel de cette analogie est qu'une carte constitue une représentation simplifiée d'un espace, *faite à partir d'une perspective et en fonction d'un usage*[133]. Prenez une carte routière et vous y trouverez bien détaillées les routes principales et les lieux qu'elles traversent, sans mention par exemple de l'altitude, ou des activités productives dans la région. De la même manière, une carte touristique indiquera les endroits qui intéressent les touristes, peut être en faussant les proportions et en effaçant ce qui n'est pas pertinent. Sur un autre plan, une carte des climats ne tiendra aucun compte de la plupart des facteurs anthropologiques que les cartes politiques signalent avec soin. Ces exemples montre ce que Dewey entends lorsqu'il assigne aux significations une nature fonctionnelle. Comme la carte par rapport au territoire, l'idée est une abstraction opérée *en vue* d'un but spécifique qui revient tôt ou tard à une question d'action. Dans l'idée nous avons affaire à des « faits présents projetés dans une totalité, à la lumière de faits absents »[134]. Et, comme le remarque Dewey, « d'après l'interprétation fonctionnelle, toute carte de tout système est « vraie » (c'est-à-dire valide) si son emploi opérationnel donne les résultats qu'on entendait poursuivre avec elle »[135]. On remarquera que la question de la validité d'une carte est différente de celle de la validité d'une image. Il est en fait évident que dans

---

[132] Voir le vingtième chapitre de *Logic*, dans LW 12 :391-414.
[133] Nous retrouvons ici les deux postulats énoncés plus haut.
[134] MW 4 : 84.
[135] LW 12 : 399.

le premier cas le critère de validité est d'ordre fonctionnel, tandis que dans le deuxième il est d'ordre représentatif. Dans ce deuxième cas l'adéquation est le seul critère de validité[136]. Le fait que la structure logique de l'idée soit celle d'un signe, donc d'un symbole dans lequel ce qui est absent peut être rendu présent, signifie que les idées sont des guides pour l'action, et il est à partir de ce fait que la question de la validité doit être posé. En ce sens, « d'après le pragmatisme, les idées sont des attitudes de réponse adoptées à l'égard des choses extra-idéales et extra-mentales »[137]. Cette perspective évolutionniste implique que l'homme a des idées uniquement parce qu'il est un agent. Ses idées sont modelées en fonction des exigences de l'action, car elles recoupent et sélectionnent le réel afin de déterminer des parcours d'action possibles. Cette affirmation n'a rien à voir avec la vulgarisation un peu ridicule qui est parfois invoquée pour expliquer la théorie jamesienne de la vérité comme « *cash value* ». Dans le cas d'un homme perdu en forêt, son idée de la forêt est immédiatement l'idée d'un chemin pour en sortir et cette idée n'a pas la structure d'une image (à quoi lui servirait une telle image ?) mais celle d'une carte qui, à la différence de l'image, incorpore en elle un ou plus *programmes d'action.* L'idée est en effet constituée en vue de son usage et cet usage ne consiste pas à la comparer avec son référent pour en vérifier la conformité, mais à orienter l'action[138]. On peut sans doute affirmer qu'entre l'idée de forêt et la forêt il y a correspondance, mais cette façon de s'exprimer nous éloigne de la compréhension du sens de cette correspondance. Comme dans l'exemple de la carte et du territoire, chaque territoire peut être représenté de façons multiples. Ce qui détermine le sens et la signification d'une carte n'est donc pas le fait de 'correspondre' d'une certaine manière à son référent, fait qu'elles ont toutes en commun, mais *ce que chaque carte nous fait voir et par conséquent nous permet de faire en raison de la sélection des éléments qu'elle opère.* En ce sens, une carte qui fausse les proportions pourra tout de même garder sa validité si cette manipulation n'induit pas en erreur ceux qui s'en servent. Nous faisons des cartes avant tout parce qu'elles sont pratiques. Sans doute existe-t-il des cas dans lesquels le fait de pouvoir exhiber une signification est beaucoup plus simple que de porter avec soi la chose. Mais l'utilité de la carte tient aussi à ce qu'elle incorpore un regard qui nous est utile, un capital de connaissance et d'expérience. *Dans l'idée, le réel a déjà été recoupé et organisé d'une*

[136] La différence entre les critères de fonctionnalité et d'adéquation est à la base de la remarque suivante : « Knowledge which is merely a reduplication in ideas of what exists already in the world may afford us the satisfaction of a photograph, but that is all », LW 4: 110. Dans la considération péremptoire que 'ceci est tout', Dewey entend souligner l'inutilité d'une théorie de la signification construite à partir de la notion d'idée-copie.

[137] MW 6: 3.

[138] Elle fonctionne donc comme une carte et non pas comme une image.

*manière orientée en vue de certaines exigences.* L'absence de distinctions qui caractérise la totalité indéterminée[139] a été remplacée par une mise en ordre qui n'est pas la seule possible ni la plus adéquate[140], ni même la plus vraie, mais qui nous permet de nous orienter et de donner un sens à nos actions. Pour cette deuxième raison, l'idée comme image serait tout à fait inutile, mises à part les raisons liées à la facilitation des échanges. Car, en outre, le fait de réduire les idées à ce rôle commercial implique d'en limiter la portée à la modalité sans doute la moins intéressante de l'activité de penser.

Les philosophies qui se fondent sur une conception représentative de la relation des idées aux faits sont d'après Dewey le résultat de cette distorsion sélective qui vient aux philosophes de leur activité professionnelle (l'idéalisme comme maladie professionnelle). Le philosophe est d'après Dewey un artisan qui fabrique des instruments (conceptuels) dont l'usage renvoie à d'autres pratiques humaines (science, sens commun, esthétique, etc.) et s'adresse – en tout cas il devrait le faire – à d'autres utilisateurs. Mais le philosophe, au lieu d'expliquer la nature de ces outils en les référant à leurs usages et usagers réels, se conduit comme si sa propre pratique de réflexion sur le statut des concepts était le paradigme de toute situation d'usage de concepts. La maladie professionnelle qui affecte le philosophe consiste donc à croire que l'activité philosophique serait le paradigme de toute activité de pensée, négligeant ainsi la différence qui existe entre sa pratique et les autres pratiques humaines dans lesquelles l'activité de penser a lieu. En refusant cette compréhension autoréférentielle du rôle de la philosophie, Dewey affirme que la signification d'une idée est indissociable de son usage en situation, et que le lieu de cet usage n'est pas le cabinet du philosophe (tout au plus, ce dernier n'est qu'un lieu parmi d'autres) mais toute pratique humaine dans laquelle l'usage de l'intelligence est impliqué[141]. Parmi ces pratiques, Dewey cite souvent le laboratoire du savant, le cabinet du médecin ou tout simplement les situations ordinaires de la vie humaine. Nous avons des idées parce que nous sommes dans des situations qui exigent une forme d'action, face à laquelle nous ne savons pas très bien comment agir. Pour cette raison, une théorie des idées qui n'est pas en mesure d'éclairer leur rapport à l'action rate son objectif fondamental.

---

[139] « It is obvious that a total, unanalysed world does not lend itself to control; that, on the contrary it is equivalent to the subjection of man to whatever occurs, as if to fate » LW 1 : 22.

[140] Car l'adéquation n'est pas un concept absolu, mais contextuel : il y aura donc plusieurs manière d'être adéquat, selon les exigences que l'on est en train de satisfaire.

[141] On verra par la suite que la notion de pratique humaine présuppose la référence à l'intelligence, car c'est en tant qu'intelligente que l'activité humaine acquiert le statut de pratique. En ce sens, on pourrait dire que seul l'homme est capable de pratique, l'animal pouvant au plus accomplir des actes.

Le rapport des idées aux faits se développe donc à deux niveaux. Au premier niveau, l'approche expérimentale reconnaît le rôle des faits dans le contrôle des idées. Il n'y a ici rien de plus que le principe d'une épistémologie fallibiliste qui considère que toute théorie doit avoir une forme hypothétique. Au deuxième niveau, la conception instrumentale affirme la relation inverse et reconnaît le rôle des idées dans le contrôle des faits[142]. L'idée, est de ce point de vue « une conception de ce qui est donné dans ses relations hypothétiques avec ce qui n'est pas donné, utilisée comme guide pour cet acte qui va rendre présent ce qui ne l'était pas »[143]. Dans ce cadre, l'idée acquiert pour Dewey la structure du signe.

## 1.7 La vérité entre correspondance et pertinence

Nous avons examiné les conséquences que le passage du critère représentatif de l'adéquation au critère fonctionnel de la pertinence pour une théorie de la signification. Il est temps maintenant de considérer les conséquences que ce passage entraîne par rapport à la théorie de la vérité. On doit avant tout rappeler que l'introduction du critère fonctionnel fait une place importante à la dimension pragmatique de la pertinence. On remarquera, à ce propos, que la notion de pertinence est une notion relationnelle[144], et que, pour cette raison, elle accompagne le passage du critère de représentation au critère de sélection fonctionnelle. Le recours au critère de la pertinence signifie, comme on l'a vu avec l'exemple de la carte, que la question de la vérité se mêle inévitablement avec celle de l'efficacité[145]. Le rapport entre la vérité et l'efficacité soulève des problèmes

---

[142] Nous retrouvons ici la conception pragmatiste de l'idée comme plan pour l'action, au sens où l'idée de forêt constitue pour l'homme qui s'y est perdu l'instrument principal pour en sortir.

[143] MW 4 : 84.

[144] Ce qui en explique la présence dans une perspective fonctionnaliste.

[145] Il faudrait, à ce propos, comparer la démarche deweyenne de dépassement du dualisme entre vérité et efficacité avec la démarche entreprise par Austin de dépassement du dualisme du vrai et du faux vers le couple bonheur/malheur (*felicity/infelicity*). Comme le remarque S. Laugier, chez Austin le refus du paradigme représentationnaliste implicite dans la primauté épistémologique du couple vérité/fausseté ne s'accomplit pas à travers l'adoption d'une épistémologie pragmatique de l'efficacité, mais à travers l'élargissement du cadre épistémologique impliqué par le couple vérité/fausseté. Cet élargissement se fait précisément grâce au passage au couple bonheur/malheur, irréductible à la fois aux catégories de la vérité et de l'efficacité. Dans un mouvement qui n'est pas sans rappeler la démarche deweyenne, Austin « va étendre le concept de vérité/fausseté aux actes, et même, réciproquement, ceux de bonheur/malheur, et de réussite/échec (propres aux performatifs) aux énoncés généralement».

que les exemples classiques que l'on trouve dans les discussions sur les théories de la vérité et de la signification ne peuvent toutefois pas nous aider à comprendre. En ce sens, si l'on s'interroge sur les conditions qui rendent vraies des propositions comme « le chat est sur le tapis »[146] ou « la neige est blanche », la validité du critère d'adéquation peut être tenue pour exclusive et la dimension de la pertinence liée à la reconnaissance d'un critère d'ordre fonctionnel n'apparaît pas. Par conséquent, la question du rapport entre conséquences et vérité sera forcément faussée, car dans un problème de correspondance statique il n'y a aucune place pour la considération des effets. Les effets seront dès lors considérés comme cet autre de la pensée qu'ils ont toujours été. On montrera dans la suite dans quel sens le pragmatisme propose de redéfinir la théorie de la vérité par rapport à la notion de conséquences.

Commençons par considérer la distinction entre le *contenu* et la *référence* d'une proposition, que Dewey introduit afin d'éclairer ce point[147]. Le contenu d'une proposition renvoie à sa signification propre et garde par conséquent un certain degré d'autonomie, tandis que la référence est déterminée par rapport à la situation dans laquelle la proposition est employée et à la finalité de cet usage. Contenu et référence sont liés par l'acte de jugement, « qui donne à ce contenu une référence et une fonction futures »[148]. La conception de la vérité comme représentation rend compte d'après Dewey du premier aspect mais ne parvient pas à expliquer le deuxième[149]. On retrouve ici la question des exemples. Si on prétend

---

Par conséquent, « il ne s'agit pas d'abandonner le critère de vérité pour une certaine catégorie d'énoncés, ni d'en définir des conditions pour ainsi dire hors du langage, mais de redéfinir la vérité en retraçant les limites du langage, en termes de pratique » (Laugier, 2004). Ce rapport entre la vérité et la pratique, on est en train de le montrer, est précisément l'un des buts poursuivis par la conception deweyenne de la pensée comme action. De la même manière, s'il est vrai que « la force de la théorie d'Austin, c'est qu'elle est une théorie de la vérité, du rapport du langage au réel, sans être une théorie de la représentation, en aucun sens du terme » (Laugier, 2004) on sera alors obligés de remarquer de surcroît que la conception deweyenne de la vérité comme assertabilité garantie en constitue une véritable anticipation.

146 Sur la valeur de cette phrase en tant qu'exemplification d'une conception de la raison, cf. Toulmin, 2003: 4.

147 MW 6 : 7. La distinction entre contenu et référence est opérée par Dewey d'une manière très éloignée des procédures devenues usuelles dans la philosophie analytique du langage à la suite de Frege.

148 *Ibid.* Dewey remarque à ce propos que si le contenu de la proposition « hier il a plu » concerne le passé, sa référence ne concerne que la situation actuelle dans laquelle la proposition est énoncée et la situation future dans laquelle cette proposition déploiera ses conséquences.

149 Différemment dit, elle rend compte du contenu représentatif de la signification mais non pas de son usage. Cette distinction semble bien indiquer que les conceptions représentationnalistes de la vérité ne sont pas d'après Dewey fausses mais plutôt incomplètes,

expliquer le concept de vérité à partir du cas de la relation statique entre une proposition et un état de choses, on se trouve bientôt dans une perspective égarante. Dans l'exemple de la proposition « hier il a plu », Dewey serait peut être prêt à reconnaître que sa vérité dépend en quelque sorte du fait qu'il soit vrai que hier il ait plu. Mais il rétorquerait que cette explication ne fait pas avancer notre compréhension générale de la nature de la signification et de la vérité. Cet exemple fait partie d'une typologie plus ample, qui comprend tous les cas concernant des événements ou des états de choses passés. Dans tous ces cas, la question de la vérité est évoquée à partir de la constatation de quelque chose qui a déjà eu lieu et que le jugement se limite à présenter ou représenter. Dès lors, la notion de conséquence ne peut pas être prise en compte. Cette question des événements passés resurgit constamment dans le pragmatisme, car ils constituent de cas dans lesquels la situation qui demande un jugement n'a pas de développement temporel futur possible. Par conséquent, le seul type de jugement approprié est un jugement d'ordre représentatif. Si tout ce qui nous intéresse est de savoir s'il est vrai que hier il a plu, la question de la vérité semble vraisemblablement n'impliquer plus qu'une correspondance simple entre la proposition qui décrit un état de choses et cet état même. Mais, encore une fois, on se tromperait en évaluant la signification de la conception pragmatiste de la vérité par rapport à un cas limite qui ne fait que cacher le trait essentiel de toute situation d'enquête.

### *1.7.1 Vérité et jugement*

La position de Dewey se comprend mieux à partir de la remarque que certaines difficultés naissent lorsque l'on « conçoit le pragmatiste comme commençant avec une théorie de la vérité, alors que ce dernier commence avec une théorie du jugement et de la signification *dont la théorie de la vérité est un corollaire* »[150]. Comme le remarque Dewey, « pendant longtemps la discussion concernant la nature de la vérité a été poursuivie dans les termes d'assomptions incontestées concernant ce qu'est un

---

car elles ne parviennent à rendre compte que d'une vérité liée au contenu des jugement mais non pas de la vérité liée à leur référence.

[150] MW 6 : 9. C'est nous qui soulignons. Ce principe est réaffirmé aussi dans un autre article où Dewey remarque que le dépassement de la querelle sur la nature de la vérité entre l'idéalisme et le réalisme présuppose qu'on aborde au préalable « the question as to what any logical proposition, any intellectual judgment, is », MW 6 : 36. Dans ce cas aussi, la définition du concept de vérité vient après la théorie du jugement.

jugement »[151]. En ce sens, on n'insistera jamais assez sur le fait que la conception deweyenne de la vérité ne se comprend pas si on se limite à des exemples du genre cité. Il est à ce propos nécessaire d'expliciter la référence à la dimension personnelle de l'expérience et à la dimension contextuelle de la situation telles qu'elles apparaissent dans la théorie deweyenne du jugement. De cette manière, la question abstraite et décontextualisée des conditions de vérité d'une proposition comme « hier il a plu » est remplacée par la considération d'une situation spécifique dans laquelle le fait de vérifier que hier il aie plu ou non, renvoie non seulement à une situation qui exige cette réponse mais aussi à des manières spécifiques de vérifier la proposition en question. Il en est de même d'une proposition comme « mon copain est à Constantinople ». Aborder la question de la vérité de cette proposition ne signifie pas, d'après Dewey, qu'il faille se limiter à la mettre en correspondance avec un état de choses (le fait que mon copain soit ou ne soit pas à Constantinople). Il faut plutôt se référer à la situation problématique dans laquelle cette proposition est ou peut être affirmée. Or, dans le cas où je sais que mon copain est là, la proposition « mon copain est à Constantinople » ne constitue pas à proprement parler un jugement mais tout simplement une constatation qui n'a aucune conséquence sur l'action. Puisque toutefois la notion de vérité se définit d'après Dewey par rapport à l'acte du jugement[152], Il s'ensuit qu'il serait inapproprié de poser la question de la vérité de cette proposition. La nécessité de poser la question de la vérité uniquement en référence au statut du jugement formulé dans le contexte d'une situation est une conséquence de la primauté assignée à la dimension d'acte dans l'explication de la pensée. A ce propos, Dewey remarque que « si par hasard l'événement passé n'a pas de conséquences qu'il soit possible de découvrir, ou si notre pensée ne peut parvenir à aucune différence assignable, alors il n'y a aucune possibilité de jugement authentique »[153]. Par conséquent, puisque la vérité est un attribut du jugement, la question de la vérité de la proposition ne pourra pas être légitimement posée. Nous retrouvons ici les implications logiques du concept de *transition towards*. L'existence d'un événement passé n'a de signification pour la pensée qu'en raison et à travers ses conséquences présentes et futures[154]. Dès lors, c'est par rapport à ces conséquences que la question de la vérité d'un jugement pourra être légitimement posée.

L'idée d'une correspondance dynamique entre les faits et les propositions ne peut être adéquatement comprise qu'en aval de ces considérations. Le pragmatisme ne fait pas dériver la vérité d'une proposition de ses

---

[151] MW 6 : 36.
[152] Et non pas à une simple proposition de constat.
[153] MW 6 : 7.
[154] Et la distinction entre contenu et référence introduite plus haut a la même signification.

conséquences. Il opère un passage conceptuel beaucoup plus subtil. Si la question de la vérité ne se pose adéquatement que dans le cadre de la conception deweyenne de la pensée active, et notamment du jugement en tant qu'acte transformatif, toute conception fondée sur l'idée d'une correspondance ou adéquation entre des faits donnés et des propositions se révèle forcément inadéquate[155]. Cette remarque concerne avant tout notre façon d'utiliser le langage. Dans le cadre d'une enquête, observe Dewey, la recherche de la vérité n'a jamais lieu de la manière indiquée par les exemples évoqués. On remarquera alors que, en ce qui concerne les critères de la vérification, la question de la vérité ne peut pas être posée de manière indépendante de celle des critères de sa propre détermination. Tout en ne s'y réduisant pas, la signification du mot 'vrai' est strictement liée aux manières de sa détermination dans chaque cas spécifique. Par conséquent, la question de la vérité de la proposition « hier il a plu » est indissociable de la question des critères qui permettent de la déterminer. *A contrario*, cela signifie que là où aucun critère n'est spécifié, le concept de vérité demeure indéterminé. Il ne faut toutefois pas prendre cette affirmation comme une profession de foi dans une théorie vérificationniste de la vérité. Si donc les critères de vérification occupent une place centrale dans la théorie deweyenne de la vérité, ils n'en épuisent pas la portée. L'idée de pensée active entraîne avec elle la critique de la conception qui fait de la vérité une question de rapport statique (correspondance, adéquation, représentation) entre des idées et des faits. Comme la référence au jugement nous le rappelle, la question de la vérité entre toujours en jeu sous forme hypothétique : il ne s'agit jamais d'affirmer une évidence connue d'avance[156] mais plutôt de formuler une hypothèse qu'il faut vérifier et qui est en rapport avec un cours d'action à entreprendre[157]. Comme le remarque Dewey, « la proposition qui affirme ou assume sa propre vérité, ou bien est un préjugé total, un dogmatisme congelé ; ou bien elle n'est pas du tout une proposition *intellectuelle* ou logique, mais tout simplement un mémorandum linguistique qui sert de stimulus direct pour des actions ultérieures »[158]. Même la thèse souvent controversée selon laquelle la vérité est produite n'est qu'une conséquence de la primauté assignée par Dewey à l'acte de jugement dans sa théorie de la pensée. Il serait pourtant déplacé de rétorquer que la proposition « hier il a plu » est vraie indépendamment de toute activité de vérification, car d'après Dewey *cette proposition n'est pas un jugement* et par conséquent la question

155 Ce qui ne signifie pas fausse mais insuffisante.

156 Car dans ce cas on n'est pas du tout face à un jugement mais uniquement à des « truisms, tautologies, trivialities », MW 6 : 37.

157 MW 6 : 38-39.

158 MW 6 : 37.

de sa vérité n'est pas pertinente[159]. Chez Dewey la vérité n'est pas une propriété éternelle des propositions mais elle « est une question de sa propre carrière, de son histoire »[160], tout simplement car elle est le corrélat de l'acte de jugement et l'aboutissement d'une procédure de vérification dont on ne connaît pas le résultat avant de l'entreprendre. 'Vrai' ne désigne alors pas la propriété statique d'une proposition mais un trait dynamique qui se réfère au fonctionnement d'une proposition-jugement dans le cadre d'une enquête en train de se produire. 'Vrai' ou 'faux' ne se disent pas généralement, comme si on énonçait un fait hors de toute contrainte spatiale et temporelle, mais se disent d'une proposition dès lors que l'on affirme qu'on a des raisons pour la prendre en considération. C'est en ce sens que Dewey peut affirmer que la question de la vérité d'une proposition ne se pose qu'*a posteriori*, et que dire que la proposition « hier il a plu » était vraie, avant et indépendamment d'une procédure de vérification n'a strictement aucun sens[161]. Dans le cas en question, on peut sans doute dire que les conséquences qui la vérifient consistent dans les procédures de sa vérification. Mais dans un exemple comme celui de l'homme perdu dans un bois, la question de la vérité ne concerne pas la saisie propositionnelle d'un état de choses accompli mais la formulation d'une hypothèse visant un cours d'action encore à entreprendre, qui devra produire certains résultats. Comme dans le cas de la science expérimentale[162], la vérité concerne le fait que certaines conséquences anticipées par l'hypothèse se produisent comme prévu. Ce que Dewey appelle une conception dynamique de la correspondance implique donc que le concept de vérité soit défini par rapport à la dimension des conséquences associées à une action. Que la vérité soit le produit d'un cours d'action et non pas l'attribut éternel d'une proposition, cela signifie que « la vérité en tant que chose positive et accomplie signifie tout simplement que l'usage *a* testé et *a* approuvé ce qui était une affaire intellectuelle et pour cela problématique ». Ou, ce qui revient au même, qu'« être une vérité signifie avoir été vérifiée à travers l'usage dans des conditions de test »[163].

---

[159] Nous rappelons encore une fois que la question de la pertinence concerne ici le fait que Dewey considère le problème de la vérité dans la perspective des pratiques qui en visent la détermination, et que dans ces pratiques ce qui est en jeu n'est jamais le simple fait d'une correspondance, mais plutôt la question des critères qu'on utilise pour l'asseoir.

[160] MW 6 : 39.

[161] En ce sens, on pourrait dire que le 'dire vrai' comme trait distinctif d'une pratique de vérité a une priorité sur 'l'être vrai' comme qualité a-temporelle d'une proposition. Encore une fois, ce que Dewey cherche à démontrer, c'est la nature active de la pensée.

[162] Dewey tient beaucoup au fait que son exemple de l'homme dans le bois est plus proche des pratiques de la science expérimentale que ne l'est l'hypothèse du philosophe qui construit une théorie de la vérité à partir de l'analyse de propositions comme « hier il a plu » ou « le chat est sur le tapis ».

[163] MW 6 : 46.

### 1.7.2 *La vérité entre acte et contenu*

La référence aux conditions de test n'implique pas toutefois un système standard universel de vérification. Au contraire, la détermination fonctionnelle de la vérité par rapport aux conditions d'exercice du jugement implique que des types de situations différentes demandent des procédures de vérification spécifiquement adaptées aux exigences que chaque situation exprime. Certaines expressions deweyennes, comme par exemple celle qu'une proposition est « rendue vraie » *(made true)* troublent sans doute notre sensibilité post-analytique. Nous ne devons toutefois pas céder aux évocations qu'une telle formulation produit dans un contexte philosophique qui a été influencé par d'autres débats. L'affirmation que la vérité est produite ne signifie pas que Dewey soutient un conventionnalisme radical ou une forme de relativisme quelconque. Elle doit plutôt être mise en rapport avec la triple revendication de la primauté (a) de l'acte de penser sur son contenu, (b) du jugement sur la proposition et enfin (c) de l'acte de connaître sur son résultat. Dans le cadre de la conception deweyenne de la pensée comme action, dire que la vérité est produite signifie que 'vrai' s'utilise exclusivement comme attribut d'un *acte* de jugement. Cet acte a lieu dans le cadre d'une procédure d'enquête où *le vrai est ce que nous ne connaissons pas et qui par conséquent est à atteindre*. Dewey reconnaît que dans une telle recherche on s'appuie sur des connaissances déjà établies et qu'on se réfère à des structures logiques formelles bien consolidées. Mais il remarque en même temps que ces dernières « ne sont pas les signes de la vérité mais des efforts accomplis avec les instruments pour rechercher la vérité »[164]. Dewey reconnaît en autre que ces instruments – c'est-à-dire les propositions et les théories dont on se sert – « augmentent la probabilité de produire une vérité dans le futur »[165]. Leur valeur est toutefois suspendue à l'acte de leur utilisation en contexte. Tout comme le jugement est un acte, la vérité est le signe que cet acte a efficacement accompli son but : le cours d'action a produit des résultats qui sont en accord avec l'hypothèse de départ. Dire d'une proposition qu'elle est vraie, ne signifie pas qu'elle correspond à un état de chose existant, mais qu'elle remplit une fonction de façon satisfaisante. Cette règle n'affirme pas une vérité transcendantale sur la nature de la connaissance, de la réalité et de l'esprit. Elle ne fait que définir les conditions de fonctionnement d'un mot. Dans une conception de la pensée comme acte, le prédicat 'vrai' doit obligatoirement se référer à la dimension active qui qualifie la pensée comme une forme d'action. Dès lors, la référence à la dimension pratique des conséquences s'impose. La

164 MW 6 : 48.
165 *Ibid.*

correspondance ne doit donc pas avoir lieu entre une proposition et son référent, événement ou état de choses, mais entre une intention et sa réalisation ou, ce qui revient au même, entre une hypothèse et ses conséquences. Par conséquent, *la vérité ne peut être chez Dewey que l'attribut d'une proposition singulière*, tout comme la connaissance et le jugement ont toujours pour objet une situation singulière. Dewey associe étroitement vérité et vérification parce que le vrai est ce qui scelle la conclusion d'une enquête. Dire vrai est dire que l'hypothèse actuellement testée a été acceptée ou que l'enquête en cours a donné un résultat satisfaisant[166]. La vérité ne doit pas être considérée comme un critère pour classer les propositions, quant plutôt comme étant l'opérateur ponctuel qui règle l'usage des propositions en situation. Ce qui dès lors est central dans la compréhension deweyenne de la vérité, c'est moins son résultat définitif que la place qu'elle occupe dans le déroulement d'une action. L'action a chez Dewey toujours une primauté ontologique et épistémologique, qu'on retrouvera à la fois dans sa théorie du jugement et dans son épistémologie. Cette raison explique que la question de la vérité ne se pose jamais pour une proposition isolée mais uniquement pour un jugement qui est à l'œuvre dans une situation déterminée et dont il s'agit de savoir si les conséquences qu'il implique ou qu'il prévoit produiront ou ne produiront pas les effets attendus. En ce sens, *la question de la vérité concerne toujours des propositions qu'il s'agit de vérifier, jamais des propositions vraies*[167]. Ces dernières interviennent tout au plus comme étant des « instruments dans la recherche de la vérité », donc comme moyens dans l'établissement de la vérité (possible) d'une proposition hypothétique actuellement en question[168]. Ces propositions, dont l'étude épuise normalement les intérêts de la logique, renvoient à ce que Dewey appelle *un compte rendu descriptif de la vérité* (« *a descriptive account of truth* »). Ce dernier désigne « ces croyances qui ont été acceptées (et, en réalité, plus ou moins formées) à cause d'un certain

[166] La vérification d'une hypothèse n'est qu'un cas spécifique du paradigme plus général de la recherche de solution à un problème suscité par une situation. En ce sens Dewey s'efforce de donner une logique à la question de la vérité de propositions singulières comme celles qui définissent le cours d'action nécessaire pour sortir d'une situation problématique. Il est évident que par rapport à ce cadre, la question de la vérité est indissociable de celle de ses conséquences.

[167] De la même manière, un jugement ne certifie pas un état de choses existant – et en ce sens il ne le représente pas – mais formule une hypothèse visant une situation problématique à transformer.

[168] En ce sens Dewey affirme que « no truths of physics, of chemistry, of biology are true in their own terms – not, indeed, that they are false, but that man is a political animal, and that all truths not tested in the conduct and fruitful control of his affairs are as yet hypothetical, formulae for producing truths ; universal, but not individual, truths ; truths of method, not of substance », MW 6: 67.

processus critique de test »[169]. A un deuxième niveau, la question de la vérité demande un genre d'explication différent, que Dewey définit comme *compte rendu analytique de la vérité* (« *an analytic account of truth* »). Par rapport à ce niveau explicatif, la vérité se définit comme la « réalisation des conséquences auxquelles une idée ou proposition se réfère »[170]. Le compte rendu *descriptif* manifeste une considération rétrospective. Il se réfère à ces propositions qui ont déjà été acceptées, ayant déjà traversé un processus de test, et qui sont donc disponibles comme outils intellectuels dont on pourra se servir dans une enquête future. En revanche, le compte rendu *analytique* se réfère au jugement en tant qu'acte de penser visant une situation déterminée. Le jugement apparaît en ce sens comme l'« acte de vérité », le processus qui « *rend* les propositions *vraies* » à travers la production contrôlée de certains résultats. Si sur le plan descriptif 'vrai' se réfère à des propositions d'ordre général qui ont passé un contrôle de vérification, sur le plan analytique 'vrai' est toujours l'attribut d'une proposition singulière : le jugement visant la situation problématique qui est l'objet d'enquête. En ce sens, *la théorie deweyenne de la vérité est effectivement un corollaire de sa théorie du jugement.* Du point de vue de la question de la vérité, le jugement est une hypothèse soumise à une procédure de test. D'où l'importance des procédures de vérification qui sont effectivement employées dans une situation ou une pratique déterminée. On pourrait remarquer à ce propos que si la vérification relève d'une procédure de fixation des croyances, la pratique de test définit plus généralement une procédure susceptible d'accorder les faits et les idées. Si la vérification concerne des propositions générales, le test concerne toute proposition singulière se référant à des faits qui auront lieu dans une situation future ou devront avoir lieu afin que certaines conséquences s'ensuivent. En ce sens, il n'y a pas d'équivalence entre vérité et critères de vérification mais incorporation de ces derniers dans une théorie de la vérité qui dépasse les limites de la vérification.

Dewey peut alors affirmer que la théorie pragmatiste de la vérité n'est qu'une extension de la conception de la vérité qu'on trouve dans la science expérimentale[171]. Il entend ainsi affirmer la valeur universelle de l'attitude de pensée que la science expérimentale a diffusée. Cette attitude peut être définie à partir de trois principes :

---

[169] MW 6 : 56. A ce niveau Dewey soutient explicitement une théorie vérificationniste de la vérité. Dans l'équivalence : « so many truth, so many verifications », s'exprime l'idée énoncée plus haut que la vérité d'une proposition dépend toujours de l'existence d'un critère d'acceptation, de ce que Dewey appelle dans ce texte « a certain critical process of testing ».
[170] MW 6 : 56.
[171] MW 6: 28.

1. considérer toute proposition comme hypothétique avant sa confirmation expérimentale et passible de révision dans le futur[172] ;
2. formuler les propositions dans des termes qui rendent transparentes les procédures qui permettent de les tester ;
3. distinguer entre le compte rendu descriptif des propositions générales qui constituent les outils de la recherche et le compte rendu analytique visant la proposition qui dirige l'action singulière qu'on est en train d'accomplir (expérimentation, test, application, etc.).

En conclusion, la question de la vérité ne nous paraît pas une voie d'accès particulièrement fructueuse à la pensée deweyenne. Comme le remarque par ailleurs Tiles, Dewey a très tôt renoncé au projet de formuler une théorie philosophique pragmatiste de la vérité, car elle aurait très vite conduit « à (ce que Dewey voyait comme) des distorsions dans notre manière de regarder la pensée et nos rapports avec l'environnement naturel » [173]. L'idée de vérité nous gêne ici car elle enveloppe tout un arrière-fond de présupposés philosophiques concernant la nature de la pensée qui n'ont plus cours chez Dewey. C'est sans doute pour ces raisons que la théorie de la vérité n'occupe qu'une place mineure dans les textes logiques de Dewey. En un sens important, ce que Dewey pouvait dire à ce sujet est largement impliqué dans sa théorie du jugement, car le renversement des perspectives courantes implique forcément un renversement analogue dans l'idée de vérité. A partir de ces prémisses, le débat concernant le rapport entre vérité et *assertabilité garantie* (*Warranted Assertibility*) ne pourra avoir qu'une place subordonnée, car l'enjeu philosophique fondamental concerne plutôt la théorie de la pensée comme action. Si on accepte cette perspective, le concept d'*assertabilité garantie* n'apparaît que comme une des interprétations possibles de la signification des procédures de vérification censées opérer la sélection des croyances dans une pratique humaine donnée.

## 1.8 L'image pragmatiste de la pensée

Tous les éléments présentés dans ce chapitre participent de manière fondamentale à la constitution de la conception deweyenne de la pensée comme action. Cette conception propose une image de la pensée très cohérente et d'une grande originalité, dont on mesurera l'importance à partir

[172] MW 6 : 38.
[173] Tiles, 1988: 130.

des polémiques engagées par les logiciens et les philosophes le plus importants de l'époque.

La confrontation engagée par Dewey avec la logique de Lotze est à ce propos remarquable. Dewey est revenu à plusieurs reprises sur la question du rapport entre les différentes conceptions de la logique en vogue à son époque. Il l'a fait en se proposant de mettre à jour la différence fondamentale dans les images de la pensée. Cette polémique ne revêt aujourd'hui qu'un intérêt historique, car déjà à l'époque de Dewey la logique psychologique et empiriste de Lotze était en train de sombrer dans le domaine des théories dépassées[174]. Cette erreur de stratégie a sans doute pesée dans l'histoire de la réception de la logique deweyenne, car elle a contribué à sa marginalisation. Du point de vue post frégéen qui est le nôtre, cette dispute apparaît en effet comme le témoignage d'un passé lointain, car elle ne fait que soulever des questions qui n'ont plus cours, tant elles sont enracinées dans des présupposés qui ont été successivement refusés. Il n'en reste pas moins que, comme le remarque R. Sleeper, bien que la logique critiquée par Dewey soit celle de Lotze, « Dewey avait déjà commencé une critique puissante de la logique formelle au moment même où Frege, Russell dans son essai de 1903 *The Principles of Mathematics* et Carnap dans *Der Logische Aufbau der Welt* de 1928 étaient en train de la développer »[175]. On remarquera que la critique de Lotze visait sa distinction entre acte de penser et contenu de pensée, qui se trouve aussi au fond de la philosophie de la pensée et de la logique de Frege. C'est toujours Sleeper[176] qui remarque que la critique adressée par Dewey à Lotze touche en même temps les positions des fondateurs de la logique formelle contemporaine. Tout comme Lotze, Frege fondait en effet sa nouvelle logique sur l'acceptation de la distinction entre acte de penser et contenu de pensée.

Dans l'introduction au recueil de ses écrits de logique et philosophie de la pensée publié en 1917 (*Essays in Experimental Logic*), Dewey a tenté de rendre compte de la nouvelle logique ou 'Logique Analytique'. Il se proposait ainsi de montrer que ce qui séparait sa conception de ce nouveau mouvement était déjà présent dans les critiques qu'il avait adressées à la logique classique. Dewey reconnaît que ses textes des années 1900-1915 avaient effectivement été écrits contre la théorie logique à cette époque dominante, c'est à dire la logique idéaliste. Dewey estimait toutefois que ses remarques fondamentales devaient valoir aussi pour la nouvelle logique en

174 « [...] Lotze, a logician already scorned by Frege and his successors », Sleeper, 2001: 5. Dewey a fait état de cette situation dans l'introduction à ses *Essays in Experimental Logic*, où il explique qu'à l'époque où il écrivait les ***Studies***, l'idéalisme était le courant dominant en philosophie et reconnaît les grandes transformations qui ont eu lieu entre 1903 et 1917.

175 Sleeper, 2001: 5.

176 Sleeper, 2001: 64.

train de se former, car elles partageaient les mêmes présupposés. Ce que les théories logiques idéalistes, empiristes et analytiques avaient en commun, c'était d'après Dewey le fait de *négliger la dimension temporelle de la pensée.* Elles méconnaissaient l'importance de la fonction de médiation ainsi que le rôle du contexte dans la compréhension de la nature de la pensée. Centrées sur la structure formelle de la connaissance, et prêtes à reconnaître à la pensée une fonction instrumentale mais non pas constitutive[177] par rapport à ses objets, ces théories ne reconnaissent pas le trait fondamental de la pensée, c'est-à-dire le fait d'être *une forme d'action.* Cette même impression d'étrangeté nous est aussi communiquée à travers l'études de l'échange entre Dewey et Russell à propos du concept de vérité. Comme Burke[178] l'a montré, ce débat n'a été que la suite des tentatives opérées par Dewey afin de montrer à Russell que son analyse de la logique pragmatiste s'appuyait sur des présupposés erronés et par conséquent ne pouvait pas parvenir à la comprendre adéquatement.

Cependant, les critiques de Dewey à la logique de Lotze et de Russell constituent un point de départ précieux pour expliciter les présupposés de la théorie deweyenne de la pensée[179]. Nous avons toutefois décidé de prendre ici une direction différente. Une confrontation entre la théorie deweyenne de la pensée et celle de Frege devrait permettre de mieux cerner la spécificité de l'image deweyenne de la pensée. Nous cherchons ainsi à dresser l'image proprement pragmatiste de la pensée.

Cette opération demande un éclaircissement préliminaire des rapports entre psychologie, philosophie et logique. Il faudra avant tout montrer que la réflexion deweyenne se produit en marge de la polémique entre logique pure et logique psychologique qui a donné naissance au projet de la logique formelle du vingtième siècle. Si la logique deweyenne n'est pas réductible a l'idée de logique (et par conséquent de pensée) issue de la révolution formelle, elle n'est pas pour autant reconductible à une logique psychologique. Car pour Dewey la notion de pensée se définit à partir d'autres coordonnées conceptuelles. Dewey voyait les rapports entre psychologie et logique comme des rapports de collaboration. Sa conception de la pensée comme activité implique en même temps le refus du réductionnisme logique de la pensée à son contenu (mental ou propositionnel) ainsi que celui du réductionnisme psychologique de l'activité de la pensée à un processus mental interne. Comme il l'affirme dans *Logic*, « je me demande s'il existe quelque chose qui puisse être appelé *pensée* dans

---

[177] Ceci n'est évidemment pas vrai pour l'idéalisme. On remarquera toutefois que ce dernier conçoit le rôle constituant de la pensée d'une manière fort différente de celle de Dewey.
[178] Voir Burke, 1994, *passim.*
[179] Pour ces aspects, que nous ne traitons pas ici, cf. Burke, 1994 et Sleeper, 2001, *passim.*

le sens d'une réalité strictement psychologique »[180]. Au contraire, « soit le mot 'pensée' n'a rien à voir avec la logique, soit il est tout simplement un synonyme d''enquête', et sa signification est fixée par ce que nous connaissons de celle-ci »[181]. Son approche ne peut donc pas être comprise comme une variante de la logique psychologique si répandue vers la fin du dix-neuvième siècle. L'originalité de Dewey tient au fait d'associer un point de vue résolument antipsychologiste avec la reconnaissance de l'importance de la psychologie pour l'étude de la logique. A cet égard, Dewey remarque que « certaines positions en matière logique qui se vantent de leur totale indifférence vis à vis de toute considération psychologique, s'appuient en réalité sur des notions psychologiques devenues tellement courantes, si profondément ancrées dans la tradition intellectuelle, qu'elles finissent par être acceptées de manière acritique, comme si elles étaient évidentes pour elles-mêmes »[182]. Cette même critique devrait être adressée à Frege, dont la philosophie de la pensée présuppose implicitement non seulement une psychologie de la pensée, mais une psychologie qui se révèle aujourd'hui complètement dépassée[183].

### *1.8.1 Dewey et Frege sur l'image de la pensée*

Dewey ne cite Frege que trois fois dans la totalité de son œuvre[184]. Ce logicien joue donc pour lui un rôle sans doute très marginal. La connaissance que Dewey devait avoir de ses textes n'est pas comparable à celle qu'il possédait des écrits de Russell, dont la présence dans ses travaux logiques est constante. La comparaison entre les philosophies de la pensée de Dewey et de Frege nous à toutefois paru plus appropriée qu'une comparaison Dewey-Russell, même si cette dernière aurait pu s'appuyer sur des échanges philosophiques (lettres et articles) réels. La raison de notre choix est que la popularité de Russell comme 'leader' du mouvement analytique[185], incontestée à l'époque, a progressivement fait place à la figure de Frege, reconnu ensuite comme le père fondateur et comme l'idéologue du

---

[180] LW 12 : 29.
[181] LW 12 : 29.
[182] LW 12 : 30.
[183] Nous ne considérons ici que certains aspects de la philosophie de Frege, qui jouent un rôle dans notre projet. Des travaux comme ceux de Brandom (1994 et 2002) ont montré la présence dans les écrits de jeunesse de Frege d'un thème inférentialiste qui contraste avec l'intuitionnisme qui caractérise son image de la pensée plus tardive.
[184] Dans MW 10 : 95, LW 16 : 155 et 185. Voir le sommaire dans *The Works of John Dewey.*
[185] Dewey aussi reconnaissait en Russell « the most competent of modern analytic logicians », MW 10 : 93.

mouvement analytique. Ses écrits de philosophie de la pensée, et notamment son article « La pensée », mettent clairement à jour les présupposés métaphysiques du mouvement alors en train de se constituer. De la même manière que les *Essays in Experimental Logic* de Dewey, les *Logische Untersuchungen* de Frege constituent une sorte de 'manifeste', qui explicite les assomptions sous-jacentes à l'image de la pensée comme représentation[186]. Frege est presque unanimement considéré comme le père fondateur de la logique contemporaine, celui qui, après Aristote, a donné la contribution la plus décisive à la constitution de la logique comme discipline autonome[187]. Au fondement de la véritable révolution produite par Frege en logique et en philosophie, se trouve une philosophie de la pensée originale et ambitieuse, construite à partir de certains présupposés fondamentaux. Parmi ces derniers, l'instance antipsychologiste qui traverse toute l'œuvre frégéenne occupe une place de premier rang[188]. On peut même affirmer que le projet de la logique contemporaine naît du mouvement antipsychologiste de la fin du dix-neuvième siècle, dont Frege n'était que l'un des représentants. C'est toutefois à ce dernier que nous devons « la thérapie la plus efficace »[189] de ce qu'il voyait comme une des plus grandes pathologies de la philosophie, de la logique et des mathématiques. L'assomption centrale de l'image frégéenne de la pensée est que *penser, c'est saisir une pensée.* Penser relève ainsi d'un acte qui lie un sujet pensant à un contenu de pensée donné à travers la médiation du langage. Cette définition ouvre et légitime la voie d'accès logique et philosophique au domaine de la pensée. Avec ce geste se produit à la fois le partage du philosophique de son autre ainsi que celui de l'essentiel et de l'accidentel.

D'après Frege, logique et philosophie (en fait, une seule et même chose) garantissent l'accès privilégié à la nature de la pensée, qui est définie comme rapport intellectuel à la vérité. En contrepoint, cet acte définit le domaine propre à la science psychologique : « l'appréhension d'une pensée tout autant que le jugement sont des actes de celui qui connaît et doivent être assignés à la psychologie. Cependant, ce à quoi ces deux actes s'appliquent, notamment les pensées, n'appartiennent pas à la psychologie »[190]. Comprendre la pensée, c'est donc comprendre son rapport à la vérité. Mais ce rapport n'est pensable par la logique que comme rapport de validité : la

---

[186] Les deux textes ont en outre l'avantage d'être presque contemporains : le recueil de Dewey a été publié en 1917, tandis que l'essai de Frege sur la pensée fut publié l'année suivante.

[187] Voir, par exemple, l'introduction de M. Dummett à l'édition italienne des *Recherches logiques* (Frege, 1990).

[188] Sur l'histoire de l'antipsychologisme dans la philosophie européenne entre 1875 et 1930 et notamment chez Frege, voir Brisart, 2002 et Picardi, 1994.

[189] Picardi, 1994: 16.

[190] Frege, « Notes pour Ludwig Darmstaedter », dans Frege, 1999: 301, cité dans Bégout, 2002.

logique se différencie de la psychologie et de la linguistique en raison du domaine qu'elle se réserve dans l'espace de la pensée. Indifférente à la question des processus psychiques qui conduisent les esprits à saisir la vérité des assertions, et indifférente au rôle joué par les formes empiriques et transitoires des langues naturelles, elle peut dès lors se consacrer à l'essentiel : les lois qui déterminent le rapport d'une pensée au vrai. « Les lois de la pensée sont les lois de l'être vrai et par conséquent de la logique. »[191] De cette manière, l'espace conceptuel de la logique se clôt sur son image. Au fondement de cette image nous trouvons les postulats suivants :

1. la pensée a une existence autonome et indépendante par rapport aux conditions de contexte. Toute référence à ces conditions compromet la possibilité d'obtenir une représentation claire de la pensée ;
2. les pensées préexistent à leur affirmation et sont par conséquent l'objet d'une saisie ;
3. l'étude de la pensée comme domaine des relations formelles entre propositions constitue la seule alternative viable à une logique psychologique ;
4. la conception formelle de la pensée donne au langage une primauté absolue et inconditionnée en logique : dès lors, l'objet de la logique ne peut être que l'espace formel des relations valides entre propositions.

### *1.8.2 Dépsychologiser la pensée*

Dans un article concernant le rapport entre psychologisme et antipsychologisme chez Frege et Husserl, B. Bégout a affirmé que Frege aurait réussi à dépsychologiser la logique mais non pas la pensée. A côté d'une conception antipsychologique de la logique, persiste chez Frege une conception psychologique de la pensée. Cette dernière s'enracine à son tour dans « une conception psychologique de la psychologie » indispensable au projet frégéen d'ériger la pensée en domaine autonome et indépendant[192]. On peut donc dire de Frege ce que Dewey affirmait de Locke : « la séparation

---

[191] M. di Francesco, « Pensare il pensiero », dans Frege, 1990: 11.

[192] « Même si Frege revendique *expressis verbis* son indifférence aux problèmes de la psychologie, lui demandant simplement de ne pas se mêler des questions qui relèvent purement de la logique et d'elle seule, ils n'en déterminent pas moins, comme en sourdine, une certaine conception de la psychologie qui, si elle avait été tout autre, n'aurait peut être pas aussi facilement pu être évacuée du domaine de l'objectivité idéale de la logique », Bégout, 2002:121.

particulière qu'il faisait entre psychologie et logique reposait toutefois sur une assomption psychologique particulière »[193]. Cette distinction est importante pour saisir l'enjeu du naturalisme deweyen et de sa critique du psychologisme. Dewey serait sans doute d'accord avec Frege, lorsque ce dernier, dans la *Logik* de 1897, affirmait que « dans la conception psychologique de la logique la différence entre les raisons qui justifient une conviction et les causes qui la produisent est effacée »[194] et que ce fait détermine l'impossibilité de toute justification entendue au sens proprement logique. Sur le plan de l'irréductibilité entre causes et raisons, la distinction entre logique et psychologie est fondée et légitime. Dewey estimerait toutefois illégitime le passage ultérieur accompli par Frege, de la distinction entre raisons et causes (ou entre justification et production) à la distinction entre lois logiques de la pensée et lois psychologique du penser. Logique et psychologie s'opposent d'après Dewey sur le premier terrain mais non pas sur le deuxième. Pourtant le clivage entre approche logique et approche psychologique à l'étude de la pensée se produit d'après Dewey sur ce deuxième plan, que Frege pose comme une conclusion nécessaire du premier. Pour Dewey, l'explication du fonctionnement du mécanisme causal dans la formation des croyances n'a pas et ne doit pas avoir de rôle en logique : en aucun sens la vérité d'un énoncé ne dépend du mécanisme psychique qui conduit à le tenir pour vrai, ni les règles de validité ne doivent se mélanger avec celles d'évidence. Toutefois le refus du partage entre la logique et la psychologique ne conduit pas Dewey à postuler un dualisme infranchissable entre le domaine descriptif (propre à la psychologie) et le domaine normatif (monopole de la logique). Bien au contraire, la logique doit être d'après Dewey à la fois descriptive *et* normative, ou plutôt normative *puisque* descriptive. Il s'agit d'une normativité immanente et non plus transcendante, qui *ne descend pas d'une fondation mais relève d'une genèse*.

S'opposant ainsi à toute tentative d'expulser l'acte de penser du domaine de la logique, Dewey refuserait également la position opposée, qui attribue une fonction logique essentielle aux actes de saisie des pensées, comme c'est le cas par exemple dans la version husserlienne de l'antipsychologisme. *La logique deweyenne se fonde sur une théorie de la pensée comme acte, mais il s'agit d'un acte dont la nature n'est pas psychologique*. Il ne s'agit donc pas d'un acte de saisie d'ordre spirituel – d'intuition eidétique – mais plutôt d'une forme d'action ayant une extension spatio-temporelle. Par conséquent, il n'y a chez Dewey aucune tentative d'autonomisation de la logique à travers la 'psychologisation de la psychologie'. On ne trouve chez Dewey

[193] MW 10 : 362.
[194] Cité dans Picardi, 1994: 35.

aucune trace de mentalisme, comme c'est au contraire le cas chez Frege. Bégout écrit à ce propos qu'« en voulant épurer la logique des souillures de la psychologie, Frege est obligé de soutenir une conception, il faut le dire, mentaliste des actes de la conscience, comme si la démarcation stricte de la logique ne pouvait s'accomplir qu'au prix d'une accentuation grossière des traits psychologistes de la conscience » [195]. Dewey a montré que le clivage entre acte et contenu, dont l'origine doit être repérée dans une conception mentaliste de la psychologie, a conduit la logique à s'éloigner de la voie ouverte par Aristote, qui en faisait l'*organon* de toute enquête humaine[196]. La solution deweyenne consiste à considérer la pensée comme étant l'attribut d'une forme de conduite, en la replaçant ainsi dans son contexte propre : celui de l'interaction réflexive entre l'homme et l'environnement. Pour ce faire, Dewey ne refoule pas le socle psychologique dans lequel toute logique s'enracine nécessairement. Au contraire, il l'explicite entièrement, afin de rendre visible le lien qui noue la dimension comportementale de la recherche de sécurité et la dimension épistémologique de la vérité comme outil pour mettre en place des transactions plus efficaces entre l'homme et l'environnement. C'est ainsi que se distinguent les positions de Dewey et de Peirce sur le statut du doute : épistémologique pour l'un et psychologique pour l'autre.

A partir de ces remarques on peut comparer l'image deweyenne de la pensée avec celle présente dans les textes frégéens. Dans cette conception, le verbe qui définit le mieux l'activité de la pensée est celui de '*saisir*' : « nous ne devons pas considérer le fait de penser comme l'acte consistant à produire une pensée, mais comme celui consistant à saisir une pensée »[197]. Comme le remarque Michael Dummett, « penser consiste dans le processus de saisir les pensées », qui « sont objectives, atteignables par toute homme, extérieures à l'esprit et indépendantes du fait de les saisir »[198]. En tant que telles, les pensées sont des entités déjà données, dont l'esprit se borne à saisir le contenu. Dans sa théorie des actes de pensée, Frege distingue trois types d'actions qu'on peut accomplir avec une pensée et qui font l'objet de la logique. A côté de la *saisie*, qui définit l'acte de penser au sens propre, Frege cite la *reconnaissance* de la vérité d'une proposition, qui dénote le jugement, et l'*assertion* en tant qu'acte qui manifeste ce même jugement[199]. Saisir une pensée, déterminer sa vérité et l'affirmer par le biais d'une proposition sont

---

[195] Bégout, 2002: 127.

[196] « To conceive of thinking as instrumental to truth or knowledge, and as a tool shaped out of the same subject-matter as that to which it is applied, is but to return to the Aristotelian tradition about logic », MW 10 : 368.

[197] Frege, « La logique des mathématiques », dans Frege, 1999: 247, cité dans Bégout, 2002.

[198] M. Dummett, dans Frege, 1990: 36.

[199] Frege, 1918-19: 49-50 (62). Le numéro entre parenthèses correspond au numéro de page de l'édition originale.

donc les actions à travers lesquelles l'homme entre en rapport avec la pensée. Le déploiement de ces trois phases rend compte entièrement de ce que Frege considère comme pensée *par excellence*, c'est-à-dire le processus de découverte de la vérité ayant lieu dans les sciences exactes. « Un progrès dans les sciences a lieu d'habitude de cette façon : avant tout une pensée est saisie, à peu près comme elle peut être exprimée dans un énoncé interrogatif à partir duquel, suite à des recherches appropriées, cette pensée est enfin reconnue comme étant vraie. La reconnaissance de la vérité est exprimée dans la forme de l'assertion. »[200] L'acte de penser présente deux propriétés caractéristiques. D'abord, il ne s'agit pas d'un acte au sens psychologique, c'est à dire d'un acte au sens causal d'activité psychique[201]. Un tel acte ne ferait en effet que réintroduire la psychologie à peine expulsée du domaine de la logique. La deuxième propriété, strictement liée à cette première, est celle de la *neutralité*, voir de la passivité de l'acte de penser face à son objet. Ayant refusé toute forme de conditionnement causal de l'acte de penser sur son contenu, Frege est obligé de revenir à une conception passive de l'activité de la pensée : « la désactivation de l'acte, à la mesure de sa dépsychologisation, est telle que la saisie de la pensée exprime plutôt une certaine forme de réceptivité du penser, du *Denken*, par rapport aux *Gedanken*, les pensées, réceptivité qui se fait passer pour un acte, mais qui, en son essence, est pure passivité »[202]. La pensée est ainsi *destituée de toute fonction active et productive par rapport à ses contenus* et se voit reléguée à un rôle de reconnaissance, dans le jugement, de la vérité de pensées qu'elle n'a pas contribué à produire mais uniquement à découvrir. De surcroît, cette reconnaissance à lieu à travers des actes qui, en s'insérant entre le moment de la saisie et celui du jugement, ne relèvent même pas du domaine de la logique.

### *1.8.3 Deux images de la pensée*

Toute philosophie présuppose et articule une image de la pensée. Cette image est définie par les réponses, souvent implicites ou à peine explicitées, à la question de ce qu'est la pensée. Pour Frege, le rapport à la vérité, seule

[200] Frege, 1918-19: 50 (62).
[201] Bégout, 2002: 130-1. Il serait intéressant de pousser plus loin ces analyses frégéennes d'un acte qui n'en est pas un et qui se place à la limite du psychologique et du logique, et dont l'effet brouille les marges apparemment nettes qui devraient séparer logique et psychologie.
[202] Bégout, 2002: 132.

fin que la pensée – et avec elle la science[203] – puisse se donner, est le point de départ pour rechercher une telle réponse. Par contre, chez Dewey ce rôle est joué par la pratique. Le but de la pensée n'est pas la saisie d'une pensée vraie mais plutôt la *formulation d'un programme d'action*, de la même manière que d'après Dewey la finalité première de la science n'est pas la vérité en tant que telle mais le contrôle réglé de certaines classes de phénomènes. Dans cette conception de la pratique scientifique la vérité maintient sans doute une place essentielle. Cette dernière ne constitue toutefois plus une fin inconditionnée à atteindre mais plutôt un critère de régulation dans une pratique. Elle demeure sans doute une condition nécessaire pour la réussite de toute activité de connaissance, mais n'en définit pas la finalité dernière. Pour cette raison, comme on l'a vu, le caractère logique des idées ne peut être défini que dans le contexte de leur usage, c'est-à-dire à travers la reconstruction du contexte de leur genèse. On est ainsi conduit à reconnaître que les idées sont toujours avancées comme des hypothèses concernant des cours d'action et comme relevant d'une division conceptuelle du travail (théorie fonctionnelle des distinctions). Si pour Frege penser c'est saisir une pensée vraie, pour Dewey penser c'est toujours produire une réponse fonctionnelle aux sollicitations d'un contexte problématique, que ce soit dans la recherche mathématique ou dans l'activité mécanique d'un travail manuel. Si pour Frege la pensée est essentiellement intérieure et indépendante de tout événement extérieur, pour Dewey elle est publique et contextuelle, la pensée réfléchie n'est qu'une forme secondaire et dérivée d'activité. Pour toutes ces raisons, dans l'image deweyenne de la pensée le clivage entre logicisme et psychologisme est dépassé vers *une nouvelle logique expérimentale*, dont l'objet n'est donné ni par les relations formelles entre propositions, ni par les actes cognitifs d'appréhension du vrai, mais par les *activités dans lesquelles et par rapport auxquelles la pensée s'engage à des actes, actes qui sont à la fois actes de vérité et actes de transformation*[204]. La pensée, en conclusion, « n'est pas un événement ayant cours exclusivement dans le cortex ou entre le cortex et les organes vocaux. Elle implique l'exploration à travers laquelle les données significatives sont obtenues et aussi les analyses physiques à travers lesquelles elles sont raffinées et rendues précises »[205].

D'après Dewey, le malaise de la logique ne résidait pas dans son penchant psychologique, mais dans le fait d'avoir abandonné la tradition

---

[203] « La science rigoureuse s'adresse à la vérité et à rien d'autre qu'à la vérité », Frege, 1918-19: 51 (63).

[204] Cette troisième voie est celle qui explique la définition deweyenne d'inférence comme « an occurrence belonging to action, or behaviour, which takes place in the world, not just within the mind or consciousness » (MW 10 : 90).

[205] MW 10 : 328.

aristotélicienne qui en faisait un outil de pensée et de connaissance. L'affirmation que la conduite intelligente doit constituer l'objet privilégié de la logique se propose de ramener cette dernière à son rôle de science des méthodes d'enquête empiriques. C'est là que les objets logiques se montrent sous une nouvelle lumière : ni entités éternelles et improductives, ni représentations psychiques, ils sont des outils dont l'homme se sert dans cette activité particulière qui est la production d'inférences[206]. En tant que logique de l'expérience et non plus logique de la pensée ou des actes de pensée, la transformation deweyenne de la philosophie ouvre un nouveau domaine dont nous allons montrer la portée et les enjeux.

---

[206] « As long as method was treated as something to which instruments of physical analysis and recombination are extraneous, it was not easy to have any alternatives between thinking of dialectic (including of course definition, division and classification) as being in one to one correspondence with ultimate, non-empirical essences or forms, and thinking of reasoning as concerned merely with the products of the mental compounding of ideas. But if method involves a technique of practical procedure, if discovery, ascertainment and prediction depend upon doing something to things and getting ready for what happens in consequence, then the case stands otherwise », MW 10 : 93. Dans la continuation de cet article, la conception active de l'inférence comme comportement observable s'oppose à la conception russellienne.

# 2. Actualité du pragmatisme

## 2.1 Héritages du pragmatisme

Depuis deux décennies le pragmatisme est redevenu d'actualité. Avec une intensité croissante, des philosophes, de préférence américains, se réclament de la tradition pragmatiste pour tracer leurs généalogies intellectuelles et se positionner par rapport au contexte philosophique actuel. De plus, comme l'a remarqué J. Margolis[1], les tentatives de redéfinition du pragmatisme sont fréquemment devenues partie intégrante de stratégies visant l'ouverture de nouveaux débats ou le lancement de nouvelles théories[2]. A partir d'argumentations très différentes, certains philosophes ont vu en Dewey un penseur fondamental du vingtième siècle et ont diagnostiqué l'avènement d'une nouvelle ère de la pensée, de marque deweyenne. Dans aucun cas toutefois, ce retour à Dewey se fait au nom de sa théorie de la pensée. Puisque, au contraire, notre interprétation de la philosophie de Dewey est entièrement fondée sur sa théorie de la pensée comme action, une comparaison avec les lectures contemporaines le plus influentes s'impose. Notre choix interprétatif trouvera ici une justification ultérieure.

Si nous regardons de près le panorama philosophique américain actuel, quatre sont les philosophes qui ont plus explicitement revendiqué un héritage deweyen en philosophie. Le premier à rendre la juste place dans l'histoire de la philosophie à Dewey a été Richard Rorty[3], qui en a fait l'un des membres de sa trinité post-philosophique, avec Heidegger et Wittgenstein. Ensuite,

---

[1] J. Margolis, *Reinventing Pragmatism*, Ithaca and London, Cornell University Press, 2002.

[2] Nous ne croyons toutefois pas que, comme l'affirme Margolis, cet usage auto-promotionnel correspond au fait que « the original pragmatist themes have pretty well run their course » (Margolis, 2002: 4). Au contraire, comme nous allons le montrer tout au long de ce travail, l'actualité de Dewey nous semble aujourd'hui indiscutable. Cependant, c'est sur d'autres terrains et chez d'autres auteurs qu'elle se manifeste.

[3] Les efforts de Rorty pour attirer l'attention des cercles philosophiques sur l'œuvre de Dewey datent au moins de 1974, date de la parution de l'article « Overcoming the Tradition: Heidegger and Dewey », repris dans Rorty, 1982: 37-59.

Hilary Putnam a revendiqué l'importance philosophique du pragmatisme à la fois pour l'histoire de la philosophie américaine et pour son propre parcours philosophique. Malgré les usages fort différents auxquels ce deux auteurs soumettent la pensée de Dewey, tous les deux s'en servent pour accompagner la philosophie hors de son tracé positiviste et analytique, ouvrant ainsi une nouvelle ère pour la philosophie aux Etats-Unis[4]. A partir de la fin des années quatre-vingt, une nouvelle génération a pris la relève et a vu en Dewey un modèle pour transformer la philosophie du vingt unième siècle. Parmi ces philosophes, il nous semble que les tentatives les plus intéressantes ont été celles de Cornel West et de Richard Shusterman[5]. Avec cette deuxième génération, la question de l'héritage positiviste semble désormais dépassée et la question des usages possibles de la philosophie deweyenne devient centrale. Dans tous ces cas, nous assistons à au même mouvement, qui consiste à s'interroger sur la nature de la philosophie et sur le statut du philosophe aujourd'hui, pour trouver ensuite chez Dewey les conditions d'une réponse possible. Malgré la richesse des arguments proposés par ces philosophes, leur analyses nous paraissent toutefois passer à côté de ce qui fait de la philosophie deweyenne le point de départ d'une reconstruction contemporaine de la pratique philosophique, c'est-à-dire la question de la pensée en action.

A travers une exposition critique de ces perspectives, nous allons montrer l'importance de la théorie deweyenne de la pensée active dans les formes contemporaines de *pratique philosophique*. A partir de là, nous pourrons montrer certains exemples de philosophies qui normalement ne sont pas explicitement associés au mouvement pragmatiste mais qui expriment à notre avis ce qui est plus vivant et plus novateur dans la tradition deweyenne. Ensuite, nous serons en mesure de nous livrer nous-mêmes à certains exercices de pratique philosophique qui s'inscrivent dans le sillon ainsi creusé.

---

[4] Nous avons décidé de ne pas nous occuper de Putnam car chez cet auteur la pensée de Dewey ne joue pas un rôle aussi central que chez les autres auteurs. Sa 'réhabilitation' du pragmatisme classique se réclame en fait plus de James que de Dewey.

[5] Il faut sans doute ajouter la *scholarship* de Larry Hickman, notamment avec son dernier livre (Hickman, 2001), qui développe son étude classique sur la technologie chez Dewey (Hickman, 1990) dans une actualisation cohérente du projet deweyen de 'pragmatisme productif'. Pour une analyse du rapport de Hickman à Dewey, cf. Frega 2006, ch. 4.

## 2.2 Richard Rorty et le pragmatisme thérapeutique

> *« There is nothing deep down inside us except what we have put there ourselves, no criterion that we have not created in the course of creating a practice, no standard of rationality that is not an appeal to such a criterion, no rigorous argumentation that is not obedience to our own conventions »*
>
> Rorty 1982: xlii.

Richard Rorty est sans doute l'auteur qui a le plus contribué à accréditer l'idée que le pragmatisme constitue une ressource intellectuelle encore précieuse. A travers des dizaines d'articles et plusieurs volumes, il a consacré John Dewey comme l'un des grands philosophes de ce siècle, dont la grandeur philosophique n'aurait pas été dépassée même pas par les plus grands philosophes : Ludwig Wittgenstein et Martin Heidegger. Cette trinité philosophique, que Rorty expose à partir de son premier livre important, est fondamentale pour comprendre l'usage que cet auteur va faire de Dewey. Malgré le fait que Dewey soit revendiqué déjà à partir de *Philosophy and the Mirror of Nature* comme étant son héros philosophique, dans l'introduction au premier volume de ses *Philosophical Papers*, qui date de 1991, Rorty affirme qu'en réalité Dewey n'a pris la relève sur Wittgenstein et Heidegger que dans les années quatre-vingt[6], ce qui signifie que son pragmatisme se greffe sur une base wittgensteinienne et heideggerienne préexistante. Dès lors, Dewey devint pour Rorty l'occasion d'un syncrétisme dans lequel critique littéraire, jeux de langage, antifondationnalisme et libéralisme politique se fondent dans une perspective nouvelle pour laquelle Rorty va reprendre le titre de pragmatisme, ancien nom pour des nouveaux modes de penser. Le label de pragmatisme joue donc dans le discours de Rorty un rôle plutôt politique[7]. Cela explique pourquoi son usage varie beaucoup d'un texte à l'autre et les raisons pour lesquelles ses définitions sont très variées et parfois difficiles à ramener à une interprétation univoque[8]. Sans pouvoir, ni vouloir, présenter ici une analyse complète de la réflexion philosophique de Rorty, nous nous proposons de montrer sa conception de ce qui pourrait être aujourd'hui une culture philosophique authentiquement deweyenne et quelle

---

[6] « Dewey [...] has, in my imagination, gradually eclipsed Wittgenstein and Heidegger », Rorty, 1991a: 16.

[7] Dans le sens d'une politique culturelle.

[8] Il faut considérer en outre que le style de Rorty est souvent provocateur et que cet auteur se complaît dans l'usage d'hyperboles qu'il ne faut pas prendre au pied de la lettre, quitte à attribuer à son auteur des vues trop absurdes pour être véridiques.

nature, quel rôle et quelle fonction reviendraient dans ce contexte à une philosophie inspirée par les principes du pragmatisme. Pour comprendre le sens du renvoi rortrien à Dewey, la question des conséquences du pragmatisme doit être examinée à trois niveaux différents : le niveau de ses implications vis à vis de la tradition philosophique, celui des transformation que le pragmatisme introduit dans les rapport de la philosophie avec le contexte plus ample de la culture extra-philosophique et celui enfin du rôle de la philosophie dans la vie humaine individuelle et collective.

### *2.2.1 Philosophie comme thérapie, antifondationnalisme et antiprofessionnalisme*

Rorty compte parmi les philosophes qui ont le plus insisté sur l'importance théorique de la question de la vérité dans le pragmatisme, tout en affirmant que dans ce courant cette question n'est évoquée que pour être évacuée comme étant un objet philosophiquement peu intéressant[9]. Cette théorie qui n'en est pas une (car elle n'a rien à dire sur l'objet sur lequel elle porte si non qu'il n'a pas grand intérêt) constitue un cas exemplaire de la stratégie philosophique rortienne, car elle se propose de résoudre un problème en le faisant disparaître. En s'appuyant sur des rares affirmations deweyennes, Rorty mélange ici habilement pragmatisme et philosophie wittgensteinienne, faisant, contre toute évidence textuelle, de l'attitude thérapeutique en philosophie un des traits distinctifs du pragmatisme[10]. L'attitude de Rorty est complexe, car elle oscille entre deux pôles assez distants. Elle revient toutefois à reléguer le rôle culturel de la philosophie à une tâche négative et en dernière instance fort éloignée de ce que Dewey entendait lorsqu'il proposait de reconstruire la philosophie et sa fonction culturelle et sociale[11]. Rorty propose trois thèses principales sur le statut actuel de la philosophie. D'abord, la nécessité de rompre avec les problèmes que la tradition philosophique nous a légués (changement d'objet). Ensuite, l'impossibilité de concevoir la philosophie comme une super-science dont le rôle serait celui de fonder et légitimer les sciences et les institutions politiques et sociales (changement de rôle). En dernier lieu, la fonction sécularisante du pragmatisme face au statut quasi-théologique attribué par le

[9] Rorty, 1982: 13.

[10] Plus tard il se définira lui-même comme « philosophe thérapeute » – « *therapeutic philosopher* », Rorty, 1998: 276.

[11] Tout cela malgré le fait que son autodéfinition de philosophe thérapeute ne se réfère pas aux jeux de langage wittgensteiniens mais au fait « d'accepter la méta-philosophie offerte dans le premier chapitre de *Reconstruction in Philosophy* de Dewey », *Ibid.*

positivisme à la science (changement de statut dans la société). Cette triple rupture avec la tradition philosophique a été accomplie, d'après Rorty, par le pragmatisme deweyen, crédité d'avoir ainsi introduit en philosophie un radicalisme qui consiste à nier qu'il existe de problèmes proprement philosophiques. Dans une veine beaucoup plus wittgensteinienne que deweyenne, Rorty affirme que « les pragmatistes soutiennent que la plus grande aspiration de la philosophie est celle de ne plus pratiquer la Philosophie »[12], où par 'Philosophie' on entend l'exercice professionnel académique de la philosophie comme genre défini par des problèmes spécifiques et par des méthodes propres[13].

Rorty rejoint ici la tradition américaine de l'antiprofessionnalisme en philosophie, mais il le fait de façon singulière : plutôt que de refuser son rôle de professionnel de la pensée, il préfère l'exercer de façon négative. Toute son œuvre est parsemée de considérations sur le rôle critique et négatif de la philosophie. Il semblerait même que le seul rôle de la philosophie dans le cadre de la critique de la culture, est de nous aider à ne plus nous poser ces fausses questions qui ont hanté l'histoire de la philosophie[14], à aider la mouche à sortir de la bouteille, comme aimait le dire Wittgenstein. Cette attitude philosophique est exemplifiée par ce que Rorty appelle 'le coup thérapeutique' (« *the therapeutic move* »[15]). Il s'agit d'un usage critique de la pensée, qui devrait permettre d'apprendre des erreurs du passé et ainsi se libérer des faux problèmes philosophiques. Cet apprentissage constituerait le seul usage de la tradition philosophique encore doué de signification. Récemment, Rorty a affirmé que « la fonction de la philosophie est de médiatiser des vieilles façons de parler, développées pour remplir des tâches antérieures, avec des nouvelles façons de parler, développées en réponse à de nouvelles exigences »[16]. Flâneur de l'histoire des idées, le philosophe se borne « à s'assurer que les vieilles idées *philosophiques* ne bloquent pas la route de l'enquête »[17]. En conclusion, « les pragmatistes cherchent à trouver des principes antiphilosophiques dans un langage antiphilosophique »[18], car d'après eux « la plus grande aspiration de la philosophie est celle de ne pas pratiquer la Philosophie »[19]. Ce *non possum* qui définit la philosophie après la Philosophie conduit cette dernière à se contenter d'un rôle modeste qui consiste à « libérer la culture des vocabulaires obsolètes à travers un travail

---

[12] Rorty, 1982: xv.
[13] Voir aussi « Pragmatism without method », dans Rorty, 1991a.
[14] « To stop thinking of things in obsolete terms inherited from great dead philosophers », Rorty, 1998: 6.
[15] Rorty, 1998: 275.
[16] Rorty, 1995: 91.
[17] Rorty, 1998: 307.
[18] Rorty, 1982: xvi.
[19] Rorty, 1982: xvi.

de retissage des nouvelles métaphores dans la trame commune des croyances et désirs »[20].

### *2.2.2 Métaphilosophie et critique de la culture*

La critique de la tradition fondationnaliste en philosophie revient à discréditer toute tentative de placer la philosophie devant ou au-dessus des autres savoirs. Rorty est fidèle à ce diagnostic tout en le violant constamment. D'une part, il affirme la nécessité de destituer la philosophie de tout privilège épistémologique, en la ramenant à ce qu'il appelle le « tournoi littéraire-historique-anthropologique-politique »[21]. En tant que forme de la critique littéraire, la philosophie se dépouille de ses prétentions méta-discursives. Forme discursive à côté d'autres formes, la philosophie puise dans sa tradition les discours utiles pour prendre position sur des questions d'intérêt éthique, politique et social, au même titre que la littérature ou l'histoire. Renonçant à son rôle de constructrice de fondation, « elle se borne à mettre ensemble des souvenirs et à proposer certaines possibilités intéressantes »[22]. De ce point de vue, la philosophie n'est qu'une perspective parmi d'autres perspectives, placée au sein de la critique de la culture. Et Rorty a beaucoup fait pour réduire le philosophe à ce rôle d'amateur cultivé[23] qui flâne parmi les discours les plus différents pour en bricoler des brins de savoir et dont la seule compétence revient à une certaine habileté à percevoir identités et différences parmi des choses qui appartiennent à des genres entièrement hétérogènes.

D'autre part, Rorty invente pour la philosophie un nouveau rôle, qui consiste à devenir le méta-discours qui définit le cadre de cette prolifération de discours qui caractérise la culture post-philosophique, et il le fait de deux manières. Premièrement, en chargeant la philosophie d'en formuler la théorie, lorsque il affirme par exemple que, bien que destituée de son rôle de constructrice de fondations, elle demeure cette « description de descriptions » qui produit des analyses « des avantages et désavantages respectifs des différentes façons de parler inventées par les hommes »[24]. Rorty ne fait que réitérer ainsi le modèle traditionnel de la philosophie comme savoir n'ayant pas d'objet propre mais qui se nourrit des discours produits par d'autres savoirs. Il réintroduit dès lors une dissymétrie qui

[20] Rorty, 1991b: 18.
[21] Rorty, 1982: xl.
[22] Rorty, 1991b: 6.
[23] Rorty, 1979: 317-8.
[24] Rorty, 1982: xl.

semble être la seule condition pour préserver une quelconque forme de spécificité. Deuxièmement, ce discours sans fin sur la fin de la philosophie et sur ses conséquences en termes de prolifération de vocabulaires différents, est à peu près la seule manière de pratiquer la philosophie mise en acte par Rorty. On peut même dire que de ce discours sur la fin de la Philosophie il en a fait une carrière : philosophe, il aura confié son nom à ce discours qui affirme sans cesse la non-légitimité de toute tentative réductionniste (des sciences humaines aux sciences dures, de la science à la littérature, de la philosophie aux sciences, etc.) mais qui n'affirme pas en soi des thèses proprement philosophiques (encore une conséquence du coup thérapeutique ?).

Pour Rorty, comme pour d'autres qui ont invoqué récemment l'héritage pragmatiste[25], la définition de la philosophie comme un genre de critique de la culture est une conséquence de la polémique avec ceux qui conçoivent la philosophie comme une discipline caractérisée par des problèmes et des méthodes propres (la conception professionnelle de la philosophie). En tant que critique de la culture, la philosophie doit d'après Rorty contester la prétention des sciences dures à un rôle de leadership intellectuel et moral dans la société, n'étant pas en mesure « de contenir ce qu'il y a de plus important pour les êtres humains »[26]. Elle s'affirme au dix-neuvième siècle au moment où « la littérature d'imagination remplace à la fois la religion et la philosophie dans son rôle de former et d'apaiser les consciences inquiètes des jeunes »[27] et témoigne de l'intérêt pour le rôle social du savoir et de l'intellectuel. Avec le Romantisme allemand, le modèle d'une philosophie comme « pseudo-science non-empirique capable d'évaluer les conséquences favorables ou contraires à une conception de la connaissance et de la réalité déterminée »[28] est remis en question. La dé-légitimation de ce paradigme a eu lieu à la fois sur le plan de sa plausibilité épistémologique et sur celui de sa fonction sociale. Il a ainsi été accusé d'être à l'origine du mouvement qui a progressivement conduit la philosophie à s'isoler du reste de la culture et à renoncer à tout rôle de leadership intellectuel et moral sur la société. Ce passage de la science à la littérature comme paradigme du savoir a des implications importantes pour la philosophie, car il conduit à « traiter à la fois la science et la philosophie, dans le meilleur des cas, comme des genres littéraires »[29]. Il détermine aussi le passage d'un régime du savoir dominé par l'idée d'un seul langage capable de tout exprimer, à un régime littéraire où plusieurs vocabulaires irréductibles coexistent. Pour Rorty ce passage

[25] Voir par la suite les paragraphes consacrés à Richard Shusterman et à Cornel West.
[26] Rorty, 1982: 149.
[27] Rorty, 1982: 66.
[28] Rorty, 1982: 140.
[29] Rorty, 1982: 140.

marque aussi un changement de style qui implique que la valeur inconditionnée de l'argumentation, en tant que modalité discursive typiquement philosophique, est remise en question. Si l'argumentation est le propre d'un savoir qui s'exprime dans la croyance que son but est de « découvrir si une proposition est vraie », la critique de la culture (et avec elle la philosophie pragmatiste), s'interroge pour comprendre « si un vocabulaire est bon »[30]. Nous avons là deux passages important. D'abord, le niveau d'analyse philosophiquement pertinent n'est plus la proposition ou la théorie, mais le langage[31]. Ensuite, l'efficacité (le bien) remplace la vérité en tant que critère dont la philosophie devrait se servir pour l'évaluation critique des différents vocabulaires. Le premier passage dérive de l'instance antiréductionniste que Rorty associe à l'abandon du paradigme fondationnaliste en philosophie, tandis que le deuxième constitue l'apport spécifiquement pragmatiste, du rapport entre vocabulaires.

### *2.2.3 Philosophie, solidarité, action sociale*

D'après Rorty, au vingtième siècle l'identité de la philosophie s'est constituée par rapport à trois paradigmes principaux. Le premier est celui de la science, avec son idéal de rigueur. Ce paradigme a été la référence principale du tournant qui aux Etats-Unis a suivi l'âge d'or du premier pragmatisme et a institutionnalisé l'image du philosophe professionnel proposé par la philosophie analytique. Le deuxième paradigme est celui de la philosophie comme activité poétique, dont le principal représentant a été Heidegger. Face à ces deux paradigmes, le pragmatisme aurait proposé une troisième voie : celle de la *philosophie comme activité politique*. Aux images du savant et du poète, le pragmatisme substitue celles de l'ingénieur et de l'opérateur social en tant que sujets « qui cherchent à procurer le plus grand bonheur et la plus grande sécurité aux gens, en utilisant à cette fin la science et la philosophie »[32]. D'après ce paradigme, le philosophe, comme tout autre intellectuel, exerce son rôle de « penseur au service de la communauté »[33]. Il le fait avant tout en veillant avec un esprit critique au bon usage du langage (le retissage des nouvelles métaphores dans la trame du langage commun). Gardien d'une tradition et spécialiste de presque rien, le philosophe appartient à la catégorie des hommes d'entretien, car sa fonction consiste à

---

[30] Rorty, 1982: 141.
[31] Au sens de système discursif homogène, et non pas de langue. On parle de langage ici comme on parlerait de langage de l'art, ou de langage psychologique.
[32] Rorty, 1991b, 9.
[33] Rorty, 1991b, 17.

veiller sur le bon fonctionnement du langage, qui est un bien social. Ce travail de maintien ne se fait pas par le biais de la résolution de véritables problèmes philosophiques[34] mais à travers un travail de prévention qui devrait servir à éviter les pièges que la philosophie se pose elle-même. Outre ce travail le philosophe, comme tout autre intellectuel, pourra « contribuer à une politique démocratique et sociale en fournissant ici et là des encouragements et des suggestions par rapport à des projets et à des moments déterminés »[35]. Rorty se propose ainsi de dégager le nouveau projet philosophique pragmatiste des conceptions métaphysiques qui encombrent l'histoire de la philosophie et qui la conçoivent comme l'autorité capable de donner à toute conception politique ou sociale son fondement et sa légitimation. D'après Rorty, cette prestigieuse fonction sociale n'est plus accessible à la philosophie car dans notre culture sécularisée nous n'avons plus besoin de telles justifications. Le tournant post-métaphysique qui caractérise le monde contemporain est tel que la recherche de légitimation se fait aujourd'hui par rapport à la dimension des conséquences auxquelles telle théorie ou telle conception nous conduisent. La confirmation empirique substituerait ainsi partout l'exigence de fondation.

Le philosophe se trouve dès lors privé de sa fonction sociale et intellectuelle propre ; sa critique de la transcendance, après avoir destitué le prêtre et le savant, investit le philosophe lui-même. De plus, dans un monde hautement intellectualisé, même les compétences d'argumentation, d'analyse conceptuelle et de spéculation théorique se démocratisent. Par conséquent, elles ne suffisent plus à lui donner une identité propre. Il semblerait que le fait d'être philosophe devient problématique. Par conséquent, d'après Rorty, ce ne sont plus les philosophes mais les poètes et les ingénieurs qui sont aujourd'hui les intellectuels les plus cotés. Dans un monde technologique et sécularisé, les poètes et les ingénieurs sont « les gens qui produisent des nouveaux, surprenants projets pour parvenir au plus grand bonheur possible pour le plus grand nombre de gens possible »[36]. Là encore, il s'agit d'une remarque très inspiré du pragmatisme, car poésie et ingénierie ont en commun la création, l'imagination et le rapport aux futurs possibles. Comme le remarque Rorty, « l'héritage de Dewey consisterait à concéder la primauté à l'imagination sur l'intellect argumentatif, et au génie sur le professionnalisme »[37]. Le poète est créateur de vocabulaires tout comme l'ingénieur est le créateur de possibilités concrètes d'actions et de pratiques à la fois sur le plan social et individuel. Bien que cette fresque esquisse une

[34] Car, comme on l'a vu, Rorty suit Wittgenstein dans la conviction qu'il n'y a pas de véritables problèmes philosophiques.
[35] Rorty, 1991b: 17.
[36] Rorty, 1991b: 26.
[37] Rorty, 1991b, 6.

perspective un peu sombre pour les philosophes et ses prétendants, Rorty nous propose malgré tout un exemple significatif d'un usage politique de la philosophie et des raisons qu'un mouvement politique ou social pourrait avoir de s'adresser aux philosophes pour en obtenir un secours dans la revendication de ses droits. Dans un article intitulé *Feminism and Pragmatism*[38], Rorty expose un exemple de politique culturelle inspirée par le pragmatisme. Le point de départ de la discussion concerne les assomptions implicites qui structurent nos schèmes de perception, de réaction émotive et d'action. Une politique qui se pose comme objectif la transformation d'un contexte social doit partir du fait suivant : « les assomptions deviennent visibles *en tant qu'*assomptions uniquement si nous pouvons rendre plausible leurs propositions contradictoires »[39]. De cette thèse, Rorty tire deux conséquences. La première concerne l'importance de l'imagination[40], qui substitue l'argumentation ou l'enquête dans toute activité intellectuelle visant la production de transformations sociales. La deuxième thèse concerne le rôle du langage et notamment des changements de vocabulaire pour transformer les habitudes émotives et de conduite. La transgression du langage opérée par le biais de l'imagination et visant à changer nos descriptions des faits sociaux, politiques et moraux, contribue à amplifier notre espace logique, et par conséquent ouvre sur des nouvelles possibilités d'action et de vie. On pourrait reconstruire l'argument de Rorty de cette manière :

1. l'action dépend de la capacité de délibération morale ;
2. la délibération morale dépend de l'espace logique des raisons disponibles ;
3. l'espace logique est structuré par des assomptions implicites ;
4. les assomptions sont liées aux attitudes et habitudes perceptives et émotives ;
5. les attitudes et habitudes perceptives et émotives peuvent être transformées à travers des variations dans nos vocabulaires.

Cette séquence définit l'argument rortien qui dérive du principe antifondationnaliste. L'argument se fonde sur la renonciation à l'idée qu'il y aurait une essence humaine à découvrir, pour ancrer la lutte politique dans le jeu métaphorique de passage d'un langage à un autre suivant des critères d'efficacité. La quête du vrai soi (l'être-femme, dans ce cas) doit être abandonnée en faveur d'une politique fondée sur la pratique de création de

[38] Rorty, 1998: 202-227.

[39] Rorty, 1998: 203.

[40] Cet argument est typiquement deweyen. Comme nous le montrerons dans le chapitre 7, l'imagination comme faculté des possibles joue un rôle constitutif dans la théorie de la pensée comme action.

langages, de traditions et d'identités[41]. Le recours au pragmatisme doit donc être compris comme antidote aux tentations universalistes et essentialistes qui nous poussent à une recherche de la vérité beaucoup moins satisfaisante que l'activité de création rendue possible par la renonciation à la quête métaphysique.

### *Philosophie, science normale et révolutions*

Dans ses écrits plus récents, Rorty à reformulé la question du rôle de la philosophie en s'appuyant sur la distinction kuhnienne entre science normale et science révolutionnaire. Le rôle mineur d'entretien, serait ainsi uniquement typique des phases 'normales' en philosophie. Cette humilité est affirmé dans une perspective polémique avec Heidegger et la tradition marxiste qui attribuent à la philosophie un rôle majeur en politique mais qui, en dernière instance, n'ont pas su, d'après Rorty, apporter de réelles innovations. Dès lors, la seule grandeur qui reste à la philosophie appartient à ces rares moments révolutionnaires où un nouveau vocabulaire est inventé, comme c'est les cas avec Platon, Hegel, Nietzsche, Wittgenstein et quelques autres rares philosophes. Pour Rorty, le philosophe ne peut être que grand, si bien que les autres mieux feraient à s'abstenir de philosopher, quitte à ne pas provoquer des dommages plus grands des biens qu'ils se proposent de réaliser[42]. Pour ceux qui n'ont pas su inventer de nouveaux vocabulaires, la seule voie de pratiquer la philosophie consiste à se mélanger au groupe des critiques de la culture, sachant qu'ils n'y auront ni rôle ni identité propres. Sur le plan de la philosophie politique, cette position a deux implications importantes. La première se déduit de l'expression « la priorité de la démocratie sur la philosophie », titre d'un des articles le plus célèbre de Rorty [43]. La deuxième implication est la dévalorisation de la dimension

---

[41] Rorty, 1998: 206-208.

[42] On verra dans cette thèse une conséquence ultérieure de l'inspiration wittgensteinienne de Rorty.

[43] Rorty, 1991a: 175-196. Nous ne nous engageons pas ici dans un commentaire de sa lecture à contresens de la philosophie politique de Rawls. Il serait en tout cas simple de montrer que cette primauté du politique sur le philosophique est exactement ce qui manque à Rawls jusqu'à son article « Justice as Fairness : Political, not Metaphysical », de 1985, retravaillé dans Rawls, 1993. Il serait simple aussi de montrer que le but que Rorty se propose est exactement le même que les critiques de Rawls – notamment Taylor et Sandel – ont poursuivi. On serait alors obligés de remarquer que les présupposés philosophiques ne peuvent pas être éliminés mais qu'il s'agit au contraire de les *articuler*, une forme quelconque de présupposition étant indispensable à la pensée. L'idée d'une politique sans présupposés philosophiques sera abandonnée aussi par Rawls qui, à partir de l'article de 1985 cité plus

théorique. Cette thèse surprenante est affirmée dans le même article qui proposait le passage du philosophe savant au philosophe poète et ingénieur. Rorty soutient que « le vocabulaire des politiques démocrates et socialistes, c'est à dire le vocabulaire que Weber et Dewey ont contribué à composer, n'exige probablement pas de sophistications ultérieures de la part des philosophes (bien que des économistes, des sociologues et des historiens lui aient apporté d'utiles mises à jour) »[44]. Du fait qu'« il n'existe pas de faits concernant l'oppression économique, la lutte de classe ou la technologie moderne que ce vocabulaire n'est pas capable de décrire et qui pourraient être mieux décrits par un vocabulaire métaphorique plus 'radical' », Rorty conclut que la réflexion théorique a peu d'intérêt pour ceux qui cherchent à résoudre ces problèmes[45]. Pour Rorty en effet « notre imagination politique n'a pas été enrichie par la philosophie de notre siècle ». Rorty va même plus loin, affirmant qu'une humanité future plus sage ne sera pas celle qui produira des idées philosophiques plus intéressantes, mais celle qui, au lieu d'avoir recours aux philosophes, s'adressera aux poètes et aux ingénieurs, seuls et vrais créateurs et producteurs de projets capables d'augmenter le bonheur des gens[46]. Malgré le fait que ces considérations soient en contradiction avec l'exemple d'un usage politique du pragmatisme considéré plus haut, elles sont tout de même bien représentatives d'une attitude antithéorique que Rorty manifeste à maintes reprises, et qui est d'ailleurs très cohérente avec sa démission de tout rôle constructif pour la philosophie dans nos sociétés, en tout cas dans ses phases dites 'normales'.

### *2.2.4 Remarques critiques et conclusions*

Ces considérations montrent à quel point la revendication rortienne de l'héritage de Dewey est à certains égards assez surprenante, car la poussée deweyenne originaire nous semble devenir à peu près méconnaissable. Toutefois, d'après Rorty, les différences philosophiques entre sa position et celle de Dewey ne se manifestent qu'en deux petits détails. Ces derniers concernent l'évaluation différente du rôle de la science dans la culture et le fait de formuler la problématique du rapport entre représentationnalisme et antireprésentationnalisme en termes de langage plutôt que d'idées et

---

haut, a admis la présence dans sa théorie de la justice de présupposés métaphysiques non articulés.

[44] Rorty, 1991b: 25.

[45] Rorty, 1991b, *Ibid.*

[46] Rorty, 1991b: 26.

d'expérience[47]. Rorty affirme avoir gardé de Dewey surtout l'idée du représentationnalisme comme obstacle à l'épanouissement des hommes et des sociétés[48] et le privilège attribué à l'imagination sur l'intelligence[49]. Dans un texte récent[50], Rorty a integré sa lecture de Dewey en proposant de définir son héritage à travers l'expression « l'espoir au lieu du savoir ». L'espoir jouerait un rôle central dans la mesure où il exprime la temporalité propre à la pensée pragmatiste, d'après laquelle le passé n'existe qu'en vue de ses usages possibles pour la construction du futur (le présent étant ce que nous sommes déjà). Ici encore, Rorty attribue à l'imagination une fonction essentielle dans la culture, car c'est seulement à travers elle que « cesser de se préoccuper de savoir si ce que l'on croit est bien fondé, et de commencer à se demander si l'on possède une imagination suffisante pour inventer des alternatives intéressantes à nos croyances présentes »[51] devient enfin possible. Dans cette nouvelle tâche de « forger une démocratie de participation »[52] qui définit le rôle culturel et social de la philosophie, Dewey est « la figure la plus utile et la plus significative de la philosophie du vingtième siècle »[53]. Nous ne voulons contester l'exactitude d'une lecture trop politique pour pouvoir (et vouloir) être fidèle. Il faut toutefois s'interroger sur sa capacité d'ouvrir à la pratique contemporaine de la philosophie des nouveaux espaces de réflexion, car c'est seulement à ces conditions que le Dewey de Rorty pourra donner une contribution au projet deweyen de reconstruction de la philosophie. A ce propos, la lecture rortienne nous paraît insuffisante pour des raisons qui touchent au points suivants :

1. le rapport entre l'imagination et l'intelligence ;
2. la place attribuée à l'argumentation en philosophie ;
3. la spécificité de la philosophie comme savoir disciplinaire ;
4. le rapport entre la fin de la philosophie et sa reconstruction.

En ce qui concerne les premiers deux points, il est sans doute vrai que Dewey attribue à l'imagination un rôle important, notamment dans l'imagination des nouveaux possibles. Il suffit à ce propos de se souvenir du rôle confié au « *dramatic rehearsal* » dans sa théorie éthique, pour rien ne dire de son importance dans l'esthétique. Mais il est vrai aussi que pour Dewey il s'agit toujours d'une *imagination au service de l'intelligence*, incorporée dans le cercle plus ample de l'enquête. Comme nous allons le

---

[47] Rorty, 1991a: 16.
[48] Rorty, 1991a: 17. Et par conséquent sa doctrine de la vérité. Voir aussi Rorty, 1982: xviii.
[49] Rorty, 1991b: 6.
[50] Rorty, 1995. Il s'agit du texte des conférences de Vienne et de Paris de 1993 publiées en allemand et en français.
[51] Rorty, 1995: 37.
[52] Rorty, 1995: 61.
[53] Rorty, 1995, *Ibid.*

montrer dans la suitel, l'imagination joue chez Dewey un rôle essentiel en philosophie, mais cependant toujours subordonnée à l'intelligence. En ce qui concerne le statut disciplinaire de la philosophie, Rorty se sépare de Dewey non seulement dans l'évaluation du rôle de la science dans la culture, comme il l'admet lui-même, mais aussi et surtout car toute la théorie deweyenne de la pensée est inimaginable hors de son projet d'étendre le paradigme scientifique de l'hypothèse et de l'épreuve à la culture et à l'expérience humaine dans son intégralité. Dewey ne pourrait souscrire à aucune des affirmations rortiennes concernant le rapport de la philosophie à la science et à la littérature, et cela pour deux raisons. D'abord, parce que le programme deweyen est dominé par l'idée que la science expérimentale constitue le paradigme de toute connaissance[54]. L'attitude expérimentale dans la science n'est qu'un cas d'un paradigme plus vaste dont la validité s'étend à la totalité de la vie humaine. Ensuite, parce que Dewey et Rorty se font des idées complètement différentes de la science et de ce qu'il faudrait en préserver. Rorty ne cesse de cantonner la science à son image positiviste de savoir démonstratif et représentatif. Lorsqu'il oppose l'objectivité comme idéal scientifique à la solidarité comme idéal de la philosophie en tant que critique de la culture[55], ou la science à la littérature[56], Rorty reproduit toujours un même paradigme argumentatif qui met sur le même plan la science et la métaphysique représentative d'un coté, la littérature et l'antifondationnalisme de l'autre. C'est comme si ces deux dimensions de la culture n'étaient considérées qu'en tant qu'instances de paradigmes philosophiques. Dès lors, le refus de la science comme paradigme du savoir devient automatique. En revanche, Dewey ne cesse de reconstruire son image de la science pour en distiller une nouvelle image pour la pensée. D'après Dewey, c'est grâce à la science et non pas à la littérature que la métaphysique de la représentation a été dépassée. La science moderne à été la première à faire de la connaissance l'instrument principal pour le progrès et l'amélioration de la vie des hommes. Mieux, c'est la science et non pas la littérature qui nous a appris à concevoir les concepts et les théories comme des outils indispensables à l'objectif de la construction des possibles. Tous ces aspects jouent un rôle fondamental dans la construction d'un modèle philosophique organisé autour de la notion centrale d'intelligence (et non pas d'imagination) où les pratiques sociales et individuelles de transformation de soi et de progrès social ne passent pas par des transformations de vocabulaire mais par des procédures d'enquête, individuelles et collectives, où ce qui

[54] Même si dans un sens qui ne présuppose aucune forme de réductionnisme.

[55] Cf. les chapitres « Solidarity or objectivity ?» et « Science as solidarity » dans Rorty, 1991a.

[56] Cf. le chapitre « Nineteenth-Century Idealism and Twentieth-Century Textualism » dans Rorty, 1982.

compte est notre capacité de nous servir de notre intelligence, dans un sens proche du *sapere aude* avec lequel Kant (et après lui Foucault) ont identifié ce qu'il y avait de meilleur dans notre tradition intellectuelle. La proposition de Rorty reste donc largement insuffisante, car elle évite la question fondamentale de la spécificité de la pratique philosophique, spécificité qui demeure même si nous acceptons de transformer la philosophie en critique de la culture.

Les conséquences de ce choix sont très visibles dans la façon dont Rorty lui-même a pratiqué la philosophie. D'une part, il la réduit à un commentaire actualisé de son histoire, la philosophie n'ayant d'autre moyen de contribuer à la construction de notre espoir que par le biais de suggestions et d'avertissements qui lui viennent de la méditation de ses erreurs passées. D'autre part il a transformé son métadiscours en un nouveau genre philosophique, qui ne nous semble toutefois pas assez solide pour qu'il puisse servir de base à la construction d'une pratique philosophique durable. Même si nous acceptons, comme il semblerait nécessaire, sa thèse que la philosophie doit renoncer à son rôle de super science, cela ne signifie pas qu'elle ne puisse et ne doive trouver sa propre spécificité, comme l'histoire, la sociologie et l'économie ont trouvé la leur. Où bien il aurait fallu mieux argumenter, comme par exemple Stanley Cavell[57], Alexander Nehamas[58] et Richard Shusterman l'ont fait, en faveur de la reprise de la tradition emersonienne d'une philosophie antiprofessionnelle construite sur le modèle de la sagesse. S'il est vrai, *contra* Heidegger, que le modèle professionnel du travail en équipes de recherche peut et doit être adopté même en philosophie, l'idée que les philosophes puissent travailler dans des équipes avec des scientifiques et des experts de différents domaines, ce qui d'ailleurs arrive déjà, ne peut être légitimé que si la philosophie est capable de garder une spécificité qui lui permette de revendiquer une compétence exclusive[59]. Lorsque, pour ne donner que deux exemples, Daniel Dennett se trouve à discuter avec des neuropsychologues et Bruno Latour avec des ingénieur ou des physiciens, ils ne le font certainement pas en tant que participants au « tournoi littéraire-historique-anthropologique-politique » mais en vertu de

---

[57] Cavell, 1991.

[58] Cf. par exemple son *The Art of living. Socratic Reflections from Plato to Foucault*, University of California Press, 1998 : « This book aims at opening a space for a way of doing philosophy that constitues an alternative, though not necessarily a competitor, to the manner in which philosophy is generally practiced in our time », ici: 2.

[59] Curieusement, mais de façon fort cohérente avec son approche, les seules habiletés (*skills*) que Rorty reconnaît au philosophe par le biais de son personnage conceptuel, l'ironiste libéral, sont liées à l'imagination et non pas à l'intelligence (Rorty, 1989: xvi et 93). C'est sur les pouvoirs de l'imagination et non pas sur ceux de l'intelligence que se joue le rôle politique et social de l'intellectuel. Pour une critique en perspective deweyenne de la théorie de l'imagination de Rorty, cf. Alexander, 1993.

leur compétence spécifique, qu'on peut bien appeler de philosophique. Et c'est en vertu de cette compétence que ces philosophes peuvent aujourd'hui revendiquer un rôle sociale, qui est sans doute de retisser la trame des nos croyances, mais parfois avec plus d'ambitions.

Cette remarque nous permet de passer au troisième et dernier aspect critique, qui concerne le rapport entre la fin de la philosophie et sa reconstruction. Dewey a longuement argumenté pour une transformation de la philosophie qui devait trouver son point de départ dans le dépassement de la conception métaphysique de la connaissance. Dewey s'est efforcé avant tout de changer les conceptions traditionnelles de la raison, de la rationalité, de la connaissance et de la vérité. Il nous a aidé à repenser le rapport de la théorie à la pratique et de la pensée à l'action. Il a formulé ainsi un nouveau paradigme pour aborder des questions philosophiques traditionnelles comme celle du rapport entre les faits et les valeurs ou celle de la recherche d'un modèle de rationalité approprié pour instituer un usage socialement responsable des technologies. Dewey a ainsi ouvert à la philosophie de nouveaux domaines d'enquête, si bien que cette dernière a ainsi commencé à s'intéresser à des questions empiriques autrefois dédaignées, comme la construction de la connaissance dans les laboratoires, le mode de fonctionnement de la pensée primitive, les modèles de rationalité qui régissent l'action économique, le mélange du savoir et du pouvoir dans des pratiques sociales comme l'activité judiciaire ou médicale. La philosophie a ainsi découvert que dans le fourmillement indistinct de ces « bas-fonds », se produisaient des événements qui remettaient en question nos intuitions et nos théories sur le rapport entre la pensée et la réalité, sur le statut de la connaissance et sur le fonctionnement de la rationalité. Tout cela, bien sûr, pourrait être décrit en termes de changement de vocabulaire, mais il nous semble que par ce moyen quelque chose d'essentiel se perdrait à jamais. Pour finir, cette opposition politique entre la science et la littérature nous semble s'être focalisée sur des aspects partiellement dépassés. Il est sans doute possible que, comme Rorty le dit, la politique démocratique socialiste n'aie pas besoin de philosophes pour être poursuivie[60]. Mais il est vrai aussi que des nouveaux enjeux politiques, culturels et sociaux se présentent et que par rapport à ces enjeux nous sommes dépourvus de moyens intellectuels pour les comprendre et les gérer. Les changements récents du rôle du travail dans la vie des hommes, le rôle de plus en plus envahissant de la connaissance dans nos vies professionnelles et personnelles, la transformation du rapport à la vie et à la mort déterminée par la révolution génétique, ne sont que des exemples de questions qui nous interrogent avant

[60] Ici sans doute l'argent et les moyens techniques comptent beaucoup plus, mais qui a jamais cru que la philosophie pouvait servir à éliminer l'inégalité ou à vaincre la famine et les maladie qui accablent les deux tiers de l'humanité ?

tout sur le plan conceptuel : comment repenser nos catégories pour en rendre compte ? Comment articuler les présupposés qui orientent nos pratiques par rapport aux questions qui nous inquiètent le plus ? Face à tout cela, l'écrivain et l'économiste auront sans doute des choses à dire, et le feront de manière cohérente avec leur pratique disciplinaire. Ce que Rorty n'est pas capable de nous dire est comment le fera le philosophe, de quels instruments il aura besoin, quelles compétences il pourra avancer et comment il se servira de ses connaissances et de ses compétences spécifiques pour aborder ces problèmes. Nous sommes persuadés que, sans avoir des réponses fortes et précises à ces questions disciplinaires, la philosophie ne pourra que continuer à descendre la pente vers l'oubli culturel et le balancement social, toujours plus enfermée dans l'incertitude entre une technicité stérile, mais rassurante, et un engagement confus et encore peu gratifiant. Sur ce plan, nous le répétons, Dewey a fourni beaucoup plus d'indications que Rorty ne le croit.

## 2.3 Richard Shusterman et le pragmatisme comme forme de vie

> *« There are nowadays professors of philosophy but not philosophers. Yet it is admirable to profess because it was once admirable to live »*
> Thoreau, *Walden.*

Philosophe américain influent, Richard Shusterman est peut être le premier a avoir reconnu l'existence d'une esthétique spécifiquement pragmatiste. Dans son projet de renouvellement des études contemporaines en esthétique, il a notamment remarqué que la seule tentative (avant la sienne) de fonder une esthétique pragmatiste a été faite par Dewey[61]. Son projet de reconstruction de l'esthétique contemporaine s'allie à une conception néo-helléniste de la philosophie comme forme de vie. C'est dans ce cadre que Shusterman croit trouver l'originalité de la pensée de Dewey, en proposant à son tour une trinité philosophique, où le nom du philosophe américain est associé à ceux de Wittgenstein et de Foucault. Dans le projet de Shusterman le concept de pragmatisme est défini de façon assez originale, en mêlant des ingrédients classiques avec des éléments bien plus contemporains, comme on le voit déjà dans le sous-titre de son livre à cet

[61] « Pragmatist Aesthetics begun with J. Dewey and almost ended there », Shusterman, 2000: xvi.

égard plus significatif : *Practicing Philosophy. Pragmatism and the Philosophical Life.* La reprise de la notion classique de 'vie philosophique' pour en faire le trait constitutif du pragmatisme fait l'originalité de son approche, qui s'articule autour de trois thèses. Premièrement, d'après Shusterman, le pragmatisme relève d'une philosophie *pratiquée*, c'est-à-dire une forme de vie et non seulement un genre de discours. Pour ce faire, la notion deweyenne d'expérience est séparée de son arrière plan empiriste et remplacée par une conception beaucoup plus proche de la notion wittgensteinienne de forme de vie ou de la notion foucauldienne de mode d'existence. En troisième lieu, si être pragmatiste signifie pratiquer une philosophie qui définit en même temps le cadre d'une forme de vie, des philosophes comme Foucault, Wittgenstein, Cavell, Thoreau, Emerson et Goodman, appartiennent de plein droit au mouvement pragmatiste.

### *2.3.1 Philosophie, vie philosophique et pratique*

Richard Rorty et Cornel West ont remarqué, avant Shusterman, que le fait de se réclamer du pragmatisme signifie avant tout reconnaître la nécessité « d'étendre la conception et la pratique de la philosophie au delà des bords de son institution académique professionnalisée »[62]. Shusterman nous pousse donc à renouveler la tradition pragmatiste à partir de la question de ce que serait une philosophie distinguée de sa pratique académique, en refusant ainsi d'identifier le philosophe avec le professeur de philosophie. Cette différenciation, qui d'après Shusterman doit fonder toute pratique philosophique d'empreinte pragmatiste, soulève deux questions. Tout d'abord, il s'agit d'éclairer le concept de 'pratique de la philosophie' pour le différencier par rapport aux pratiques philosophiques traditionnelles et ainsi faire place à une conception de la philosophie comme forme de vie. Ensuite, il s'agit de comprendre quel serait le genre de pratique philosophique exercée par Dewey. Sur un plan général, Shusterman a sans doute raison d'affirmer que le mouvement pragmatiste fait une place importante à la notion de pratique. Notamment chez Dewey, les notions de pratique et d'action jouent un rôle fondamental dans la reconstruction de l'horizon conceptuel et problématique de la philosophie. Afin de donner à la question de la pratique toute l'importance qu'elle mérite, et pour mieux situer les thèses de Shusterman par rapport à cette question, nous proposons de distinguer entre deux aspects de la pratique : la pratique comme domaine

[62] Shusterman, 1997: xi.

d'action et la pratique comme espace de l'expérience[63]. On remarquera alors que la notion de 'vie philosophique' présuppose une conception de la pratique comme expérience. A cette conception, Shusterman associe aussi la thèse deweyenne du primat logique de la pratique sur la théorie, car d'après Shusterman la théorie et la pratique ne sont que deux formes différentes de pratique philosophique. Que la philosophie soit avant tout une forme de pratique, fait partie des évidences dont cet auteur n'éprouve pas le besoin de fournir une justification. Or, si tout cela est assez deweyen pour ne pas avoir besoin d'être discuté ici, ce qui étonne c'est la facilité avec laquelle Shusterman passe de la notion deweyenne d'expérience à celle de forme de vie. D'après Shusterman, la pratique de la philosophie peut avoir lieu à deux niveaux. En tant que *théorie*, la philosophie « concerne la formulation ou la critique des vues systématiques et générales concernant le monde – incluant la connaissance et l'institution de la société humaine »[64]. En revanche, en tant que *art de vie*, la philosophie ne définit pas une discipline académique[65] mais un style de vie, une certaine modalité d'accorder ses propres croyances à la conduite de son existence. Thoreau, Emerson, Foucault et Nietzsche sont les exemples contemporains les plus célèbres de cette pratique de la philosophie. En ce sens, la philosophie est « une pratique de vie délibérative qui donne une vie de beauté et de bonheur à ceux qui la pratiquent »[66]. Shusterman opère ici un croisement entre deux lignées philosophiques assez distinctes, qu'il est nécessaire de démêler. D'une part, Shusterman se réclame bien évidemment de l'idée pragmatiste qu'il n'y *a* pas de différence qui ne *fasse* de différence. Ce slogan jamesien bien connu s'applique aussi au côté 'mélioriste' que Dewey hérite de la tradition philosophique américaine, et qui consiste à revendiquer pour la philosophie un rôle actif et constructif dans la vie des hommes et des sociétés. En même temps, Shusterman soude ce principe au projet foucauldien d'esthétique de l'existence, dans le cadre duquel la pratique philosophique devient un mode du rapport de soi à soi. La pratique philosophique devient ainsi le trait distinctif du genre de vie de l'homme-philosophe (Dewey s'intéressant aux exercices physiques d'Alexander, Foucault recherchant ses expériences limite, Heidegger adhérant au parti Nazi, Thoreau s'évadant dans la forêt de Walden, Cavell pratiquant une écriture qui est en même temps critique et transformation de soi, etc.). Nous ne discutons pas l'approche de Shusterman sur le plan de la légitimité historiographique, car son projet explicite n'est pas celui d'écrire une histoire du pragmatisme mais celui d'en prolonger

[63] On remarquera que ces deux aspects correspondent aux deux dimensions de la philosophie comme théorie de la pratique et comme logique de l'expérience.
[64] Shusterman, 1997: 2.
[65] Ni une profession : nous reviendrons par la suite sur ce point.
[66] Shusterman, 1997: 3.

l'héritage par des nouvelles formes. Ce qui toutefois nous semble poser un problème dans ce projet, dont nous allons exposer les limites, est que Shusterman remet en place ce dualisme entre la pratique et la théorie que Dewey s'était acharné à déconstruire. Ceci faisant, il anéantit tout le potentiel philosophique qui avait été libéré par la théorie deweyenne de la pensée active. Shusterman est fidèle au projet deweyen dans son diagnostic d'un état de crise de la philosophie, état qui a été produit par l'éloignement progressif de la philosophie des expériences et des problèmes des hommes. Il reconnaît qu'un philosophe qui parle en philosophe pour d'autres philosophes est condamné à une marginalisation certaine. Il est conscient aussi du fait que dans le vide laissé par la philosophie (et par la religion), d'autres et pires savoirs risquent de s'installer. De ce diagnostic, Shusterman conclut que la philosophie devrait et pourrait renforcer son rôle dans l'expérience humaine en se proposant comme modèle à suivre. Le pragmatisme devient ainsi « le revival d'une tradition qui voyait la théorie comme un instrument utile pour une pratique philosophique plus élevée : l'art de vivre sagement et bien »[67].

### *2.3.2 La pratique entre mode de vie et critique*

Dans ce cadre pourtant lucide, ce qui nous parait être un point faible, c'est la réduction de l'idée de la pratique en philosophie au concept de mode de vivre, comme si la seule et principale forme de pratique possible pour la philosophie était l'art de vivre. C'est en effet à partir de cette réduction de la pratique à la forme de vie, que Shusterman peut affirmer que la philosophie ne commence pas avec un texte paradigmatique mais avec une vie exemplaire, et en conclure ainsi, de manière tout à fait provocatrice, que Socrate a été le premier pragmatiste[68]. Nous retrouvons ici confondues les deux lignées précédemment séparées, car avec Socrate le primat de la pratique sur la théorie a une double signification. D'une part, elle témoigne de l'importance philosophique du *bios* du philosophe. Comme Socrate lui-même le dit à maintes reprises, la pierre de touche d'une philosophie se trouve dans l'accord entre les croyances auxquelles on adhère et la vie que l'on mène. C'est le point de départ de la tradition de la philosophie comme sagesse ou art de vivre. D'autre part, la figure de Socrate montre le rapport qui existe entre souci de soi et « l'amélioration de la société dans laquelle le

---

[67] Shusterman, 1997: 5.
[68] « Socrates looks like a proto-pragmatist », Shusterman, 1997: 17.

soi est situé »[69]. On retrouve ici le thème deweyen bien connu de l'impossibilité de séparer la recherche de la réalisation de soi du 'méliorisme' social. Cette idée d'une forme de vie spécifiquement philosophique peut être interprétée de trois manières différentes. Premièrement, être un philosophe signifie mener une certaine forme de vie. Dans cette conception de la pratique, le rapport de la théorie à la pratique redevient interne, car l'activité théorique est la forme de pratique spécifiquement philosophique. La philosophie comme théorie n'est en ce sens que l'auto-réflexion de la philosophie comme pratique, théorisation de sa nature en tant que pratique. La pratique philosophique montre ici son côté ascétique, d'après lequel la valeur d'un savoir ne dépend pas de sa validité théorique mais de sa cohérence avec la forme de vie dans laquelle ce savoir s'incarne. La vie du philosophe en tant qu'individu singulier devient ainsi le terrain sur lequel évaluer sa pensée. Deuxièmement, l'idée de vie philosophique peut être interprétée dans le cadre de la tradition moderniste et de sa conception de la vie comme expérimentation. On peut alors concevoir le philosophe comme étant celui qui fait de sa vie le laboratoire dans lequel expérimenter des nouvelles possibilités de vie qui pourraient ensuite être disponibles pour les autres individus. Il s'agit notamment de la voie suivie par Nietzsche et par Foucault. Une troisième manière de concevoir la vie philosophique consiste à penser le philosophe comme étant un sujet de pensée, réfléchissant sur la vie des hommes et se consacrant à la construction d'outils conceptuels (théories, valeurs, histoires, etc.) capables de rendre cette vie plus puissante et plus riche. Comme tout savant, le philosophe élabore des idées, des théories et des modèles qu'il met au service de sa propre communauté, et dont l'objet sont les formes de vie. Ces trois possibilités ont certe coexisté dans la tradition philosophique. Elles permettent aussi en quelque manière d'exprimer le côté expérimental et mélioriste du pragmatisme. Mais il n'en reste pas moins qu'elles témoignent de conceptions et de pratiques de la philosophie fort hétérogènes, qu'il s'agit de bien distinguer si l'on veut montrer l'actualité du pragmatisme. Si on ce réfère à cette tripartition, on remarquera que Shusterman tend à comprendre le pragmatisme à partir de la première option. Cela est évident notamment lorsqu'on remarque l'importance que Shusterman attribue à la biographie comme genre philosophique[70]. La biographie philosophique constitue notamment d'après Shusterman un genre philosophique majeur, qui s'oppose au traité en raison du fait que dans la biographie l'objet de la philosophie n'est plus le discours théorique abstrait mais le rapport complexe qui se tisse entre une pensée et la vie qui l'incarne. On devrait alors voir dans le

[69] Shusterman, 1997: 17.
[70] Shusterman, 1997: 19.

renouveau d'intérêt pour ce genre un témoignage du succès de ce mouvement anti-institutionnel qui ne cesse de croître et qui s'oppose à une conception académique de la philosophie comme étant un pur jeu intellectuel sans rapport avec la réalité de la vie ordinaire des hommes. Dans l'autobiographie, au contraire, ce qui apparaît clairement c'est la qualité philosophique du penseur (mais ce terme serait-il encore approprié ?), plutôt que des détails théoriques. Dans le récit des vies de philosophes, nous voyons que « la philosophie [...] c'était plus que pensée ; c'était une pratique de vie (*life-practice*) d'où la théorie tirait sa signification réelle et sa valeur uniquement en termes de la vie dans laquelle elle fonctionnait, dans la poursuite concrète d'une vie meilleure »[71].

La critique deweyenne de la philosophie comme recherche de certitude (*The Quest for Certainty*) se transforme ainsi chez Shusterman en recherche d'une vie meilleure (*Quest for BetterLiving)*[72]. Dans cette perspective, la philosophie est appelée à abandonner non seulement la recherche de la certitude mais aussi la recherche de la connaissance (*Quest for knowledge*). Cette double renonciation lui permettrait enfin de se consacrer à son véritable but, la *tâche existentielle* qui consiste à « nous aider à conduire des vies meilleures grâce à l'amélioration de nous-mêmes à travers la connaissance de soi, la critique de soi et le contrôle de soi »[73]. Mais ici, on le voit bien, le discours se déplace imperceptiblement du premier plan (la philosophie comme mode de vie, le philosophe comme héros) au troisième (la philosophie comme pratique théorique orientée au progrès dans la vie individuelle et sociale, le philosophe comme professionnel d'un savoir spécifique). Seulement, sur ce deuxième plan, *ce qui définit l'identité du philosophe n'est plus le témoignage pratique de sa vie mais le contenu de son discours.* C'est ici que Shusterman se heurte à la question de l'antiprofessionnalisme, car son idée de vie philosophique naît de la superposition de deux modèles de pratique philosophique distincts. Dans le premier modèle, le philosophe, comme le saint chrétien, est un symbole de vie. Son autorité dérive de la singularité d'une existence dans laquelle nous percevons l'œuvre des vertus intellectuelles et morales qu'il théorise : la clarté dans la compréhension (la perspicacité de Wittgenstein), le courage de la vérité (la *parrhesia* dont parlait Foucault), l'accord entre discours et action, etc. Dans le deuxième modèle, le philosophe est et reste un professionnel de la pensée et de l'écriture, un intellectuel dont le rôle est de réfléchir à des questions d'intérêt public afin d'aider les individus à s'orienter dans leur vie privée (rapport à soi, rapport aux autres, vie

[71] Shusterman, 1997: 21. Et effectivement la présentation des philosophies de Dewey, Wittgenstein et Foucault passe par la reconstruction de leur vie.
[72] Shusterman, 1997: 23.
[73] Shusterman, 1997: 21.

personnelle, vie professionnelle) et collective (rapport entre réalisation de soi et méliorisme social). On rappellera à ce propos que Dewey proposait au moins deux stratégies pour mettre la philosophie au service de la vie des individus et des sociétés. D'abord, il a assigné à la philosophie l'expérience comme étant son objet préférentiel (la philosophie comme logique de l'expérience), en lui attribuant ainsi la tâche de repenser les catégories constituantes de l'expérience, pour en dégager les aspects constitutifs et la logique de fonctionnement. Ensuite, Dewey a conçu la philosophie comme une forme d'activité pratique ayant lieu dans le contexte d'une forme de vie sociale et dont le but est celui de contribuer à rendre cette vie plus riche et plus florissante.

La pratique devient ainsi doublement la question centrale de la philosophie, sans que pour cela le philosophe renonce à son rôle social d'intellectuel. Si nous admettons que les idées sont pour les pragmatistes avant tout des guides pour l'action, nous devons aussi reconnaître qu'il n'y a meilleur forme d'action que celle qui consiste à créer les idées qui guideront nos pratiques et qui nous permettront de nous orienter dans la vie. Ce qui change sans doute avec Dewey c'est la conception de ce rôle intellectuel, comme il sera de nouveau le cas cinquante ans plus tard, lorsque Foucault proclamera la mort de l'intellectuel générique et l'avènement de ce qu'il appellera l'intellectuel spécifique. Il nous semble pourtant que de ce point de vue Dewey se tienne à l'écart de la tradition nietzschéenne et hellénistique de la philosophie comme mode de vie et qu'au contraire c'est bien dans cette différence qu'il puise sa force[74]. Si nous maintenons la distinction entre les deux modèles philosophiques du sage et de l'intellectuel, il en résulte que la biographie ne peut pas avoir le rôle que Shusterman lui attribue pour au moins deux raisons. D'une part, le fait que pour Dewey « la philosophie était essentiellement le produit d'expériences personnelles »[75] nous dit quelque chose sur la genèse de ses théories mais non pas sur leur valeur philosophique ni sur les formes et possibilités de leurs usages. Deuxièmement, car l'importance philosophique de Dewey ne se joue pas au niveau de sa vie (philosophique ou privée) mais sur le plan de son activité professionnelle d'intellectuel[76]. Il est certainement vrai, comme le remarque Shusterman, que Dewey était fort mécontent de son activité académique et

[74] Cela ne veut pas dire que nous sous-estimons la signification de cette tradition. Au contraire, l'idée de pratique philosophique qui se dégage de la tradition hellénistique, et que les récents travaux de Michel Foucault et de Pierre Hadot ont contribués à rendre célèbre, nous paraît compléter la réflexion deweyenne sur la pratique philosophique. Il n'en reste pas moins qu'il s'agit de deux conceptions de la pratique aux implications philosophiques fort différentes.

[75] Shusterman, 1997: 19.

[76] Juan Fontrodona, dans son livre sur Peirce, nous semble tomber dans la même erreur. Voir Fontrodona, 2002, premier chapitre.

qu'il critiquait ses collègues philosophes car ils pratiquaient une forme trop académique de philosophie[77]. Mais le sens de cette critique n'était pas le retour à une forme spéciale de vie (qui serait la vie philosophique) mais *l'invention d'un nouveau rôle intellectuel pour le philosophe* et pour la philosophie dans la société. Ce nouveau rôle, comme l'a très bien compris Cornel West, s'exprime dans des faits qui concernent l'exercice de l'activité intellectuelle. Dans le cas de Dewey, cette activité s'est déployée sur des plans différents, et a pris la forme de la création d'un public qui n'existait pas et de l'expérimentation de nouvelles formes d'expression et de communication (la conférence grand public, les revues généralistes, la formations des éducateurs et des enseignants, les activités de soutiens de la formation professionnelle comme instrument pour rendre accessible au plus grand nombre l'intelligence créative, etc.).

### *2.3.3 De la vie philosophique à une nouvelle pratique de la philosophie*

La lecture shustermanienne de Dewey est sans doute bien argumentée, car elle saisit l'idée clé selon laquelle l'esthétique constitue chez Dewey la forme la plus élevée de l'expérience, en raison de sa plénitude et complétude. On retrouve en effet chez Dewey les éléments d'une conception de l'éthique comme art de vie. Cette idée demeure toutefois générique et finalement inacceptable en ce qu'elle ne reconnaît pas le rôle actif et fondamental de l'intelligence créative dans la conduite de cette art de la vie et, par rapport à celle-ci, le rôle irremplaçable de la philosophie comme théorie et pratique des usages de l'intelligence. Bien que la réalisation de soi constitue pour Dewey le noyau de toute éthique, cette réalisation de soi ne s'accomplit qu'à travers et grâce à l'usage créatif de l'intelligence. En conclusion, il nous semble que Shusterman a tort quand il affirme que pour Dewey la philosophie est « *life-practice* », car *il réduit la logique de l'expérience à son objet*, c'est-à-dire l'expérience tout court. Au contraire, la philosophie était pour Dewey surtout une affaire de pensée, donc de création conceptuelle. Ce qui caractérise la philosophie n'est donc pas tant la forme de vie menée par le philosophe, que le fait de *penser l'expérience sous l'aspect de sa logique*, c'est à dire des catégories qui la structurent. C'est par la force de ses concepts et non pas par la qualité de son expérience de vie que Dewey (mais tout philosophe en tant que tel) peut nous conduire vers des formes plus riches et complexes d'expérience. Etant donné que pour un pragmatiste la valeur d'une idée gît dans ses conséquences, de la même

[77] Shusterman, 1997: 20.

manière une théorie philosophique se mesure par rapport à ce qu'elle rend possible, aux nouveaux espaces de liberté et de possibilité qu'elle ouvre. Nous avons besoin de cette distinction entre discours philosophique et mode de vie philosophique, car sans cela toute l'entreprise philosophique s'écroulerait. Mais nous partageons aussi l'idée foucauldienne[78], d'après laquelle les pratiques anciennes de souci de soi constituent un genre de vie appartenant au passé. Le philosophe aujourd'hui ne peut plus vivre en cynique ou en stoïcien, et même s'il le fait, cela n'affecte pas son 'être philosophe' que de façon très marginale. L'importance majeure de Dewey ne peut alors pas résider dans la rénovation de la prestigieuse tradition de la vie philosophique, mais dans l'innovation du style, du sens et de la finalité de la philosophie en tant que pratique qui s'incarne dans un discours. C'est ainsi qu'il a réussi faire encore une fois de la philosophie un instrument efficace pour intervenir dans le présent, et contribuer ainsi à rendre plus riche et plus complète la vie des individus et des sociétés. Là où Shusterman nous parle de la présence corporelle du philosophe et du rôle des techniques corporelles de maîtrise de soi[79], il aurait mieux fallu considérer les appels deweyen pour une éthique et une pratique de vie fondées sur l'exercice de l'intelligence et sur l'acquisition de l'attitude scientifique expérimentale dans chaque aspect de notre vie. Nous pensons que pour comprendre les enjeux pratiques et existentiels (pour employer un mot de Shusterman) propres à la philosophie deweyenne, nous n'avons pas besoin de passer par sa biographie ni par l'étude des expériences et pratiques somatiques qui l'ont caractérisée. Nous devons par contre nous tourner vers ses écrits de philosophie de la logique et de la pensée, car c'est là que nous pouvons comprendre comment la philosophie se reconstruit elle-même, tout en restant cette grande tradition de réflexion intellectuelle qu'elle est depuis son commencement. A ce propos, Dewey a pu ouvrir des domaines d'expérience et de pensée tout à fait nouveaux, précisément grâce au fait d'avoir transformé la signification de certaines notions philosophiques fondamentales, comme celles de pensée, de raison, de connaissance et de vérité.

### *2.3.4 Pragmatisme, éthique et vie philosophique*

Si l'argument de Shusterman s'arrêtait là, il serait facile de s'en débarrasser. Mais son argument va plus loin, notamment en ce qui concerne le parallèle entre le projet deweyen et la réflexion philosophique du dernier

[78] Et que Shusterman cite à contresens.
[79] Shusterman, 1997: 30-32.

Foucault. L'idée et la pratique d'une esthétique de l'existence ont sans doute des points en commun importants avec la conception deweyenne de l'éthique. Il nous semble toutefois que les points communs devraient être recherchés du coté des éléments pragmatistes présents dans la pensée de Foucault, plutôt que dans une « esthétisation supposée » de l'éthique deweyenne. A ce propos, le passage opéré par Foucault de la connaissance de soi à la pratique de soi partage avec le pragmatisme deweyen certains présupposés, et notamment celui de la centralité de l'intelligence créative et de l'imagination dans l'entreprise éthique. Sans que ce passage soit explicité par Shusterman, nous pouvons articuler pragmatisme et esthétique de l'existence par le biais des deux hypothèses suivantes. D'abord, dans le cadre d'une philosophie dominée par la problématique épistémologique[80], l'éthique devient une discipline théorique, subordonnée à une conception normative et déductive de la pensée comme raison. Le passage de l'éthique comme *science du devoir* à l'éthique comme *esthétique de l'existence*[81], devient possible lors que nous sortons de la métaphysique classique, ce qui a été rendu possible par le pragmatisme deweyen (parmi d'autres). Dans ce cadre, « les décisions éthiques concernant le mode de vie ne peuvent être dérivées logiquement de l'essence humaine ou de principes indiscutables ; elles requièrent plutôt, tout autant que le jugement esthétique, l'imagination créative et critique »[82]. Deuxièmement, cette libération du domaine éthique de l'emprise de la raison permet de transformer l'éthique en théorie de la conduite intelligente. Grâce à ce passage, les catégories de l'enquête et du jugement et de la vie comme art peuvent être associées dans une image nouvelle de l'expérience humaine. Le pragmatisme fournirait ainsi le cadre conceptuel pour penser cette forme du rapport à soi, dominée par la catégorie d'expérimentation. Cette reconstruction des rapports entre le pragmatisme et l'art de l'existence révèle aussi les différences entre la théorie de l'expérience de Dewey et celle de Foucault. Pour en souligner la continuité il aurait fallu se réclamer de la notion de *technologie de l'existence* plutôt que de celle de *esthétique de l'existence* car, comme le souligne Larry Hickman[83], la technologie, plus que l'art, constitue le paradigme de la pensée deweyenne[84]. Pour Shusterman toutefois, la notion de philosophie comme

---

[80] Et donc d'une philosophie qui s'oppose au pragmatisme.

[81] Cf. le passage conceptuel analogue esquissé par Foucault entre la *scientia sexualis* et l'*ars erotica,* dans Foucault, 1984.

[82] Shusterman, 1997: 6.

[83] Hickman, 1990.

[84] La seule façon de contester cette thèse demanderait qu'on limite le domaine d'analyse au seul texte important consacré par Dewey à l'esthétique, qui est *Art as Experience.*

pratique doit être comprise par rapport à l'esthétique[85], ce qui signifie accorder à la dimension de la consommation un primat sur celle instrumentale de l'enquête qui devient difficile à justifier. En revanche, la référence à la dimension pratique, propre aux concepts de technologies du soi et de pratique de soi, nous aurait permis d'articuler le thème de l'intelligence créative avec celui de l'immanence dans l'idée d'une éthique expérimentale et de l'expérimentation. Mais pour y parvenir, il aurait fallu dégager le thème de l'art de l'existence de son interprétation esthétisante. Pour conclure, nous somme d'accord avec Shusterman, lorsqu'il définit la conception contemporaine de la pratique philosophique, à partir des deux facteurs suivant, partagés par Dewey, Foucault et Wittgenstein :

1. « l'idéal d'un souci de soi critiquement réflexif en tant que forme d'amélioration de soi à travers la poursuite disciplinée d'une connaissance pertinente » ;
2. l'idée « de l'amélioration de soi comme processus sans fin à travers une transformation de soi incessante »[86].

Tandis que le premier facteur est commun à toute la tradition de la philosophie comme art de vie, le deuxième est le propre d'une culture qui a refusé les conceptions statiques et substantielles de la nature humaine. La philosophie devient dès lors l'une des formes possibles de pratique du précepte du souci de soi à l'intérieur de la société occidentale. Dans la forme proprement philosophique de souci de soi, la recherche de la connaissance et la pratique constante de la critique réflexive deviennent les formes fondamentales du rapport à soi, aux autres et au monde. La réflexion de Shusterman permet ainsi d'approfondir l'idée d'une *pratique philosophique* d'inspiration pragmatiste. Elle permet en même temps de thématiser l'arrière fond pragmatiste de la pensée de Foucault. Il nous semble toutefois que dans les deux cas la référence à la théorie de la pensée comme action lui aurait permit de mieux valoriser l'actualité et la potentialité de la pensée de Dewey.

---

[85] « If philosophy is to be conceived not simply as a life-practice but as an *aesthetic* life-practice, then the traditional opposition of practical/aesthetic must be transgressed » Shusterman, 1997: 131.

[86] Shusterman, 1997: 61.

## 2.4 Cornel West et le pragmatisme comme évasion de la philosophie

> *« Politics is what men do when metaphysics fails »,*
>
> R. Unger[87]

### *2.4.1 Créer son propre public : le pragmatisme comme critique de la culture*

Cornel West est l'un des philosophes américains qui ont le plus contribué à la renaissance du pragmatisme et à son renouvellement. Dans une étude importante sur l'histoire de la philosophie américaine[88], West a cru voir dans la renaissance du pragmatisme le signe d'une transformation générale de la culture intellectuelle américaine. Au fondement de cette transformation, West repère trois causes principales. La première concerne *le désenchantement face à la conception traditionnelle* (épistémologique et fondative) *en philosophie.* D'après West, la philosophie serait aujourd'hui victime de son propre enfermement dans une pratique académique devenue stérile en raison de sa poursuite d'une rigueur qui n'a d'autre fin au-delà d'elle-même. La recherche obsédante de la précision et de l'exactitude témoigne de l'incapacité de la philosophie à explorer des territoires inconnus et pour cette raison plus incertains. Sollicitée par de profondes transformations sociales et culturelles qui remettaient en cause son statut, la philosophie a réagi en se renfermant sur l'image rassurante d'un savoir scientifiquement rigoureux mais incapable d'emprise sur la réalité. La deuxième cause de renouvellement en philosophie est la *prise de conscience des implications sociales et politiques de la connaissance.* A partir des années soixante, les enjeux politiques et sociales associés à la production, à la gestion, à la circulation et à l'usage la connaissance sont devenus progressivement plus évidents. Certains intellectuels se sont alors intéressés à la dimension historique, sociale et généalogique de la connaissance. Savoir, connaissance, vérité et raison se sont progressivement constitués comme les objets d'enquêtes empiriques. La troisième cause est la *place centrale que le sujet et l'action acquièrent dans le monde contemporain.* Le renouveau d'intérêt pour le sujet et l'action individuelle revêtent une place

[87] Cité dans West, 1989: 213.
[88] West, 1989.

fondamentale par rapport aux changements qui ont affecté le régime de la connaissance. Il est en outre strictement associé aux changements profonds des structures industrielles, politiques et sociales des sociétés occidentales. Dans ce panorama, le refus de l'attitude épistémologique, l'acquisition d'une attitude historiciste et l'attention accordée à l'action qui caractérisent le pragmatisme, ont fait de ce courant philosophique une ressource importante pour la compréhension et la transformation du présent. D'après West, le pragmatisme constitue la véritable philosophie américaine, car il exprime une conception de la culture comme « instrumentalité orientée vers le futur, qui cherche à déployer la pensée comme une arme capable de nous faire entreprendre des actions plus efficaces »[89]. Comme l'idéologie américaine, le pragmatisme voit l'activité intellectuelle orientée par une double finalité : « enrichir les individus et accroître la démocratie ».

D'après West, la philosophie deweyenne s'inscrit dans une tradition qui commence avec Ralph Waldo Emerson et se prolonge jusqu'à nos jours. Même si ce dernier est aux yeux de West le père fondateur du pragmatisme, c'est toutefois avec Dewey que ce courant parvient à son plein épanouissent et ainsi à sa maturité[90]. A partir de Emerson, mais surtout grâce à Dewey, s'affirme une conception de « la philosophie conçue comme une forme de critique de la culture »[91]. Le rapport étroit qui s'établit entre « évasion de la philosophie »[92] et transformation de la philosophie en critique de la culture, constitue l'une des deux thèses centrales de l'interprétation du pragmatisme proposée par West. La transformation de la philosophie en critique de la culture expliquerait le fait que le pragmatisme conçoit sa propre fonction comme n'étant plus celle de représenter la réalité ou fonder des théories aptes à le faire, mais celle d'intervenir directement dans le contrôle et la gestion des processus réels. West voit dans le pragmatisme « une forme de critique de la culture qui cherche à transformer les traditions linguistiques, sociales, culturelles et politiques afin d'augmenter la portée du développement individuel et des modalités d'action démocratiques ». La philosophie se transforme dès lors en « recherche de la sagesse historiquement circonscrite, qui affirme des nouvelles interprétations du monde fondées sur les traditions passées, afin de produire une nourriture

---

[89] West, 1989: 6. Cette même image de la pensée comme arme se trouve aussi chez Foucault (voir l'article « Nietzsche, la généalogie, l'histoire »), ce qui témoigne l'accord sur ce point entre sa pensée et celle de Dewey.

[90] « American pragmatism reaches its highest level of sophisticated articulation and engaged elaboration in the works and life of J. Dewey ». West, 1989: 69.

[91] West, 1989, *Ibid.*

[92] Comme indiqué par le titre original du livre, l'évasion de la philosophie constitue d'après West la solution spécifiquement pragmatiste aux problèmes qui ont accablé la tradition philosophique occidentale.

pour l'existence et d'importants effets sur le plan politique »[93]. La deuxième thèse proposée par West est un corollaire de cette réduction de la philosophie à la critique de la culture. Son importance nous semble toutefois dépasser largement celle du principe dont elle découle, car il s'agit d'une thèse qui concerne la pratique philosophique dans son intégralité. D'après West, à partir d'Emerson mais surtout avec Dewey, le philosophe ne peut incarner son rôle professionnel qu'à condition de savoir « exercer une leadership intellectuelle et morale sur un segment important des classes cultivées de son époque »[94]. Les philosophes (comme tous les autres intellectuels qui participent activement à la critique de la culture) deviennent alors « des sujets qui participent à la vie de l'esprit [...] et qui mettent les idées en rapport avec l'action par le biais de la création, de la constitution ou de la consolidation de groupes qui soutiennent des objectifs moraux et qui poursuivent des buts politiques »[95].

*La philosophie comme pratique intellectuelle*

Deux aspects doivent retenir notre attention. D'abord la place centrale accordée par West à l'intelligence créative dans l'exercice de la philosophie comme critique de la culture. Le philosophe est avant tout un professionnel qui fonde son travail dans la maîtrise de compétences intellectuelles spécifiques. La nature de ces compétences se détermine par rapport aux trois phases qui, d'après Dewey, scandent le processus de l'enquête. D'abord, le philosophe est chargé de proposer des diagnostics sur ce qui est problématique dans son temps. A partir de son diagnostic, le philosophe doit ensuite proposer des hypothèses qui indiquent comment réaliser la reconstruction du contexte exigée. Cette reconstruction n'est pas le résultat d'un acte purement cognitif de restructuration (comme dans le cas de la théorie classique du *problem setting* et du *problem solving*) mais le résultat d'un parcours d'action dont le but est celui de mobiliser la société et de créer ainsi *l'espace discursif et social dans lequel le philosophe peut agir comme intellectuel.* La troisième et dernière phase concerne la résolution du problème. Elle se configure par conséquent comme processus de mobilisation des forces sociales précédemment organisées. Le deuxième aspect important dans l'interprétation de West concerne l'impossibilité de séparer l'usage actif de l'intelligence créative du processus d'organisation

[93] West, 1989: 230.
[94] West, 1989: 11.
[95] West, 1989: 7.

des forces sociales capables de servir de relais et d'amplifier la portée des idées développées par le philosophe. D'après West, il n'y a pas de véritable reconstruction d'un problème sans création contemporaine d'un public et l'organisation active des forces sociales. Cette thèse est d'une importance fondamentale, et constitue à nos yeux la contribution plus originale de West à la compréhension du pragmatisme deweyen. Le pragmatisme s'affirme en opposition à la conception traditionnelle de la philosophie comme théorie de la théorie à laquelle il substitue une conception (et une pratique) de la philosophie comme pratique sociale[96]. La nécessité de créer son propre public, de parler pour quelqu'un (et de savoir pour qui on parle), est indissociable de la critique généralisée de la transcendance réalisée par le pragmatisme. L'expression 'parler pour' ne renvoie pas ici tant à la relation de représentation (au sens de parler au nom de quelqu'un), qu'à celle de *consultation*. Le philosophe parle pour un public au sens où il *s'adresse* à ce public, l'aide à se constituer, à diagnostiquer ses problèmes et à s'organiser pour les résoudre. Le mérite de West est d'avoir mis en lumière le fait que ce processus n'assume pas la forme classique de la représentation mais celle d'une *alliance de forces sociales*[97] qui engage le penseur aux deux niveaux de la réflexion théorique et de sa pratique dans un contexte historique déterminé. D'où l'importance fondamentale de cette intuition de West, qui associe le projet pragmatiste à la tâche « d'exercer une leadership morale et intellectuelle »[98] sur un secteur important de la société. Dans le cas de Dewey, le public concerné est la classe moyenne en tant que « classe émergeante et en évolution, imaginée comme l'agent historique de la religion américaine »[99]. L'idée d'évasion, qui d'après West fonde le rapport proprement américain à la philosophie, commence avec Emerson. Chez ce dernier, l'évasion est définie par deux traits principaux :

1. le refus de la certitude intellectuelle et de la respectabilité académique en tant que valeurs constitutives de l'identité de la philosophie et du philosophe ;
2. la renonciation à concevoir la philosophie comme étant une activité orientée vers la recherche des fondements ultimes pour légitimer nos connaissances et nos institutions.

Concernant le premier point, Emerson inaugure[100] la tradition du philosophe non professionnel, qui renonce à faire converger la pratique de la

---

[96] Sociale car ancrée dans un contexte sociopolitique déterminé, qui devient le cadre de référence pour la pratique de la philosophie.

[97] Ce thème de l'alliance des forces en tant que facteur constitutif de toute dialectique des idées a été admirablement illustré par Bruno Latour, qui par ce seul fait, représente un des plus important héritier du pragmatisme.

[98] West, 1989: 40.

[99] West, 1989: 41.

[100] En tout cas aux Etats Unis.

philosophie avec la poursuite d'une carrière académique conçue comme pratique de lecture des textes de la tradition. Il invente aussi une nouvelle image du philosophe et de sa pratique de la philosophie. Cette image aura une importance fondamentale dans le pragmatisme, car elle lui permettra de repenser le rôle de l'intellectuel sur un modèle qui n'est plus celui du professeur d'université[101]. Le renoncement à faire du cercle des professionnels de la philosophie son seul public se traduit avant tout dans le choix d'un style souple, qui évite le traité et utilise des formes plus facilement accessibles à un public cultivé mais non spécialiste. L'affirmation apodictique est remplacée par la provocation, car à travers elle le philosophe peut s'adresser plus facilement au public qu'il est en train de créer. En outre, les stratégies classiques de fondation et de légitimation son remplacées par une nouvelle pratique philosophique, dont le but devient l'intervention active dans les processus sociaux pour en maîtriser le développement. Le but de la philosophie cesse dès lors d'être la légitimation ou la critique des institutions sociales, politiques, culturelles et économiques, et se transforme en contribution active pour leur amélioration[102]. Ces deux traits permettent à West de définir la conception pragmatiste de la philosophie et de la culture comme une entreprise intellectuelle qui cherche à « étendre les pouvoirs et faire proliférer les provocations pour le développement moral des personnalités humaines »[103]. Dans le cadre de cette généalogie, Dewey transforme les idées d'Emerson en système philosophique. Comme West l'affirme en forme de provocation, « le pragmatisme américain peut être considéré comme ce qui arrive à l'évasion emersonienne de la philosophie axée sur l'épistémologie, lorsqu'elle est obligée de se justifier à l'intérieur des frontières professionnelles de la philosophie académique »[104]. Avec Dewey cette transformation se stabilise. C'est à partir de lui qu'« être un pragmatiste, cela veut dire être un critique social, un critique littéraire ou un poète. Bref, ça signifie faire partie de la critique et de la création culturelles »[105].

[101] Stanley Cavell est sans doute celui qui a le plus réfléchi aux conséquences emersoniennes sur le statut de la philosophie en tant que profession. Pour une analyse de ce thème, cf. Frega, 2005.
[102] West, 1989: 36.
[103] West, 1989: 37.
[104] West, 1989: 42.
[105] West, 1989: 71.

*2.4.2 De la critique de la culture à l'engagement philosophique*

Après avoir exposé les points saillants de la reconstruction de West, nous allons maintenant en montrer les limites, en commençant par ce qui nous parait le plus évident, c'est-à-dire la réduction de la philosophie à la critique de la culture. D'après West, avec Dewey la philosophie se fait critique de la culture dans deux sens différents. Dans un premier temps, Dewey met en place un style de traitement des problèmes traditionnels de la philosophie qui consiste à les éliminer à travers leur mise en contexte, c'est-à-dire en les mettant en rapport avec des crises sociales spécifiques. Ensuite, Dewey conçoit les disputes philosophiques comme des « luttes ayants pour objets des styles de vie culturels différents, comme tentative de définir le rôle et la fonction de l'autorité intellectuelle dans la culture et dans la société »[106]. Dans le deux cas, Dewey aurait inventé une forme de critique philosophique qui consisterait à prendre tout problème philosophique au second degré, le traitant non pas comme une tentative désintéressée de recherche de la vérité, mais comme étant le symptôme d'événements sociaux dont l'importance serait incomparablement majeure (une crise sociale dont il serait l'expression, une lutte entre styles culturels en compétition ou pour une leadership intellectuelle). Selon West, pour Dewey « prendre au sérieux la conscience historique moderne en philosophie signifie avant tout s'engager dans une réflexion méta-philosophique, reformer et reconstruire la philosophie comme une modalité de l'activité intellectuelle »[107]. Cette suspension des problèmes traditionnels de la philosophie conduit à remettre en question la conception classique de la raison et définit les conditions pour une théorie de l'intelligence critique en tant que facteur actif du développement historique et du progrès. Ce passage de la raison à l'intelligence rend possible une pratique engagée de la philosophie comme instrument pour la réalisation des individus et l'élargissement de la démocratie. Les conséquences que West tire de la stratégie deweyenne d'évasion se développent sur deux plans séparés. Une première conséquence, que West définit comme méta-philosophique - mais qui ne nous semble pas telle - concernerait le passage de la catégorie de raison à celle d'intelligence[108]. Sur un deuxième plan, Dewey aurait accompli le passage d'une conception spéculative de la philosophie comme théorie (théorie de la

---

[106] *Ibid.*

[107] West, 1989: 41.

[108] On imagine difficilement un geste plus philosophique que la critique d'une théorie de la rationalité. Comme dans le cas de Shusterman, il nous semble que même West tend à sous-estimer l'apport théorique de Dewey à la philosophie, tandis que pour nous c'est le projet d'une philosophie de l'esprit, de la pensée et de la connaissance qui constitue la tâche à laquelle Dewey a consacré le plus d'énergie.

rationalité) à une conception militante de la philosophie comme pratique. La philosophie consisterait ainsi à exercer l'intelligence dans le contexte « des luttes quotidiennes pour la signification, le *status*, le pouvoir, la richesse et l'affirmation de soi »[109]. Il nous semble que cette transition d'une philosophie comme théorie de la théorie à une philosophie comme pratique de la pratique manque de passages intermédiaires importants. D'une part, il est sans doute vrai que la critique de toute forme de transcendance constitue un *leitmotiv* constant de la réflexion deweyenne. D'autre part, il est vrai aussi que Dewey a donné une contribution fondamentale à l'affirmation d'une image de la pensée fondée sur le modèle actif de l'intelligence pratique. Toutefois aucun de ces deux faits n'implique nullement qu'avec Dewey le philosophe se serait transformé en critique social au même titre que le poète ou le littéraire. S'il est sans doute vrai que les conséquences pratiques de la théorie sont souvent très importantes, il est vrai aussi que si la théorie est une forme de pratique, elle est une pratique d'un genre très particulier. Notamment, si Dewey engage effectivement la philosophie dans les « luttes quotidiennes pour la signification, le *status*, le pouvoir, la richesse et l'affirmation de soi », il le fait avant tout en travaillant à la construction de cette nouvelle image de la pensée qui permettra de s'engager plus activement dans ces luttes. L'idée d'évasion ne nous parait donc pas s'appliquer très bien à l'œuvre de Dewey, quitte à la réduire à ses écrits de circonstance, aux tracts engagés et aux articles de politique. La réduction de la philosophie à un moyen de critique de la culture parmi d'autres ne peut réussir qu'à ce prix. West commet donc une erreur symétrique à celle de Shusterman qui consistait à réduire la philosophie deweyenne à sa dimension esthétique. Nous assistons dans les deux cas à une stratégie curieuse, qui consiste à diminuer le rôle et la grandeur théorique d'un penseur pour en affirmer la distance par rapport à *l'establishment* académique. Cette stratégie est chez West encore plus explicite. West affirme en effet que les écrits 'techniques' de Dewey ne seraient que le résultat d'un hommage obligé rendu à l'institution académique, « pour des raisons de conscience et de *status* »[110]. En adhérant au projet emersonien d'évasion de la philosophie, Dewey aurait accepté « une conception modeste de la philosophie comme critique sociale et culturelle »[111]. D'après West, « l'attraction de Dewey pour le modèle naturaliste et aristotélicien de la tradition philosophique grecque et la fidélité à sa propre identité et à son statut professionnel sont contradictoires par rapport à sa conception modeste de la philosophie »[112].

[109] West, 1989: 73.
[110] West, 1989: 85.
[111] West, 1989: 94.
[112] *Ibid.*

En conclusion, Dewey serait un philosophe professionnel par nécessité et un critique de la culture et de la société par vocation.

### *2.4.3 L'impossible évasion de la philosophie*

Nous devons avouer que ces affirmations nous troublent, car nous ne voyons pas comment mettre en accord ces thèses avec la quantité de livres et d'articles que, tout au long de sa vie, Dewey a consacré à des sujets véritablement théoriques, et notamment à la logique et à l'épistémologie. Ce que West néglige et que nous considérons comme essentiel, c'est le fait que *chez Dewey la critique de la culture et la réflexion philosophique sont devenues indissociables*, et qu'il s'agit de deux aspects d'une conception de l'activité intellectuelle. Dewey a poursuivi un projet ambitieux et complexe, qui le conduit à se déplacer constamment entre des niveaux[113] d'abstraction fort différents mais appartenant tous les deux à la dimension de l'expérience humaine et étant des modes d'emploi de la même l'intelligence créative. A un premier niveau, Dewey a élaboré une philosophie de la pensée qui constitue le cadre théorique plus général par rapport auquel trouvent leur place sa théorie du jugement, de l'esprit, de la connaissance et de la vérité. A un deuxième niveau, cette conception devient le point de départ pour une critique radicale des théories scientifiques contemporaines concernant des objets sociaux (éducation, société, politique, formation professionnelle, art, etc.) et pour proposer de nouvelles approches. A un troisième niveau, Dewey met en pratique sa propre conception, faisant de l'exercice de l'intelligence – théorisé ailleurs comme la forme paradigmatique de la rationalité – le noyau d'une activité pratique qui mobilise des forces, qui active des individus, qui formule des propositions concrètes et qui intervient activement dans l'actualité. C'est donc seulement en comprenant le fonctionnement stratifié de cette stratégie que nous pouvons saisir toute l'originalité et toute la force de la pratique deweyenne de la philosophie.

Pour conclure, d'après West, comme déjà pour Rorty et pour Shusterman, la philosophie ne serait pas chez Dewey l'objet d'une véritable reconstruction, mais représenterait une forme d'évasion dont la signification est double. *D'un point de vue négatif*, elle signifie le refus de la conception traditionnelle de la philosophie comme activité intellectuelle ayant un rapport privilégié avec la pensée et la connaissance. *D'un point de vue positif*, elle signifie que « la philosophie est une modalité de l'action

[113] Nous en distinguons trois par simplicité, mais il est clair qu'il s'agit ici de trois visions tirées dans un *continuum* qui va de l'abstraction la plus haute à la pratique la plus concrète.

culturelle qui réfléchit sur les modes et les moyens avec lesquels les êtres humains ont déjà, peuvent encore et dépassent les obstacles, se débarrassent des circonstances difficiles et résolvent des situations problématiques »[114]. Nous sommes d'accord avec West lorsqu'il souligne le rôle joué par Dewey dans l'ouverture de nouveaux espaces pour la critique sociale, politique et culturelle. Mais nous croyons en même temps que les formes de sa critique se distinguent radicalement du mode propre aux autres formes de pratique intellectuelle que ces auteurs jettent ensemble dans le chaudron de la critique de la culture. Si Dewey est le modèle d'une nouvelle conception de la pratique philosophique, cela dépend du fait que la critique de la culture de Dewey est strictement indissociable de son activité technique de spécialiste d'une discipline. Dewey a réussi sa critique culturelle grâce à la force de sa réflexion philosophique, et il l'a fait à travers à une transformation originale et radicale du rôle et des règles de l'activité philosophique professionnelle. Comme Dewey le remarque très explicitement, « seulement une logique générale de l'expérience peut faire pour les qualités et les fins sociaux ce que les sciences naturelles, après des siècles de lutte, sont en train de faire pour l'activité dans le domaine physique »[115]. Cette logique de l'expérience, on le verra dans la suite, est le fruit d'une vie intellectuelle consacrée à l'étude de la logique et à la théorie de la connaissance.

Malgré les limites soulignées, West a apporté une contribution fondamentale à la compréhension de la nouvelle image de la philosophie crée par Dewey, assignant leur juste place philosophique à des écrits et des pratiques qu'on avait tendance à considérer comme occasionnels et sans intérêt philosophique propre. West nous a ainsi montré comment Dewey a renouvelé la fonction sociale du philosophe à travers l'expérimentation de nouveaux modes d'intervention, parmi lesquels il cite les suivants[116] :

1. le journalisme radical comme instrument pour développer l'intelligence critique des masses ;
2. la participation en première personne aux activités humanitaires pour favoriser l'acculturation et l'intégration des immigrés ;
3. l'ouverture d'une école expérimentale fondée sur une pédagogie de l'intelligence et de l'imagination créatives ;

[114] West, 1989: 86.

[115] « The value of research for social progress : the bearing of psychology upon educational procedure ; the mutual relations of fine and industrial art ; the question of the extent and nature of specialization in science in comparison with the claims of applied science [...] – such are a few of the many social questions whose answer depends upon the possession and use of a general logic of experience as a method of inquiry and interpretation. [...] A general logic of experience alone can do for social qualities and aims what the natural sciences after centuries of struggle are doing for activity in the physical realm », MW2 : 313-3.

[116] West, 1989: 80-1.

4. l'exercice d'une leadership intellectuelle sur la classe professionnelle des enseignants et des formateurs, à laquelle il appartenait.

*Contra* West, on remarquera le rôle que le professionnalisme philosophique a joué dans la pratique philosophique deweyenne. Non seulement Dewey n'a jamais renoncé à son rôle de professionnel académique, mais il voyait dans l'affirmation d'une culture professionnelle et de l'expertise le signe de la diffusion progressive des formes de réflexion critique à l'intérieur de la société. En un sens important, il y a chez Dewey une considération entièrement positive du professionnalisme, qui touche aussi le rôle du philosophe, si bien qu'on pourrait affirmer que *le pragmatisme est la philosophie du professionnalisme*, car les deux incarnent le même idéal d'émancipation des individus et de la société à travers l'usage critique de l'intelligence. Le professionnalisme constitue en outre un lieu stratégique pour penser et pratiquer la nouvelle conception des rapports entre théorie et pratique, connaissance et action que Dewey était en train de construire. On peut alors en conclure que le pragmatisme parvient à sa maturité avec Dewey non pas en vertu de l'institutionnalisation du motif emersonien de l'évasion, mais au contraire par son engagement actif en philosophie. A travers ce dernier, Dewey a élaboré une image de la pensée capable de renverser les idées reçues en ce qui concerne le rapport entre la connaissance et l'action et entre la théorie et la pratique. Dans la philosophie de Dewey, ces quatre dimensions parviennent ainsi à s'intégrer, de manière que ses théories sociales, éducatives et politiques sont indissociables de sa théorie de la pensée active.

## 2.5 Conclusions. Positions du pragmatisme

Pour les raisons que nous venons d'exposer, aucun parmi ceux qui se réclame du héritage deweyen ne semble donner un compte rendu satisfaisant de sa pensée. La question s'impose donc de comprendre dans quels lieux internes et externes à la philosophie les positions deweyennes ont trouvé un point d'ancrage et un terrain pour se développer. Cela nous permettra de remarquer l'existence de 'positions' qu'on est en droit d'appeler pragmatistes[117] sans que les auteurs concernés aient senti le besoin de se réclamer explicitement de cet héritage. Pour comprendre les conséquences du pragmatisme à partir de la théorie deweyenne de la pensée active, il ne faudra donc pas se référer aux auteurs traditionnellement associés à cette

[117] Et mieux encore deweyennes.

étiquette (Quine, Rorty, Shusterman, West, Putnam, Davidson), mais on devra construire une nouvelle généalogie. Nous avons cru reconnaître les traces d'un pragmatisme latent (et parfois sans doute inconscient) dans des auteurs qui, souvent sans se réclamer d'une descendance deweyenne, ont toutefois contribué à actualiser et prolonger ses perspectives dans le domaine de la théorie de la pensée et de la connaissance comme action. Leur mérite est d'avoir gardé vivante l'intuition fondamentale de la pensée deweyenne, et d'en avoir adapté le sens à notre condition historique. Pour des raisons de cohérence dans notre exposition, nous avons préféré de ne pas concentrer l'analyse de ces contributions dans un même lieu, disséminant au contraire notre texte - là où cela était possible et approprié - de brèves analyses en marge de notre étude sur Dewey, ou de simples notes de renvoi, de manière à mieux montrer leur apport à la construction d'une théorie de la pensée comme activité. Dans un paysage sans doute plus riche et complexe, Michael Polanyi, Michel Foucault, Donald Schön, Ian Hacking, Bruno Latour, Hans Joas, Andrew Pickering, Alasdair MacIntyre et 'l'*activity theory*' en psychologie cognitive et culturelle (Vygotskyi, Leontev, Cole, Wertsch, Scribner) devraient être associés à l'entreprise deweyenne. Il ne s'agit sans doute pas d'une liste exhaustive ; il serait en effet difficile, voire impossible, de rassembler tous ces noms sous un courant théorique, sous une hypothèse ou une idéologie commune. Ce qui toutefois contribue à les rapprocher, c'est l'intérêt commun pour le rôle de l'action et de la pratique dans toute expression de la pensée, dans une perspective qui conçoit l'intelligence comme étant en même temps pratique et créative. D'autres dans ce siècle se sont sans doute tournés vers la question du rapport de la pensée avec l'action et la pratique[118]. Il suffirait ici de penser au courant du marxisme, de l'existentialisme ou de la praxéologie. Mais il s'agit de traditions qui ne laissent qu'une place très restreinte à l'idée de la pensée comme forme d'activité et qui sont généralement plus prêtes à reconnaître la dimension pratique de l'intelligence plutôt que la dimension intelligente de la pratique. Le marxisme (mais il faudrait considérer également ici toutes les traditions issues de Hegel) reste sans doute un point incontournable pour toute étude qui porte sur la notion de pratique, tout comme l'existentialisme pour toute étude sur la notion d'action en tant que catégorie anthropologique. Mais en aucun de ces deux cas nous trouvons un projet capable de dépasser le dualisme entre la théorie et la pratique et entre la pensée et l'action vers une nouvelle unité conceptuelle de la pensée active ou de l'action intelligente, dont la mise à jour constitue, au contraire, l'apport original de la réflexion deweyenne.

[118] Pour une première esquisse de ce thème, cf. Frega 2006, ch. 1 et Frega – Brigati, 2004.

# 3. Logique de l'expérience et jugement de pratique

> *« Judgment is the central function of knowing and hence affords the central problem of logic »*
> MW 2 : 296

> *«There is no difference of kind between the methods of science and those of the plain man»*
> MW 2 : 305

## 3.1 Logique de l'expérience et épistémologie de la pratique : l'unité du projet deweyen

Dans le premier chapitre de cette étude nous avons présenté la théorie deweyenne de la pensée active, montrant aussi sa place dans son système philosophique. Nous avons ensuite montré à quel point les interprétations courantes de sa pensée tendent à sous-estimer l'importance de sa réflexion logique et épistémologique, et combien elles partagent le jugement critique que le positivisme logique avait prononcé sur cette partie de l'œuvre de Dewey. Cette même évaluation doit être appliquée aussi aux écrits récents de Michael Eldridge[1], qui propose une lecture de l'oeuvre de Dewey à partir de sa théorie de la pensée en tant que mode de l'expérience. Eldridge se réclame à ce propos de la maxime deweyenne selon laquelle la philosophie retrouvera sa place dans la société contemporaine le jour où elle cessera de se soucier des problèmes des philosophes pour s'occuper des problèmes des hommes. A juste titre, Eldridge reconnaît que dans ce projet le rôle fondamental revient à l'intelligence comme instrument d'émancipation humaine et en tant que attribut, trait de l'activité humaine que la philosophie devrait contribuer à développer et diffuser. Ce programme est fixé par la formule « intellectualiser la pratique »[2]. Il est important ici de distinguer, en

[1] Eldridge, 1998.

[2] Cf. à ce propos les premier trois chapitres de Eldridge, 1998. Sur la notion de « pratique intelligente » ou « d'action intelligente » chez Dewey, cf. MW 14 : 152 ; LW 4 : 29-34 ; LW 11 : 45 et LW 14 : 75-79.

suivant l'exemple de Eldridge, entre une philosophie qui viserait à *rendre pratique l'intelligence* et une philosophie qui au contraire se propose de *rendre intelligente la pratique*. Les deux projets sont opposés et c'est au deuxième que Dewey accorde son attention. Ce programme donne lieu, d'après Eldridge, à deux pratiques philosophiques distinctes :

1. la critique de la culture entendue comme analyse généalogique des croyances qu'une société accepte comme vraies ;
2. la logique comme détermination normative des méthodes destinées à régler l'acceptation de nos croyances[3].

Malgré son efficacité dans l'unification de toute l'œuvre deweyenne sous un seul titre, cette tentative d'expliquer le projet deweyen nous semble incomplète, et cela pour au moins deux raisons. D'abord, l'entreprise logique et épistémologique de Dewey ne peut pas être réduite à la simple recherche d'une méthode pour la fixation des croyances. En effet, Dewey propose une interprétation radicale et originale de toute l'entreprise occidentale de la recherche de la connaissance et de son rôle dans l'expérience de l'homme contemporain. Deuxièmement, son projet de reconstruire la logique d'après un paradigme anthropobiologique ne peut en aucun cas être réduit à une simple question de méthode. Au contraire on a vu que l'importance et la nouveauté de la philosophie de Dewey sont tributaires du fait qu'il propose une nouvelle conception de ce que sont la connaissance et la pensée, et c'est par rapport à cette nouvelle image de la pensée que le projet philosophique de transformation de l'expérience, à plusieurs égards central, doit être compris. Par conséquent l'enjeu principal de la pensée deweyenne ne doit pas être recherché ni sur le plan d'une critique de la culture (quoiqu'il soit important dans l'entreprise pragmatiste) ni sur celui de la logique comme méthode, mais plus généralement sur celui d'une *philosophie de la pensée comme action*.

Nous avons déjà anticipé l'idée, à plusieurs égards fondamentale, que Dewey se propose d'accomplir le *passage d'une logique de la pensée à une logique de l'expérience*. La signification philosophique de ce passage est double. D'une part, Dewey affirme la nécessité d'ancrer l'analyse de la pensée dans une anthropobiologie capable de faire retrouver à la pensée sa condition d'aspect fonctionnel qui se différencie à l'intérieur du tout de l'expérience humaine. De l'autre, la notion de pensée active rend possible le *passage d'une conception de la pensée comme représentation du monde à une conception transformative de la pensée comme action*. Dans le premier cas, ce qui justifie la notion de logique de l'expérience revient à ce que Dewey appellerait une '*distinction within*', tracée entre la pensée et les autres dimensions qui constituent et qualifient l'expérience humaine. Dans le

---

[3] Eldridge, 1998, ch. 2.

deuxième cas, ce qui nous permet de parler de logique de l'expérience serait plutôt la '*distinction between*', que Dewey établit entre la pensée en tant qu'activité accomplie par un organisme et la situation-environnement par rapport à laquelle la pensée se produit. La dimension d'analyse pertinente dans ce cas n'est pas la continuité entre pensée, affectivité, volonté, etc., mais celle entre pensée et action, donc entre intérieur et extérieur. Il s'agit de deux façons différentes d'affirmer le même principe, celui de la *naturalisation de la logique* à partir du principe de continuité énoncé plus haut. Si la première distinction relève plus spécifiquement de l'anthropologie, la seconde est au fondement de la théorie deweyenne de la pensée comme enquête. Ce n'est toutefois que l'articulation complexe de ces deux aspects qui permet à Dewey d'affirmer que sa théorie de l'enquête est la réalisation d'une logique de l'expérience.

### *3.1.1 Jugement et logique de la pensée active*

A l'occasion de la réédition en 1916[4]de ses écrits de logique plus importants, Dewey affirmait dans la nouvelle introduction que « la clé pour comprendre [ces essais] réside dans les passages qui concernent le développement temporel de l'expérience »[5]. Cette affirmation était supposée expliquer le trait distinctif de la nouvelle logique que Dewey élaborait depuis 1900 – année de parution de « Some Stages of Logical Thought ». Cette logique se structure autour de la notion d'expérience et de sa structure temporelle. La catégorie du temps joue dans la philosophie deweyenne de la pensée un rôle essentiel, la temporalité étant l'aspect qui qualifie la pensée en tant qu'*acte*. Ni logique, ni psychologique, la pensée est un acte qui se déploie dans le temps, un processus temporel composé par des phases qui déterminent des transformations à la fois dans la pensée et dans le réel. En d'autres termes, *la durée est, d'après Dewey, un trait constitutif de la pensée,* à la fois de sa structure et de son contenu. L'acte de penser n'est donc pas un acte logique atemporel, comme le sont par exemple l'acte de saisie des pensées chez Frege, ou la computation informationnelle dans les modèles de l'intelligence artificielle. Ce rapport essentiel entre la pensée et le temps est au fondement de la conception deweyenne de la logique comme logique de l'expérience. L'expérience constitue à la fois l'objet de la pensée et sa condition de possibilité en tant que totalité dont la pensée n'est qu'un aspect fonctionnellement différencié. Il est dans cette perspective que Dewey

---

[4] C'est l'année de parution des *Essays in Experimental Logic*.

[5] « Introduction to Essays in Experimental Logic », 1916, MW 10 : 320.

peut considérer la logique comme une discipline expérimentale, constituée autour de deux principes. D'abord, la pensée est définie à partir du paradigme de l'enquête et la logique se transforme en théorie de l'enquête[6]. Deuxièmement, l'enquête dénote un ensemble d'activités que l'homme entreprend pour résoudre les problèmes qui émergent dans ses rapports avec l'environnement. « L'enquête occupe une place intermédiaire et de médiation dans le développement d'une expérience. »[7] L'expérience est la totalité dont l'enquête est une phase intermédiaire. L'enquête est ainsi un aspect essentiel *à* et *de* son développement[8]. La logique devient chez Dewey logique de l'expérience, car l'étude de la pensée prend son point de départ dans l'analyse de son propre mode de fonctionnement à l'intérieur du contexte de l'expérience. Le rapport interne entre la pensée et l'expérience implique avant tout que les distinctions catégorielles, la prédication et le jugement doivent être définies à partir de l'idée que *l'inférence est avant tout une forme de conduite*, dont la structure doit être comprise à travers la référence aux conditions empiriques de son fonctionnement, et non pas par rapport au cadre artificiel d'un réseau de propositions arbitrairement détachées de leurs contexte de production, de circulation et, par conséquent, de signification. Cette affirmation n'est pas d'ordre psychologique – elle n'est pas une partie de la description du fonctionnement d'un processus cérébral ou mental – mais d'ordre logique. Cet enracinement existentiel de la pensée dans la matrice biologique et culturelle de la nature humaine est donc bien plus qu'une tentative de réduction de la pensée à ses conditions psychologiques, sociales ou matérielles d'exercice : elle constitue la base d'une sémantique fonctionnelle qui explique la relation entre la pensée et le monde dans un cadre dynamique.

### *La primauté du jugement dans la logique*

Dans cette nouvelle image de la pensée, le jugement devient le noyau central de la logique. La catégorie de jugement, et plus particulièrement celle de *jugement de pratique*, constitue l'enjeu critique dont la logique doit déterminer les propriétés. Chez Dewey le jugement remplace la proposition

---

[6] *Logic*, le texte de Dewey à cet égard le plus important, porte comme sous-titre « The theory of inquiry ».
[7] MW 10 : 320.
[8] 'A' son développement, car l'expérience humaine évolue à travers son exercice réflexif, qui a lieu dans la pensée. En ce sens, l'exercice de la pensée serait la condition du développement de l'expérience. 'De' son développement, car la réflexion constitue un trait essentiel et constitutif de l'expérience même.

en tant que catégorie fondamentale de la logique, car c'est le jugement et non pas la proposition qui rend compte de la dimension active de la pensée. L'acte de juger, et non plus la saisie d'un contenu sémantique ou l'énonciation d'une proposition, illustre dès lors la pensée dans son essence. Cette primauté du jugement, qui en logique n'avait à cette époque rien d'étonnant, implique toutefois pour Dewey, en raison de sa conception de la pensée comme activité, l'idée que *le jugement est un acte essentiellement pratique*. Ce passage produit un changement considérable dans tout le domaine de la logique, et exige par conséquent une redéfinition radicale de ses notions constitutives.

Une fois déterminé le cadre conceptuel qui définit l'image deweyenne de la pensée, il faudra analyser ce qui en constitue le noyau logique, c'est-à-dire sa théorie du *jugement comme acte pratico-logique*. Le premier pas vers cette théorie de la pensée s'accomplit à travers un renversement conceptuel qui implique que le jugement logique au sens traditionnel ne constitue plus le modèle paradigmatique du jugement, mais plutôt une forme simplifiée de jugement, qui rend possible la formalisation uniquement grâce à cette simplification. Une fois cette simplification illégitime mise à nu, il en découle pour Dewey que le paradigme général à partir duquel il faudra comprendre la nature du jugement et sa structure logique n'est plus le jugement scientifique mais devient le *jugement de pratique*. Dans ce passage, la notion de pratique commence déjà à montrer toute son importance, malgré le fait que dans les textes deweyens elle n'aie pas encore gagné la place que seuls les textes de la maturité[9] lui attribueront. Toutefois, Dewey est déjà en train de produire un remarquable renversement conceptuel entre la théorie et la pratique en tant que catégories fondatrices de la théorie du jugement.

## 3.2 La nature du jugement : entre logique et pratique

Nous commençons notre analyse à partir de l'étude des textes qui sont à l'origine de la notion de 'jugement pratique' ou 'jugement de pratique'[10].

[9] Mais surtout *The Quest for Certainty* de 1929.

[10] Les deux expressions sont employées par Dewey presque comme synonymes. Nous préférons toutefois l'expression 'jugement de pratique' car elle dépasse le cadre théorique présupposé par la notion de jugement pratique, car toute la tradition philosophique du primat de la théorie sur la pratique pèse sur cette dernière. Tandis que le jugement pratique est celui qui, en s'opposant au jugement théorique, vise l'action, le jugement de pratique est la catégorie centrale de la théorie deweyenne du jugement, car dans cette théorie, comme on le

Les deux textes les plus importants à cet égard sont : « Logical Conditions for a Scientific Treatment of Morality » de 1903 et « The Logic of Judgments of Practice » de 1915. Il s'agit de deux textes écrits à une époque décisive, car entre 1902[11] et 1916[12], Dewey développe sa théorie de la pensée et de l'expérience. Notre choix de textes risque d'étonner, notamment en raison du fait que « Logical Conditions for a Scientific Treatment of Morality » n'occupe pas une place centrale dans la production logique deweyenne. Il s'agit en effet d'un texte que Dewey n'a pas jugé utile d'inclure dans *Essays in Experimental Logic,* et qui est rarement pris en considération par les commentateurs de Dewey[13]. Même si ce texte révèle, plus que d'autres, l'arrière-plan idéaliste de la formation de Dewey et malgré le fait que certaines de ses thèse seront abandonnées par la suite, c'est ici que le cadre conceptuel de la théorie du jugement de pratique est déployé pour la première fois. D'où son intérêt dans le cadre de ce travail.

### *3.2.1 Ethique, science et sens commun*

La question de la possibilité d'un traitement scientifique de la moralité est présente dans les textes deweyens à partir au moins de 1893, année de parution d'un important article sur le concept de réalisation de soi en éthique[14]. Dewey y affirmait une idée dont l'importance pour le développement de sa version de pragmatisme sera fondamentale. Il s'agit de la conception des valeurs comme « *working ideals* », idées immanentes aux pratiques qu'elles sont supposées régler. Les valeurs sont ici comprises comme étant des idées opératoires dont les individus se servent pour s'orienter dans la tâche éthique de la réalisation de soi. On remarquera que dans ce texte la notion de soi a déjà été reformulée dans le langage

---

montrera, *tout jugement est en tant que tel un jugement de pratique* (et non pas un jugement pratique au sens traditionnel). Cf. aussi la *Logic,* dont le chapitre 9 porte dans le titre l'expression « Judgments of Practice ».

[11] Année de parution de « Studies in Logical Theory ».

[12] Année de publication des *Essays in Experimental Logic.* Il s'agit du livre dans lequel Dewey a republié un choix de ses textes de philosophie de la pensée et de logique parus entre 1900 et 1916.

[13] Il faut signaler ici l'exception remarquable de J. Welchman qui, dans son étude sur l'éthique de Dewey (Welchman, 1995), en a bien montré l'importance. Dans un travail récent, elle a montré le rôle de cet article dans le développement de la théorie logique deweyenne (« An important stage in the development of Dewey's distinctive theories of inference, implication and propositional form »), « Logic and judgment of practice », dans Burke *et al.,* 2002: 27-42.

[14] « Self-Realisation as the Moral Ideal », EW 4: 42-53.

fonctionnaliste de la psychologie de James comme un soi opératoire ou pratique (*Working or Practical Self*). La question de la nature des jugements de pratique se présente d'abord dans le cadre d'une analyse du statut des jugements moraux par rapport aux jugements scientifiques. Cette opposition, que Dewey n'accepte que pour mieux en contester les fondements, joue un rôle central dans la philosophie et surtout dans l'épistémologie des sciences au début du vingtième siècle. Que l'on considère la tradition issue de Kant ou l'empirisme anglo-saxon, l'idée que la connaissance scientifique et la connaissance morale appartiennent à deux domaines de la connaissance bien distincts constitue un présupposé partagé. Cette thèse, qui se fonde sur le postulat d'un dualisme infranchissable entre fait et valeur, accomplit une double finalité :

1. elle garantit la neutralité et l'objectivité de la connaissance scientifique ;
2. elle justifie la prétention de l'homme d'occuper une place singulière dans la nature[15].

La déconstruction deweyenne de ce dualisme comporte deux étapes distinctes. D'abord, Dewey remarque que cette conception présuppose une idée fausse concernant la nature de la science. Elle n'est donc pas en mesure de satisfaire la première obligation. Ensuite, cette conception rend impossible la compréhension de l'action humaine et ne satisfait par conséquent même pas la deuxième obligation. Il en découle la nécessité de parvenir à une théorie unifiée du jugement dans les domaines scientifique et moral[16]. Il s'agit en somme de revenir en arrière par rapport à la théorie établie, qui voyait dans le jugement scientifique le paradigme de tout jugement, vers une conception plus générale de l'enquête, capable de rendre compte en même temps des deux catégories de jugement. Dewey trouvera dans la notion d'enquête le trait commun qui constituera le socle d'une conception générale du jugement. La notion de jugement de pratique fait ainsi son apparition dans la pensée de Dewey comme étant la catégorie générale par rapport à laquelle le jugement scientifique et le jugement moral ne sont que des sous-catégories dont la détermination se fait par rapport à leur différents domaines d'objets. Dans ses travaux plus tardifs, Dewey abandonnera la distinction entre jugement scientifique et jugement moral, tout en gardant la notion de jugement pratique. Notamment à partir de l'article de 1915[17], le jugement de pratique devient la catégorie générale à partir de laquelle Dewey formule sa théorie de la pensée comme enquête. La

[15] Dans le langage de la métaphysique, elle rend possible la liberté de la volonté.
[16] Comme le remarque W.R. Caspary, « one of Dewey's deepest philosophical commitments is for a monistic view of the essential identity of methods of inquiry and justification in science and in ethics », Caspary, 1991: 186.
[17] « The Logic of Judgments of Practice ».

lignée argumentative suivie par Dewey commence par prendre en considération la science en tant qu'instance singulière d'un mode de pensée. Ensuite, à partir du paradigme de l'enquête scientifique, Dewey élabore une théorie de la pensée humaine qui voit dans l'enquête son paradigme de référence. A un stade ultérieur, ce paradigme anthropologique agit rétroactivement sur la théorie du jugement scientifique et conduit à en reformuler le concept[18]. Pour bien comprendre ce passage, il faut souligner que la primauté que le pragmatisme deweyen attribue à la science ne concerne pas le statut épistémique de ses connaissances - la science en tant que *theoria* - mais entend mettre en lumière l'attitude expérimentale qui caractérise la pratique scientifique moderne. Ce passage est en effet ce qui permettra à Dewey d'affirmer que l'attitude scientifique ne fait qu'illustrer sur un plan plus rigoureux une attitude constitutive de la pensée humaine dans sa généralité : la science expérimentale pourra ainsi devenir le point d'origine de l'anthropologie deweyenne de la pensée. On mesure ici toute la distance qui sépare Dewey des autres philosophes qui, à la même époque, revendiquaient pour la science le rôle d'exemple que la philosophie aurait dû suivre[19].

Dewey partage avec tout le mouvement pragmatiste l'idée que la science représente l'aboutissement historique des stratégies de fixation des croyances développées par l'homme. Comme les autres pragmatistes, il en prône la diffusion dans tous les domaines de l'expérience humaine[20]. Pourtant, à partir de cette hypothèse Dewey généralise sa conception de la pratique scientifique dans une anthropologie de la pensée qui se structure autour des notions de doute, de certitude et d'action. Cette généralisation anthropologique des méthodes scientifiques permet à Dewey de définir la pensée à partir du concept d'enquête, dont la formule unitaire se différencie ensuite en une typologie des formes de pensée - la science expérimentale n'en étant que la dernière manifestation - dont la découverte est laissée aux sciences historiques et anthropologiques. Une fois ce parcours accompli,

---

[18] Ce mouvement circulaire est fondamental, car c'est en raison de cet effet de retour du paradigme anthropobiologique sur la théorie de la science que la conception deweyenne de la pensée ne peut pas être considérée comme un cas de réduction de la pensée humaine aux formes de la connaissance scientifique. On ne remarquera jamais assez que Dewey peut faire de la science le paradigme universel de la pensée uniquement à cause du fait que la science a préalablement été interprétée dans un cadre anthropobiologique qui en transforme considérablement le statut.

[19] Il suffit ici de penser au programme du cercle de Vienne, à la philosophie scientifique de Russell et à la conception husserlienne de la philosophie comme science rigoureuse. Dans tous ces cas, la science est prise comme référence en raison de la supériorité de son pouvoir de représentation des choses.

[20] Comme Dewey le remarquera plus tard, « science as method is more basic than science as subject-matter », LW 1 : 8-9.

Dewey est en mesure de proposer une théorie générale de la pensée qui affirme sur le plan historique la continuité entre les procédés primitifs de la pensée religieuse et magique et la science expérimentale moderne, et qui nous montre la continuité qui relie le sens commun aux sciences sociales et naturelles. Ce mouvement de retour en arrière qui va de la science au sens commun n'implique toutefois aucun danger de réductionnisme. Non seulement Dewey a toujours critiqué toute tentative 'd'anoblissement épistémologique' de l'éthique et du sens commun à travers l'acquisition des standards des sciences dures, mais il a aussi refusé d'affaiblir le statut épistémologique des sciences en les rapprochant des savoirs moins formalisés. Pour cette raison, ses thèses sont toujours restées en marge du projet réductionniste, comme des débats plus récents concernant le statut du savoir scientifique par rapport à la narration et à la littérature[21]. L'idée d'un « traitement scientifique de la moralité » s'inscrit donc dans le cadre de la conception pragmatiste de la pensée comme méthode pour l'élimination du doute et la stabilisation des croyances. On se rappellera à ce propos que Dewey partage avec Peirce l'idée que l'interprétation de la pensée comme méthode pour la fixation des croyances implique reconnaître l'existence d'une pluralité de modes de pensée[22], dont la méthode scientifique n'est qu'une parmi d'autres. Dans ce contexte, le qualificatif de 'scientifique' désigne alors une méthode particulière pour dissoudre le doute et acquérir des formes de certitude. Il s'agit en ce sens d'une attitude de pensée partagée à la fois par les différents sciences et par le sens commun. Dans cette formulation générale sont dites scientifiques toute les « méthodes régulières pour le contrôle de la formation des jugements concernant un sujet déterminé »[23]. Dans le texte deweyen la notion de jugement (*judgment*) se substitue à celle de croyance (*belief*) employée par Peirce. Dans un premier temps, la possibilité d'un traitement scientifique de la moralité concerne l'acquisition d'une attitude de pensée déterminée, dont le domaine d'application est la vie ordinaire. Cette attitude s'oppose à une habitude de pensée naturelle ou naïve, qui consiste à regarder « certaines croyances et les assertions qui les accompagnent [comme] autosuffisantes et complètes en elles-mêmes »[24]. Dans un deuxième temps, il s'agira de déterminer les conditions de validité épistémologique des jugements moraux[25]. Dewey parle à ce propos de « possibilité de contrôle logique des jugements moraux », la question étant d'établir un terrain méthodologique commun à

---

[21] De ce point de vue, Dewey nous semble être éloigné du positivisme logique aussi bien que du post-modernisme.

[22] « A variety of modes of thinking », EW 1 : 151.

[23] MW 3 : 3.

[24] *Ibid.*

[25] MW 3 : 5.

toute sorte de jugement. Nous verrons dans la suite comment l'idée du statut scientifique des jugements moraux revient tout simplement a réclamer, pour le domaine de l'action humaine, des méthodes de contrôle de la formation des jugements de nature expérimentale[26]. Cela signifie que la transition de l'attitude naturelle à l'attitude scientifique qui a eu lieu dans les sciences naturelles doit aussi être accomplie en éthique. La scientificité invoquée pour les jugements moraux signifie uniquement que dans ce domaine les hommes doivent fonder leur action sur une méthode de pensée qui procède de façon génétique, c'est-à-dire qui considère toute donnée comme la conclusion et le résultat d'un processus (logique ou matériel) qu'il faut comprendre afin de parvenir à la signification de la donnée de départ[27]. Dès lors, l'expression deweyenne « traitement scientifique de la moralité » doit être comprise comme signifiant l'acquisition d'une attitude scientifique dans tous les domaines de la vie et de la conduite humaine.

### *3.2.2 Naturaliser l'éthique*

D'après Dewey, toutes les approches qui contestent la possibilité d'un traitement scientifique de la moralité présupposent un même principe : l'idée d'une discontinuité entre le monde de la nature et le monde des valeurs. Ce dualisme exprime une conception transcendante des valeurs, qui se définit à partir d'un double refus. D'abord, une valeur est transcendante lorsque l'explication de sa genèse est soustraite au jeu des causes historiques. Ensuite, une valeur acquiert un statut de transcendance quand on considère que sa validité ne dépend ni de la fonction qu'elle joue à l'intérieur de l'expérience, ni des conséquences auxquelles elle donne lieu. Le dualisme entre les faits et les valeurs se dédouble en une série d'oppositions qui manifestent le même principe, justifié à partir de trois arguments, que Dewey présente pour les refuter aussitôt. Un premier argument affirme que les jugements éthiques ne sont pas assimilables aux jugements scientifiques car ils ne sont pas des jugements au sens propre. Parmi d'autres, les théories émotivistes de l'éthique affirment que les valeurs font l'objet d'une

[26] « The point of view expressly disclaims any effort to reduce the statement of matters of conduct to forms comparable with those of physical science. But it also expressly proclaims an identity of logical procedure in the two cases », MW 3: 5.

[27] Ce que Dewey exprime lorsqu'il affirme que dans la connaissance l'objet arrive toujours à la fin, jamais au début.

appréhension intuitive immédiate[28]. Il y aurait alors une opposition entre le caractère médiatisé de la connaissance de la nature et le caractère immédiat de la connaissance des valeurs. Cet argument exclut non seulement que les jugements concernant les valeurs puissent être déclarés vrais ou faux, mais délégitime aussi l'utilisation du raisonnement en matière éthique. Un deuxième argument affirme l'impossibilité des jugements éthiques, car la « loi de Hume » empêcherait de dériver une prescription d'une description (« *no 'ought' from an 'is'* »). On se heurte ici à une opposition qui devient un obstacle insurmontable quant à la possibilité d'un traitement scientifique de l'éthique, car elle implique qu'il n'existe pas de faits de nature éthique. Cette position, qui a connu bien des partisans, aussi bien avant qu'après Dewey, repose sur une ontologie des états de choses qui n'admet pas l'existence des valeurs[29]. Le troisième argument oppose la connaissance scientifique et la connaissance morale sur le plan de la temporalité. Cet argument affirme notamment que les jugements scientifiques portent exclusivement sur ce qui existe, tandis que l'objet des jugements moraux sont des actions à accomplir. Cet argument est construit à partir de l'opposition entre deux conceptions de la connaissance : la connaissance comme représentation d'états de choses déterminés et la connaissance comme transformation de situations existantes mais indéterminées. Ce qui émerge comme trait commun à ces trois objections est une image de la connaissance constituée par un ensemble de propositions générales qui concernent des relations causales entre des faits objectifs[30]. Le refus d'attribuer le statut de connaissance aux jugements moraux a donc lieu à partir de l'affirmation d'une ou de plusieurs des conditions suivantes : soit les jugements moraux ne représentent rien, soit ils ne correspondent à aucun fait objectivement déterminable, soit enfin ils n'ont pas pour objet des faits observables mais des actes futurs ou des entités non existantes (les valeurs). Ces prémisses justifieraient un traitement logique différencié des jugements éthiques par rapport aux jugements scientifiques. Notamment, les jugements scientifiques seraient constitués par des propositions hypothétiques et générales, tandis que le jugements moraux seraient constitués par des propositions catégoriques et individuelles[31].

---

[28] Les représentants classiques de l'émotivisme sont Alfred J. Ayer (Ayer, 1936) et Charles L. Stevenson (Stevenson, 1944). Le débat sur l'émotivisme, dont la renommée était entamée par la crise du positivisme logique, est redevenu actuel, quoique de façon très critique, grâce au célèbre texte d'Alasdair MacIntyre, *After virtue* (MacIntyre, 1981).

[29] A ce propos, on peut voir le livre classique de Ayer, cité dans la note précédente et, plus récemment, Mackie, 1977.

[30] En ce sens, le pragmatisme deweyen aurait entrepris une critique du positivisme logique avant même son apparition.

[31] « Scientific statements refer to *generic conditions* and relations, which are therefore capable of complete and objective statement ; ethical judgements refer to an *individual act* which by

La stratégie critique de Dewey consiste à déconstruire le dualisme de départ, en affirmant que (tous) les jugements sont en même temps hypothétiques (comme les jugements scientifiques) et individuels (comme les jugements moraux) : ils sont constitués par des propositions hypothétiques mais ils ont toujours pour objet une situation singulière. On peut dire que la théorie deweyenne du jugement et de l'enquête est pour l'essentiel contenue dans cet argument.

*Général comme l'épistémologie traditionnelle l'exige et individuel comme le savoir éthique le prétend*, le jugement pratique se construit à travers une double affirmation :

1. de la nature singulière de la connaissance scientifique ;
2. de la valeur de connaissance des jugements moraux ou pratiques.

La première affirmation exprime l'idée que la connaissance ne doit pas être considérée une forme de capitalisation d'un savoir, mais comme étant un *processus de recherche qui se déclenche toujours en raison d'un but spécifique (une situation problématique singulière) et qui consiste dans la solution qu'on lui apporte*. La primauté de l'idée d'acte de penser sur l'idée de pensée comme contenu représentatif[32] est une conséquence de l'approche expérimentale que Dewey se propose d'appliquer à la pensée considérée dans sa valeur d'activité anthropobiologique. En tant qu'activité, la pensée est un processus qui s'insère dans une situation temporellement et spatialement déterminée. Vu sous l'aspect comportemental d'acte, le jugement ne peut donc être que singulier, car tout acte est nécessairement tel. Mais même la connaissance est pour Dewey singulière, car son objet n'est pas un *corpus* de propositions générales mais *un contenu qui est produit spécifiquement en réponse à une situation singulière*. La deuxième affirmation complète la première, dans le but de parvenir à un concept commun de jugement comme acte, qui constitue la base de la théorie deweyenne du jugement.

A travers cette double affirmation, Dewey renverse la conception traditionnelle de la connaissance. Si l'épistémologie traditionnelle voyait dans la découverte des lois générales le but ultime et l'accomplissement de la science, Dewey affirme au contraire que les propositions générales doivent être considérées comme n'étant les outils indispensables à la véritable activité de connaissance, qui est celle qui vise la résolution de

---

its very nature transcends objective statement.°» Et plus bas: « The scientific judgement states a connection of conditions; the moral judgment states the unconditioned claim of an idea to be made real», MW 3 : 7.

[32] Nous thématiserons ensuite cette opposition à partir de la distinction conceptuelle entre deux dimensions de la connaissance, que l'on peut rendre avec deux termes anglais, ceux de *knowledge* et de *knowing*.

situations singulières problématiques[33]. De ce point de vue, la distinction métaphysique entre monde humain des valeurs et monde naturel des lois éternelles perd toute importance, car ce qui occupe le devant de la scène philosophique est l'agir humain et ses possibilités de transformation et de contrôle de l'environnement naturel et social. En ce qui concerne la signification épistémologique de cette inversion, il faut anticiper une objection possible, que nous ne pourrons pas examiner ici. On pourrait en effet penser que les thèses de Dewey ne sont valables que pour ce qu'on appelle les sciences appliquées, en opposition aux sciences pures. Il s'agit en effet de disciplines qui ne visent pas une connaissance désintéressée de la réalité mais sa transformation à travers l'application instrumentale des idées. De ce point de vue, on dira que la critique de Dewey s'applique à l'ingénierie mais non pas à la physique théorique, à la statistique et non pas aux mathématiques. En réalité, cette interprétation n'est pas acceptable, et cela pour deux raisons. La première est qu'elle présuppose la distinction entre le pur et l'appliqué dont Dewey s'est efforcé de montrer l'inconsistance. La seconde, et la plus importante, est que le renversement deweyen ne met pas en question la distinction empirique entre types de savoirs mais, bien plus profondément, le *statut logique des propositions et de la connaissance en tant qu'aspects de l'activité humaine*. C'est alors à ce second niveau qu'il faudra entendre le propos deweyen. On retrouve ici les traces d'une double généalogie conceptuelle. D'une part, bien sûr, on a l'idéologie moderne de la science comme entreprise visant la soumission de la nature au contrôle de l'homme. Ce qui retentit sous le principe pragmatiste de la connaissance comme action est le slogan baconien de la connaissance comme pouvoir d'action et de transformation. Mais d'autre part, cette primauté de l'expérience comme lieu d'origine et comme fin de tout ce qui arrive revient aussi à un holisme que Dewey a hérité de sa formation hégélienne. Ce même principe se retrouve par exemple dans la critique de la conception transcendante des idéaux et dans l'idée que chaque acte exprime le soi humain dans son intégralité. Cette double généalogie[34] nous permet de démêler la double signification impliquée dans la notion d'expérience, exprimée par deux mots anglais dont le rôle dans le discours deweyen est décisif[35].

---

[33] On verra ensuite que par 'situation' il faut entendre les contextes individuels où la connaissance est produite, testée et appliquée. Il s'agit, en ce sens, d'une épistémologie qui déplace le centre de la science du bureau du penseur au laboratoire du technicien qui découvre, expérimente et invente de nouvelles applications.

[34] Pour une lecture alternative des deux significations que le thème de l'expérience acquiert chez Dewey, cf. Zask, 1999b, dont le chapitre 2 est consacré à la théorie deweyenne de l'expérience.

[35] On pourrait aller plus loin, observant avec J.E. Smith qu'à son tour le mot anglais 'experience' a une double signification, qui correspond aux mots allemands de 'Erfahrung' et

Expérience traduit avant tout le terme '*experience*', concept clé de la métaphysique deweyenne. Par rapport à cette dimension, le rôle intermédiaire et instrumental des propositions générales n'est que la traduction particulière d'une thèse plus générale, qui concerne les rapports entre l'expérience et la nature. Dans cette perspective la connaissance, tout comme l'intelligence, est conçue comme un moyen[36] dont la vie humaine se sert pour parvenir à ses fins. Toute connaissance (au sens de proposition générale) est alors en tant que telle instrumentale, car ce qui a valeur finale ne peut être que l'expérience elle-même[37]. Le jugement devient l'acte à travers lequel un outil (la connaissance) est employé dans un contexte dont l'essence est pratique[38]. Dans un deuxième sens, expérience signifie expérimentation, dans le double sens de mise à l'épreuve dans un processus de découverte et dans le sens d'acte de création. A ce niveau, le statut de la thèse deweyenne est donc logico-épistémologique et non plus métaphysique. La conception instrumentale des propositions générales doit alors être comprise par rapport au primat de l'acte de jugement sur son contenu. La connaissance n'existe en ce sens que par et dans son usage, et cet usage est double[39] :

1. dans les cas d'application et d'utilisation ;
2. dans les expériences de découverte et de test (*experiments*), qui constituent l'étoffe de toute activité scientifique.

C'est notamment le deuxième point qui explique que la notion de pensée active ne peut en aucune manière être limitée aux seules sciences appliquées. S'il est vrai que la science parvient à des propositions générales et que cela constitue, en un sens important, sa tâche la plus importante, il est vrai aussi qu'elle le fait par le moyen de jugements individuels et que son but est de produire des jugements qui seront à leur tour individuels. Comme le dit Dewey, « l'universel obtient sa force logique aussi bien que sa réalité psychologique seulement dans l'acte à travers lequel il a été inventé et construit en tant qu'instrument et ensuite utilisé dans le but pour lequel il aurait été conçu »[40]. Il n'y a donc à proprement parler de science (et de connaissance) qu'en action[41], donc dans le contexte des situations singulières

---

de 'Erlebnis'. Le premier terme définit l'expérience en tant « qu'affaire strictement cognitive », tandis que le deuxième la définit comme « vivre à travers ou éprouver, subir », Smith, 1978: 215 note 6.

[36] Ou, avec une expression plus appropriée dont on ne pourra comprendre pleinement le sens que dans la suite de ce travail, comme 'fin visée ' (*end in view*).

[37] Et donc la situation, qui est le corrélat logique de la notion d'expérience.

[38] Immanence de l'acte de penser à l'expérience et de l'expérience à elle-même, car l'expérience englobe à la fois le sujet qui la fait et le contexte dans lequel elle a lieu.

[39] MW 3 : 10.

[40] MW 3 : 12.

[41] Mais dans un sens épistémologique et non pas sociologique.

par rapport auxquelles il y a sélection de données pertinentes, interprétation des hypothèses de départ et ainsi de suite[42].

### *3.2.3 Pensée et fonction*

La conception de la pensée qui s'esquisse dans ces textes dérive directement de la théorie fonctionnelle de la pensée que Dewey a développé à partir de la psychologie jamesienne[43]. Les deux aspects du fonctionnalisme développé par Dewey qui nous intéressent ici sont les suivants[44]. *Le postulat holiste* : le principe de l'unité de l'expérience et (par conséquent) du comportement interdit le recours à des formes d'explication centrées sur la distinction ontologique entre l'intellect, la volonté et l'émotion. Ces derniers sont des aspects que l'analyse recoupe dans l'expérience pour des raisons fonctionnelles, car l'expérience est un flux continu dont l'intelligence n'est qu'un aspect. *Le primat de l'activité* : le concept d'activité occupe dans la psychologie de James et de Dewey une place centrale, car il définit la structure proprement ontologique de la nature humaine. Chez Dewey, plus encore que chez James, l'activité est la modalité ontologique fondamentale. Sur le plan anthropobiologique, Dewey conçoit en effet la vie comme l'ensemble des activités qu'un organisme met en acte dans ses interactions avec l'environnement. Dans le cas de l'homme, l'habitude relève du genre d'activité proprement humaine[45]. Nous sommes ici en présence d'une ontologie verbale[46] (l'être comme activité), où toute entité de nature substantielle (sujet, volonté, âme) n'est que le résultat (temporaire) d'activités dotées d'un certain degré de permanence temporelle. Chez Dewey, l'activité est toujours ontologiquement première. Par conséquent, la substance n'existe que comme épiphénomène des activités dont elle est apparemment à l'origine, mais qui en réalité la produisent comme un effet. Sur le plan épistémologique, la théorie de l'activité implique que l'acte de penser est un acte d'attention, acte qui opère une sélection de données à partir d'un horizon problématique. Cet horizon constitue le principe de contrôle dans l'activité de prélèvement des données. Comme le dit Dewey,

[42] Cette affirmation est à la base à la fois de la logique du jugement et de l'épistémologie.

[43] Les traits principaux de cette conception sont examinés plus loin par rapport à l'anthropologie de Dewey. Cf. aussi Garreta, 1999.

[44] Sur l'importance du fonctionnalisme dans la philosophie de Dewey, cf. Morris, 1932 et Flower, 1977.

[45] La théorie du sujet comme ensemble d'habitudes est élaborée par Dewey notamment dans *Human Nature and Conduct.*

[46] Voir ce que nous disons plus bas, dans le chapitre consacré à la théorie logique deweyenne (ch. 5.3), et notamment en ce qui concerne sa « conception verbale de la copule ».

« les contenus intellectuels reçoivent une fonction logique seulement à travers une motivation spécifique qui leur est extérieure du point de vue du simple contenu, mais qui leur est absolument liée dans la fonction logique »[47]. *L'acte de connaître n'est par conséquent jamais neutre.* Dans la connaissance tout comme dans la perception sensorielle, il n'y a jamais de données simples qui s'offriraient sur le plan d'un espace perceptif ou symbolique neutre. Selon Dewey, « si des cas individuels dans l'expérience ne nous donnaient jamais de difficultés d'identification, s'ils ne posaient jamais aucun problème, les universaux n'existeraient tout simplement pas, sans même pas parler de leur utilisation »[48].

### *Deux formes de holisme*

En ce qui concerne le concept de holisme, nous devons distinguer la position deweyenne de celle qui a été dominante dans la philosophie et les sciences du vivant entre la fin du dix-neuvième siècle et le début du vingtième, et qui a déterminé la signification courante du mot 'holisme' en philosophie. Dans une étude sur cette notion en philosophie et dans les sciences humaines, Phillips[49] a ainsi défini les cinq idées qui, toutes ou en partie, se trouvent au fondement de ce qu'on appelle couramment holisme ou organicisme :[50]

1. la méthode analytique est insuffisante lorsqu'il s'agit d'expliquer des entités comme les organismes biologiques, les sociétés ou la réalité dans sa totalité ;
2. la totalité est plus que la somme de ses parties ;
3. la totalité détermine la nature de ses parties ;
4. les parties ne peuvent pas être comprises indépendamment de la totalité ;
5. les parties sont dynamiquement liées entre elles, elles sont donc interdépendantes.

D'après Phillips, qui est un critique du paradigme holiste, Dewey serait un penseur holiste pour avoir soutenu, notamment dans les articles écrits en

[47] EW 4 : 19. Cette motivation, nous le verrons dans la suite, ne doit pas être prise au sens psychologique mais objectif, comme étant exigée par la situation elle-même. C'est cela qui fait du problématique un trait objectif et non pas subjectif de la situation.
[48] MW 3 : 13.
[49] Phillips, 1976. Nous citons d'après la traduction italienne. Pour une conception opposée, et très proche de la perspective deweyenne, cf. Taylor, 1964.
[50] Nous introduirons par la suite une distinction entre ces deux termes.

collaboration avec A.F. Bentley[51], une version du postulat holiste du type défini par la première thèse. Pour mieux préciser le contenu de la notion de holisme et pour comprendre dans quel sens, différent de celui proposé par Phillips, il nous semble approprié d'utiliser le terme de holisme chez Dewey, il faut distinguer le holisme proprement ontologique d'un holisme de type épistémologique. Nous appelons *holisme épistémologique* toute théorie qui affirme l'impossibilité d'expliquer les propriétés d'une totalité quelconque uniquement dans les termes des propriétés de ses éléments. D'après le schéma de Phillips, les thèses 1 et 4 sont épistémologiques. Nous appelons *holisme ontologique* toute théorie qui, se proposant d'expliquer les propriétés des entités distinguées comme 'tout' et comme 'partie', affirme que l'identité du tout est première et celle des parties est dérivée. Les thèses 2, 3 et 5 sont ontologiques. En ce qui concerne la dimension ontologique, Dewey semble attribuer une primauté à la totalité par rapport à ses parties constituantes, dont la signification doit toutefois être précisée. Pour éviter la confusion qui dérive de la superposition du plan épistémologique sur le plan ontologique, nous proposons d'utiliser des termes différents pour définir les positions en jeu[52]. Sur le plan épistémologique nous distinguerons donc une position *analytique* et une position *organiciste*, tandis que sur le plan ontologique nous parlerons d'*atomisme* et de *holisme*[53]. Cette différenciation nous permet de distinguer la signification épistémologique de la signification ontologique couramment attribuée à la primauté du tout sur les partie et réciproquement des parties sur le tout. En ce sens, les termes de holisme et d'atomisme ont une signification exclusivement ontologique, tandis que les termes 'analytique' et 'organiciste' renvoient exclusivement au plan épistémologique de l'explication.

Par rapport à ce schéma catégoriel, nous pouvons définir Dewey comme étant un *holiste analytique*[54], car il reconnaît la primauté ontologique de la totalité – ce qu'il appellera la totalité indéterminée – sur ses parties constituantes. En même temps, Dewey affirme la primauté épistémologique

---

[51] Recueillis dans le livre commun *Knowing and the Known*, maintenant dans LW 16.

[52] Nous nous inspirons ici du travail de Charles Taylor, notamment de son article « Cross-purposes : the liberal-communitarian debate », dans Rosenblum, 1989.

[53] Dans le langage plus tardif de Dewey, et précisément à partir de 1949 – date de parution de *Knowing and the Known* – l'atomisme définit toute théorie qui explique son objet en termes d'*interactions* (d'actions et réactions) entre éléments donnés et stables, d'après le modèle de la mécanique newtonienne. En revanche, le paradigme holiste explique les événements en termes de *transactions* – en non pas d'interactions – pour signifier que les constituants des interactions sont modifiés par les interactions elles-mêmes.

[54] Corrélativement, on dira que Francis Bradley est un holiste organiciste (primauté en même temps ontologique et épistémologique du tout sur les parties) tandis que Bertrand Russell est un atomiste analytique (primauté en même temps ontologique et épistémologique des parties sur le tout).

des parties sur le tout, en accord avec la méthode de décomposition analytique couramment utilisée dans les sciences. A ce propos, on remarquera que la conception instrumentale de la connaissance, associée au fonctionnalisme, attribue aux distinctions conceptuelles un statut purement nominal. La détermination fonctionnelle des distinctions signifiantes implique à la fois la nature arbitraire des parties découpées[55] et la primauté explicative du moment de la détermination analytique. La position philosophique deweyenne, en ce qui concerne sa théorie des concepts, est par conséquent une forme de *nominalisme conceptuel*[56]. Les concepts sont d'après Dewey des termes opératoires (*working terms*), et « en tant qu'opératoires ils sont flexibles et historiques, relatifs et méthodologiques »[57]. Cette thèse épistémologique s'accorde, sur le plan ontologique, à une position holiste, car le nominalisme conceptuel implique la primauté logique de la totalité, car il est par rapport à cette dernière que la détermination des concepts a lieu, d'après des critères qui sont d'ordre fonctionnel et qui dépendent donc des exigences d'une enquête donnée. Si on appelle 'atomiste' la thèse affirmant la primauté originaire des substances indépendantes et que par conséquent les distinctions conceptuelles sont légitimées en raison de leur correspondance avec ces articulations naturelles du réel, on appellera 'holiste' la thèse affirmant que ce qui est premier est toujours une totalité non analysée et pour cela dépourvue d'articulations naturelles et intrinsèques. On remarquera toutefois que la finalité principale de l'argument de Dewey ne concerne pas directement la nature ultime de la réalité mais celle de la pensée. La question ontologique tend en ce sens à rester en arrière plan et se détermine plutôt en contrepoint par rapport à la théorie de la pensée. En ce sens Dewey ne semble pas être très intéressé par la question de la nature de l'être, car ce qui devient au contraire essentiel c'est de comprendre comment notre connaissance de la réalité se construit par rapport à notre façon d'interroger le réel, qui à son tour dépend des problèmes visés.

Nous pouvons maintenant revenir à la question du rôle que le postulat holiste et le primat de l'activité jouent dans la théorie deweyenne de la pensée. Il s'agit des deux présupposés qui permettent d'avancer la thèse qui soutient tout l'édifice de la théorie du jugement de Dewey, c'est-à-dire

[55] Arbitraires au sens d'une justification d'ordre fonctionnel et non pas d'ordre représentatif, comme nous l'avons expliqué dans le premier chapitre.

[56] Nous ne considérons pas le terme de nominalisme par rapport à la signification que ce dernier a acquis dans la querelle médiévale sur le statut des universaux, mais afin de souligner que la visée fondamentale de la philosophie deweyenne de la pensée est une théorie des distinctions conceptuelles.

[57] MW 2 : 306.

*l'unité du pratique et du logique*. Cette thèse ne signifie ni que la logique a une valeur pratique ni que la pratique a une logique qui lui serait propre. Au contraire, cette thèse affirme que *l'acte logique (le jugement) est en même temps un acte pratique*, c'est à dire un type d'activité qui se déploie dans le contexte extérieur de l'expérience, où des problèmes émergent et où l'intelligence cherche à les résoudre à travers la formulation de jugements. Entre logique et pratique il n'y a donc pas d'opposition car :

1. la pratique n'indique pas ce qui s'oppose à la théorie mais « tout changement réglé dans les valeurs expérimentées[58]». Cette définition met en relief la notion de *régulation* : seules les changements *réglés*, et donc entrepris sous le contrôle actif de la pensée, relèvent de la logique;
2. l'attribut 'logique' ne se réfère pas à la structure formelle des rapports entre propositions mais à la nature des règles qui président à leur fonctionnement dans des actes singulier de jugement.

C'est à travers ces transformations conceptuelles que la théorie du jugement de pratique permet à Dewey de repenser sur des bases nouvelles le rapport de la pensée à l'action et de la théorie à la pratique. Elle lui permettra aussi de poser la question du statut du savoir éthique en refusant par un seul et même geste à la fois l'idée d'un savoir éthique scientifique et normatif et l'image de la conduite humaine comme système de faits qu'il s'agirait d'expliquer par des théories causales. Mais cette manière de construire l'opposition du théorique et du pratique est, d'après Dewey, difficile à soutenir aussi pour une deuxième raison. Du fait de ne pas avoir su comprendre le statut réel de la théorie et de la pratique, elle en vient à concevoir leur rapport sous la forme d'une opposition entre deux éléments dont la nature est trop hétérogène. Ayant méconnu la dimension pratique de la connaissance et en même temps la dimension noétique de l'action humaine, cette conception se retrouve dans l'embarras de ne plus savoir comme réunir ce qu'elle-même a préalablement divisé. Les tentatives de réduire cette hétérogénéité artificielle ont donné lieu à de solutions philosophiques différentes, qui peuvent être rassemblées en trois cas de figure.

Le premier, qui a caractérisé notamment la philosophie analytique à partir du tournant linguistique, consiste à réduire l'éthique à sa partie propositionnelle. De cette manière, le problème du statut du jugement de pratique est résolu à travers sa réduction à une variante de jugement scientifique. C'est dans cette ouverture que la plus grande partie de la philosophie morale analytique s'est placée, si bien que d'importants débats comme celui sur le statut de l'opposition entre les fait et les valeur s'en sont

[58] MW 3 : 14 note 2.

suivi. Dans cette perspective, la détermination de la forme logique des propositions éthiques devient le véritable problème philosophique à résoudre, ainsi que celui de l'existence de faits qu'on pourrait qualifier d'appréciatifs et enfin celui de leurs rapports réciproques. Le jugement pratique est donc remis en question par rapport à son contenu représentatif et en référence à une interrogation plus générale sur la possibilité et sur la nature de la connaissance des faits moraux (une fois admis qu'il existe des faits de ce genre). Le deuxième cas de figure, qui se dessine notamment dans le cadre de la sociologie des sciences, consiste à réduire la science à sa dimension de pratique sociale (et plus récemment économique, anthropologique et technologique). Cette réduction présuppose la neutralisation de la valeur de vérité des énoncés scientifiques, pour étudier la science en tant qu'entreprise sociale, chargée de significations qui dépassent – tout en la déterminant – la dimension purement épistémologique. Les aspects non cognitifs liés à la notion de pratique sont ainsi exploités. Science et coutume sont ici associées en tant que formes de conduite humaine organisée par des systèmes de règles. Le jugement scientifique est alors réduit à sa dimension pratique de résultat des confrontations entre des forces extra-scientifiques (le pouvoir, les rapports sociaux, la culture des équipes des chercheurs, les attentes et les goûts d'une époque, etc.). Le troisième cas de figure est illustré par le pragmatisme deweyen et consiste dans l'exploitation des ressources philosophiques du concept de pratique. Cette approche consiste à reconnaître la dimension pratique de la connaissance scientifique, et à reconnaître en même temps que toute action humaine présuppose et incorpore un élément noétique incontournable. Là où les autres cas de figure ne pouvaient concevoir le rapport de la théorie à la pratique qu'à travers une forme de réduction (réduction de l'éthique à son élément cognitif ou réduction de la science aux déterminants extra-épistémologiques), Dewey ouvre une troisième voie qui consiste à reconnaître les traits pratiques de la théorie et *en même temps* les aspects théoriques de toute pratique. Le concept de *pratique intelligente*, c'est à dire dotées de signification, permet ainsi de combler le gouffre tout en respectant les différences spécifiques de chaque élément. Il n'y a donc pas de réduction de la pratique à son contenu cognitif, ni de la théorie à son facteur pratique. Science et moralité sont ainsi reconduites à la même catégorie de la pensée en action comme attribut de toute activité humaine dite intelligente[59]. D'où l'importance que la théorie du jugement occupe dans le projet philosophique deweyen, car l'acte de jugement est l'opérateur grâce auquel tout dualisme

[59] Cette spécification est importante car, comme on le verra, l'opposition entre la théorie et la pratique est remplacée par la distinction entre des formes routinières de pratique et des formes qui sont contrôlées par l'exercice de l'intelligence.

se fond dans *l'unité d'une activité fonctionnelle qui est à la fois théorie et pratique, pensée et action.*

### *3.2.4 Conditions logiques des jugements moraux*

A partir de ces considérations, nous pouvons aborder la question du statut logique des jugements moraux. La signification de l'expression « traitement scientifique de la moralité » doit être comprise en référence à la conception pragmatiste de la science comme méthode pour contrôler la formation des jugements sur un quelconque sujet. De ce point de vue, l'article de 1903 fournit une contribution décisive à la mise en place des conditions pour une théorie générale du jugement. Penser, nous y reviendrons à maintes reprises dans le cours de notre recherche, signifie pour Dewey accomplir un acte de jugement qui soit capable de convoquer tout le capital de connaissance et d'expérience de l'individu dans l'événement d'une interrogation singulière déterminée par les conditions d'une situation actuelle incomplète. A partir de cette définition unitaire de ce qu'est un jugement, Dewey distingue les jugements scientifiques ou intellectuels des jugements moraux en raison de leur finalité différente. Dans cet article, la distinction entre les jugements intellectuels et les jugements moraux est justifiée aussi par rapport à la place qui revient au sujet dans cette typologie des jugement[60]. Notamment, d'après Dewey *le jugement moral implique une attitude autoréflexive qui n'est pas présente dans le jugement intellectuel.* Le privilège que Dewey attribue à la dimension autoréflexive, dans la théorie du jugement, dérive de sa théorie du sujet, car le postulat holiste attribue à tout acte – et par conséquent au jugement en tant qu'acte – une *fonction expressive fondamentale.* Dans ces textes de transition, l'expressivité est encore pensée par Dewey en termes psychologiques, comme expression de motivations. Ces dernières sont à leur tour l'expression d'attitudes habituelles, qui expriment finalement la totalité du caractère (le soi)[61]. Cette thèse, qui fait partie des principes fondateurs de l'éthique deweyenne de l'autoréalisation (et aussi de son interprétation du processus de transformation qui la structure), a ici une fonction logique, pour distinguer les jugements moraux des jugements intellectuels. Pour ce faire, Dewey introduit une distinction entre les *conditions pratiques* et les *conditions logiques* des jugements. La dimension expressive, d'après laquelle le sujet est impliqué dans chaque acte de jugement et s'y reflète,

---

[60] Il s'agit d'une tentative de fondation qui ne sera plus reprise, témoignant ainsi d'une posture philosophique auquel Dewey renoncera bientôt, signe du passage accompli à la perspective pragmatiste.

[61] MW 3 : 21.

constitue la condition pratique de tout jugement – intellectuel ou moral – car elle est un aspect constitutif de l'acte de jugement. Mais en tant que condition pratique, elle n'intervient pas dans la constitution du contenu du jugement. La revendication d'une dimension personnelle[62] propre à tout genre de jugement n'est pourtant pas incompatible avec l'attribution aux jugements intellectuels d'un statut de neutralité par rapport au sujet de l'énonciation. Dans le cas des jugements moraux toutefois, cette dimension expressive est en même temps une condition logique, car dans ce type de jugement, « la nature de l'identification – et sa conséquente vérité ou fausseté – *dépend de façon consciente de l'attitude ou disposition de celui qui juge.* »[63] Dans les jugements moraux, le soi du sujet jugeant est impliqué dans l'acte de jugement. Par conséquent, le jugement n'est plus considéré comme étant neutre par rapport au sujet d'énonciation. Cette thèse a des conséquences très intéressantes.

Pour en comprendre la portée, il faut d'abord observer que la théorie deweyenne du jugement ne se fonde par sur l'opposition entre le subjectif et l'objectif mais au contraire elle se construit à partir de sa remise en question. Le dépassement de ce dualisme est notamment ce qui permet à Dewey d'atteindre un horizon explicatif beaucoup plus général, dont l'objet est *la structure d'acte du jugement.* L'absence de neutralité propre aux jugements de pratique en raison de leur caractère expressif n'est alors pas perçue comme étant la marque d'une insuffisance épistémologique que les jugements moraux devraient surmonter, mais comme un trait logique constitutif d'une certaine catégorie d'actes de jugement. De ce point de vue, *l'identité des conditions pratiques et logiques* dans le cas des jugements moraux définit la véritable structure logique de ces actes. Elle institue une condition de double référence, car *les jugements moraux portent en même temps sur la situation à juger et sur l'identité de celui qui juge.* Dans les actes de jugement moral il y a donc « détermination réciproque absolue »[64] du sujet et de l'objet. Pour bien comprendre cette affirmation il faut se référer à la conception deweyenne du soi, que Dewey définit comme étant un soi actif, pour lequel l'être est activité, capacité d'agir et de patir. Par conséquent, tout acte de jugement a une double fonction :

1. *expressive,* car l'acte de jugement manifeste (exprime) dans son contenu la qualité intrinsèque d'un caractère (d'un soi) ;
2. *constitutive,* car le soi coïncide avec l'ensemble des activité qu'il produit. Par conséquent, le rapport du sujet avec ses actes n'est pas d'ordre instrumental mais constitutif : le sujet se constitue à travers ses actes, les actes qu'il est.

---

[62] Au sens polanyien de *'personal knowledge'*, cf. dans la suite le ch. 11.3.3.
[63] MW 3 : 21. C'est nous qui soulignons.
[64] MW 3 : 23.

Cette détermination explique que d'après Dewey la différence entre les jugements scientifiques et les jugements moraux ne se définit pas à partir de l'opposition entre l'objectif et le subjectif mais entre l'objectif et l'*actif*[65]. Dewey appelle objet actif un « processus défini par certaines limites ». Par conséquent, est actif tout processus dans le cours duquel une activité concerne des faits donnés et en produit la transformation. Cette définition indique que l'acte de juger n'est pas externe à son objet mais en fait partie : « l'objet jugé est actif et non pas extérieur puisque il demande un acte de jugement non pas comme un antécédent mais *comme un élément nécessaire de sa propre structure* »[66].

'Actif' est alors un trait qui traverse l'opposition du subjectif et de l'objectif. Il n'est pas subjectif car il est déterminé par une situation qui existe dans l'extériorité de l'espace et du temps et non pas dans l'intériorité psychologique du sujet moral. Mais il n'est pas non plus objectif, car il n'y a pas d'extériorité entre le jugement et son objet, l'acte du jugement étant inclus dans son propre objet (la situation problématique visée). Pour comprendre la position que le jugement occupe par rapport à la distinction de l'objectif et du subjectif et à celle de l'intérieur et de l'extérieur, il faut considérer une distinction conceptuelle importante, celle entre *complétude* et *incomplétude*. Tandis que le jugement intellectuel porte sur un objet qui est complet[67] et dont il s'agit de donner une représentation adéquate[68], le jugement éthique[69] a pour objet une situation qui est incomplète et dont la détermination complète nécessite de l'intervention de l'acte de jugement. Cela signifie que ce qui justifie le fait que le rapport entre le jugement et son objet est interne c'est le caractère d'incomplétude propre à l'objet du jugement et non pas un postulat métaphysique concernant la nature de la réalité.

A ce stade dans l'évolution de la pensée deweyenne, le rapport d'intériorité que l'acte de jugement entretient avec son objet n'est pourtant pas encore celui que la théorie de la situation lui attribuera plus tard, car il est encore enraciné dans une théorie du sujet. Le rappel au *facteur pratique* sert ici pour montrer que l'identité du sujet est interpellée et mise en jeu dans tout jugement de valeur : puisque le sujet est celui qui croit vrai le jugement qu'il est en train de formuler, dans les jugements moraux le jugement porte en même temps sur son objet et sur la qualité morale du sujet

[65] MW 3 : 22.
[66] *Ibid.* C'est nous qui soulignons.
[67] Complet signifie que ses déterminations préexistent à l'acte de jugement.
[68] En tout cas pour toutes les logiques qui acceptent le dualisme entre le subjectif et l'objectif que Dewey est ici en train de rejeter, du moins sous la formulation que nous présentons.
[69] Mais il faudrait dire ici 'pratique', car ces considérations dépassent largement le domaine éthique.

qui le formule. « D'un point de vue strictement logique (c'est à dire sans référence à des considérations explicitement morales), le jugement éthique a alors une finalité exclusive : il doit juger une matière[70] dont l'attitude ou la disposition qui détermine l'acte de juger constitue un élément essentiel. »[71] Si la nature logique du jugement intellectuel exige que la dimension personnelle soit neutralisée, dans le jugement moral au contraire il est essentiel expliciter les traits de cette dimension afin d'en gouverner les effets. Dans ce cas, la suppression de la dimension personnelle impliquerait en effet la méconnaissance de la logique propre à l'objet du jugement, car « la situation devient ce qu'elle est à travers l'attitude qui s'exprime dans l'acte même de juger »[72]. De cette analyse du jugement moral découlent deux conséquences. D'abord, *le sujet du jugement n'est pas un sujet purement logique*, car les attitudes et les dispositions du sujet empirique sont des éléments constitutifs du jugement. Ensuite, le caractère de détermination réciproque entre le soi et la situation jugée implique que *tout acte de jugement porte en même temps sur un objet et sur le sujet de l'énonciation*. Juger signifie ainsi donner son assentiment à certaines de ses propres dispositions plutôt qu'à d'autres. Le sujet jugeant est donc engagé à juger en même temps un objet extérieur et à se juger soi-même et par conséquent à *se choisir lui-même comme étant cet agent déterminé plutôt qu'un autre*. En ce sens aussi, le jugement n'est pas un acte de représentation mais un acte constitutif, car le sujet se constitue non seulement à travers ses actions matérielles, mais aussi à travers le jugement qui, tout en portant sur la situation, implique une décision sur ce qu'est le sujet et sur ce qu'il veut devenir. Mais avant d'aborder l'analyse des implications éthiques, il faut s'arrêter encore un peu sur certaines des conséquences entraînées sur le plan logique par cette théorie.

---

[70] Le terme anglais '*subject-matter*' est difficile à traduire en français. Nous l'avons traduit tour à tour de manière différente, d'après la signification précise que ce terme assumait dans les différentes contextes. Nous avons préféré, où il était possible, le mot 'objet'. Toutefois, comme l'épistémologie deweyenne est construite à partir de l'opposition de l'objet et de la situation, nous avons souvent eu recours au mot 'matière'. Ce dernier, bien que moins précis, ne s'expose pas au risque d'assomptions ontologiques involontaires. Là où *subject-matter* est traduit avec matière, il faut entendre ce dernier terme dans sa signification plus générique de matériel qui constitue un domaine pour l'analyse. En ce sens, on parlera d'*une* matière, plutôt que de *la* matière comme lorsqu'on parle d'être compétent en matière, ou d'entrer en matière. On a préféré le terme de 'matière' à celui de 'sujet' (au sens dont on parle par exemple d'un sujet de conversation) car ce dernier nous aurait exposé au risque de malentendus encore plus périlleux.

[71] MW 3 : 23.

[72] *Ibid.*

### *3.2.5 Le jugement de pratique comme acte double*

Si l'épistémologie classique a fait du jugement scientifique le paradigme de référence auquel tout jugement doit se conformer, la théorie deweyenne renverse cette situation, assignant au jugement moral, en vertu de sa complexité supérieure, le rôle de paradigme pour toute jugement. Là où la simplicité du jugement scientifique dépend du fait que le sujet n'y joue aucun rôle en tant que condition logique, mais uniquement en tant que condition pratique (en vertu donc d'une simplification des facteurs impliqués dans le jugement), le jugement moral déploie la structure logique du jugement dans sa généralité. Dès lors, dans sa forme paradigmatique *le jugement est un acte double, qui détermine son objet et en même temps fixe ses propres conditions d'exercice.* Cela signifie que le sujet ne peut correctement déterminer le contenu de son jugement qu'à condition de se déterminer en même temps comme étant lui-même le sujet qui accomplit cet acte. Par rapport à ce modèle, le jugement scientifique n'est alors qu'une forme simplifiée. A cette conception du jugement comme acte double, Dewey fait correspondre une conception de l'éthique fortement axée sur les aspects pratiques et transformatifs. La conception deweyenne d'une éthique de la réalisation de soi[73] se fonde notamment sur les principes suivants :

1. la détermination réciproque entre le soi et ses actes ;
2. le postulat holiste.

Ce qui définit les conditions d'exercice du jugement éthique, et par conséquent aussi de la conduite éthique, c'est le rapport de détermination réciproque entre les conditions subjectives (motivations, attitudes et caractère en tant que différents niveau du soi) et le contenu du jugement (la situation incomplète). Cette relation étant interne, *le jugement sur la situation est en même temps un jugement sur soi-même en tant que sujet qui agit dans cette situation et plus généralement sur soi-même en tant qu'agent.* Il s'ensuit qu'« une fois parvenus à une conclusion sur la nature de la scène de l'action, on parvient à une conclusion au sujet de ce que l'agent doit faire, et cela décide aussi du genre d'agent qu'il doit être »[74]. Dans cette analyse, la situation entre en jeu à double titre, en tant qu'objet problématique et incomplet qui rend le jugement nécessaire et en tant qu'ensemble des

---

[73] Jennifer Welchman a bien analysé le rôle que l'arrière-plan idéaliste avait joué dans la formation de cette conception chez Dewey, en montrant ainsi comment, autour du tournant du siècle, la réflexion deweyenne sur la transformation de soi se développait autour du thème de la représentation. Son analyse se limite aux aspects éthiques de la pensée deweyenne, et n'en considère pas les implications sur le plan plus général de sa philosophie et de sa logique. Cf. Welchman, 1995, première partie. Cf. aussi, dans la suite de ce travail, nos remarques sur le rapport entre éthique de la réalisation de soi et théorie du jugement dans le chapitre 7.

[74] MW 3 : 33.

conditions qui concourent à la détermination du soi. La situation est donc d'emblée et constitutivement éthique, car le seul fait d'être le sujet d'un jugement moral entraîne dans un processus d'autodétermination à travers lequel le sujet parvient à mieux se connaître, c'est-à-dire à se connaître comme étant l'agent prêt à accomplir certaines actions et comme étant ce sujet doué des dispositions et des croyances qui lui font tenir ce jugement pour vrai. Dès lors, l'acte de jugement a un pouvoir transformatif sur le sujet par le simple fait d'être tenu pour vrai (valeur transformative de la vérité).

Dans les textes de Dewey le rapport éthique à la délibération est conçu de deux manières différentes, qu'il s'agira d'expliquer par la suite. La première manière, que nous venons de voir, consiste à appliquer le postulat holiste à la théorie du jugement. Si chaque acte exprime le soi tout entier, c'est à travers l'action et l'acte de juger que l'homme peut accéder à la connaissance de soi et par cela même à sa propre transformation. La seconde manière dérive directement du primat de l'activité. Si le soi coïncide avec son activité et s'il se constitue à travers ses actes, la formulation des jugements moraux devient un moment important de sa propre autoproduction. En ce sens, il y a participation ontologique de l'acte de jugement à la constitution du soi. Par le fait de tenir pour vraie une proposition, nous accordons notre assentiment à une certaine configuration de nos motivations et attitudes et par conséquent nous la validons au détriment d'une autre. C'est en ce sens que *la détermination des conclusions du jugement éthique est aussi la détermination de son propre caractère*. Le fait que le caractère soit constitué par le jugement est bien évidemment « un fait qui a une portée éthique énorme »[75].

[75] « Character is determined by the judgement. This is a fact of tremendous ethical significance », MW 3 : 23.

## 3.3 Des jugements moraux aux jugements pratiques

> *« By 'practical' I mean only regulated change in experienced values »*
>
> MW 3 : 14

> *« All conduct that is not simply either blindly impulsive or mechanically routine seems to involve valuations »*
>
> LW 13: 193

Dans l'article de 1903, l'expression 'jugement pratique' n'apparaît pas. Le partage des jugements scientifiques en jugements intellectuels et jugements éthiques[76] se fait à partir de deux critères : l'identité dans la méthode suivie (le caractère scientifique commun aux deux catégories) et la différence dans l'objet visé. En 1903, ce qui détermine d'après Dewey la spécificité du jugement éthique est la présence de « considérations éthiques »[77] qui, en dernière instance, dépendent de la dimension autoréflexive déjà indiquée. Un jugement est dit éthique chaque fois que les motivations du sujet deviennent une condition interne de l'acte de jugement. Il s'agit d'un critère subjectif, car il concerne l'état de conscience du sujet. Dans le jugement éthique « la nature de l'identification – et sa vérité ou fausseté conséquente – dépend de façon consciente de l'attitude ou disposition de celui qui juge »[78]. Cette référence à la dimension subjective ne contredit pas notre analyse précédente. Elle relève plutôt de la présence d'éléments idéalistes que Dewey n'a pas encore évacués de sa théorie. Toutefois, pour tirer toutes les conséquences implicites dans la notion d'activité en tant que trait irréductible au dualisme du subjectif et de l'objectif, Dewey devra accomplir ce tournant pratique dans la théorie du jugement qui ici n'est qu'ébauché. Si, comme Dewey l'affirme à maintes reprises, l'objet de la logique ne doit être ni la pensée, ni les propositions, mais des *conduites observables*, il lui faudra trouver un critère de distinction cohérent avec cette détermination de la pensée comme forme d'activité. Ce passage, qui s'avère décisif pour l'affirmation de la théorie de la pensée active comme processus d'enquête, sera effectué dans un article qui, douze ans plus tard, reprendra la question du statut logique du jugement, en le libérant enfin de ce reste de référence idéaliste à la conscience du sujet jugeant.

---

[76] MW 3 : 33.
[77] MW 3 : 21.
[78] MW 3 : 21.

La définition du jugement moral comme acte double réfléchissant sur ses propres conditions, a permis à Dewey de mettre à jour une nouvelle conception du jugement mais elle n'est pas en mesure de proposer un critère viable pour distinguer empiriquement les jugements éthiques des autres. Cette condition sera remplie par la nouvelle définition du jugement pratique comme délibération entre fins contradictoires. Dans le cours de cette évolution, la notion de situation occupera une place centrale, car c'est à travers cette notion que Dewey va développer les bases logiques de sa théorie de la pensée comme action. En même temps, la référence à la dimension subjective de la réflexion en tant que condition distinctive d'une catégorie de jugement va disparaître. Malgré ce fait, les jugements éthiques garderont une relation privilégiée avec l'identité personnelle et avec la réflexivité, si bien qu'en 1915 Dewey réaffirme encore l'idée d'une relation essentielle entre le jugement pratique et la structure de la conscience[79], dans des termes proches des idées de 1903[80]. A partir de (et à travers) cette transformation, la notion de jugement éthique se substitue progressivement à celle de *jugement pratique*, révelant ainsi une connotation différente de l'objet du jugement et l'extension accrue de son domaine d'application. Avec ce passage se produit une double transformation. Sur le plan logique, Dewey parvient à une définition du jugement plus cohérente avec l'épistémologie de la pratique qu'il est en train d'élaborer. La théorie du jugement de pratique devient ainsi indépendante de la théorie éthique. Sur le plan éthique, le rôle du jugement se transforme et permet à Dewey d'atteindre l'objectif de « faire de l'acte de l'intelligence le facteur central en éthique »[81]. Il y a donc un *déplacement du point d'application de l'éthique : ce dernier passe du processus de transformation de soi aux conditions de contrôle des parcours d'action*, sans pourtant que la conception précédente de l'éthique de la réalisation de soi soit réfutée. A partir de maintenant *la dimension stratégique du contrôle devient l'horizon exclusif de sa réflexion sur l'éthique et plus généralement sur l'action humaine.*

Dans l'article de 1915, *la notion de jugement de pratique substitue celle de jugement moral en tant que catégorie centrale de la théorie du jugement.* La distinction fondamentale ne passe donc plus entre l'intellectuel et le moral mais entre le représentatif et le pratique, ou entre le constatif et le transformatif. Pour comprendre la distance qui sépare les deux perspectives

---

[79] MW 8 : 36. « It would be interesting to inquire into the question whether this peculiarity [la nature logique des jugements pratiques] may not throw light upon the nature of 'consciousness'. »
[80] MW 3 : 21. « There are cases, we saw, in which the nature of the identification – and its consequent truth or falsity – is *consciously* dependent upon the attitude or disposition of the judger. The term 'consciously' differentiates a peculiar type of judgment. »
[81] MW 8 : 40.

en question, il suffit de comparer les deux définitions du jugement que Dewey formule à douze ans de distance. Dans l'article de 1903, le jugement moral était encore défini par le rapport de détermination réciproque entre le caractère subjectif et la situation, et par la conscience de cette relation. Sa définition était donc donnée par accumulation, à travers l'affirmation de l'identité entre les conditions logiques et les conditions pratiques, ce qui impliquait que le jugement portait en même temps sur un objet extérieur et sur le soi du sujet jugeant. Dans l'article de 1915, Dewey appelle pratique tout jugement dont l'objet serait « une situation qui requiert une action »[82]. Pour les raisons que nous venons d'exposer, l'objet spécifique du jugement de pratique[83] n'est plus défini à partir de la détermination réciproque du sujet et de la situation ou, ce qui revient au même, de l'acte de jugement et de son contenu, mais uniquement dans les termes des *caractéristiques de la situation* dans laquelle se trouve le sujet jugeant (et agissant). C'est ainsi que la définition de l'objet du jugement pratique comme un 'objet actif' dépasse définitivement les termes de l'opposition classique de l'objectif et du subjectif, éliminant toute référence résiduelle à l'élément de la conscience.

### *3.3.1 Du sujet autoréflexif au sujet dispositionnel*[84]

Cette transformation, qui conduit Dewey à dépasser la dernière figure de la logique idéaliste, est étroitement liée à la transformation opérée par Dewey dans sa conception du sujet et des formes du rapport qu'il entretient avec lui-même et avec le monde, et par rapport au rôle que la pensée joue dans leur production. On a constaté que l'anthropologie deweyenne « gravite, dans ses premiers écrits, autour de la notion de 'réalisation de soi', puis, à partir des années vingt[85], alors que la coupure avec le néo-hégélianisme est devenue plus radicale, autour de celle de 'développement

[82] MW 8 : 20.

[83] « The specific type of subject-matter », MW 8 : 14.

[84] Nous ne présentons ici que les éléments de l'anthropologie deweyenne nécessaires pour comprendre les enjeux logiques ici abordés. Son analyse sera reprise dans les chapitres 6 et 7, par rapport aux aspects différents de la théorie deweyenne de la pensée. Parmi les études consacrées à la notion de *Self* chez Dewey, cf. Kestenbaum, 1977 ; Hollis, 1977, Allport, « Dewey's individual and social psychology », dans Schilpp, 1939, et Roth, 1962. Pour une lecture plus récente, cf. le livre de J. Zask cité plus haut ; les 4 premiers chapitres de Tiles, 1988 ; Cunningham, 1994 ; Cunningham, 1994-1995 et Garreta, 2002.

[85] En réalité, bien que publié en 1922, *Human Nature and Conduct* contient le texte de conférences que Dewey avait prononcées en 1918, à peine trois ans après la publication de « The Logic of Judgments of Practice ».

de l'individualité' »[86]. La comparaison entre ces deux paradigmes anthropologiques permet de mieux apprécier la signification philosophique du passage entre la théorie du jugement contenue dans « Logical conditions of a Scientific Treatement of Morality » et celle qui s'esquisse dans « The logic of Judgments of Practice » et qui sera enfin déployée dans la *Logic* de 1938.

*L'auto-réalisation comme paradigme anthropologique*

La présentation la plus satisfaisante de la théorie deweyenne du soi à cette époque se trouve dans un article consacré au concept de réalisation de soi en tant que principe constitutif de l'éthique[87]. Cet article présente deux des thèses qui constituent la conception deweyenne du soi. En premier lieu, le soi est conçu comme entité dynamique, « activité concrète *spécifique* »[88]. Ensuite, il n'est pas défini en tant que point de départ et source de l'action, mais en tant que résultat à atteindre par le biais de l'action. Cette notion d'un soi opératoire ou pratique (*working or practical Self*), réside aussi dans le fondement de la conception du soi que Dewey développera dans *Human nature and conduct,* presque trente ans plus tard. La différence entre les deux conceptions concerne la manière de définir l'aspect pratique. Dans les écrits qui précèdent le tournant pragmatiste, c'est la notion d'expression qui soutient l'édifice explicatif. Elle introduit un type de médiation entre le soi et ses actions qui disparaîtra dans les écrits suivants. Dans *The Study of Ethics*, qui présente la formulation complète de la théorie deweyenne du soi et de l'action des années quatre-vingt-dix, la conception active du soi coexiste donc avec cette idée que la conduite serait en relation expressive avec le soi, si bien que l'intervention de l'agent dans la situation a comme but sa modification « afin que l'agent puisse s'exprimer librement »[89]. L'unité fonctionnelle de l'organisme et de l'environnement est dès lors définie par la corrélation entre la nécessité de préserver la situation et la possibilité pour l'agent de s'exprimer. Ce rapport est caractérisé par le fait que l'agent transforme la situation dans le but de s'exprimer, c'est-à-dire de parvenir à la compréhension de lui-même. Cette relation expressive implique que *le rapport de soi à soi est un rapport qui se déploie essentiellement dans*

---

[86] Zask, 1999b: 2.
[87] « Self-Realization as the Moral Ideal ». Il s'agit d'un texte publié en 1893, maintenant dans EW 3: 42-53.
[88] EW 3 : 43.
[89] EW 3 : 234.

*l'espace symbolique de la reconnaissance.* Le soi se constitue ainsi à travers l'activité non pas parce qu'elle aurait une fonction réellement constitutive, comme ce sera le cas plus tard, mais parce qu'en agissant, le soi se manifeste à lui-même, et cette conscience de soi a des effets immédiats sur la constitution du soi[90]. En ce sens, le soi se transforme à travers le processus d'auto-connaissance, qui est connaissance de sa propre constitution telle qu'elle s'exprime dans ses actions. Dewey peut donc affirmer que « le processus de développement de soi [...] est le processus à travers lequel le soi devient conscient de la signification, dans les termes de ses propres expériences, d'une de ses impulsions »[91]. Dès lors, « l'expression de l'impulsion devient un processus de réalisation de soi »[92]. Cette méthode expressive s'allie avec une métaphysique organiciste, qui conduit Dewey à soutenir que la qualité morale d'un acte dépend du degré avec lequel la totalité du soi s'exprime dans ses actions.

La conception deweyenne du jugement se place à la confluence de ces deux sources. Elle dérive à la fois de ce modèle expressiviste[93] et de l'idée que chaque acte qualifié exprime le sujet tout entier[94]. Dès lors, le jugement devient cet acte double qui porte à la fois sur son objet et sur le sujet qui le formule, aussi qu'on vient de voir. D'une part, le sujet s'exprime à travers l'acte de jugement, car ce dernier est la forme la plus médiatisée d'expression de soi, et il constitue le sommet de la conscience en tant que mouvement de constitution de soi dans la médiation conceptuelle. D'autre part, le jugement comme forme d'action présente, comme toute action, cette qualité expressive, dont Dewey cherche à articuler la nature à travers sa théorie du jugement et à travers l'idée de la primauté du jugement pratique sur le jugement scientifique. Ce modèle expressif articule une forme d'auto-action (*self action*) qui sera par la suite rejetée, à la faveur du principe d'extériorité nécessaire et du refus d'attribuer une efficacité causale quelconque à la dimension immatérielle du sens. Elle impliquera en même temps la destitution de la conscience de lieu privilégié où l'acte se réalise pleinement à travers la compréhension que l'on en a, au rang d'épiphénomène, simple forme d'organisation d'habitudes et impulsions. Si en 1893 Dewey peut encore affirmer que « la conscience morale [...] est

---

[90] Welchman remarque que « in the *Study of Ethics,* it is what persons understand themselves to be, rather than what they actually are, that is context-dependent. It is ways of expressing ourselves that we learn from others rather than ways of being », Welchman, 1995: 99.

[91] EW 3 : 243.

[92] EW 3 : 244.

[93] En vertue de la primauté qu'il attribue au moment de la reconnaissance.

[94] « When we judge projected options, we judge them not in themselves but *as* expressions of the self ». Plus loin, le primat de la représentation est formulé de façon encore plus explicite: « judgment asserts that the alternative act that performed best in the process of ideal experimentation is the best representation of the self », Welchman, 1995: 107-108.

l'acte réalisé dans sa pleine signification » [95], en 1922 il affirmera au contraire que la conscience ne fait que marquer « une connexion très délicate entre des habitudes hautement organisées et des impulsions non organisées » [96]. On a ici le témoignage d'une véritable révolution conceptuelle.

### *Un sujet enfin actif : le primat des habitudes*

Nous avons déjà indiqué les sources darwiniennes de l'anthropologie de Dewey. Le paradigme transactionnel qui définit le cadre à la fois logique et anthropologique de sa pensée domine aussi la conception du soi. En ce qui concerne les implications de son anthropologie pour la théorie du jugement, il y a deux aspects à remarquer. D'abord, sa conception transactionnelle du rapport entre le sujet et le contexte. Deuxièmement, la place que Dewey attribue à la notion d'habitude dans la déclinaison anthropologique de ce paradigme général.

*La relation transactionnelle entre sujet et contexte.* Dans un paradigme transactionnel, les éléments d'une totalité ne sont pas des substances autonomes[97], et leur constitution se produit dans un processus de détermination réciproque. N'étant que les deux moments d'une *distinction within*, organisme et environnement sont des termes corrélatifs, si bien que la constitution de l'un est indissociable de la constitution de l'autre. Dewey définit l'environnement comme « la somme des conditions qui entrent activement dans la direction des fonctions de tout être vivant »[98]. Sur ce plan il n'y a, d'après Dewey, aucune différence entre les fonctions organiques (déterminées biologiquement) et les habitudes (acquises culturellement). La constitution biologique de notre atmosphère participe activement au façonnement de notre système respiratoire au même titre que sa structure pratique et ontologique façonne notre manière de penser et de nous conduire. Bien qu'adaptatif, cet ajustement n'est toutefois pas entièrement passif. Comme le remarque Dewey, « quelque chose comme la pure conformité aux conditions de la part des êtres vivants n'existe pas [...]. Dans l'intérêt de la conservation de la vie, il y a une transformation de certains éléments environnementaux. Plus la forme de vie est élevée, plus la reconstruction

[95] « The moral consciousness [...] *is the act realized in its full meaning* », EW 3 : 293.
[96] « Consciousness marks a peculiarly delicate connection between highly organized habits and unorganised impulses », MW 14: 128.
[97] C'est bien le trait distinctif d'une ontologie holiste par rapport à l'atomisme.
[98] Dewey, « Contribution to a *Cyclopaedia of Education* », cité par Zask, 1999b: 14.

active du milieu est importante »[99]. Par conséquent, le principe que l'expérience est une forme de transaction entre l'organisme et l'environnement dans lequel il vit, doit être appliqué à tout aspect de la vie humaine, y compris à la pensée. Dans cette perspective, les variations introduites dans l'environnement naturel et social par l'action humaine produisent en retour le changement de nos stratégies d'action et de pensée au cours de l'histoire[100]. Notre action sur le monde agit rétroactivement en transformant les habitudes qui nous constituent. Ce processus d'extériorisation[101] s'exprime par exemple dans la conception politique deweyenne du potentiel formatif et transformatif que Dewey attribue à la démocratie. Comme Dewey le remarque à peu près dans les mêmes années, « quand le moi est perçu comme un processus actif, on peut voir aussi que les modifications sociales sont le seul moyen pour créer des personnalités différentes »[102]. Transformer l'environnement deviendra dans l'anthropologie deweyenne la seule manière de transformer l'homme (changer ses habitudes). Le modèle du système organisme-environnement, sur lequel nous reviendrons, définit ainsi le paradigme explicatif qui se trouve au fondement de la pensée sociale, politique ou éducative deweyenne et, plus généralement, de l'explication de tout phénomène qui a trait à la vie humaine. Nous devrons alors nous attendre à ce que sa présence se manifeste aussi dans sa théorie du jugement. Cela est évident avant tout dans la primauté que la notion de situation – qui étend le champ d'application du concept d'environnement au plan logique – acquiert dans la théorie du jugement. Si dans la logique idéaliste l'unité du sujet et de l'objet se produit

---

[99] MW 13 : ch.4. Il faut penser ici aux recherches du savant allemand J. von Uexküll en éthologie, qui montrent précisément comment les différentes espèces animales perçoivent leur milieu en accord avec leurs différentes fonctions biologiques. Ainsi, la notion de milieu ne dénote pas un ensemble objectif de faits donnés, mais l'environnement comme corrélat des capacités d'agir et de pâtir d'un être vivant. La nature du milieu n'est donc pas neutre – au sens scientifique que la neutralité acquiert dans la représentation physique du réel – mais dépend de son système sensori-moteur, perceptif et intellectif. C'est ce système qui transforme la notion positiviste d'*environnement* (comme système de conditions données) dans la notion transactionnelle de *milieu* (comme corrélat dynamique d'un être vivant). La proximité de ce terme avec le concept phénoménologique de monde n'est pas un hasard, car Heidegger connaissait bien les travaux des biologistes du début du siècle, et notamment ceux de J. von Uexküll. Cela ne semble toutefois pas le cas de Dewey, même si sa notion d'environnement se rapproche sensiblement de celle de milieu indiquée ici.

[100] Ce thème, qui est à la base de la naturalisation de la logique soutenue par Dewey et plus généralementpar le mouvement pragmatiste, sert aussi de fondement pour la critique de la philosophie qui ouvre le projet deweyen d'une épistémologie des pratiques de connaissance. Pour une analyse de ce thème dans ses rapports avec la théorie du jugement ici esquissée, cf. Frega 2006, *passim*..

[101] On parle ici d'extériorisation au sens où l'homme se transforme lui-même par le biais d'une transformation des conditions externes qui définissent son environnement.

[102] MW 12 : 192.

'en idée' – et est immédiate car elle est réalisée par un mouvement purement intellectuel (la reconnaissance) – dans le paradigme transactionnel, cette même unité doit être réalisée par le biais des interactions réelles qui constituent le système organisme-environnement[103]. Par conséquent, elle se produit dans et à travers l'interaction réglée qui, pour ce qui nous intéresse ici, est réalisée par le jugement en tant qu'acte[104]. Le paradigme transactionnel attribue à l'activité la primauté ontologique et explicative que toute la pensée deweyenne lui reconnaît. Cette forme de relation a chez Dewey une importance qui dépasse le cadre évolutionniste de sa formulation, car son domaine d'application n'est pas limité à l'explication des interactions entre les organismes et les environnements. Elle se généralise jusqu'à fournir la base d'une conception de la nature humaine dans laquelle la séparation de l'intérieur et de l'extérieur est remplacée par le principe d'une primauté inconditionnée de l'activité. L'action devient alors le mode fondamental du rapport d'un organisme à son environnement. L'action est pour Dewey le seul, ou en tout cas le principal, mode de la relation d'un organisme à lui-même. L'autoréflexivité, si centrale pour le Dewey de la fin du dix-neuvième siècle, cesse ainsi d'être le paradigme du rapport à soi. La reconnaissance de la nécessité d'une médiation opérée par l'extériorité devient alors l'axe porteur de l'anthropologie pragmatiste deweyenne. Ce cadre – à la fois anthropologique et ontologique – permet de comprendre la thèse deweyenne selon laquelle *le sujet ne peut s'affecter lui-même que par le biais d'une transformation de son milieu environnemental.* Cette thèse deviendra successivement le noyau de la théorie deweyenne de l'identité humaine[105]. Elle implique que le rapport du sujet à lui-même se produit essentiellement dans l'espace de l'extériorité environnante, espace public des actions et transactions avec un milieu social, culturel et naturel qui définit les conditions qui nous contraignent à être ce que nous sommes, et dont la modification est dès lors la façon la plus sûre de nous transformer nous-mêmes.

*La place des habitudes.* Dans cette conception, la notion d'habitude joue un rôle fondamental. Elle fournit la base conceptuelle qui permet d'expliquer la dynamique transactionnelle qui structure la relation entre l'organisme humain et l'environnement. A ce propos, il faut remarquer que la notion d'habitude présente une double caractéristique. D'abord, les habitudes sont constitutives du soi humain[106], qui « est une construction dynamique, non

---

[103] Et donc aussi le système logique sujet-objet.

[104] C'est même la raison qui explique la primauté inconditionnée que la dimension d'acte acquiert dans la logique deweyenne.

[105] Nous en reprenons l'analyse au chapitre 7.

[106] « All habits [...] constitute the self », MW 14: 21; et aussi « character is the interpenetration of habits », MW 14: 29.

substantielle, qui consiste dans une organisation particulière d'habitudes qui est relativement stable et durable »[107]. Mais deuxièmement, les habitudes ne se construisent que dans l'interaction avec le milieu social et naturel. L'intériorité du soi se construit par conséquent comme le dedans d'un dehors, c'est-à-dire par l'intériorisation de réactions et de réponses que l'organisme produit par rapport aux sollicitations de l'environnement. L'habitude est à la fois ce qui garantit l'unité d'un sujet et ce qui explique que cette unité ne soit pas une donnée originaire et permanente, mais se produise dans et à travers l'activité qui met le sujet en rapport avec les différents contextes de son action. Le sujet est alors en même temps le sujet actif qui transforme son environnement et le sujet passif qui se construit en contrepoint par rapport aux sollicitations qui activent ses capacités actives et réceptives, structurant ainsi ses habitudes à travers leur exercice répété. Les habitudes, tout comme les fonctions organiques, permettent de définir l'homme en tant que phase partielle ou aspect de l'unité transactionnelle qui l'articule à un milieu dont la complexité à la fois culturelle, sociale, politique, économique et naturelle, empêche sa réduction à la dimension spatio-temporellement limitée des situations concrètes que tout individu vise au cours de son expérience quotidienne. Le milieu en tant que facteur actif de la formation de nos habitudes comprend la totalité du système des coutumes, des traditions et des institutions stables, qui assurent la permanence historique d'une société. Une conséquence importante de cette conception est que les habitudes sont le produit de la subjectivité individuelle et en même temps de l'environnement où a lieu leur genèse. Comme le remarque Dewey, « les habitudes incorporent un environnement en elles mêmes »[108], de manière que « la conduite est toujours partagée »[109], c'est-à-dire distribuée entre l'agent et la situation, n'étant jamais explicable comme l'effet exclusif de la spontanéité d'un sujet. Tous ces traits montrent de façon très claire que dans le dispositif théorique deweyen – une fois admise l'idée de la pensée comme action – l'idée d'un entrelacement complexe entre les aspects subjectifs et les aspects objectifs dans le jugement apparaît incontournable. Cela vaut notamment pour l'idée selon laquelle le jugement et la situation sont en relation interne et pour l'idée du jugement comme acte double qui porte en même temps sur un objet et sur lui-même. La conception immanente du critère sera la solution qui permettra d'étendre à la logique le principe que l'action doit contenir en elle-même le critère d'ajustement à son propre milieu.

[107] M. G. Murphey, « Introduction », dans MW 14 : xi.
[108] MW 14 : 38. Pour une lecture biologique plus ample de ce thème, cf. le deuxième chapitre de *Logic*.
[109] MW 14 : 16.

### *3.3.2 Jugement de pratique et situation*

La notion de jugement de pratique est notamment le lieu conceptuel où la question du critère devient explicite. Dans l'article de 1915, Dewey définit les jugements de pratique à partir de leur objet spécifique : « les propositions existent par rapport à des *agenda* – à des choses à faire, jugements concernant des situations qui requièrent une action »[110]. L'article de 1915 présente les traits distinctifs qui connotent le jugement en tant qu'activité pratique. Ces traits permettent à Dewey de dépasser sa conception du jugement de 1903. La transformation plus radicale concerne l'introduction du concept de situation, qui remplace la notion de la conscience du sujet jugeant en tant que dimension déterminante pour qualifier la nature du jugement. Les traits introduits par Dewey se réfèrent tout d'abord au concept de *situation incomplète,* qui doit soutenir tout le poids de la théorie du jugement. La situation incomplète en tant que contexte d'énonciation du jugement est caractérisée par les traits suivants :

1. la situation est un objet naturel et social complexe qui inclut le sujet qui juge ;
2. le caractère problématique qui la rend incomplète n'est pas subjectif mais objectif. Dans la situation problématique, quelque chose manque objectivement ;
3. l'incomplétude est liée au fait que la situation s'étend dans le temps ;
4. le jugement est un élément de la situation, car il intervient comme un événement dans la durée qui caractérise la situation même ;
5. en tant qu'événement, le jugement propose un parcours d'action dont le but est de compléter la situation à travers la résolution de son aspect problématique ;
6. par rapport à l'incomplétude de la situation, le jugement joue un rôle décisif pour déterminer la direction des actions nécessaire à la résoudre ;
7. le jugement de pratique se distingue des jugements représentatifs par son caractère actif, car son objet n'est pas la description d'états de choses ou d'événements présents ou passés mais la formulation d'une hypothèse qui a pour objet des actions possibles à accomplir dans le futur.

L'ensemble de ces traits permet à Dewey de formuler une théorie du jugement en accord avec le paradigme de la pensée comme enquête. On remarquera toutefois que, malgré le tournant anti-idéaliste imposé par Dewey à sa propre pensée, la théorie du jugement pratique n'abandonne pas le postulat holiste et sa logique expressive. Le jugement de pratique sera

[110] MW 14 : 14.

ainsi défini comme un acte qui affecte en même temps son objet et le sujet de l'énonciation. Le passage à un paradigme comportementaliste implique toutefois que ce rapport d'auto affection devra être soumis au *principe de l'extériorité nécessaire.* Notamment, si dans les textes précédents l'auto-affection du sujet par l'acte de jugement avait lieu sous la forme de la reconnaissance de soi dans la conscience, maintenant c'est la situation indéterminée qui joue le rôle de facteur productif. Dès lors, le rapport entre l'intérieur et l'extérieur s'inverse. Il en découle que le jugement est « un jugement sur soi-même seulement dans la mesure où il est un jugement sur la situation dans laquelle le soi est inclus »[111]. Dans cette affirmation le 'seulement' témoigne d'un regard qui a définitivement abandonné les postulats idéalistes et qui est projeté dans l'espace d'une extériorité dont la notion de situation constitue l'emblème. Cette phrase témoigne aussi du fait que Dewey a abandonné aussi l'idée d'un rapport immédiat de soi à soi, pour affirmer que toute forme de rapport de soi à soi passe nécessairement par une médiation extérieure. En logique tout comme en psychologie, *le rapport du sujet à lui-même doit être pensé comme médiatisé par le biais de son rapport à une situation.* La notion de pratique devient ainsi fondatrice de toute l'entreprise philosophique deweyenne.

Il faut à ce propos souligner une différence importante entre les perspectives que les deux articles offrent sur la nature du jugement. Dans l'article de 1903 la question centrale concerne le fait que d'un point de vue logique le jugement éthique ne peut porter sur un objet qu'à condition de porter aussi sur le sujet de l'énonciation[112]. Au contraire, dans l'article de 1915, la théorie du jugement se fonde sur la relation inverse, c'est à dire sur l'affirmation que le *jugement porte sur la qualité éthique d'un sujet uniquement à condition de viser une situation dont le sujet est un facteur constitutif.* C'est seulement en ce sens que « 'l'objectivité' des propositions morales »[113] peut être défendue, alors qu'en 1903 cette même 'objectivité' était garantie par la structure logique des jugements moraux. Avec l'abandon progressif de la perspective idéaliste et l'affirmation d'une perspective qui met la conduite au premier plan, Dewey jette les bases pour une conception active de la subjectivité qui ne sera systématiquement développée que quelques années plus tard. Mais une perspective entièrement comportementaliste[114] et par là expérimentale en logique n'est pas encore à

[111] MW 8 : 16.

[112] Ce qui est exprimé par la thèse que le soi est une condition logique aussi bien que pratique du jugement.

[113] MW 8 : 16.

[114] L'emploi du mot 'comportementalisme' doit être précisé, car son usage historique n'est pas univoque. Malgré le fait que l'association de ce terme avec la psychologie du comportement issue de Pavlov, Watson et Skinner soit aujourd'hui devenue habituelle, le comportementalisme trouve une source complètement différente dans le *social behaviourism*

la portée de Dewey, encore aux prises avec une logique de l'autoréflexion qui par la suite disparaîtra tout à fait. Malgré la rupture assez radicale qui sépare les deux articles, les positions deweyennes gardent une certaine continuité en ce qui concerne la dimension éthique des jugements pratiques. Cette continuité se manifeste avant tout dans le rapport entre le jugement pratique et la situation incomplète, car l'incomplétude correspond à l'incertitude entre une pluralité de parcours d'action incompatibles. Dewey voit encore cette incertitude comme intrinsèquement liée à la structure du soi. Par conséquent, c'est encore à la réflexion que Dewey assigne la fonction de « processus de recherche de ce que nous voulons, comme on dit, de ce que nous voulons *vraiment* – et ceci signifie la formation d'un nouveau désir, d'une nouvelle direction d'action »[115]. Dans le processus de délibération il y a alors véritable connaissance de soi et construction de soi, car *on ne sait ni ce que l'on veut ni qui l'on est avant d'avoir évalué tous les cours d'action possibles.* Ces cours expriment en effet des manières différentes d'être des agents humains. Si la question du rapport entre le sujet et le jugement reste centrale, une transformation est toutefois introduite pour ce qui concerne le rôle de l'action. Le jugement ne rentre plus dans la constitution du sujet en raison de l'identité entre ce que le sujet pense et ce qu'il est, mais à cause du fait que de ces jugements dépendent les actions que le sujet entreprendra, et qui conduiront à une constitution différente de soi. Même si cette possibilité n'est qu'à peine esquissée dans le texte deweyen, elle reste théoriquement ouverte comme solution de transition vers les positions de sa philosophie future.

---

que G.H. Mead développait à la même époque et dont on trouve une présentation assez exhaustive dans l'introduction à son livre le plus connu, *Mind, Self, Society*. En ce sens, la psychologie sociale que Dewey se propose de fonder, notamment dans *Human Nature and Conduct*, appartient à ce courant du comportementalisme social, dont la distance avec le comportementalisme de Watson témoigne de présupposés philosophiques qui ne pourraient être plus éloignés. Notamment, le comportementalisme social deweyen renverse les postulats qui sont à la base du projet comportementaliste classique, en ce qui concerne le rôle causal que ce dernier attribue aux facteurs individuels (instincts, stimulus, motivation). Le comportementalisme social refuse ce rôle causal et affirme que le comportement d'un organisme n'est pas un événement isolé, mais une forme complexe d'interaction parmi des habitudes, souvent en conflit, et entre ces dernières et le milieu dans lequel l'organisme vit et dont le rôle est essentiel pour sa constitution. Dans ce travail le terme de comportementalisme et les termes associés doivent donc être compris au sens du *social behaviourism* ici évoqué. Dans le cas de la logique, l'appel au comportementalisme affirme la primauté logique de la conduite comme objet d'analyse. Il cherche en ce sens à dégager les implications logiques de l'idée que la pensée est avant tout une forme d'action, un mode du comportement que Dewey appellera plus tard la 'conduite intelligente', c'est-à-dire réglée par le jugement. Sur le rapport entre la psychologie sociale deweyenne et les écoles de psychologie du comportement aux Etats Unis et ailleurs dans la même période, cf. Zask, 1999a, *passim*, et Zask, 1999b, ch. 2 de la première partie.

[115] MW 8 : 35.

Une deuxième raison, qui explique la continuité entre les idées que Dewey présente dans ces deux articles, dépend directement de sa théorie de la pensée comme activité. Cette dernière implique notamment que *la pensée atteint sa condition d'activité seulement lorsqu'elle instaure ses propres conditions de fonctionnement*. Cette condition, imposée à la pensée par son statut d'activité, donne lieu au « paradoxe apparent d'un jugement dont l'objet propre est sa formation déterminée »[116]. Toute en gardant pour le jugement la structure d'*acte double réfléchissant*, Dewey opère ici une déviation apparemment marginale mais en réalité décisive. Ce qui explique maintenant que le jugement ait cette structure double est qu'il porte en même temps sur *ce* qu'il faut juger et sur *comment* il faut juger. A la figure précédente d'une subjectivité transcendante, Dewey substitue ici la notion fondamentale de *critère logique*. La logique du jugement pratique est celle d'*un acte qui porte sur un objet à condition de déterminer en même temps les critères de son propre fonctionnement*. Le jugement pratique présente par conséquent une structure autoréflexive, ce qui ne doit pas nous étonner, dans la mesure où pour Dewey l'autoréflexivité constitue le trait essentiel d'une pensée active immanente. Mais en 1915 Dewey est en mesure de formuler la relation autoréflexive à travers la référence aux *critères logiques qui définissent les conditions de validité de la pensée*, et non plus aux critères psychologiques de constitution du sujet. On passe donc de la question éthique de la réalisation de soi à la question logique de la nature du jugement de pratique.

[116] MW 8 : 36.

## 3.4 Statut du critère et jugement pratique

> *« Since inquiries and methods are better and worse, logic involves a standard for criticizing and evaluating them. How, it will be asked, can inquiry which has to be evaluated by reference to a standard be itself the source of the standard ? How can inquiry originate logical forms (as it has been stated that it does) and yet be subject to the requirements of these forms ? The question is one that must be met »*
>
> LW 12 : 13

Nous sommes ainsi conduits avec ces considérations à aborder la question de la nature du critère en logique. Dewey entreprend à ce propos une critique radicale de la conception traditionnelle du critère comme standard externe à la pensée. Dewey considère cette tâche critique comme fondamentale, car « ce qui retient la connaissance morale est avant tout la conception qu'il y a des standards du bien qui sont donnés à la connaissance de manière indépendante par rapport au travail de réflexion dans la construction des méthodes d'action »[117]. La conception du standard comme critère extérieur à la pensée, que Dewey se propose de réfuter, présuppose que l'acte de jugement est un acte d'application, une procédure dont le paradigme serait le syllogisme pratique : une proposition générale (prémisse majeure) qui définit la nature du bien à réaliser, une proposition particulière (prémisse mineure) qui décrit une situation rentre dans les conditions établies par la prémisse majeure, et enfin une conclusion qui spécifie l'action à accomplir pour réaliser le bien estimé dans la situation visée[118]. Cette

[117] MW 8 : 44. La critique de la conception transcendante des critères est aussi au fondement du projet deweyen de théorie de la pensée comme logique expérimentale. Ce thème constitue un 'leitmotiv' dans la pensée deweyenne. Notamment, il ouvre sa *Logic* de 1938 et lui donne sa signification profonde.

[118] Von Wright, 1971 et Anscombe, 1959 définissent le syllogisme pratique à partir d'une structure logique différente. Dans la présentation proposée par Von Wright 1971, ch. 3) le rôle de prémisse majeure est occupé par une intention (A a l'intention de provoquer p), la prémisse mineure est une croyance concernant les conditions de réalisation de cette intention (A croit que l'action a provoquera p) et la conclusion est une disposition à accomplir l'action apte à réaliser l'intention visée (A se dispose à accomplir l'action a). Dewey propose une reconstruction du syllogisme pratique légèrement différente, car elle ne sert pas à la construction d'une théorie de l'action mais à la construction d'une théorie du jugement. La structure de l'argumentation est toutefois la même, car chez Von Wright aussi le syllogisme se fonde sur l'utilisation d'une règle générale (ici la croyance concernant les conditions de réalisation d'une intention) pour la résolution d'une situation singulière (l'intention que le sujet veut satisfaire) par le biais d'une action à accomplir. Von Wright remarque en outre que

reconstruction de la logique du jugement est d'après Dewey erronée dans la mesure où elle expulse du jugement précisément ce qui en fait un acte d'intelligence, c'est à dire *le mouvement réflexif de sa propre autodétermination.* Il en résulte l'idée d'une corrélation réciproque entre l'activité de la pensée et la réflexivité : *la pensée peut d'après Dewey atteindre son état d'activité à condition de se constituer comme un processus autoréflexif.* Cela est possible si le critère du jugement est considéré comme un élément qui est déterminé par l'acte même de jugement. D'après Dewey, cette condition ne constitue pas une dimension exceptionnelle de la pensée mais sa modalité de fonctionnement habituelle. Par conséquent, en l'absence de ces conditions il n'y a pas une pensée de valeur inférieure (une pensée passive, ou non réflexive) mais une activité pulsionnelle immédiate ou une conduite complètement mécanisée. Il est sans doute vrai que pour Dewey la pensée est un événement rare. Mais dès qu'elle se produit, elle présente cette structure réflexive mise en relief par le concept du jugement comme acte double réfléchissant. Son fonctionnement présuppose donc impérativement la détermination de ses critères d'évaluation. Encore une fois, la justification de ce principe logique doit être cherchée du côté de la théorie de l'expérience, car c'est par rapport à cette dernière que le principe d'immanence est appelé à régler la théorie logique. Ce principe régit tout aussi bien la théorie du jugement que la théorie de l'évaluation. Plus généralement, la critique de la transcendance s'applique à la fois à la conception deweyenne de la logique, des valeurs éthiques et de l'art. Dewey ne fait donc aucune place à une norme extrinsèque, qu'elle soit norme du vrai, du bien, ou du beau. Tout jugement étant jugement de pratique, sa norme ne peut être qu'immanente, car « l'enquête peut développer dans le cours de son déploiement les critères logiques et les formes auxquelles la recherche *ultérieure* sera soumise »[119]. En raison de son importance et de sa valeur exemplaire, nous allons donc examiner la théorie deweyenne du critère par rapport aux jugements de valeurs. Pour ce faire, il faudra préalablement clarifier le rapport entre jugement de valeur et jugement de pratique.

Dans l'article de 1915, Dewey affirme ne pas vouloir aborder la question de l'appartenance des jugements moraux aux jugements pratiques, ce qui par ailleurs impliquerait déjà d'affirmer que la seule relation possible serait une

---

la conclusion peut également être constituée par une disposition à agir, une décision d'agir, le commencement de l'action ou l'action, même sans que cela ne change rien à la structure logique de l'argument. Toutefois, ce qui paraît fondamental dans l'argument de Dewey n'est pas la nature du rapport entre l'intention, la cognition et le comportement, mais le rapport entre deux actes cognitifs de nature différente et le comportement qui en résulte. La référence à l'intention en tant qu'état subjectif de l'agent est remplacée par une cognition concernant les conditions caractéristiques de la situation dans laquelle il agit.

[119] LW 12 : 13.

relation d'inclusion. La nature exacte des rapports entre ces deux catégories du jugement peut être déduite aussi à partir de considérations d'ordre différent. D'abord, quelques lignes plus loin, Dewey propose de diviser le domaine d'application des jugements pratiques en morale, technologie et recherche scientifique[120]. Une deuxième raison vient du fait que les jugements de valeur appartiennent à la catégorie des jugements pratiques. Une troisième raison dépend du fait que la détermination du jugement pratique montre que ce qui est toujours en question dans ce genre de jugements est le rapport de l'agent à son contexte d'action par le biais de ses actes de jugement. Pour conclure, la nature logique des jugements pratiques est définie à partir de la même structure utilisée pour les jugements de valeur, c'est-à-dire celle d'un jugement qui porte en même temps sur le contenu et sur l'acte[121]. L'aspect évaluatif des jugements pratiques se manifeste de deux façons, toutes deux liées à leur commune structure logique :

1. il s'agit de jugements dont l'objet est l'évaluation d'une situation ;
2. le jugement pratique participe activement à la détermination de la situation. Il est donc responsable de son évolution vers une direction plutôt que vers une autre.

### *3.4.1 Le jugement de valeur comme jugement de pratique*

L'ébauche de théorie de l'évaluation proposée par Dewey dans « The Logic of Judgments of Practice » n'a pas cessé de produire des réactions polémiques de la part de ses contemporains. Pendant au moins deux décennies, Dewey s'est efforcé de répondre à ces critiques afin de défendre sa conception du jugement comme acte pratique, car elle jouait un rôle important dans son entreprise de reconstruction de la philosophie et de création d'une science sociale expérimentale[122]. La théorie deweyenne de l'évaluation ne fait qu'articuler les traits fondamentaux de sa théorie du jugement. Elle affirme notamment la primauté logique de l'acte d'évaluation par rapport à la valeur en tant qu'idée qui en constitue le contenu (créativité de la pensée). Que ce soit dans « The Logic of Judgments of Practice », ou dans les articles plus tardifs jusqu'à la *Theory of Valuation*, la présentation qu'offre Dewey de la structure des jugements de valeur se construit à partir de deux principes :

---

[120] MW 8 : 29.

[121] Cf. notamment MW 8 : 36.

[122] Cf. à ce propos les deux derniers chapitres de *Theory of Valuation*, LW 13 : 189-250.

1. la conception du jugement comme acte pratique ;
2. la distinction entre la *valeur comme appréciation* et la valeur *comme acte d'évaluation*[123].

La nature pratique des jugements de valeur dérive du fait que ces derniers ont la même fonction que les jugements de pratique. Dans les deux cas il s'agit de jugements qui ne visent pas la détermination de la valeur d'objets donnés mais qui se proposent de déterminer « le cours d'action exigé pour conduire une situation incomplète à sa réalisation »[124]. Le deuxième principe concerne directement le statut logique de la catégorie de valeur. La distinction entre l'appréciation comme jouissance de quelque chose doté de valeur et l'évaluation comme attribution de valeur a quelque chose d'existant renvoie à la nature d'acte, créatif et transformatif, propre au jugement. Les passages exigés par cet argument sont les suivants. D'abord, la distinction entre l'expérience vécue de la valeur et l'acte cognitif de son affirmation. Ensuite, l'idée que seulement l'acte cognitif d'affirmation constitue un acte de jugement. Enfin, la définition du statut logique des valeurs est opérée à partir de cette distinction. Le premier passage est déjà accompli dans « The Logic of Judgments of Practice », où Dewey distingue l'acte de la reconnaissance et de la confirmation de la valeur de quelque chose de l'acte d'établir ou affirmer cette même valeur. Rentrent dans le premier cas tous les comportements qui expriment des appréciations déterminées ainsi que les affirmations qui se limitent à reconnaître qu'un sujet apprécie une certaine chose. Dans ce texte, Dewey s'efforce de démontrer qu'une telle expérience n'est pas de nature cognitive, car elle se limite à la reconnaissance du *fait* qu'une chose nous a plu : « *trouver* qu'une chose est bonne en dehors du jugement réflexif, signifie tout simplement traiter la chose d'une certaine manière. [...] C'est une façon de se conduire envers elle, un mode de réaction organique »[125]. Dans ce genre d'expérience la pensée n'entre pas en jeu. Ces expériences non cognitives d'appréciation sont exprimées sur le plan linguistique par des propositions constatives, qui se limitent à exprimer linguistiquement qu'un sujet a apprécié quelque chose. Dans ces propositions, une chose est reconnue comme bonne ou mauvaise : il y a donc réflexion uniquement dans le sens de représentation ou reconnaissance d'un état de chose. Cette forme de reconnaissance ne constitue pas, d'après

---

[123] Il s'agit d'un acquis philosophique fondamental car, « the *experience* of a good and the *judgment* that something is a value of a certain kind and amount have been almost inextricably confused », MW 8 : 23. On peut dire que toute la réflexion deweyenne sur le statut logique des jugements de valeur est consacrée à éclairer cet aspect. Notamment, « either appreciation means just an intensified experience, or it means a kind of criticism, and then it falls within the sphere of ordinary judgment », MW 8: 25.

[124] MW 8 : 31.

[125] MW 8 : 26.

Dewey, un jugement de pratique[126]. La question du statut de l'appréciation pose deux genres de problèmes distincts. D'une part, il s'agit de démarquer le cognitif du non cognitif, de distinguer la valeur comme appréciation expérimentée[127] de la valeur comme appréhension cognitive de la signification de cette expérience. De l'autre, il s'agit d'éclairer la structure logique du jugement de valeur par rapport à la catégorie plus générale des propositions qui ont pour objet des valeurs mais qui ne constituent pas des jugements d'évaluation au sens propre[128]. Il s'agit de la distinction fondamentale entre ce qui constitue une donnée du jugement et ce qui en constitue *l'objet*[129]. Le problème épistémologique de la distinction entre l'expérience et le jugement se transforme ainsi en problème logique de la constitution de l'acte de jugement. Le jugement de valeur en tant que jugement pratique présuppose le point de vue pragmatiste selon lequel la signification de chaque terme exprimant une valeur dépend des conséquences produites par l'objet jugé en regard de certains usages. « Déterminer une chose trouvée bonne (c'est à dire traitée d'une certaine manière) comme *étant* bonne signifie précisément cesser de la regarder comme une chose directe, indépendante, pour la considérer dans ses conséquences – c'est-à-dire dans ses relations avec un ensemble plus large d'autres choses »[130]. Comme pour toute catégorie de jugement, c'est la référence aux conséquences qui en fait un cas de jugement de pratique, c'est-à-dire de jugement concernant un cours d'action et non pas les propriétés intrinsèques de quelque chose. Etre bon, tout comme être juste ou sain, signifie être un objet approprié pour atteindre un certain but interne à notre expérience. Le prédicat de valeur est toujours relationnel, jamais substantiel, car dans le jugement il tient la place d'instrument, d'outil conceptuel employé en vue d'une fin. Le deuxième trait qui définit les propriétés logiques des valeurs est leur *incomplétude*[131]. La dimension d'acte propre à

---

126 Car, à vrai dire, nous ne sommes même pas face à un jugement. La distinction entre jugement au sens propre et proposition sera abordée dans le prochain chapitre.

127 « To prize names a practical, non-intellectual attitude », MW 8 : 27.

128 Comme Dewey aime à le remarquer, une proposition portant sur les valeurs n'est pas nécessairement une proposition évaluative (« a valuation-proposition »), tout comme une proposition portant sur les patates n'est pas une 'proposition-patate' (« a potato-proposition ») : « they are valuation-propositions only in the sense in which propositions about potatoes are potato-propositions. They are propositions about matters-of-fact. The fact that these occurrences happen to be valuations does not make the propositions valuation-propositions in any distinctive sense », LW 13 : 208.

129 En tant que qualités constitutives des objets, les propriétés « are not affected by the judgment. They exist ; they are given. But as given they are *not* determinate values. They are not *object* of valuation ; they are *data for* a valuation », MW 8 : 32.

130 MW 8 : 28.

131 « Judgement of value is never complete in itself, but always in behalf of determining what is to be done », MW 8 : 30-31.

tout jugement implique que le jugement de valeur ne se limite pas à une simple constatation d'un trait qualitatif existant dans la réalité mais il participe activement à sa détermination. La conception active de la pensée implique que le rapport du prédicat à son sujet est indéterminé, et que par conséquent une délibération est nécessaire pour sa détermination, qui ne peut avoir lieu que par rapport à une situation de référence[132]. Le jugement de valeur est en ce sens un *acte qui affirme la valeur de quelque chose.* En ce sens, « une valeur jugée n'est pas une qualité existentielle remarquée, mais l'influence que le jugement attache à une qualité existentielle dans la détermination du jugement même »[133]. L'incomplétude dépend du fait que le jugement porte, nous le verrons mieux dans le prochain chapitre, sur une situation singulière indéterminée.

### *3.4.2 La détermination du critère comme moment interne à l'acte de jugement*

L'incomplétude de la valeur en tant qu'élément du jugement est intrinsèquement liée à l'incomplétude de la situation en tant qu'objet du jugement. En tant qu'acte, le jugement intervient pour combler cette double insuffisance, à travers la double détermination du but à poursuivre (valeur) *et* de la situation problématique ; dans le même acte le jugement affirme une valeur (c'est-à-dire la qualité d'une fin) et détermine les actions à accomplir afin de résoudre la situation problématique (atteindre la fin établie)[134]. De la même manière, l'attribution d'une valeur à quelque chose (entité, événement, état de chose) signifie en même temps l'évaluation des conséquences possibles et de leur qualité. La détermination de la signification d'une valeur en termes de conséquences qui dériveraient de son application, implique que sa détermination ne peut se faire que par rapport à

---

132 « Independently of the situation requiring practical judgment, clothes already have a given price, durability, pattern, etc. These traits are not affected by the judgment. They exist; they are given. But as given they are *not* determinate values. They are not *object of* valuation; they are *data for* a valuation », MW 8 : 32. La transformation d'une donnée du jugement en objet du jugement requiert que ses traits soient pesés par rapport aux exigences de la situation en question. Cette évaluation se fait à partir de la considération des conséquences de la donnée en question. Sans cela, la détermination demeure abstraite, et d'après Dewey, incomplète.

133 MW 8 : 32.

134 Comme dans le cas du malade déjà évoqué, la détermination à effectuer est double. Avant tout, elle concerne la valeur d'une action par rapport à ses conséquences. Mais elle concerne aussi la valeur de la valeur appelée à juger la situation. Dans le cas en question, que la santé soit généralementun bien n'est pas une donnée indiscutable mais la conséquence d'un acte de jugement qui l'affirme au détriment d'autres valeurs en compétition autour du même sujet.

la détermination d'une situation de référence encore indéterminée, dans laquelle ces conséquences vont se produire. On voit ici les implications du concept de jugement comme *acte double*, appliqué à la théorie de l'évaluation : en tant qu'acte indissociablement logique et pratique, le jugement de valeur porte à la fois sur la détermination de la valeur (le critère d'évaluation) et sur la situation à juger. C'est par un seul et même acte que j'affirme une valeur et que j'indique un cours d'action à accomplir[135]. Mais cette nature double, il faut le répéter, ne dépend pas d'une superposition extérieure d'activités indépendantes ; elle dépend du fait que Dewey définit la signification en termes de conséquences, et que les conséquences sont toujours pratiques, c'est à dire associées à des situations singulières : « une valeur déterminée est instituée comme un facteur décisif par rapport à ce qui doit être fait »[136]. Cette institution de la valeur est précisément l'acte qui la complète. La nature active et transformative de l'acte de jugement implique que « juger d'une valeur signifie s'engager dans l'institution d'une valeur déterminée là où aucune valeur n'est donnée »[137]. Cette institution a lieu à travers un acte de jugement dans lequel les expressions de valeur jouent le rôle d'éléments intermédiaires et instrumentaux. Nous avons vu que, du point de vue fonctionnaliste choisi par Dewey, chaque donnée – faits, valeurs ou idées – est en tant que telle inerte, étant dépourvue de signification propre ou intrinsèque, car la signification lui est conférée par l'acte de jugement dans lequel elle est utilisée. Si l'on voulait exploiter la signification mathématique du concept de fonction, on pourrait dire que chaque donnée joue le rôle d'un argument, tandis que le jugement est la fonction qui en règle la signification et l'emploi[138]. La distinction entre la valeur en tant qu'expérience vécue d'une appréciation et la valeur en tant qu'affirmation que quelque chose *a* de la valeur se justifie à partir de cette thèse. Ce qui différencie les deux cas est précisément la place d'argument qu'ils occupent à l'intérieur du jugement-fonction. Dans le premier cas, la valeur joue le rôle de donnée de départ, tandis que dans le deuxième elle joue le rôle de résultat d'un jugement ou conclusion. Pour cette raison, « en

[135] Dans le prochain chapitre nous montrerons que cette structure double s'applique aussi à la distinction entre les moyens et les fins, car « the practical judgment determines means and end an the same time », MW 8 : 35.
[136] MW 8 : 36.
[137] *Ibid.* Le fait que aucune valeur ne soit donnée signifie que les valeurs en question n'ont pas encore été pesées par rapport à la situation actuelle, car la signification de leur conséquences n'a pas encore été déterminée. Elle a le statut, dirait Dewey, de donnée mais pas encore celui d'objet. Comme Dewey remarque encore, « value judged is not existential quality noted, but is the influence attached by judgment to a given existential quality in determining judgment », MW 8 : 32.
[138] Ici nous ne faisons que proposer une variation sur le thème de la théorie deweyenne de la connaissance-signe.

tant que données elles [les valeurs] *ne* sont *pas* des valeurs déterminées. Elles ne sont pas des *objet de* l'évaluation ; elles sont des *données pour* l'évaluation »[139]. Si les données de départ étaient déjà des valeurs, si elles avaient donc un contenu cognitif déterminé, elles agiraient comme des stimuli car il n'y aurait plus aucun rôle à accomplir pour l'intelligence. « Si le standard est déjà donné, ce qui reste à faire n'est que son application mécanique au premier cas qui se présente »[140]. Au contraire, la pensée garde son caractère actif uniquement si « le standard d'évaluation est formé dans le processus de jugement pratique ou d'évaluation »[141].

Les valeurs n'entrent donc pas dans le jugement en tant que critères *ready-made* mais en tant qu'entités partiellement indéterminées qui demandent un acte de l'intelligence dont le rôle est celui d'en évaluer la prétention face à d'autres valeurs et par rapport au cours d'action que chaque valeur prescrit. Il y a valeur seulement *une fois que cette prétention plurielle a fait l'objet d'un acte de délibération* visant à résoudre ce conflit entre valeurs en compétition, à travers la détermination hypothétique de leurs conséquences possibles. La détermination du standard correspond à cet acte de sélection-détermination-interprétation qui met en rapport le concept avec la situation. On peut prolonger cette métaphore mathématique en observant que l'objet d'un jugement pratique ainsi que le résultat d'une fonction sont des entités singulières. *On résout un problème mathématique comme on résout une situation problématique : par la détermination d'une valeur.* Ce parallèle éclaircit l'idée que la pensée comme activité. La pensée consiste dans l'acte de choisir des données en vue d'un résultat dont la valeur est limitée à des conditions spécifiques (la situation spatio-temporelle en question)[142]. Pour cette raison, les valeurs, comme d'ailleurs toute autre entité conceptuelle, ne rentrent dans le jugement qu'en vertu de leur rapport à son objet singulier. On se trouve ici face au corollaire du primat de l'usage sur la possession dans la définition de la nature des concepts. Prenons l'exemple proposé par Dewey pour éclairer ce point. Considérons le cas d'un malade qui doit décider quelle conduite adopter par rapport à son état de maladie. Supposons que la santé est une fin désirable. A partir de là, la théorie traditionnelle du jugement construirait un argument pratique du type suivant :

(1) la santé est un bien pour moi ici et maintenant ;
(2) je ne suis pas dans l'état de santé ;
(3) il faut donc aller voir un médecin.

---

[139] MW 8 : 32.
[140] MW 8 : 39.
[141] *Ibid.*
[142] Cette dimension du choix est précisément l'élément que, dans *Logic*, Dewey place au cœur de sa théorie de l'enquête. Son analyse sera reprise dans le prochain chapitre.

Cette formalisation serait d'après Dewey confuse, car elle repose sur une analyse incomplète du concept de valeur. Dewey remarque que dans cette situation le concept de santé présente deux significations distinctes et que cette équivocité est au fondement des erreurs de la théorie logique courante.

D'abord, la proposition générale « la santé est un bien » exprime le fait que dans l'expérience passée j'ai toujours jugé la santé comme une valeur importante. Elle peut également signifier que j'affirme ce que je considère être l'expression d'une idée commune. Dans une proposition considérée à ce niveau de généralité, le sujet de l'énonciation reste indéterminé. Au contraire, lorsque je formule un jugement par rapport à une situation déterminée, la même proposition devient une évaluation dont la validité dépend du degré de proximité de la situation actuelle par rapport à celles qui l'ont précédée et auxquelles elle est actuellement comparée. Cette proposition ne doit pas être considérée comme si elle formulait un jugement sur un état de choses, mais comme *introduisant une donnée qui deviendra un élément décisif pour la formulation du jugement final.*

En revanche, la proposition singulière « la santé est un bien pour moi ici et maintenant » a un statut logique de toute autre nature : elle est le résultat final d'un acte d'évaluation de ma situation actuelle, situation que j'évalue par rapport à mon état présent, aux possibles qui s'offrent à moi et surtout par rapport à l'évolution temporelle de la situation. C'est dans le cadre de ce deuxième cas de figure que Dewey attribue au jugement la structure double que nous venons de voir. Cette attribution est en effet indissociable du caractère d'acte propre au jugement et des conditions internes et externes de son accomplissement. A ce propos, il faut considérer qu'au sens propre nous ne sommes face à un jugement que dans le deuxième cas et que par conséquent la logique doit assumer comme donnée de départ cette structure double du jugement qui fait que la valeur est à la fois le critère pour formuler le jugement et l'objet d'un processus d'évaluation. Dans le jugement singulier[143], la santé est posée comme étant plus importante que d'autres fins possibles potentiellement en compétition avec elle : épargner de l'argent, accepter la volonté de Dieu, se laisser mourir, mépriser sa propre condition matérielle, etc. Dewey ne cesse de souligner que la proposition singulière « la santé est un bien pour moi ici et maintenant », n'est pas la formulation d'une vérité d'ordre général, mais plutôt l'affirmation de la valeur de la santé contre d'autres valeurs en compétition, dont le choix aurait pu orienter notre action de façon totalement différente. Ce qui fait du jugement l'acte suprême de l'intelligence n'est pas la puissance formelle de l'inférence qui consiste à tirer les conséquences ou déterminer les moyens pour atteindre un but donné – et que le syllogisme rend visible. La primauté de l'intelligence sur la raison

[143] Le seul type de jugement que Dewey reconnaît.

s'exprime chez Dewey dans le processus de délibération qui nous conduit à choisir entre les fins et les valeurs en compétition, pour affirmer celle que nous jugeons être la plus appropriée à la situation en question, et en même temps à déterminer quelles conséquences découleront de ce choix. Dans l'exemple en question, le syllogisme indiqué plus haut ne parvient à rendre compte que de la partie finale de ce qui, d'après Dewey, constitue l'acte du jugement dans sa totalité. Son pouvoir de mise en forme n'intervient donc que dans un deuxième temps, une fois que l'activité de jugement réelle a déjà été accomplie.

La logique formelle comme logique des relations générales entre propositions se construit sur la fiction qui consiste à supposer comme déjà accompli ce qui en réalité constitue le contenu propre de l'acte de penser. Dans la perspective de la pensée active ouverte par Dewey, une proposition comme « la santé est un bien » ne constitue pas la prémisse majeure d'un raisonnement ; sa signification n'est pas de donner connaissance des données qui composent la situation. Elle est plutôt un acte qui introduit un nouvel élément dans la situation, avec l'intention de la conduire vers une solution : puisque la santé est un bien pour moi – puisque je lui attribue une valeur supérieure à celle d'autres fins en compétition – il faut que j'aille chez le médecin. Comme le remarque encore Dewey, dans la délibération sur le fait d'aller chez le médecin, « ce n'est pas le docteur qui est jugé bon, mais le fait de *voir* le docteur »[144]. Et Dewey a raison de remarquer que l'action de voir le médecin, à la différence du médecin, n'existe que comme conséquence d'un acte de jugement.

### *3.4.3 De la passivité à l'activité : critique du paradigme applicatif dans le jugement*

Ainsi définie, la conception deweyenne des jugements de valeur s'oppose à nombre de théories philosophiques qu'on peut regrouper en trois cas de figure. Le premier cas est celui des théories qui conçoivent l'action comme étant déductivement dérivé d'une proposition affirmant une valeur déterminée. Dans ce cas, observe Dewey, il ne s'agit pas d'un jugement au sens propre, car aucune délibération n'a lieu. Tout simplement, on formule une décision concernant les meilleurs moyens qu'il faut mettre en place pour atteindre un but déterminé. Il est évident que le fait de ne pas reconnaître à ce processus le statut de jugement découle du fait d'avoir défini le jugement dans les termes du processus de délibération face à une situation singulière

[144] MW 8 : 35.

indéterminée. Lorsqu'il n'y a pas de situation incomplète ou indéterminée, il n'y a pas lieu d'émettre des jugements, car il n'y a pas de délibération à prendre[145]. Là où la seule déduction logique suffit à produire le jugement, nous avons affaire uniquement à « une question d'application de valeurs qui existent toutes faites »[146] et qui dès lors ne constitue pas un cas de jugement au sens propre. Comme le remarque Dewey à plusieurs reprises, « lorsque commence la possession, le jugement est déjà terminé »[147]. On pourrait dire aussi, en employant une terminologie différente, que dans ce cas nous avons affaire à un *jugement technique* et non pas à un jugement pratique. Le jugement technique relève en ce sens de tout acte de penser ayant pour objet le choix du meilleur moyen pour atteindre une fin déjà déterminée. D'après Dewey, le jugement technique ne constitue pas une forme de délibération, car dans la délibération il y a toujours détermination *réciproque* des moyens et des fins[148]. Cette considération est d'une importance capitale, car elle montre à quel point la doctrine deweyenne est éloignée de la plupart des théories contemporaines de la raison pratique, dans lesquelles la conception du jugement est conçue à partir du paradigme de la rationalité instrumentale. Le deuxième cas de figure recouvre les théories qui définissent le jugement de valeur comme l'acte de comparer une situation à un modèle de référence donné. Le paradigme n'est plus celui du syllogisme pratique mais celui de l'idée platonicienne. Le jugement de valeur consisterait, d'après cette classe de théories, dans l'application d'une idée-modèle à une situation empirique pour mesurer son degré de correspondance. Cette conception, tout comme la première, occulte l'acte de penser : ce dernier ne correspond pas à l'acte de l'application du modèle mais à la déliberation qui permet de choisir le modèle d'après lequel l'action doit avoir lieu. Cette critique vise encore une fois l'idée d'application : dans la mesure où le sens est placé dans l'idée, lui attribuant une force propre, l'acte de penser se trouve dépourvu de toute valeur et de toute signification : il n'est plus qu'une application passive. Le troisième et dernier cas est celui des théories qui conçoivent la délibération comme étant l'acte purement intellectuel de détermination du critère, et qui produisent ainsi un clivage entre la délibération comme acte mental et l'action comme acte d'application du critère établi par l'intelligence et ayant une valeur générale.

---

145 Cette conclusion découle directement du fait d'avoir conçu le jugement comme un acte double, car le jugement ne peut être dit porter sur ses propres critères que lorsqu'il est considéré comme portant en même temps sur la fin visée (la résolution de la situation problématique) et sur les moyens pour l'atteindre. Pour cette raison, les inférence concernant la détermination du meilleur moyen pour atteindre une fin donnée ne constituent pas un cas de jugement au sens deweyen.

146 MW 8 : 37.

147 MW 8 : 38.

148 « The practical judgment determines means and ends at the same time », MW 8 : 35 .

Malgré leurs différences apparentes, ces trois cas partagent un même paradigme explicatif, qui conçoit *la valeur comme une entité transcendante qu'il s'agirait d'appliquer à la réalité afin d'obtenir la bonne action.* D'où cette conception de l'acte de penser que Dewey considère mécanique et applicative, car elle rend compte seulement de la dimension opératoire et procédurale de la pensée. L'activité de penser est ainsi réduite à sa dimension passive, capable au plus d'expliquer des actes de pensée qui au sens deweyen ne devraient même pas être appelés des jugements. D'après Dewey en effet, il y a acte de jugement au sens propre seulement lorsque la pensée atteint son état d'activité, c'est-à-dire lorsqu'elle devient créative et transformative. Pour que cela soit possible, le jugement doit être défini par rapport à sa structure d'acte double, qui détermine à la fois son objet (la situation) et le critère d'évaluation. Ces conditions ne trouvent une explication satisfaisante que dans le cadre d'une théorie capable de reconnaître et de valoriser la logique réflexive du jugement. La critique deweyenne des théories transcendantes de la valeur met donc en lumière la corrélation existante entre la créativité et l'immanence, car la seule manière de produire le nouveau est, d'après Dewey, de le concevoir comme une situation indéterminée et ouverte, dont l'acte de jugement est l'un des facteurs. Il en découle que le seul genre de critère qu'une théorie pragmatiste de la rationalité pratique peut accepter est de type procédural : « le critère est une règle pour mener l'enquête à son achèvement »[149]. Comme l'affirme Dewey dans un langage plutôt nietzschéen, « *tout jugement, dans la mesure où il est intelligemment critique, est une trans-évaluation de valeurs précédentes* »[150]. Cette affirmation implique nécessairement que le critère doit être immanent à l'acte de jugement. De sorte que le jugement apparaît comme étant cet acte paradoxal qui porte en même temps sur soi-même et sur son objet, et qui implique que « le standard d'évaluation est formé dans le processus du jugement pratique ou de l'évaluation »[151], car « si le standard est déjà donné, tout ce qui reste est son application mécanique au cas sous la main ». Et cette application, Dewey le souligne avec force, ne constitue nullement un acte de penser.

Pour conclure, les analyses deweyennes du jugement affirment constamment l'idée que l'activité de penser ne peut avoir lieu que dans l'espace intermédiaire entre l'automatisme mécanique de la règle nécessaire et le hasard complet d'une conduite irrationnelle. D'où la critique constante de l'idée selon laquelle la force de la règle pourrait, à elle seule, contraindre la pensée à saisir le vrai. Au contraire, d'après Dewey *la pensée ne peut avoir lieu que dans les plis de la logique, là où la règle échue*. Dans la

[149] MW 8 : 42.
[150] « A transvaluation of prior values », MW 8 : 47. C'est nous qui soulignons.
[151] MW 8 : 39.

morale tout comme dans la science ou en esthétique, l'espace abstrait d'un savoir formalisé est un espace que la pensée n'habite plus. La *Begriffschrift,* langue des anges *par excellence*, ne peut ni ne pourra jamais devenir la langue des hommes, car elle abrite en elle le rêve impossible d'un monde sans pensée, car sans indétermination. En d'autres termes, s'il y avait une raison théorique distincte de la raison pratique, elle ne serait qu'une enclave de cette dernière, car aucun système de règles ne pourrait en déterminer les modes d'emploi pour chaque application existentielle. Quels sont les arguments avancés par Dewey afin de défendre sa thèse ? Nous croyons avoir montré que les raisons qui la justifient sont d'ordre logique et non pas moral. Ces raisons dérivent directement de son analyse de la structure du jugement, notamment de sa structure d'acte, et sont valables par conséquent à la fois pour la théorie de l'évaluation et pour la théorie de la connaissance. Pour comprendre l'étendue de cet argument, dans les prochains chapitres nous devrons introduire quelques éléments de la théorie deweyenne des propositions. Nous reprendrons la question du statut du critère dans le chapitre consacré à la théorie de la délibération, car cette dernière constitue le point culminant du jugement, le moment de son affirmation logique et pratique.

# 4. Situation et pensée active

*« Like a chart, indeed, like any physical tool or physiological organ, a proposition must be defined by its function »*

LW 12 : 138-139

## 4.1 Vers une théorie pragmatiste de la rationalité pratique

Dans le dernier chapitre nous avons introduit la catégorie de *jugement de pratique* en tant que structure porteuse de la théorie deweyenne de la pensée comme action. Nous avons aussi montré comment se construisait entre 1900 et 1916 cette conception de la pensée comme activité. Cette logique de l'expérience subit dans les années trente un remaniement assez important, grâce auquel elle deviendra le point de départ d'une plus vaste et plus ambitieuse théorie pragmatiste de la rationalité, dont le noyau conceptuel sera constitué par la théorie deweyenne de l'enquête. C'est donc à celle-ci que nous consacrons maintenant notre attention. Nous pensons avoir fondé sur des bases assez solides l'idée que pour Dewey la pensée est une forme d'activité dont l'objectivité dérive du fait d'être observable. Sur le plan de la théorie logique, cette thèse a des conséquences fondamentales ; elle détermine notamment le passage d'une approche formelle à une conception de la *logique comme science du comportement*, et par conséquent comme science expérimentale[1]. La nature expérimentale de la logique aussi bien que de l'épistémologie dépendent d'après Dewey de ce tournant qui attribuait une primauté explicative aux actes de jugement sur les propositions et aux actions observables sur les pensées immatérielles. Cette nouvelle conception implique que « toutes les formes logiques (avec leur propriétés caractéristiques) naissent dans le travail de l'enquête et concernent le

[1] *Essays in Experimental Logic*, nous le rappelons, était le titre du livre publié par Dewey en 1916 qui recueillait la plupart des écrits de logique et de philosophie de la pensée écrits par Dewey entre 1900 et 1916.

contrôle de l'enquête en vue de la crédibilité des assertions produites »[2]. L'enquête comme activité humaine observable dans laquelle la pensée s'exprime devient ainsi la base non seulement d'une conception expérimentale de la logique mais aussi d'une théorie plus générale de la rationalité dont les bases, nous l'avons vu, se trouvent dans le paradigme anthropobiologique[3]. A l'intérieur de ce projet, la notion de situation a une importance fondamentale. En tant qu'activité, la pensée est conçue comme un processus qui a lieu dans le cadre d'une situation étendue dans le temps et dans l'espace. Par conséquent, l'acte de penser est un acte pratique qui a lieu dans le contexte spatio-temporel d'une situation, où des problèmes émergent et où l'intelligence cherche à les résoudre par le biais des jugements et du contrôle de l'action. Dès lors, *la théorie de la pensée devient théorie de l'enquête,* cette dernière étant définie à partir du paradigme anthropobiologique de la relation entre l'organisme et l'environnement. Le principe de continuité, si important pour l'entreprise deweyenne, est ainsi respecté. Le mouvement universel de la vie, qui s'exprime dans la dialectique créative du rapport organisme – environnement, devient 'enquête' chez l'homme grâce à l'intervention du langage et plus généralement des aspects qui constituent la matrice culturelle de la vie humaine. Cette dernière implique en effet que les aspects biophysiques qui caractérisent toute activité vitale d'interaction avec un environnement prennent chez l'homme cette qualité distinctive : l'homme est le seul animal qui répond aux conditions posées par l'environnement à travers la médiation d'une définition. Animal social réfléchissant, l'homme entre en rapport avec son monde à travers la réflexion, qui introduit un élément de distance et de médiation. Il est le seul qui résout les problèmes grâce à sa capacité de les comprendre comme tels, de manière à ce que l'enquête puisse intervenir comme facteur de leur résolution[4].

Comme dans toute activité vitale, même dans le cas de l'activité de jugement, les « conditions et les énergies environnementales »[5] sont un élément inhérent à l'activité de jugement comme à toute autre activité vitale. Si bien que, d'après Dewey, « tout compte rendu de l'enquête qui suppose que ses facteurs constituants comme le doute, la croyance, les qualités observées et les idées se réfèrent à un organisme isolé (sujet, soi, esprit) détruit toute connexion entre l'enquête comme pensée réflexive et l'enquête comme méthode scientifique »[6]. Pour contrer ce paradigme, qui d'après Dewey n'est que la conséquence redoutable de la phase subjectiviste de la

---

[2] LW 12 : 12.
[3] Cf. LW 12 : 30-47.
[4] LW 12 : 66.
[5] LW 12 : 39.
[6] LW 12 : 39-40.

philosophie (« a local 'subjectivistic' phase of European thought »), nous devons réinstaller la pensée dans un paradigme explicatif fondé sur le modèle anthropobiologique du rapport entre un organisme et son environnement. C'est pour ce faire que la notion de situation est introduite au cœur de la théorie logique car « si ce qui est désigné par des termes comme doute, croyance, idée, conception doit avoir une signification objective quelconque, pour ne rien dire de la possibilité de sa vérification publique, il doit être placé et décrit en tant que comportement dans lequel l'organisme et l'environnement agissent ensemble, ou *inter*-agissent (*inter*-act) »[7]. La théorie de l'enquête se propose d'étendre ce paradigme à l'explication de l'acte de penser et à la mise en place de ses constituants logiques fondamentaux.

## *La pensée entre usage et jouissance*

Pour rendre compte de cette modalité anthropologique fondamentale qui est la pensée en tant que forme d'enquête, Dewey introduit une distinction particulièrement importante entre les concepts d'*usage* et de *jouissance*. Ces deux concepts définissent les modalités « d'après lesquelles les hommes se mettent en rapport direct avec le monde qui les entoure », si bien que « les problèmes de l'usage et de la jouissance épuisent le domaine de l'enquête de sens commun » [8], qui par ailleurs est celui où la matrice anthropobiologique[9] de notre constitution se montre le plus clairement. Dans la distinction entre usage et jouissance, nous retrouvons le mouvement dialectique fondamental du pragmatisme qui va de l'équilibre vers le déséquilibre pour conduire enfin à un nouvel équilibre. Par rapport à ce mouvement, la jouissance correspond au moment *consommatoire* (*consummatory*) de l'intégration, tandis que l'usage correspond au moment *instrumental* de la mise en place de parcours d'action dont le but est celui de parvenir à un nouvel état d'intégration. La distinction entre usage et jouissance deviendra, à partir des années trente, la clef de voûte de toute l'anthropologie deweyenne. Si « les problèmes de l'usage et de la jouissance épuisent le domaine de l'enquête de sens commun », ceci dépend du fait qu'à leur tour *usage et jouissance épuisent le domaine de l'expérience humaine*. Toute forme d'expérience peut donc être définie comme étant d'un type ou de l'autre, instrumental ou de

[7] LW 12 : 40.
[8] LW 12 : 72.
[9] Ce que Dewey appellerait la *matrice existentielle* de la pensée, dont les traits sont en même temps biologiques et culturels.

consommation. Nous reprendrons cette distinction plus loin, en abordant la question du rapport entre expérience cognitive et expérience esthétique.

### *4.1.1 Le modèle de l'enquête*[10]

« L'enquête est la transformation contrôlée ou directe d'une situation indéterminée dans une autre qui est déterminée en ce qui concerne ses distinctions et ses relations constituantes, afin de convertir les éléments de la situation originelle en une totalité unifiée »[11]. Nous retrouvons dans cette définition tous les éléments caractéristiques de la conception deweyenne de la pensée comme activité. Cette conception affirme avant tout la nature active et transformative propre à la pensée en tant qu'activité. La pensée est ici représentée comme une forme d'activité caractérisée par le fait d'être intelligente, c'est-à-dire contrôlée. Ensuite, cette définition détermine explicitement le rapport qui noue la pensée à la situation. La pensée est ici considérée non pas en tant qu'acte d'appréhension d'un contenu propositionnel portant sur un objet, état de choses ou événement, mais en tant qu'acte de mise en place d'un processus contrôlé de transformation. Ce processus est considéré comme étant orienté par le but pratique de *maîtriser la transition* d'une situation indéterminée de départ vers une situation finale ordonnée et stable. Enfin, la pensée opère par *différentiation d'un tout indéterminé* qu'elle *articule en distinctions et relations* fonctionnelles à sa reconstruction. Cette définition présente de manière synthétique tous les traits constitutifs de l'image proprement deweyenne de la pensée, y compris le refus explicite d'un des principes portant d'une partie considérable de la philosophie contemporaine : celui qui affirme que l'activité de la pensée s'exprime foncièrement dans le rapport représentatif à un contenu propositionnel, sa fonction étant liée à la détermination des conditions de vérité d'une proposition. La théorie deweyenne de l'enquête attribue certes un rôle essentiel à la saisie conceptuelle et aux propositions générales. Elle définit toutefois le rapport de la pensée aux propositions à partir d'une conception radicalement différente à la fois de la pensée et des propositions. Assignant à l'acte de jugement un rôle fondamental, Dewey se trouve très tôt confronté à la question du rapport de la pensée avec le contexte de son énonciation. C'est dans ce cadre que la notion de situation émerge au premier plan de la théorie du jugement. On montrera plus en détail que la

[10] Les raisons complexes qui ont conduit au déploiement du modèle de l'enquête comme paradigme de la pensée relèvent du processus de « sécularisation de la connaissance ».
[11] LW 12 : 108.

distinction logique souvent évoquée entre l'usage instrumental des propositions et le jugement au sens propre se justifie par rapport à la nature 'situationnelle' de la pensée.

## 4.2 La situation comme condition d'une conception écologique de la pensée

La notion de situation problématique, a affirmé Dewey, est « *le* contexte dans lequel doit être placé tout ce que je dis concernant la connaissance et par rapport à quoi ce que je dis doit être compris »[12]. Que la notion de situation soit l'un des piliers de la théorie deweyenne de la pensée, c'est un fait qui avait été remarqué déjà par la première génération de critiques, et notamment par Russell, qui y voyait le signe d'une douteuse ascendance hégélienne. D'après Russell, la conception de la pensée comme activité d'enquête ayant lieu dans une situation déterminée compromettait toute possibilité de donner à la pensée sa fonction propre : celle de l'analyse. D'après Russell, Dewey aurait soutenu une notion de situation qui « peut embrasser rien de moins que l'univers tout entier ». L'extension de cette notion aurait, selon Russell, ruiné toute l'entreprise deweyenne, car elle impliquerait que « toute enquête est au sens propre une tentative d'analyser l'univers » et que par conséquent « tout jugement qualifie la réalité comme un tout »[13]. Russell, ainsi que d'autres critiques, comprenait bien le fait que pour Dewey le concept de situation n'était pas réductible aux catégories traditionnelles d'objet, d'état de chose ou d'événement. Comme D. S. Mackay le remarquait dans un article particulièrement critique, « le terme 'situation' est dit rélever d'un 'tout contextuel' à l'intérieur duquel les objets et les événements doivent être compris, bien que ce 'tout contextuel' ne soit pas un ensemble d'objets ou d'événements »[14]. Ce qui semblait problématique à cette première génération de critiques était le rôle logique de cette notion, car elle y introduisait l'élément du contexte, jetant ainsi les bases d'une conception écologique et située de la pensée, incompatible avec le projet formaliste sur le point d'apparaître. Concevoir la pensée comme forme d'action signifiait en effet accepter l'impossibilité de faire l'économie du rapport à un contexte, le contexte étant ce que Dewey appelle 'une situation'. Comme le remarque Thomas Burke, « sans une compréhension

[12] LW 14 : 48.
[13] B. Russell, « Dewey's new logic », dans Schilpp, 1939: 139-140.
[14] Mackay, 1942: 141.

adéquate du rôle des situations dans la théorie logique deweyenne, on ne peut pas espérer comprendre ses concepts d'enquête, de proposition, de jugement, d'existence, de réalité, de vérité, d'assertabilité garantie (*Warranted assertibility)* ainsi que toute autre notion dont le rôle dans la vision deweyenne de la logique était fondamental »[15].

*Le rapport entre situation et enquête*

Dans la théorie de l'enquête le concept de situation occupe une place double. La situation est avant tout la totalité immédiate qui provoque la pensée. Elle est l'élément pré-réflexif qui se trouve au commencement de tout processus d'enquête et en détermine l'activation[16]. Il en dérive une conception de la rationalité qui ne se structure pas autour des notions classiques de synthèse et d'analyse mais autour de la notion d'*articulation*[17]. Deuxièmement, elle constitue le seul objet du jugement. En tant que situation finale, elle constitue l'horizon du processus d'enquête et légitime la conception du jugement comme acte transformatif. Dans les deux cas, la notion de situation est définie comme un 'tout contextuel'[18] qui ne se réduit pas à ses éléments – objets ou événements – constituants mais qui est régie par une logique spécifique caractérisée par le fait qu'« une situation est un tout en raison de sa qualité diffuse immédiate »[19]. Par rapport à la notion de situation ainsi définie, penser signifie *articuler* une totalité pré-réflexive en vue de sa *transformation.*

---

[15] Burke, 1994: 15. Malgré le rôle important que cette notion joue dans la philosophie deweyenne, elle n'a pas fait l'objet d'une grande attention de la part de la communauté philosophique. Une liste à peu près exhaustive des articles expressément consacrés à se sujet dépasserait à peine la dizaine de titres. Nous en indiquons ici quelques uns. Caraher, 1982 ; Grunewald, 1965 ; O'Connor, 1953 ; Mackay, 1942.

[16] Ce rapport d'incitation que le problématique entretient avec la pensée est construit sur le modèle de la théorie des instincts. Il s'agit d'un déclencheur nécessaire pour activer tout processus de révision des formes habituelles de réponse, que ce soit sur le plan sensori-moteur ou sur le plan intellectuel de la pensée.

[17] L'opposition entre l'analyse et la synthèse est par exemple à la base de la critique de Russell à la logique deweyenne, que Russell range dans le courant de la « *Continental synthetic philosophy* » en tant qu'opposée à la philosophie analytique britannique. T. Burke, qui a étudié de prés le débat Russell-Dewey et qui justement n'accepte pas les termes de cette opposition, n'a toutefois pas vu comment la notion d'articulation pourrait indiquer une troisième voie, capable de dépasser à la fois l'option analytique et l'option synthétique (cf. Burke, 1994 ch. 1 et 2). Pour une autre conception qui reconduit la logique deweyenne à la notion de synthèse en tant qu'opposée à la logique analytique, cf. Sleeper, 2001 ch. 4.

[18] LW 12 : 72.

[19] LW 12 : 73. On verra plus loin les implications logiques de cette définition.

*Articuler* (l'expérience immédiate d'une situation) et *transformer* (les conditions d'une situation actuelle) sont les actions qui scandent le mouvement de la pensée dans la perspective deweyenne et qui se substituent au mouvement purement conceptuel de la saisie. Nous pensons parce qu'une situation nous force à le faire, sans que au début nous sachions exactement pourquoi. Il y a dans tout acte de penser un élément de violence, une sollicitation extérieure qui provoque un déséquilibre. Mais nous pensons aussi car nous nous trouvons dans cette situation, nous participons à son évolution : nous en sommes un facteur actif. En ce sens, la pensée ne vise jamais une extériorité absolue, car la situation qui la sollicite est une situation qui la concerne, à laquelle la pensée appartient en tant que facteur constitutif et potentiellement capable de compléter la situation pour éliminer le déséquilibre qui la perturbe. En tant que totalité pré-réflexive immédiate, la situation dénote l'ensemble des conditions qui provoquent l'acte de penser. Nous pensons parce qu'une situation nous provoque. Le fait d'être une source de doute donne à la situation ce pouvoir d'activation[20]. Cette fonction du doute opère de deux manières. D'abord, une situation nous force à penser lorsqu'en son sein nous expérimentons une condition d'impasse. Quand l'expérience est bloquée, nous ne savons plus très bien comment nous conduire : un acte de penser est donc requis afin de déterminer un nouveau cours d'action. Sur un deuxième plan, cette définition de la situation comme douteuse signifie que *le problématique constitue la qualité qui identifie et unifie cette situation.* Ces deux traits ne sont en réalité que deux aspects différents de la même question. Sur le plan pratique (de l'action), le problématique indique qu'une expérience, qui jusqu'à présent s'écoulait spontanément, est maintenant empêchée. Nous nous trouvons face à des cours d'action en compétition, ou peut-être face à aucun cours d'action praticable. Sur le plan cognitif, une partie de notre expérience est perçue sous le signe de l'incertitude et du problématique. Mais l'importance de la notion de situation ne se réduit pas au rôle qu'elle joue en tant que contexte d'émergence d'un problème. Bien au contraire, cette réduction souvent opérée de la situation à la dimension du problématique est responsable d'une lecture courante et un peu grossière du pragmatisme. Avant d'aborder la question du rôle de la situation dans l'enquête, il faudra donc étudier cette notion dans sa signification plus générale. Les aspects du concept de situation qu'il faudra ainsi éclairer sont au nombre de trois :

1. le rapport entre la situation et l'expérience ;
2. la notion de 'pensée qualitative' (*qualitative thought*) ;
3. la situation indéterminée comme horizon de l'enquête.

---

[20] LW 12 : 109.

#### *4.2.1 Situation et expérience : la qualité esthétique*

Bien que la notion de situation déploie toute son importance dans le cadre épistémologique de la théorie de l'enquête, sa compréhension demande qu'on en interroge aussi la signification dans le cadre de la théorie esthétique. La théorie deweyenne de l'art est une tentative ambitieuse de reconfigurer le domaine de l'esthétique à partir d'une théorie de l'art en tant que forme d'expérience. La détermination du domaine de l'esthétique est opérée par Dewey suivant la démarche déjà à l'œuvre dans l'approche anthropologique de la définition de la connaissance comme activité instrumentale visant le contrôle d'une situation. En s'appuyant sur le principe de continuité, Dewey conçoit l'esthétique comme une modalité de l'expérience, dont l'œuvre d'art n'est qu'une réalisation parmi d'autres. Comme dans le cas de la connaissance, la signification de l'art peut être comprise uniquement à condition de redescendre sur le sol de l'expérience humaine pour en dégager la structure anthropologique fondamentale, dont le principe de détermination doit être une forme de rapport de l'organisme à son environnement. L'activité de connaissance et l'activité esthétique sont reconduites par Dewey à la même généalogie, dont le point de départ se trouve dans la distinction conceptuelle entre l'expérience de l'instrumentalité et l'expérience de la consommation. Si l'expérience fondamentale qui préside à la genèse de la connaissance est celle du déséquilibre et de la rupture, la forme d'expérience qui est à l'origine de l'art est liée aux phénomènes de l'attention et de l'intérêt : « afin de *comprendre* l'esthétique dans ses formes ultimes et reconnues, on doit commencer avec ses formes brutes ; dans les événements et dans les scènes qui retiennent l'œil et l'oreille attentifs de l'homme, qui excitent son intérêt et provoquent sa jouissance lorsqu'il regarde et il écoute »[21]. Dewey va jusqu'à affirmer que « les sources de l'art dans l'expérience humaine seront apprises par celui qui voit comment la grâce tendue des joueurs se propage à la foule qui regarde ; par celui qui remarque les plaisirs de la femme au foyer qui soigne ses plantes et l'intérêt intense de son mari qui soigne son jardin en face de la maison »[22]. L'esthétique est en outre l'activité « du mécanicien engagé dans son travail, intéressé à bien accomplir sa tâche et trouvant du plaisir dans son travail, se souciant de ses matériaux et de ses outils avec une affection sincère »[23].

---

[21] LW 10 : 10. Cf. aussi les exemples dans le deuxième chapitre d'*Experience and Nature*.

[22] LW 10 : 11.

[23] *Ibid.* Mais encore plus profondément, c'est à l'expérience des sauvages et même des animaux qu'il faut se référer pour comprendre les sources de l'expérience esthétique, car « the activity of the fox, the dog, and the thrush may at least stand as reminders and symbols of that unity of experience which we so fractionize when work is labor, and thought withdraws us from the world », LW 10 : 24.

Comme jadis pour le cas de l'enquête, les exemples proposés par Dewey sont à la fois simples et troublants, car nous y reconnaissons à peine les traces de ce que la connaissance scientifique ou l'œuvre d'art expriment de façon accomplie. Aucune théorie de l'art ne pourrait en effet nous donner une définition capable de rassembler sous la même catégorie tous ces exemples. De façon très générale, Dewey définit comme esthétique « tout ce qui intensifie le sens immédiat de vivre (*the sens of immediate living*) »[24]. Ce sens d'intensification n'est pas forcément lié à une forme de contemplation ou de jouissance d'un objet ou d'un événement, car il s'agit d'une forme d'expérience plus originaire, qui se place avant la distinction entre un sujet jouissant et un objet de jouissance. Au fondement de toute expérience esthétique, nous avons d'après Dewey une expérience organique fondamentale, qui est celle de l'*intégration*, c'est à dire celle qui nous permet d'expérimenter une situation dans son intégralité, non fragmentée, et pour cette raison intense (l'unité de l'expérience exemplifiée par la vie immédiate, non réflexive, des animaux). De la même manière, l'expérience originaire qui est au fondement de la connaissance est celle de la *fragmentation*, caractérisée par la rupture d'une situation qui était auparavant intégrée et par la médiation qui intervient pour rétablir une forme d'unité. Si l'expérience de la connaissance est un moment du mouvement biologique universel de dépassement des obstacles que l'environnement oppose à tout organisme, *l'expérience esthétique s'enracine dans le mouvement complémentaire de jouissance qui suit le rétablissement d'une condition d'équilibre et d'intégration entre l'organisme et son environnement*. L'art devient ainsi « la preuve concrète que l'homme emploie les matériaux et les énergies de la nature avec l'intention d'étendre sa propre vie »[25]. On ne s'étonnera donc pas que Dewey oppose la jouissance de l'expérience esthétique à la médiation instrumentale propre au travail. Dès lors, si « du point de vue de la jouissance une chose est ce qu'elle fait directement pour nous, du point de vue du travail une chose est ce qu'elle fera à d'autres choses – la seule manière de définir un outil ou un obstacle »[26]. La théorie de la connaissance et la théorie de l'art constituent par conséquent les deux volets de la théorie deweyenne de l'expérience et leur importance dépasse de loin celle qui est traditionnellement attachée à leurs domaines disciplinaires. Elles constituent notamment le fondement de l'anthropologie philosophique

---

[24] LW 10 : 12.

[25] LW 10 : 31.

[26] LW 1 : 73. Cette distinction entre points de vue éclaire assez précisément le fait que pour Dewey jouissance et connaissance sont des modes d'expérience universels. Mais si tout phénomène peut être objet d'une expérience de jouissance ou de connaissance, il en résulte qu'aucune catégorie d'objet ou de pratique ne peut être exclusivement esthétique ou cognitive.

deweyenne. Cette caractérisation de l'expérience esthétique implique le *primat naturel de la dimension esthétique sur la dimension cognitive* et fonde cette primauté sur une base biologique, en raison de la plus grande valeur vitale de l'intégration par rapport à la séparation. Esthétique et connaissance ne désignent donc pas deux domaines d'activité distincts mais deux moments différents du même mouvement dialectique fondamental : équilibre – déséquilibre – équilibre. Ces deux moments sont ceux de la lutte et de la consommation (*struggle and consummation*).

### Une *expérience : la nature logique de la qualité esthétique*

Cette définition de l'expérience esthétique comme expérience de l'intégration entre l'organisme et l'environnement est importante, car l'enquête est définie d'après la même finalité. Mais elle est importante aussi parce qu'elle est au fondement d'une distinction, interne au concept d'expérience, qui est essentielle pour comprendre la logique du concept de situation. Le terme d'expérience a d'après Dewey deux significations différentes. Sur le plan plus général, le concept d'expérience définit la vie comme transaction entre un organisme et son environnement. Il s'agit du concept central de l'anthropobiologie deweyenne, qui en détermine le cadre écologique. Dans ce cas, Dewey parle d'expérience au sens général. Le terme 'expérience' est alors introduit par l'article défini : nous avons affaire à *l'*expérience dans chaque cas où nous sommes en présence d'une forme de vie. En revanche, '*une* expérience' (an *experience*) dénote une forme spécifique et qualifiée d'expérience. Dans *une* expérience, le trait générique de la transaction entre l'organisme et son environnement aboutit à une forme accomplie : conflit et résistance sont dépassés, en sorte que l'organisme et l'environnement s'intègrent de manière complète. Comme le remarque Dewey, « nous avons *une* expérience lorsque le matériel expérimenté poursuit son cours jusqu'à son accomplissement. »[27] L'expérience dans sa forme qualifiée partage avec l'œuvre d'art le fait d'être accomplie et satisfaisante : la consommation-jouissance et non pas la cessation est ce qui définit l'expérience en tant que complète. « Une telle expérience est un tout et porte avec elle sa propre qualité déterminante (*individualizing*) et son autosuffisance. Elle est *une* expérience. »[28] Ce qui détermine le passage de *l'*expérience générique à *une* expérience qualifiée est la présence d'une qualité que Dewey appelle déterminante (*individualizing*). Là où cette

[27] LW 10 : 42.
[28] *Ibid.*

qualité n'est pas présente, l'expérience n'atteint pas un état de complétude mais reste fragmentée et rudimentaire. « Il y a distraction et dispersion : ce que nous observons et ce que nous pensons, ce que nous désirons et ce que nous obtenons entrent en contradiction. »[29] En revanche, dans *une* expérience, tous les éléments et tous les aspects son intégrés dans une totalité grâce à une qualité capable d'articuler les différences comme étant des variations d'un seul thème, « le tout qui dure est diversifié dans des phases successives qui sont des accentuations de ses différentes couleurs »[30]. Le point important de cette définition concerne la nature de cette qualité singulière, qui pénètre chaque aspect de l'expérience tout en préservant ses traits distinctifs. Elle constitue le principe d'identité de l'expérience, car c'est à travers elle qu'une expérience peut être qualifiée.

Le concept d'une qualité unique déterminante sera employé dans la *Logic* pour définir le concept de situation. Notamment, le problématique est la qualité qui transforme une situation indéterminée en une situation problématique capable de déclencher un processus d'enquête[31]. Pour apprécier les implications logiques du concept de qualité il faut avant tout se libérer du prétendu dualisme entre le domaine de l'esthétique et celui du cognitif, car d'après Dewey ils ne se trouvent pas sur le même plan catégoriel. Il ne peut donc y avoir d'opposition linéaire entre les deux. A ce propos, Dewey affirme que la qualité déterminante n'est « ni émotionnelle, ni pratique, ni intellectuelle, car tous ces termes demandent des distinctions que la réflexion introduit successivement à l'intérieur [de cette qualité] »[32]. Ces derniers termes dénotent en effet les distinctions fonctionnelles que la pensée produit à l'intérieur de l'expérience pour l'articuler. Nous pouvons appeler ces qualités des attributs. Dès lors, nous sommes contraint d'affirmer que le genre de qualité dont il est ici question n'a pas la même structure logique que les attributs, car elle relève d'*un trait pré-catégoriel*, qui ne peut pas être l'objet d'une appréhension intellectuelle mais qui est « immédiatement ressenti »[33]. En ce sens, la qualité n'est pas l'attribut d'un type déterminé d'expérience mais *un trait constitutif de toute expérience en tant que telle*, car il concerne la possibilité d'appréhender une expérience dans sa nature de fait total, déterminé par une qualité qui l'identifie. « L'expérience esthétique est connue comme une manière de faire converger l'attention sur des situations globales, sur des univers d'expérience. »[34] Par conséquent, « *une* expérience de pensée a sa propre qualité esthétique » et

---

[29] *Ibid.*
[30] LW 10 : 43.
[31] LW 12 : 109.
[32] LW 10 : 44.
[33] LW 10 : 45.
[34] LW 12 : 75.

« l'esthétique ne peut être nettement distinguée de l'expérience intellectuelle puisque cette dernière pour être complète doit présenter une marque esthétique. » Encore plus explicitement, Dewey affirme qu'« aucune activité intellectuelle n'est un événement intégral (*une* expérience) à moins d'être perfectionnée avec cette qualité » [35]. Le moment esthétique qualifie donc deux dimensions catégorielles distinctes. Sur le plan attributif ou conceptuel, il se réfère à la dimension consommatoire de l'expérience, c'est à dire à la satisfaction et à la jouissance qui intensifient notre expérience. En revanche, sur le plan pré-catégoriel, l'esthétique indique l'appréhension d'une situation dans son individualité. C'est sur ce deuxième plan que Dewey affirme qu'une qualité esthétique ne peut être que ressentie, car cette appréhension est la condition de possibilité de toute détermination conceptuelle de l'expérience comme intellectuelle, pratique, affective, esthétique (au sens attributif), etc. Pour cette raison, cette qualité est pré-catégorielle. C'est donc sur ce plan, et non pas sur celui des attributs, qu'une situation est ressentie (et non pas conceptuellement saisie) comme étant intrinsèquement problématique ou satisfaisante. La pensée est 'activée' par cette sensation immédiate. On comprend alors mieux la primauté que le concept d'articulation revêt par rapport aux concepts d'analyse et de synthèse.

### *La grammaire logique des concepts pré-catégoriels*

Le passage continu du concept d'expérience au concept de situation n'est pas le résultat d'obscurités conceptuelles, car au contraire il s'enracine dans la logique propre de ces termes. En effet l'un et l'autre ont la même grammaire, les deux n'étant pas soumis à la logique prédicative ordinaire. Tous deux dénotent une *totalité pré-catégorielle qui précède le travail de la réflexion*. Ils qualifient ce à partir de quoi les attributs se déterminent par différenciation comme étant les attributs de quelque chose qui au début ne peut être indiqué que par le trait inarticulé de sa qualité déterminante. Cette totalité (le quelque chose) est dans les deux cas définie par le principe de l'unité de l'organisme et de son environnement. Le concept d'expérience indique alors le mouvement de la vie ou la 'créature vivante' (*the living creature*) comme l'unité indissociable de l'organisme et de l'environnement qui dépasse tout dualisme de type subjectif – objectif, dedans – dehors, etc.[36]. De manière symétrique, le concept de situation relève de cette même

[35] LW 10 : 45.

[36] Cet aspect a été remarqué par Burke, 1994, qui parle à ce propos d'un agent qui est indissociablement organisme et environnement, « agents consisting of organisms embedded

totalité, ni objective ni subjective, qui définit le contexte d'action dans son unité avec le sujet qui en fait l'expérience. Ce n'est donc pas un hasard si dans *Art as Experience* Dewey définit *une* expérience à partir de la présence d'une qualité unique, tandis que dans *Logic* c'est la situation qui est définie par la présence de cette même qualité dont la fonction est toujours celle *d'individualiser une totalité qui n'est pas conceptuellement appréhendée mais immédiatement sentie.*

Si la présence d'une qualité unique est le trait commun à l'expérience esthétique et à l'expérience de connaissance, ce qui les différencie est le fait que ces deux types de situations sont caractérisées par des qualités différentes. Notamment, la situation de connaissance est qualifiée par la qualité du *problématique* qui est propre au moment du déséquilibre, et se définit comme activité instrumentale, orientée par un horizon qui est celui de la recherche d'un nouvel équilibre. En revanche, la situation esthétique est définie par la qualité de l'*intégration,* et se caractérise comme étant une expérience de jouissance, complète en elle-même, et qui ne sollicite aucune activité de transformation. Nous retrouvons ici, bien que relue sur un mode fonctionnaliste et débarrassée de son arrière-fond téléologique, la distinction aristotélicienne entre ce qu'on accomplit en vue d'autres et ce qu'on accomplit pour lui-même[37]. Le cognitif indique alors tout ce qui est accompli sous la forme de médiation (vers autre chose) tandis que l'esthétique relève de toute forme d'expérience considérée dans sa valeur de consommation immédiate[38]. Les deux aspects ainsi distingués peuvent être appliqués à chaque phénomène de l'expérience, y compris à la connaissance et à l'esthétique. En ce sens, on peut expérimenter la connaissance sur un mode esthétique. Cela a lieu chaque fois que le modèle classique de la connaissance comme *theoria*[39] s'impose. De la même manière, on aura une expérience cognitive de l'esthétique chaque fois que la dimension contemplative de la jouissance n'est pas directement vécue mais devient un objet d'enquête, par exemple dans la critique d'art. Nous devons en ce sens considérer que, dans une perspective fonctionnaliste, la différence parmi les

---

in environments » (p. 95), « an *integrated system* » (p. 111) qui a deux faces qui peuvent être distinguées comme organisme et environnement. Nous reviendrons par la suite sur les limites de l'interprétation de la notion de situation proposée par cet auteur.

37 Sur le 'tournant aristotélicien' de la philosophie deweyenne, cf. Sleeper, 1986: 78-105.

38 Il faut remarquer que cette définition ne fait que réitérer sur un plan plus général la thèse présentée plus haut selon laquelle la connaissance possède la structure du signe.

39 Cf. à ce propos ce que Dewey affirme dans *The Quest for Certainty* sur la conception esthétique de la connaissance comme contemplation opposée à la conception instrumentale de la connaissance introduite par la révolution scientifique. Mais il y a d'après Dewey un élément de jouissance important aussi dans l'entreprise scientifique, lié à la jouissance de l'esprit produite par le plaisir de la connaissance. Cf. LW 1 : 9.

deux type d'expérience est une différence « de temps et d'accent »[40] et non pas de nature ontologique. Cela signifie qu'il n'y a pas de choses ou d'événements qui seraient intrinsèquement instrumentaux ou finaux, ni, on le verra, de situations intrinsèquement cognitives ou esthétiques, mais uniquement des *modalités instrumentales-cognitives ou finales-esthétiques de faire l'expérience d'une situation.* Pour comprendre la raison pour laquelle l'appréhension d'une situation quelconque est une expérience essentiellement esthétique, nous devons nous référer au cadre anthropobiologique ici esquissé et assumer que l'esthétique et la connaissance dénotent avant tout les deux modalités fondamentales de l'expérience.

### *Connaissance, intuition et médiation*

Cette conception de la connaissance comme activité de médiation (la connaissance-signe) a trois conséquences importantes sur le plan épistémologique. D'abord, elle implique l'impossibilité de la connaissance immédiate. Deuxièmement, et comme corollaire du point précédent, elle implique que « les sens sont les organes à travers lesquels la créature vivante participe directement à ce qui se produit dans le monde environnant »[41]. Cette *appréhension qualitative immédiate* de la situation constitue le point de départ non seulement de toute activité intellectuelle mais plus généralement de toute expérience au sens propre. En troisième lieu, il en découle que l'intelligence ne peut opérer que par différenciation d'éléments, à partir et en vue d'un cadre plus ample déjà donné. Dès lors, nous parvenons à la thèse fondamentale qu'« un univers d'expérience est la condition préliminaire d'un univers de raisonnement »[42]. Ces trois propositions expriment à différents niveaux la même idée selon laquelle la situation dans sa totalité serait quelque chose dont on ne peut pas avoir de connaissance. Ici, nous le répétons, l'impossibilité doit être comprise au sens grammatical, car connaître, d'après Dewey, signifie déterminer quelque chose par rapport à quelque chose d'autre, qui reste par conséquent indéterminé. Il s'ensuit dès lors que la seule forme possible d'appréhension d'une situation, c'est à dire d'un ensemble d'éléments en tant que totalité qualitative, est esthétique. *'Esthétique' désigne ainsi toute forme de rapport sans médiation.* Il faut préciser que Dewey n'est pas en train de ressusciter

[40] LW 10 : 22.
[41] LW 10 : 28.
[42] LW 12 : 73.

une nouvelle version du dualisme entre deux formes de connaissance, l'une médiatisée et l'autre immédiate. La notion de situation indéterminée permet donc de noter un point fondamental de l'épistémologie deweyenne, c'est-à-dire que toute forme de connaissance (de médiation) se structure comme une relation de type figure–fond[43]. Et puisque dans cette relation la totalité tient toujours la place du fond, elle ne peut jamais devenir un objet d'attention à l'intérieur d'un acte de connaissance.

Une expérience peut donc être 'esthétique' en deux sens. Au sens propre, l'esthétique relève de la modalité de faire l'expérience d'une situation en tant qu'elle est exhaustive, réalisée. De cette définition découle une conception de l'art axée sur les valeurs classiques de l'équilibre et de l'harmonie. Mais dans un sens plus ample, l'esthétique est ce qui nous permet d'appréhender une situation dans son ensemble, à travers l'unité de la qualité unique qui a la fonction de la déterminer dans son identité spécifique. Cette détermination, nous le répétons, précède logiquement tout acte de connaissance. C'est donc à partir de cette deuxième définition que nous pouvons successivement déterminer une situation en tant qu'esthétique ou en tant que problématique, en raison de la qualité spécifique qui la caractérise et dans laquelle elle est perçue. Plus précisément, il faudrait dire que c'est la situation qui se détermine elle-même, sans doute à travers les transactions que nous entretenons avec elle. En conclusion, la possibilité de la mise en place d'une activité d'enquête dépend de cette expérience qui nous permet de percevoir une situation comme problématique, c'est à dire caractérisée par le fait que quelque chose ne fonctionne pas, que notre activité est empêchée ou troublée sans qu'au commencement nous sachions comment ou pourquoi. Cette expérience d'une impasse est le corrélat perceptif qui nous fait saisir une situation dans sa qualité de problématique. On remarquera que l'activité d'enquête est esthétique pour une raison supplémentaire, car il lui appartient intrinsèquement d'être orientée vers un dépassement de cet élément de rupture. L'enquête se déclenche en effet afin de conduire la situation à un état d'intégration dans lequel la contradiction entre désir et accomplissement, et entre pensée et action, n'existent plus. L'expérience immédiate de la qualité d'une situation constitue à la fois le point de départ et le point d'aboutissement de tout processus d'enquête. Elle est ce qui donne l'impulsion vers le processus et ce qui en constitue l'objet. L'enquête ainsi a lieu à travers une série d'actes qui *articulent* cette qualité immédiate en propositions (hypothèses) à travers lesquelles se dessine le cours d'action qui conduit à une situation intégrée. En ce sens, nous le voyons bien, la connaissance est essentiellement une activité de médiation ainsi que

[43] Nous avons comparé les conceptions de Dewey et de Polanyi dans Frega 2006, ch. 4.

l'articulation qui constitue la structure logique propre du mouvement de l'intelligence.

### 4.2.2 *Situation et objet : la pensée qualitative*

Pour mieux comprendre le rapport établi par Dewey entre la pensée et la situation, nous devons maintenant préciser la différence catégorielle entre l'objet et la situation. Il s'agit d'une distinction qui différencie les deux concepts sur le plan de leur structure logique. Dans un article consacré à cet aspect de sa théorie logique[44], Dewey a proposé de distinguer l'objet et la situation de la manière suivante :

1. « On entend par *objet* un élément appartenant à une totalité complexe et qui est défini par abstraction de cette totalité dont il est une distinction » ;
2. « Le terme de *situation* signifie que le sujet ultime auquel on se réfère dans des propositions existentielles est une existence complexe qui est unifiée malgré sa complexité interne, car elle est dominée et caractérisée par une qualité unique. »[45]

Le rapport entre la situation et l'objet est défini par le fait que « la détermination sélective et les relations des objets dans la pensée sont contrôlées par rapport à la situation »[46]. L'acte de penser permet de régler ce passage, car il réalise « la tentative de transformer un tout qualitatif expérimenté de façon directe et non réflexive en un objet de pensée »[47]. Les deux définitions sont donc corrélatives, car les objets peuvent être définis uniquement par rapport à la situation et la situation est à son tour définie comme un ensemble d'objets caractérisés par une qualité unique. Malgré cette corrélation, il y a toutefois primat de la situation sur les objet (principe holiste)[48], car la pensée est une forme d'activité qui opère par différenciation (articulation) d'un tout en éléments qui sont par conséquent toujours dérivés, produits et jamais ultimes. En ce sens, dire que la situation est un ensemble d'objets signifie méconnaître la structure catégorielle et la signification de

---

[44] J. Dewey, « Qualitative Thought », LW5 : 243-262.

[45] LW 5 : 246.

[46] *Ibid.* Mais cf. aussi LW 12 : 72, où Dewey affirme que « what is designated by the word 'situation' is *not* a single object or event or set of objects and events. For we never experience nor form judgments about objects and events in isolation, but only in connection with a contextual whole. This latter is what is called a situation. »

[47] LW 5 : 253.

[48] Comme le dit Dewey : « a quality must be felt before it can be stated », LW 12 : 76.

ces deux termes[49]. Si la situation est ce qui est donné, les objets ne se présentent qu'à la suite de l'activité de penser. Situation et objet ne nomment donc pas des entités ontologiquement différentes mais définissent deux plans catégoriels distincts. Cette distinction catégorielle est exprimé par Dewey lorsqu'il affirme qu'un objet est un terme 'singulier', tandis qu'une situation est 'individuelle'[50]. Un terme singulier peut être conceptuellement simple et totalement déterminé, tandis qu'une situation est unique mais complexe. Nous appelons dès lors objet tout ce qui relève d'un concept et situation ce par rapport à quoi l'objet est différencié comme étant l'un de ses traits constitutifs[51]. «La situation en tant que telle n'est et ne peut pas être affirmée ou rendue explicite. » La situation est ce fond, l'univers pré-discursif qui ne peut pas « se présenter comme un élément dans une proposition »[52]. Par conséquent, « nous sommes conscients d'elle [la situation] non pas en tant que telle [c'est-à-dire dans sa détermination propre] mais en tant que fond »[53]. Dès lors, « un objet singulier existe et un événement singulier a lieu à l'intérieur d'un champ ou d'une situation »[54]. Un objet singulier donné n'a donc aucune autonomie propre, mais est toujours le résultat d'un processus de différenciation. Par conséquent, « si un objet est considéré comme étant complet en lui-même, la perte de force différentielle détruit tout le pouvoir de référence de la part de l'acte démonstratif »[55]. La nature fonctionnelle de cette définition implique bien évidemment que ce qui, dans une proposition, constitue une situation peut, dans un autre contexte, jouer le rôle d'objet[56]. Dans une longue note à son Introduction aux *Essays in Experimental Logic*, Dewey remarque que « les mots 'expérience', 'situation', etc. sont employés pour *rappeler* au penseur la nécessité de se retourner précisément vers quelque chose qui ne peut jamais être un objet de sa réflexion mais qui

---

[49] La thèse selon laquelle tous les éléments sont en tant que tels « des déterminations ou distinctions instituées dans la matière totale (*the total subject-matter*) à laquelle la pensée se réfère » (LW 5 : 247) peut être qualifiée comme *holisme logique*, en soulignant ainsi son opposition à la théorie de l'atomisme logique. En ce sens, il est évident que nous ne considérons pas, comme par exemple le fait Burke suivant Russell (cf. Burke, 1994, ch. 1), que le holisme soutient que tout élément contient en soi la totalité et ne peut donc pas être séparé de celle-ci. Dans le termes du débat Dewey-Russell, le holisme doit être compris comme une position irréductible au dualisme entre atomisme et monisme tel qu'il est posé par Russell.

[50] LW 12 : 126.

[51] L'objet est donc ce qui est déterminé par des qualités qui en sont les attributs, tandis que la situation est le fond par rapport auquel l'objet se détache à travers la détermination conceptuelle.

[52] LW 5: 247. Mais cf. aussi LW 12 : 74 ff.

[53] LW 5 : 248.

[54] LW 12 : 126.

[55] LW 12 : 126.

[56] LW 12 : 74-75.

toutefois fournit les significations et les statuts existentiels de tout objet »[57]. Ces mots indiquent ce par rapport à quoi la pensée se produit, car « la pensée et la connaissance explicite sont déjà constituées par et dans quelque chose qui n'a pas besoin d'être explicité »[58].

Cette distinction entre la situation et l'objet correspond à une distinction entre deux conceptions de la nature logique de la qualité. Par rapport à la situation, la qualité relève d'une propriété unique qui imprègne tous les aspects d'une situation, de manière à donner à celle-ci l'identité qui la définit – ce que nous avons appelée la qualité unique qui produit l'individualisation de la situation. Par rapport aux objets qui se différencient à l'intérieur d'une situation, la qualité relève d'un attribut au sens traditionnel de propriété d'un objet, événement ou état de choses. Si la qualité au deuxième sens est ce qui peut tenir lieu de prédicat dans une proposition, la qualité au premier sens est ce à partir de quoi a lieu le processus logique de la prédication. En ce sens, il s'agit d'une qualité qui ne peut être exprimée que dans la modalité de l'ostension[59]. Elle peut seulement être nommée, lorsque par exemple on affirme que cette situation est problématique. Tout ce qui peut être dit au-delà de cette indication appartient déjà à la phase successive d'articulation conceptuelle de cette expérience qui originairement a été expérimentée de manière sensible et non discursive, avant que la pensée en fasse, ensuite, son propre objet. La situation émerge comme corrélat objectif correspondant à cette qualité, à cette totalité sur laquelle la pensée accomplit son œuvre, de telle sorte que la qualité unique « soit convertie dans des termes pertinents et cohérents »[60]. Symétriquement, l'expérience immédiate de cette qualité unique « signifie la réalisation d'une qualité diffuse (*pervasive quality*) telle qu'elle règle la détermination des distinctions appropriées ou de tout ce qui, comme terme ou comme relation, devient l'objet de la pensée »[61]. En ce sens, mais nous ne suivrons pas cette suggestion, la théorie deweyenne s'oriente vers l'idée d'un inconscient de la pensée, structure pré-articulatoire complexe dont Dewey se propose de déterminer les conditions de fonctionnement. C'est sans doute la référence à cet inconscient, même si Dewey ne le nomme jamais ainsi, qui ne cesse d'égarer ceux qui s'approchent de son oeuvre, si éloignée du style formalisante qui a dominé un siècle de philosophie hantée par le fantasme de la science.

---

[57] MW 10 : 324.
[58] MW 10 : 325.
[59] Ce trait correspond au fait que l'immédiat ne peut pas être objet de connaissance, et que par conséquent « things in their immediacy are unknown and unknowable. [...]. Immediate things may be *pointed to* by words, but not described or defined», LW 1 : 74-75. En tant qu'objet de sensation immédiate, la situation dans sa totalité, tout comme sa qualité unique, est soumise à cette même condition.
[60] LW5 : 249.
[61] *Ibid.*

### *4.2.3 La situation indéterminée comme horizon de l'enquête*

Nous possédons maintenant les éléments nécessaires pour définir le concept de situation indéterminée. Une fois comprise la logique du concept de situation, la définition de la situation problématique en dérive directement. Toutefois, c'est précisément aux attributs 'indéterminé' et 'problématique' que la plupart des critiques se sont heurtés. Toutes ces incompréhensions, dont les articles de Bertrand Russell et de David S. Mackay sont des exemples paradigmatiques, dérivent du fait de ne pas avoir compris le rapport entre la dimension logique, réduite de surcroît à la dimension de l'analyse propositionnelle, et la dimension esthétique propre à toute expérience d'une situation. La conséquence de cette simplification est que la grammaire philosophique du concept de situation devient incompréhensible, car on cherche à le comprendre à partir de dualismes dont il exprime au contraire le dépassement. Cela est particulièrement vrai en ce qui concerne le dualisme entre *atomisme* et *monisme* et le dualisme du *subjectif* et de l'*objectif*.

#### *Une ontologie holiste*

La question du rapport entre l'atomisme et le monisme a notamment été au cœur du débat entre Dewey et Russell[62]. Dans l'effort répété de se confronter à la nouvelle logique deweyenne, Russell a plusieurs fois remarqué que le concept de situation présuppose un monisme ontologique et épistémologique, d'après lequel tous les événements seraient en rapport entre eux, de telle sorte que l'explication d'un fait quelconque devrait prendre en considération ses rapports avec l'univers tout entier. Cette conclusion vient du fait que, d'après Russell, le refus du postulat atomiste implique nécessairement une forme de monisme[63]. Cette position est toutefois erronée. Notamment en ce qui concerne Dewey, nous devons remarquer que son ontologie ne se réduit à aucune des formes ontologiques reconnues par Russell. Dans les analyses russelliennes, atomisme et monisme présupposent que la donnée de départ de l'enquête est l'existence indépendante de quelque chose de déterminé : soit des éléments primitifs à

[62] Pour une analyse détaillée de ce débat et de ses enjeux, cf. Burke, 1994, ch. 1 et 2.

[63] A dire vrai, Russell et Burke à sa suite ne parlent pas de monisme mais plutôt de holisme. Nous préférons le terme de monisme parce que c'est le terme que Dewey utilise pour indiquer la position dans laquelle il ne se reconnaît pas et parce que nous gardons le terme de holisme pour caractériser la position deweyenne, irréductible à la définition russellienne du holisme.

partir desquels la connaissance opérerait par composition (atomisme), soit l'univers entier, dans la totalité de ses déterminations (monisme). Aucun des deux cas n'est toutefois pas compatible avec l'épistémologie deweyenne. Burke, qui a consacré une étude importante au débat logique entre Russell et Dewey, propose une critique différente des arguments russelliens. Nous sommes particulièrement intéressés par sa stratégie, car elle révèle de la part de Burke une erreur importante dans la compréhension de la notion de situation. Cet auteur a reconnu que l'accusation de holisme avancée par Russell était mal placée. D'après Burke, le risque du moniste réside dans ce qu'il appelle une théorie systémique (*system theory*). Dans une théorie systémique tous les éléments de l'*explanandum* sont en rapport entre eux, même si ces rapports, dans la plupart des cas, n'ont aucun effet remarquable sur le comportement de chaque élément. Le principe de la théorie systémique, d'après Burke, peut être accepté comme description vraie de la relation entre l'organisme et l'environnement. Il reconnaît toutefois que ceci faisant, nous acceptons implicitement les présupposés de l'argument de Russell qui portent à accuser Dewey de monisme. La perspective systémique implique en effet que l'explication d'un événement quelconque soit référée à l'univers tout entier, ce qui empêche la possibilité même d'une explication au sens propre du terme. Pour se soustraire à ce risque, Burke introduit une définition de situation qui est supposée éviter ce problème. La situation est ainsi définie comme entité obtenue par réduction de complexité à travers la sélection d'un domaine fini de relations pertinentes dans le tout du système. Cette définition de la situation ne se trouve toutefois dans aucun texte deweyen. Une situation, d'après Burke, est un sous-ensemble du plus vaste système de l'organisme et de l'environnement. Elle se produit toutes les fois que ce système rencontre des phénomènes de rupture : « les *situations* [...] ont lieu en tant qu'instances ou épisodes de rupture ou de déséquilibre dans cette [le système organisme/environnement] intégration dynamique »[64]. Cette définition constitue évidemment un escamotage pour pouvoir accepter certaines assomptions de l'argument de Russell (notamment le principe de la théorie systémique) tout en refusant sa critique à l'égard de Dewey. Cette définition permettrait, d'après Burke, de soustraire Dewey au risque de monisme épistémologique, car ce qui est pertinent pour l'explication du déséquilibre qui caractérise la situation actuelle n'est pas l'univers tout entier mais l'ensemble restreint des facteurs causalement liés à la situation, qui est défini par cet ensemble de facteurs. D'un événement éloigné du déséquilibre présent, Burke affirme que, malgré son appartenance au système de l'organisme et de l'environnement[65], « il ne fait pas partie de cette situation

[64] Burke, 1994: 23.

[65] Condition que, nous le rappelons, est à la base de l'accusation d'hégelisme formulée par Russell contre Dewey.

particulière parce que celui-ci et ses actions n'ont jamais pris part à la rupture »[66]. Burke peut ainsi introduire des entités intermédiaires (les situations) entre les éléments simples postulés par l'atomisme et la totalité assumée par le monisme. Dans plusieurs exemples, Burke montre que *ce qui définit le cercle intermédiaire de la situation est l'ensemble des faits qui sont causalement connectés à la production du déséquilibre qui définit la situation.* Malgré les références multiples au paradigme anthropobiologique, Burke propose une conception presque physicaliste de la situation. La situation n'est alors pas définie en termes de rapport entre l'organisme et l'environnement[67] mais de relations causales entre un événement (la rupture) et ses causes objectives, et pour cela déterminables de manière univoque. Ayant accepté le présupposé russellienne que le système organisme – environnement s'étend en principe à l'univers tout entier, mais voulant en même temps éviter les conséquences qui en dérivent, Burke a été obligé de définir la notion de situation en ayant recours à un *principe objectif de limitation*[68]. Ce principe permet de définir la situation comme étant « un domaine localisé de dérangements à l'intérieur de la multiplicité des processus et des interactions qui constituent le système organisme/environnement comme un tout »[69]. Ce que Burke ne semble pas prêt à admettre, est que le système de l'organisme et de l'environnement n'est qu'un autre nom pour définir la situation, car la situation et l'expérience sont deux manières différentes de désigner ce même tout complexe pré-catégoriel. Ce qui est sans doute en jeu dans son interprétation, c'est l'exigence de préserver une conception épistémologiquement forte de la notion d'objectivité.

### *La situation, subjective ou objective ?*

Nous parvenons ainsi au deuxième dualisme critique, car l'erreur au fondement de l'interprétation russellienne est de concevoir la notion de situation comme la détermination objective d'un domaine d'expérience. Cette présupposition est en effet difficile à soutenir, et cela pour au moins deux raisons. Premièrement, car la notion de situation est corrélative à celle d'agent. *Une situation n'existe pas comme un objet pour un sujet, car le*

[66] Burke, 1994: 47.
[67] Car ce rapport dénote uniquement le système total qui conduit au danger moniste.
[68] « An organism/environment system may well be said to include everything that it is causally linked to (though we may safely remain neutral about that), but not so for a situation », Burke, 1994: 48.
[69] *Ibid.*

*sujet est inclus dans la situation même* : « un organisme ne vit pas *dans* un environnement, il vit *à travers* un environnement »[70]. Il faut penser ici à ce que l'étude de l'éthologie animale nous a appris sur la constitution de l'espace, du temps et de la perception, dans les différentes espèces animales[71]. Mais il faut aussi penser à la dimension créative que Dewey reconnaît à l'intelligence : la situation n'est pas quelque chose qu'un sujet viserait de l'extérieur, mais quelque chose que le sujet constitue (tout en se constituant à son tour) à partir d'une expérience des faits qu'il recoupe et sélectionne à l'intérieur du tout complexe. Les implications constructivistes que Dewey associe à la notion de situation sont non seulement incontournables mais tout à fait indispensables à sa compréhension. Deuxièmement, car la notion de situation est d'un ordre catégoriel irréductible à celui des objets, des ensembles d'objets et des états de choses. La situation n'appartient pas au genre d'entités susceptibles d'être déterminables conceptuellement, car sa fonction logique dans l'acte de penser est toute autre. Ce qui concourt à définir la notion de situation est cet élément qualitatif (la qualité unique) sur lequel nous avons beaucoup insisté. Une situation est un tout complexe unifié par une qualité unique qui la singularise en intégrant tous ses éléments. Le *continuum* entre organisme et environnement implique par conséquent la déconstruction du dualisme du subjectif et de l'objectif, car la qualité du problématique s'applique à la totalité du système organisme/environnement. On doit en outre remarquer que la notion de situation est d'ordre biologique et non pas physique, comme Burke semblerait le croire. Par conséquent, réduire la portée de la situation à un sous système de relations finies (le cercle intermédiaire de relations causales) entre le tout du système organisme/environnement et les éléments simples admis par toute ontologie atomiste, ne permet pas d'éviter le danger du monisme. La solution au problème soulevé par Burke doit par conséquent être cherchée sur un plan qui ne peut pas être celui de l'objectivité entendue au sens revendiqué par Russell et ensuite par Burke. Le principe de significativité qualitative constitue un critère suffisant pour réaliser cette réduction de la situation, nécessaire si on ne veut pas admettre que « tout jugement qualifie la réalité comme un tout ». La définition de la situation doit faire état et revendiquer l'importance de la dimension transactionnelle qui la constitue, et cela peut être fait uniquement à travers la détermination du réseau des facteurs corrélés causalement. Dans le cas de la situation, tout comme dans le cas de l'expérience, ce qui la rend *une* n'est pas attribuable au domaine dit objectif de la situation ni au domaine dit subjectif de l'agent, car la situation et sa qualité se produisent à l'intersection de ces deux

[70] LW 12 : 32.

[71] Comme le remarque Dewey, « a new organ provides a new way of interacting in which things in the world that were previously indifferent enter into life-functions », LW 12 : 32.

facteurs. Dans le cas de la situation problématique, le fait de la déterminer comme telle[72] constitue déjà le premier résultat du processus d'enquête, qui à son tour dépend de la constitution (cognitive mais plus généralement biologique) de l'organisme. Il ne s'agit donc pas d'une détermination objective d'un ensemble de relations causales, car la notion de situation, et par conséquent celle de 'problématique' également, dépasse le dualisme du subjectif et de l'objectif, dénotant l'ensemble complexe de l'organisme et de l'environnement. Dire que le problématique est un trait objectif peut être déroutant, car à la rigueur il n'est ni subjectif ni objectif : il est *ce à partir de quoi se fait le partage entre le subjectif et l'objectif.* En outre, l'objectivité n'est pas conçue par Dewey sous la forme de relations causales mais plutôt sous celle de l'observabilité publique propre à la dimension expérimentale de la science. L'affirmation deweyenne que « *nous* doutons car la situation est douteuse dans son essence »[73] témoigne de ce fait. Ce que des critiques tels Mackay n'ont pas compris, c'est précisément le fait que Dewey n'est pas en train d'établir ici une relation causale entre une propriété de la situation, à son tour définie comme ensemble de relations causales, et une propriété de l'agent. Dire que la situation est douteuse à cause du fait que l'agent est en train de douter (version mentaliste) ou dire que l'agent doute parce que la situation est problématique (version causaliste) sont deux erreurs symétriques. Dans les deux cas en effet on ne comprend pas la logique d'une distinction que Dewey construit à partir de sa conception fonctionnelle, d'après laquelle l'état subjectif de doute et la condition problématique du contexte ne sont que les deux moments d'une même totalité : l'être problématique de la situation[74]. Il y a sans doute des cas où un agent doute sans qu'il y en ait des raisons, ou des cas où une situation présente des problèmes sans que l'agent en soit conscient. En ce qui concerne le premier cas, Dewey dirait qu'il s'agit d'une situation pathologique[75], car la perception d'un doute inexistant relève, s'il ne s'agit pas d'une erreur, du fait que l'agent est déconnecté de son milieu, et qu'en quelque sorte sa pensée fonctionne à vide. En ce qui concerne l'erreur, il s'agit d'une possibilité qui rentre dans le cas des hypothèses mal construites. Il faut se souvenir que Dewey développe sa théorie dans un cadre qui est d'ordre fonctionnaliste et

---

[72] Ce fait nous semble indiquer en même temps l'expérience qualifiée au sens d'*une expérience* et la situation qui en est le corrélat, et qu'on pourrait définir comme *une situation*, bien que ce pas ne soit pas franchi par Dewey.

[73] LW 12 : 109.

[74] Pour une lecture partiellement différente, mais qui toutefois cherche à sauvegarder le statut objectif de la notion de situation, cf. Garreta , « Situation et objectivité. Activité et émergence des objets dans le pragmatisme de Dewey et Mead », dans de Fornel, Quéré, 1999: 35-68.

[75] « Personal states of doubt that are not evoked by and are not relative to some existential situation are pathological ; when they are extreme they constitute the mania of doubting », LW 12 : 109.

non pas de celui de la représentation. Il ne se propose pas de donner une définition universelle et neutre de la situation problématique en tant que telle, mais plutôt de décrire la modalité opératoire de la pensée par rapport à elle. En ce qui concerne le deuxième cas, c'est-à-dire la perception d'une situation problématique qui n'est pas perçue comme telle par l'agent, la référence à la notion de situation problématique peut être gardée en introduisant dans le cadre d'une situation plus étendue, dans laquelle un deuxième sujet perçoit comme problématique la situation de l'autre sujet en train de rencontrer un problème sans s'en apercevoir. Bien que Burke soit tout à fait conscient du cadre anthropobiologique de la théorie de l'enquête, son effort pour réfuter la critique russellienne se heurte aux mêmes difficultés que cette dernière, pour n'avoir pas tiré parti de toutes les implications que Dewey dérive de sa conception de la situation. Pour ce faire, il aurait fallu que la distinction entre la situation et l'objet devienne le point de départ de la critique de la lecture russellienne. Il est seulement à ces conditions que l'enquête peut être comprise dans son irréductibilité à un processus simplement cognitif ou même intra-mental de perception d'une difficulté objective déjà-là dans le monde extérieur. La double référence au paradigme anthropobiologique et à la notion de situation est ce qui permet de définir l'enquête à partir des traits suivants. D'abord, l'activité d'enquête se compose de séquences d'actions observables et non pas d'actes mentaux. Les actes mentaux sont uniquement considérés par rapport à leurs conséquences sur le comportement observable de l'agent. Ensuite, l'activité d'enquête vise la production de transformations dans la situation problématique et non pas uniquement dans le système des croyances des autres agents. Ces dernières sont aussi prises en considération mais uniquement par rapport à leurs conséquences sur le comportement, en accord avec la conception pragmatiste de la croyance comme habitude d'action. Enfin, la notion d'enquête est suffisamment générale pour comprendre aussi les stratégies d'action de tout être vivant, indépendamment de la présence de formes de conscience ou d'intelligence.

De ces trois affirmations on peut tirer deux conclusions. D'abord, qu'une situation problématique ne se modifie pas en intervenant directement sur le système des croyances du sujet mais en modifiant les conditions existentielles (auxquelles appartiennent aussi les croyances du sujet) qui définissent la situation. Ou, exprimé différemment, la modification des croyances des agents n'est qu'une des manières possibles de modifier les conditions existentielles de la situation. Ensuite, que toute situation inclut parmi ses conditions objectives les actions, les croyances et les habitudes du sujet. De ce point de vue, il n'y a pas expulsion de l'esprit du domaine de la logique mais refus de toute forme de privilège ontologique du mental au détriment d'autres facteurs. Par conséquent, dire que la fin de l'enquête est la transformation contrôlée d'une situation signifie au même titre qu'elle parvient à la transformation (à travers l'action) des facteurs matériels impliqués et qu'elle conduit à une transformation des croyances des agents qui s'y trouvent engagés. Ici, encore une fois, Dewey ne fait que tirer les conséquences de son principe de continuité, appliqué cette fois aux distinctions entre l'esprit et la matière et entre le subjectif et l'objectif[76]. Il faut aussi remarquer que, du point de vue de la théorie de l'enquête, il n'y a strictement aucune différence de valeur entre les deux formes de transformation ici considérées[77]. Lorsque Dewey affirme que « le rétablissement de l'intégration ne peut être accompli [...] qu'à travers des opérations qui modifient réellement les conditions existantes et non pas à travers des processus *purement* mentaux »[78], notre attention doit se concentrer sur l'adverbe 'purement' (*merely*) et non pas sur l'opposition du réel au mental. Ce qui d'après Dewey est erroné ce n'est pas tant le fait de penser que la situation problématique puisse être résolue en modifiant les croyances des agents (on pourrait, comme cela a effectivement été fait, fournir de nombreux contre-exemples) que le fait de penser que la transformation des croyances constitue une phase préliminaire à la transformation de la situation, qui serait ensuite produite comme conséquence et comme application des nouvelles croyances ainsi introduites. Ce point est en contraste avec toute notre tradition épistémologique, qui voit dans la distinction entre les faits et les idées une différence de type et non pas uniquement « une simple division logique du travail »[79]. La conception deweyenne remet radicalement en question le statut même de la pratique philosophique, en lui refusant ce rôle de « théorie de la théorie » qui a fait son identité depuis le commencement grec, pour la transformer en théorie de la pratique. Une croyance n'a donc pas un pouvoir causal au sens où l'entendent bien de théories contemporaines de l'action. Changer une croyance est déjà une façon de transformer la situation et non pas sa pré-condition épistémologique. Pour conclure, l'expression « nous doutons car la situation est dans son essence douteuse » signifie tout simplement que nous appartenons à la situation, et que par conséquent nous sommes ou nous pouvons être l'un des facteurs qui la rendent problématique. En outre, comme tout autre facteur, nous partageons le trait distinctif unique qui la

[76] A ce propos, cf. dans le volume de Paul Schilpp la réponse de Dewey, notamment la première et deuxième parties, où il montre bien que les méprises de Hans Reichenbach de Bertrand Russell et surtout de Arthur E. Murphy sont dues exactement à leur non compréhension du principe de continuité.

[77] Il y a bien sûr une différence technique et opérationnelle, mais il s'agit d'un problème d'une toute autre nature.

[78] LW 12 : 109. C'est nous qui soulignons.

[79] LW 12 : 115.

qualifie. Plus précisément, « les réponses organiques[80] qui contribuent à la création de l'état de choses temporellement postérieur et conséquent, sont aussi réelles que les conditions environnementales »[81]. Corrélativement, « dans toute situation troublée, les *choses* se présentent de façon différente selon ce qu'on fait », à condition de préciser que 'se présenter' ne renvoie pas à la modalité cognitive de la représentation mais au fait biologique de la transformation : c'est notre action qui participe à la structuration de la situation.

D'après ce que nous venons de dire, le parcours de l'enquête peut être schématisé de la façon suivante :

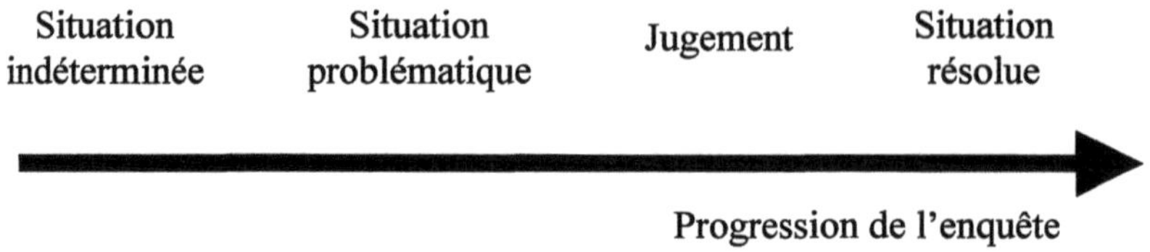

Situation indéterminée — Situation problématique — Jugement — Situation résolue

→ Progression de l'enquête

Cette représentation schématise de façon utile la scansion jusqu'ici esquissée. Malgré le fait que cette division en moments discrets ne corresponde pas à la réalité d'un processus continu, elle nous permet toutefois de distinguer les différents aspects logiques qui le composent. Le point de départ du processus d'enquête est l'expérience vécue d'indétermination provoquée par le fait que quelque chose ne fonctionne plus, et que l'équilibre préexistant se brise. Le premier passage a lieu lorsque cette expérience de la situation en tant que problématique reçoit une première détermination conceptuelle. *Le* problème devient *un* problème, c'est à dire une situation qui est déterminée dans les traits généraux qui la constituent[82]. Dans le deuxième passage, ce mouvement de détermination progressive[83] parvient à une représentation de la situation problématique en termes qui rendent possible un diagnostic. Le processus parvient ici au moment culminant du jugement, car l'enquête aboutit à une compréhension de ce qui se passe et permet de formuler une hypothèse sur le cours d'action à accomplir afin de parvenir à la solution du problème. Le troisième et

[80] Parmi lesquelles, rappelons-le, il y a tous les actes langagiers.
[81] LW 12 : 109.
[82] « A problem represents the partial transformation by inquiry of a problematic situation into a determinate situation », LW 12 : 111-112.
[83] Ce que Dewey appelle différenciation ou articulation et qui constitue l'acte de penser dans sa théorie de la pensée active.

dernier passage consiste à tester les indications formulées dans le jugement. Des cours d'action sont ainsi activés afin d'atteindre un état de nouvel équilibre esquissé dans le jugement final. A cette séquence linéaire, Burke a proposé de substituer une représentation circulaire qui permet de mieux montrer l'évolution de la transition entre organisme et environnement parallèlement au déroulement du processus d'enquête[84].

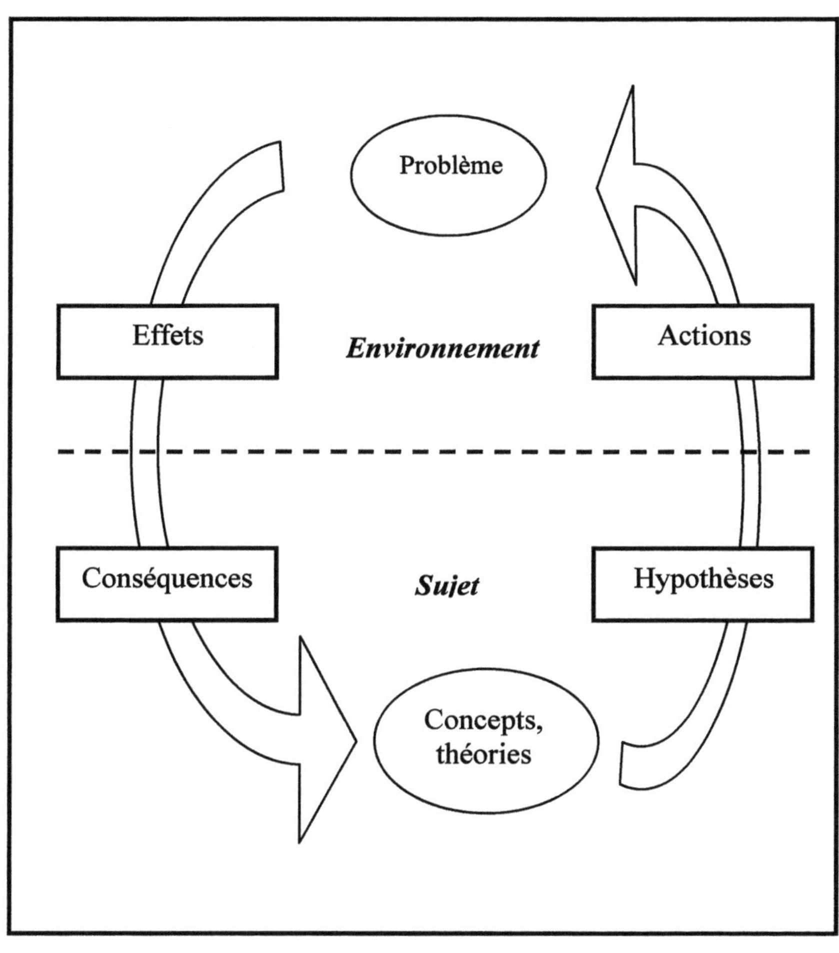


[84] Tiré de Burke, 1994 p. 162, (modifié). Nous présentons son schéma dans la version 'réflexive', qui correspond à l'enquête en tant que comportement humain et non pas au modèle, pris au sens général, de paradigme biologique. Ce dernier est présenté à la page 161 du même livre.

Si nous passons de la première représentation à cette dernière, la distorsion introduite par la représentation modulaire d'un processus continu linéaire est enfin éliminée. L'aspect circulaire de ce deuxième schéma nous rappelle le fait que le sujet de l'enquête n'est ni l'esprit ni le sujet organique mais la totalité composée par le système de l'organisme et de l'environnement. Elle nous montre graphiquement que l'enquête n'as pas lieu à l'intérieur du crâne d'un sujet pensant mais dans le dedans/dehors d'un sujet agissant. Elle nous rappelle aussi que, dans le cas de l'homme, l'enquête est une entreprise essentiellement langagière et qu'elle prend la forme d'une transition entre les croyances de l'agent et le système symbolique du savoir et de la culture qui définit la situation de référence. Les flèches verticales montrent la fonction des idées et des faits dans cet échange : les idées fonctionnent comme des instruments de contrôle des actions (en tant qu'hypothèses, elles guident l'action) tandis que les faits en tant qu'effets des opérations réalisées sont interprétés comme conséquences des actions entreprises sous la direction des idées[85]. Les faits jouent ainsi un rôle de *feedback*. La conception du problème qui émerge de cette théorie est une conception modelée sur la pratique expérimentale, qui assume les traits d'un diagnostic de nature hypothétique. Cela signifie qu'il s'agit d'une reconstruction de la situation dont la validité sera confirmée ou réfutée sur le plan pratique de sa réalisation. L'enquête est alors le processus de la détermination progressive de l'idée, accomplie à travers cet échange constant entre observations factuelles et interprétations conceptuelles.

L'idée de détermination progressive a ici une importance fondamentale, car elle justifie la thèse deweyenne selon laquelle le jugement est un processus temporellement étendu et non pas un simple acte logique (la prédication comme articulation d'un sujet qui est déjà donné à un prédicat lui aussi déjà donné). L'activité de la pensée consiste dans ce processus complexe de sélection de faits, recherche d'idées capables de les organiser, formulation d'hypothèses, accomplissement d'actions qui en explorent les conséquences, etc. Et dans la mesure où la distinction entre faits et idées n'est qu'une différentiation fonctionnelle[86], Dewey peut en arriver à sa conception pratique et active du jugement comme acte à la fois cognitif

[85] Les idées, dans la perspective pragmatiste, sont en effet « anticipated consequences (forecast) of what will happen when certain operations are executed under and with respect to observed conditions », LW 12 : 113.

[86] « As distinctions they represent logical division of labor », LW 12 : 115. Cette même thèse avait déjà été avancée par Dewey 38 ans plus tôt, dans « Some Stages in Logical Thought ». Dans ce texte, il se demandait en fait si « an account of thinking, basing itself on modern scientific procedure, demand a statement in which all the distinctions and terms of thought – judgment, concept, inference, subject, predicate and copula of judgment, etc, *ad infinitum* – shall be interpreted simply and entirely as distinctive functions or divisions of labor within the doubt inquiry process », MW 1 : 174.

(élaborer des hypothèses) et matériel (accomplir des actions pour tester les hypothèses, rassembler les données, produire les faits objet d'observation, etc.). Comme Dewey le remarque à plusieurs reprises, lorsque nous nous trouvons face à la question purement logique de la prédication, l'activité proprement créative et reconstructrice qui caractérise l'exercice de la pensée a en réalité déjà eu lieu. En ce sens, la logique classique arrive toujours trop tard, quand il n'y a plus rien à penser mais il reste seulement un acte mécanique de reconnaissance à accomplir.

Nous pensons avoir montré quels sont les traits constitutifs de la notion de situation problématique. Il est maintenant possible d'aborder la question du rôle que le jugement joue dans la théorie de la pensée comme enquête.

## 5. L'enquête comme paradigme de la pensé active : la théorie du jugement

> « *Experimental inquiry or thinking signifies* directed activity, *doing something which varies the conditions under which objects are observed and directly had and by instituting new arrangements among them* »
>
> LW 4: 99

La définition de l'enquête dont nous sommes partis conduit à une conception de l'acte de penser qui se structure en trois types d'actions :

1. la *transformation contrôlée* (de la situation indéterminée à la situation déterminée) ;
2. l'*articulation* (de la situation indéterminée à la situation problématique) ;
3. la *reconstruction* (d'un nouvel état d'équilibre).

Cette primauté de la dimension active implique que l'analyse logique du jugement doit nécessairement être entreprise par rapport à des contextes d'action : on délibère à l'intérieur de, et par rapport à, des contextes qui sont singuliers et dynamiques. Comme Dewey le remarque, l'homme est par nature voué au jugement, en raison du fait qu'il se trouve jeté dans un environnement changeant : les situations dans lesquelles il vit changent *quoi qu'il arrive*. Il n'y a donc pas de neutralité possible, car l'inaction vaut également comme forme d'action. Mais en même temps, les situations changent aussi du fait de notre intervention. C'est ici que Dewey introduit l'impératif du contrôle et définit l'intelligence comme le trait qui qualifie toute action qui s'installe dans le changement et qui l'assume pour le maîtriser. A partir de l'affirmation de ce principe et de la taxonomie des actions de la pensée que nous venons d'esquisser (transformer, articuler, reconstruire), on obtient les trois principes qui définissent la nature et le rôle de la pensée dans la perspective deweyenne.

1. *la pensée est active* : le dualisme entre la pensée et l'action est dépassé au profit d'une conception de la pensée comme forme

d'activité qui se déploie dans l'espace–temps à travers des actions contrôlées ;

2. *penser signifie articuler* : le dualisme de l'analyse et de la synthèse est dépassé en direction d'une conception de la pensée comme activité d'articulation d'un tout indéterminé en distinctions dont la nature est fonctionnelle.
3. *la pensée vise toujours la reconstruction d'une situation problématique* : le modèle de la 'Spectator Theory' est dépassé au profit d'une conception téléologique de la pensée comme activité orientée vers une reconstruction réelle du contexte.

Le premier de ces aspects a été amplement traité dans la première partie de ce travail. Pour ce qui concerne la dimension reconstructive inhérente à l'activité de penser, nous allons la détailler à partir de la théorie deweyenne du jugement. La notion d'articulation sera reprise dans les conclusions.

## 5.1 Le jugement comme activité pratique de reconstruction

Pour mieux comprendre la portée de la théorie deweyenne du jugement, il est utile de la comparer à ce qui, d'après Dewey, représente la forme paradigmatique d'acte logique dans la tradition philosophique, c'est-à-dire la *définition.* Dans *Logic*, aussi bien que dans *The Quest for Certainty*, Dewey a affirmé que la logique aristotélicienne entretient un lien essentiel avec une métaphysique de l'être comme permanence. Dans un schéma de pensée dominé par l'opposition de l'être stable au changement, la définition constitue la forme parfaite de la connaissance, car « elle est la forme que l'essence assume *en tant que* connue »[1]. La définition est « l'appréhension cognitive de ce qui définit (distingue, délimite) la substance ontologique »[2]. Connaître, c'est donc définir et classifier les êtres d'après leur formes essentielles. La logique comme théorie du syllogisme et de la définition en constitue ainsi l'expression adéquate. Il s'agit d'une conception de la connaissance qui, loin d'être neutre et universelle, est d'après Dewey historiquement déterminée et dépendante d'une conception de la connaissance dans laquelle le classement typologique des formes de l'être

[1] LW 12 : 91. Nous devons ici distinguer entre la définition en tant qu'instrument indispensable dans toute forme de connaissance et la définition en tant qu'image de la pensée. Ce qui est ici en question est évidemment le deuxième aspect, qui s'exprime par exemple dans les grandes taxonomies qui classent les êtres dans un tableau censé en déployer l'essence.

[2] « Definition is cognitive grasp of that which defines (marks out) ontological substance. It marks it off from everything else and grasps its eternal self-same character », LW 12: 91.

était considéré comme la forme d'accomplissement *par excellence* de toute recherche[3]. Dans les cas où la question épistémologique fondamentale est celle de distinguer ce qui est permanent de ce qui est variable[4], la taxonomie exhaustive et la définition démonstrativement justifiée constituent la forme de connaissance la plus adéquate. C'est en effet à travers la définition que le partage de l'immuable et du changeant ou de l'essentiel et de l'accidentel peuvent être affirmés et fixés dans la pensée. Si ce qui peut et doit être connu sont les formes éternelles qui définissent l'être substantiel (et pour cela soustrait au changement) de la réalité, la définition comme articulation en genres et espèces constitue la réponse appropriée[5], car c'est à travers leur définition que les choses sont fixées dans leur identité propre[6]. La définition et la classification recouvrent ainsi tout le domaine de la connaissance[7]. Elles déploient le plan logico-métaphysique de la représentation comme image de la pensée. De même que l'on visite un musée afin de mieux voir et connaître ce qui est conservé à l'intérieur[8], la connaissance n'opère pas comme un acte de découverte et d'invention mais toujours comme un acte d'appréhension d'un être déjà là, dont il s'agit de codifier la nature à travers une définition qui en explicite les traits essentiels et une classification qui les relie aux autres réalités qui l'entourent. Connaître, c'est appréhender un contenu cognitif pour de le posséder[9]. On remarquera au passage que l'épistémologie vise ici une connaissance d'ordre qualitatif et non pas quantitatif. Dès lors, l'inversion du rapport épistémologique entre qualité et quantité opérée par la science moderne et contemporaine implique d'après Dewey une transformation correspondante dans les formes de la logique, car la primauté du quantitatif détermine la remise en question de la valeur épistémologique du dualisme de l'essentiel et de l'accidentel aussi bien que de la primauté de l'ordre de la représentation sur l'ordre de la transformation[10]. Par conséquent, *les actes d'appréhension et de possession qui s'incarnent dans la définition seront remplacés par l'activité transformative du jugement.*

[3] Pour une analyse des causes sociales et culturelles qui conduisirent à ce paradigme, cf. Frega 2006.

[4] LW 12 : 88.

[5] Comme le remarque Dewey, « the syllogism is the form of complete enclosure », LW 12 : 89-90. C'est ce qui permet d'opérer le partage du stable et du changement, sur lequel toute représentation vraie se fonde.

[6] « Definition is grasp of the essence which makes things to be what they truly are » LW 12 : 92.

[7] « Definition and taxonomic classification are necessary forms of knowledge because they are expressions of necessary forms of being », LW 12 : 92.

[8] Cette belle métaphore est de Dewey, LW 12 : 93.

[9] On peut voir ici les traits de ressemblance avec l'image de la pensée qui caractérise la conception moderne et contemporaine de la pensée comme acte d'appréhension d'un contenu conceptuel.

[10] LW 12 : 94-98.

L'unité de la connaissance et de l'action, qui caractérise le jugement en tant qu'acte transformatif, remplace la représentation en tant qu'image de la connaissance. Ce passage est rendu possible par la conception qui fait du jugement un acte logique et en même temps pratique. La thèse de « l'unité du pratique et du logique » déjà avancée par Dewey dans les années dix, fournit ainsi les bases pour comprendre la nature de la pensée et de la connaissance telles qu'elles se manifestent dans le cadre de la pratique contemporaine de la science. La théorie logique sera ainsi appelée à rendre compte sur le plan qui est le sien de ces transformations intervenues dans les pratiques de pensée et de connaissance. Un usage différent, historiquement déterminé lui aussi, du jugement est donc ce qui se trouve au fondement de la conception deweyenne du jugement comme acte reconstructif et de l'épistémologie comme épistémologie des pratiques de connaissance[11].

La théorie deweyenne du jugement est donc élaborée à partir de l'examen du rôle et du fonctionnement du jugement à l'intérieur de la pratique scientifique de nature expérimentale, quitte à en montrer ensuite la portée anthropobiologique générale[12]. Grâce à une inversion dont nous connaissons maintenant la logique, Dewey définit la science comme « un mode de la pratique ». Le scientifique est avant tout considéré comme un praticien, qui « est constamment occupé à élaborer des jugements pratiques : des décisions sur ce qu'il faut faire et sur les moyens qu'il faut employer pour le faire »[13]. Pris dans le cadre de l'activité de recherche scientifique, le jugement se présente avant tout comme l'acte final du processus d'enquête, au sens double où il en constitue l'aboutissement et l'objectif. Il s'agit du résultat réglé (*the settled outcome*) qui en résulte. En tant que final, « le jugement a une portée directement existentielle »[14]. Le terme 'existentiel' signifie pour Dewey que l'énonciation du jugement est un acte qui intervient dans une situation avec une finalité précise : il s'agit d'une « décision directrice d'activités futures ». Dewey est évidemment fort conscient du fait que cette

---

[11] La conception deweyenne de l'épistémologie comme épistémologie des pratiques de connaissance est examinée dans Frega 2006, où certaines des thèses logiques ici analysées sont abordées dans leurs conséquences épistémologiques.

[12] On remarquera ici le mouvement explicatif suivi par Dewey : avant tout, il inscrit l'acte de penser dans un paradigme anthropobiologique qui fait de la pensée une question d'interaction entre un organisme et son environnement. Ensuite, il démontre que la science en tant que pratique humaine vitale suit, en tout cas au moins à partir de la révolution moderne, un paradigme de type transformatif. Pour terminer, la structure logique déterminée à travers l'examen de la pratique scientifique est généralisé et devient la base pour une théorie générale de la pensée en tant qu'activité de transformation fondée sur l'identité des moments pratique et logique dans le jugement.

[13] LW 12 : 163. Cet aspect de l'épistémologie deweyenne ne doit pas nous faire sous-estimer le moment de l'abstraction conceptuelle, strictement articulé, chez Dewey, à la dimension pratique de la connaissance et de la pensée.

[14] LW 12 : 123.

affirmation implique une rupture radicale avec la tradition logique établie[15], car en opposition à cette dernière, il « attribue à l'enquête des fonctions de transformation et de reconstruction *existentielle* du matériel traité ». Pour transformation il faut ici entendre « la conversion d'une situation problématique indéterminée en une situation déterminée et résolue »[16]. Nous n'avons ici qu'une variation sur la définition de l'enquête présentée plus haut[17]. Toutefois, cette détermination ultérieure est importante, car elle montre que pour Dewey – malgré ce que pensait Russell – l'enquête est pour l'homme une forme d'activité essentiellement cognitive, qui culmine dans un acte propositionnel de jugement. Il ne s'agit donc pas, comme dans les exemples russelliens, d'une activité pratique quelconque de mise en ordre[18], mais d'une *activité intelligente qui aboutit à la formulation d'une proposition vraie*[19] : le jugement qui détermine, à partir de l'analyse de la situation en question, un cours d'action possible pour atteindre un but déterminé. Il faut maintenant préciser en quel sens un jugement vise une transformation.

Dewey définit la transformation opérée par le jugement comme « une requalification de l'antécédent matériel existentiel » dont le but consiste à convertir « une situation problématique indéterminée en une situation déterminée et résolue »[20]. Jugement, transformation et situation sont des concepts strictement liés, comme dans la « Spectator Theory » l'étaient ceux de définition, de représentation et d'objet ou d'état de choses. D'une part, le rapport du jugement à la situation garantit que la transformation ne soit pas comprise au sens pratique immédiat d'une opération quelconque ; d'autre part, le rapport du jugement à la transformation explique que le seul objet du

---

[15] Ce qui ne signifie pas que Dewey considère la logique aristotélicienne comme erronée. Au contraire, la reconstruction historique entreprise par Dewey à plusieurs endroits, témoigne plutôt du fait que ce qui est à critiquer n'est pas la logique ancienne dans sa constitution formelle, mais « the effort to maintain that logic, with revisions here and additions there, as adequate or even relevant to the science of today », LW 12 : 98. Plutôt, « the need is for logic to do for present science and culture what Aristotle did for the science and culture of his time », LW 12 : 100. La question concerne donc l'accord entre une logique et les pratiques de connaissance qui lui sont contemporaines et qu'elle devrait contribuer à formaliser. D'où l'idée que « the confusion which marks logical theory is, then, a natural consequence of attempts to retain the forms of classical logical theory after the method of inquiry by which knowledge is obtained and beliefs are tested has undergone a radical change », LW 12 : 99.

[16] LW 12 : 162.

[17] Cf. la première partie du chapitre 4.

[18] Le cas du sergent qui transforme un ensemble de recrues en un bataillon ou celui du maçon qui transforme un ensemble de briques en une maison. Cf., à ce propos, B. Russell, « Dewey's new logic », dans Schilpp, 1939 et le débat qui s'en est suivi : Gale, 1959: 401-406 et dernièrement Burke, 1994 *passim.*

[19] Vraie au sens attribué par Dewey à l'expression de « Warranted assertibility ».

[20] LW 12 : 161.

jugement est la situation dans sa totalité[21]. Le rapport du jugement à la transformation doit être compris en deux sens différents. D'une part, le jugement est appelé à contrôler le développement du processus de transformation. En ce sens, il est l'acte conclusif du processus d'enquête visant cette même transformation. Mais de l'autre, le processus d'enquête, est en lui-même transformatif, de telle sorte que le jugement témoigne des transformations qui ont été produites directement par le processus d'enquête qui a conduit de la situation initiale indéterminée à la situation finale à l'intérieur laquelle il est produit. S'il est vrai que le concept d'enquête implique le dépassement du dualisme entre la pensée et l'action et que l'action est un facteur constitutif de la pensée, Il en découle que tout jugement est le résultat des actions qui l'ont précédé, dont le rôle dans sa production s'est révélé fondamental.

### *5.1.1 Jugement, syllogisme et pratique*

Dans la théorie aristotélicienne du syllogisme pratique[22], la délibération est conçue comme la conclusion d'un raisonnement dont le but est la prescription d'une action et non pas l'affirmation d'une proposition, comme c'est au contraire le cas dans le syllogisme théorique. Il n'en reste pas moins vrai que la forme du raisonnement demeure celle de l'articulation logique entre deux prémisses en vue de la détermination d'une conclusion. Le jugement ne serait dès lors qu'une variation sur le principe logique fondamental qui conçoit le raisonnement comme une procédure pour transférer la vérité de prémisses acceptées comme vraies à une conclusion inférée. Il en découle que le sens que Dewey attribue à l'expression 'jugement pratique' est différent du sens assigné à cette même expression dans la théorie du syllogisme. Dans ce cadre, le jugement pratique et le jugement théorique ont en commun le fait de figer le jugement dans une image statique qui occulte le processus dynamique de son accomplissement.

---

21 Nous rappelons que la situation définit au sens propre le seul objet possible pour le jugement. En ce sens, le jugement est considéré par Dewey comme un acte de nature individuelle, qui porte toujours sur la totalité singulière d'une « situation globale qualitative » (« a total qualitative situation » LW 12 : 220).

22 Dans la philosophie de l'action contemporaine, et notamment à partir des travaux d'Anscombe et de Von Wright, la question du syllogisme pratique a été posé en termes différents. Si chez Dewey, tout comme chez Aristote, l'inférence pratique est discutée dans le cadre d'une théorie du raisonnement, chez Anscombe et Von Wright elle devient le point de départ pour des théories qui se proposent d'expliquer la structure de l'action, et notamment le rapport entre intention, cognition et comportement. Cette différence explique l'absence de toute référence à la dimension intentionnelle chez Dewey.

Cela tient au fait qu'une fois que nous possédons les prémisses sur la base desquelles déduire une conséquence, le travail de la pensée à déjà été accompli : le syllogisme n'est alors qu'« une expression linguistique d'un jugement réel déjà effectué »[23]. Cette critique, qui vise les théories du jugement en vogue à l'époque de Dewey, s'applique également à une partie significative du débat qui a lieu aujourd'hui en philosophie de l'action. Une définition représentative de la tendance contemporaine à traiter la question de la rationalité du jugement à partir de cette séparation entre la pensée et l'action[24] est celle proposée par Bruce Aune, qui définit le raisonnement pratique comme un « type de raisonnement dirigé vers l'action, [...] un raisonnement qui, idéalement, s'achève sur une décision d'agir »[25]. Le problème que le raisonnement pratique pose à la philosophie est, d'après Aune, qu'on prend ici pour représentatif d'un courant important en philosophie analytique, la détermination de la forme logique propre au type d'inférence caractéristique du raisonnement pratique. Une théorie du raisonnement pratique doit expliquer comment, *étant données* certaines assomptions, une conclusion valide en est inférée. Le raisonnement pratique est dès lors défini comme « une activité humaine qui implique le fait de poser des prémisses, de conclure et par conséquent de formuler des assertions »[26]. Mais s'il en est ainsi, la spécificité de l'approche deweyenne consisterait uniquement dans le fait de résister à la tendance contemporaine à réduire le domaine d'application de la logique « de l'étude de l'inférence à l'étude de l'implication »[27]. Cette tendance nous paraît plutôt caractériser le but visé par le tournant inférentialiste qui caractérise certains auteurs néo-

[23] LW 12 : 167.

[24] C'est là, nous croyons, la raison fondamentale qui explique le peu d'attention accordée à Dewey dans la philosophie de l'action et du raisonnement pratique : si la question philosophique qui domine cette partie de la philosophie contemporaine est l'explication du rapport de la pensée (raison, intention, cause, croyance, etc.) à l'action, la philosophie deweyenne est entièrement consacrée à articuler un présupposé radicalement différent : celui de la *pensée en tant que forme d'action.*

[25] Aune, 1986: 301.

[26] Aune, 1986: 302. On remarquera que d'après Aune la fonction éducative qui revient à la logique consiste à renforcer nos « mental habits of inference », c'est-à-dire nos capacités de transférer la vérité des prémisses aux conclusions. Cette remarque, qui ne fait que réaffirmer le principe fondamental de l'approche analytique à la pensée, ne tient évidemment aucun compte de l'aspect matériel qui fait l'objet des analyses deweyennes.

[27] Il s'agit entre autre de la thèse soutenue par J. Welchman, « Logic and judgment of practice », dans Burke, 2002: 28. Cette thèse nous semble rendre compte uniquement de l'aspect de la logique deweyenne sans doute plus la facilement assimilable au débat contemporain. Même si cette thèse a le mérite de réintroduire Dewey dans le débat actuel, elle le fait au prix de laisser en marge ce qui en constitue l'élément le plus original, qui est au contraire responsable de son inactualité.

pragmatistes de la philosophie contemporaine[28], dont l'approche ne relève toutefois pas d'une conception de la pensée assimilable à la théorie de la pensée active élaborée par Dewey, car cette dernière accomplit certes le passage de l'implication à l'inférence, mais sans pour autant s'y réduire. D'autre part, s'il est vrai que l'inférentialisme accomplit ce même passage, il ne parvient toutefois pas à une conception active de la pensée car, malgré tout, cette dernière y demeure une forme encore mentale ou tout au plus linguistique d'activité. L'inférentialisme nous paraît en ce sens être assez éloigné de la conception deweyenne de la pensée comme forme d'action. Par conséquent, il demeure étranger au principe pragmatiste de l'unité du pratique et du logique. En tant qu'aspect constitutif du processus transformatif de l'enquête, le jugement doit au contraire être compris comme le processus d'action et de réflexion qui conduit à déterminer les prémisses sur la base desquelles nous allons décider comment agir. Dewey cite à ce propos l'exemple de quelqu'un qui, étant malade, doit décider s'il doit se rendre chez le médecin. D'après la théorie traditionnelle du syllogisme pratique, la structure logique du jugement serait la suivante :

1. si X est malade, il doit consulter un médecin (prémisse majeure) ;
2. X est malade (prémisse mineure) ;
3. X doit aller chez le médecin (conclusion).

D'après ce que nous venons de dire, il est évident que cette formalisation ne peut pas constituer une base adéquate pour l'explication de l'acte du jugement tel que Dewey l'entend. Dans une critique souvent répétée, Dewey ne cesse de remarquer que le syllogisme arrive toujours trop tard, car il ne nous explique pas la logique de production du jugement en tant qu'acte, mais se limite à la mise en forme d'un jugement qui a déjà été accompli[29]. Cette mise en forme, loin de nous aider à comprendre la nature du jugement, nous en éloigne. Elle nous laisse notamment croire que l'essentiel dans la pensée, ce qui en constituerait l'enjeu crucial, serait la manière dont la propriété d'être vrai peut être conservée et transmise à travers des transformations linguistiques de nature particulière : les inférences. Il faut alors placer Dewey dans cette lignée de philosophes qui affirment sans cesse que l'erreur logique ne constitue en aucune manière le danger principal auquel serait exposée la pensée, et qu'au contraire dans la plupart des cas nos inférences sont formellement correctes. En ce sens, le danger pour la pensée ce serait la bêtise[30] plus que l'erreur. Dans cette image trompeuse de la pensée produite

---

[28] Nous pensons notamment à l'œuvre remarquable de Robert Brandom. Pour une première introduction à l'inférentialisme et à ses rapports historiques avec le pragmatisme et la philosophie analytique, cf. Brandom, 2002.

[29] Cf. par exemple LW 12 : 166-167.

[30] Il s'agit d'une thèse défendue également par Gilles Deleuze, notamment dans Deleuze, 1968 et vraisemblablement en toute indépendance des sources pragmatistes.

par la focalisation sur de faux problèmes, Dewey détecte l'élimination de ce qui, selon lui, constitue le véritable enjeu de la pensée, coextensif au processus précédent la formulation du jugement final. Ce processus peut être vu comme celui de la genèse des prémisses, que la théorie logique traditionnelle évite d'aborder, car elle les traite comme des *données* de départ non problématiques[31]. Pour en rester au langage de la syllogistique, on peut remarquer les faits suivants. D'abord, la prémisse mineure n'est pas la constatation d'un fait qui serait évident en soi, mais le résultat d'une interprétation, que l'agent produit à partir d'une réflexion sur sa propre situation. Dans la proposition « je suis malade », un diagnostic est déjà implicite. Ce diagnostic dépend à son tour de la considération d'éléments comme le rapport du sujet à la maladie, d'autres éléments de son expérience, des aspects concernant le statut socio-culturel de la maladie, etc. Dans l'activité de penser nous ne rencontrons jamais un simple acte d'appréhension immédiate du contenu « je suis malade », mais des processus d'auto-observation, de réflexion, de doute, d'attribution à certains signes d'un statut de symptôme, de formulation d'hypothèses, de tentative de les confirmer, etc. De la même manière, la prémisse majeure n'est qu'une des règles d'action qui sont à la disposition du sujet, qui pourrait interpréter sa situation à partir d'autres significations, comme une vision fataliste de l'existence, l'insouciance pour la santé, le manque d'argent, le soulagement procuré par une semaine au lit, etc. Nous retrouvons ici la thèse de la nature immanente du critère, qui fait de l'évaluation un acte affirmatif d'autodétermination. En ce sens , lorsque l'énonciation de la règle formelle définit l'ensemble des conditions de validité du syllogisme, tout l'effort de pensée opéré par le sujet est perdu, car l'acte de penser se réduit à un pur procédé automatique : il n'y a ni doute ni mise en place d'une procédure réflexive de délibération[32]. Au contraire, si nous voulons rendre compte de la logique de la pensée, nous devons montrer comment la pensée, la réflexion et l'exercice actif de l'intelligence entrent en jeu dans le difficile processus qui nous amène à attribuer à ces symptômes le statut de maladie, et à décider que cette situation demande telle solution et non pas telle autre. C'est exactement pour cette raison que Dewey définit le jugement comme un acte essentiellement pratique, dont les conditions de signification ne sont pas

---

[31] Comme c'était le cas pour la notion de situation, la distinction entre des prémisses données et non problématiques et la conclusion ne concerne pas des catégories objectives de propositions mais plutôt la *fonction* de la proposition dans le jugement. A l'objection que les prémisses données sont à leur tour le résultat d'un raisonnement, on devrait répondre que cette objection ne fait que déplacer le problème sans pour autant le résoudre. Car ce qui reste indéterminé, c'est toujours le processus, inévitablement affecté par le principe de l'unité du pratique et du logique, à travers lequel dans un raisonnement donné une prémisse est acceptée.

[32] LW 12 : 167.

fixées par la structure formelle d'une argumentation mais par la structure pratique d'une situation en voie de détermination, par rapport à laquelle le jugement constitue un passage essentiel. Le jugement est un acte qui se rapporte à la situation problématique de deux manières :

1. il est la conclusion d'un processus orienté vers la résolution d'un doute subjectif concernant l'action à accomplir ;
2. il est l'instrument à travers lequel l'agent résout un problème objectif, relatif à la constitution de la situation.

En ce qui concerne la question de la validité des jugements, la conception deweyenne du jugement comme acte conduit à la substitution de la notion d'assertabilité garantie à la notion classique de vérité. Si dans la logique formelle contemporaine la question de la vérité concerne essentiellement la détermination des conditions auxquelles la vérité est transférée des prémisses aux conclusions, dans la logique de l'enquête cette question se transforme en celle de l'évaluation des conséquences des actions prescrites dans le jugement comme solution à la situation problématique. La validité est traitée comme un aspect substantiel et non plus seulement formel : elle relève de la capacité du processus inférentiel à produire des hypothèses dont l'évaluation sera faite en fonction du succès des stratégies d'action qui en découlent[33]. Quelle est donc la position que Dewey critique ? On pourrait penser que son but consiste à remettre en question le principe de neutralité qui régit la méthodologie de la recherche scientifique, et qui se fonde sur un partage net du subjectif et de l'objectif, du personnel et du neutre. Cette conception ne semble pas prendre en considération le fait pourtant essentiel que Dewey prétend avoir tiré sa conception de la pensée et la justification de sa théorie de l'observation de la pratique réelle des activités de la recherche scientifique. L'idée que la pensée est *à la fois,* personnelle et objective, présuppose un traitement fort original des concepts logiques qui doit évidemment être expliqué. Dewey n'a jamais mis en question le fait que la recherche scientifique, dans la mesure où elle vise la mise au point d'instruments et d'outils pour l'enquête, se fonde sur cette neutralité qui dérive de son abstraction des contextes déterminés d'usage. Si le rapport à une situation singulière constitue l'horizon inévitable de tout acte de penser, y compris dans la science, la mise au point des outils qui serviront à la pensée dans les cas d'enquête concret se soustrait au moins partiellement à

[33] On pourrait se demander en quoi un tel processus relèverait de la logique en un sens quelconque. La réponse est fournie par Dewey dans la *Logic* à partir de la redéfinition des catégories fondamentales de la logique classique. Concevoir la pensée comme une activité d'enquête exige que les concepts de proposition, d'objet logique, d'attribut, de sujet et que l'explication du rapport entre propositions de type différent, de la relation qui articule situation, proposition, jugement et action, etc. soient définis de manière appropriée. Sans une telle remise en discussion des notions centrales de la logique, l'entreprise deweyenne serait vouée à l'échec.

cette contrainte, en raison de la différence qu'il y a entre la mise en place d'un moyen d'usage généralisé et son utilisation spécifique. C'est d'ailleurs ce pouvoir d'abstraction généralisante qui explique la supériorité des méthodes expérimentales de fixation des croyances par rapport aux autres, et qui donne à la science son pouvoir d'action presque illimité. La thèse de la nature transformative du jugement énonce donc une conception de la pensée différente de celle qui fait de la pensée une forme d'activité autonome et immatérielle, enfermée dans le cerveau ou, ce qui revient au même, dans l'enceinte du cabinet du philosophe. Sur le plan de la théorie du jugement, cette différence concourt à la définition de ce que Dewey appelle le 'facteur pratique' de la pensée[34].

## *La pratique comme figure de l'immanence*

Le pratique devient ainsi pour Dewey la marque essentielle de la pensée en un sens qui a souvent été mal compris. Nous croyons que la catégorie d'après laquelle il faut comprendre le statut de la pratique chez Dewey n'est pas celle de quotidien ou d'ordinaire mais celle d'*immanence*. En ce sens, le pratique est *la* catégorie qui structure notre interprétation du pragmatisme dans sa totalité. La thèse deweyenne selon laquelle penser c'est agir et selon laquelle le jugement est un acte transformatif nous semble être en ce sens une conséquence directe et nécessaire du choix de se placer dans une perspective d'immanence radicale : immanence de l'homme à son monde terrestre, immanence de la pensée à l'expérience, immanence de la connaissance à l'action, immanence des formes logiques aux pratiques concrètes d'enquête. Le pragmatisme deweyen est donc ce à quoi la philosophie aboutit lorsqu'elle accepte de tirer toutes les conséquences qui découlent d'une conception sécularisée de la pensée et de la connaissance[35]. Le jugement n'est pas pratique parce que son objet est défini par l'horizon matériel d'un quotidien dominé par une attention instrumentale à l'utilisation des choses. Il est pratique à cause du fait que l'homme est un vivant et que la

---

[34] « All controlled inquiry and all institution of grounded assertion necessarily contains a *practical* factor; an activity of doing and making which reshapes antecedent existential material which sets the problem of inquiry », LW 12 : 162. Dans « Logical conditions for a scientific treatment of morality » (MW 3 : 3-40) le même principe avait été affirmé comme 'unité du pratique et du logique'. Cf. à ce propos le chapitre 3 de ce travail.

[35] Sur le plan épistémologique, ces conséquences aboutissent à une théorie naturalisée des pratiques de connaissance. En ce qui concerne la pensée, c'est la conception naturalisée de la logique qui est supposée en tirer les conséquences, parmi lesquelles nous plaçons la théorie de la pensée comme enquête et la théorie du jugement comme acte transformatif.

pensée est un mode spécifique du rapport entre l'organisme et l'environnement dans sa généralité, car la vie est pratique dans son essence. Une conception contemplative de la pensée présuppose le mouvement de la transcendance à travers lequel l'homme s'élève au dessus de sa nature animale vers un règne[36] qui n'est pas contaminé par l'incertitude et l'indétermination qui caractérisent le réel empirique. Une conception immanentiste de la pensée se caractérise précisément par le refus d'un règne ainsi conçu. Pratique signifie alors avant tout que la pensée, en tant que forme de l'expérience, se déploie dans l'horizon que l'expérience lui ouvre. L'homme est un être de la pratique parce qu'il est un vivant et parce que vivre signifie essentiellement agir. Pratique relève ainsi de tout ce qui produit un effet quelconque dans toute partie de l'expérience. En ce sens, pratique devient un synonyme de réel. Si l'aspect transformatif du jugement est sans doute plus évident dans le cas des activités pratiques qui caractérisent le sens commun, il n'en est pas moins vrai que le même principe est aussi valable pour des activités plus abstraites comme celles de la recherche scientifique et mathématique, car *le pratique définit l'image pragmatiste de la pensée dans sa totalité.* Tout le langage de l'enquête engage Dewey vers une conception du jugement comme transformation, car la référence à la situation, comme horizon de la pensée et au problématique comme qualité qui la met en mouvement, ne peut qu'aboutir à une conception du jugement comme instrument à travers lequel se déclenche le processus complexe de l'activité de penser.

Outre la théorie anthropobiologique de l'agent comme système organisme/environnement, le deuxième trait de la philosophie deweyenne qui conduit à cette théorie transformative du jugement est sa conception de la réalité comme processus. Toute situation est conçue comme intrinsèquement dynamique : elle évolue sans cesse et ce trait devient essentiel pour comprendre le rapport qui lie la qualité problématique à la pensée. Comme le remarque Dewey[37], ce qui fait de toute situation une situation pratique est le fait que :

1. « ses éléments constitutifs évoluent en sorte que de toute manière *quelque chose* de différent est en train de se produire dans le futur » ;
2. « *ce qui* existera dans le futur dépend en partie de l'introduction d'autres conditions » ;
3. « *les* nouvelles conditions qui se produiront dépendent des activités qui seront entreprises » ;

---

[36] La transcendance dénote en ce sens un mouvement logique et épistémologique et non pas nécessairement religieux. Transcendant est en ce sens l'idée d'une vérité objective ou d'une connaissance pure.
[37] LW 12 : 165.

4. l'enquête fait partie des activités susceptibles de déterminer ces conditions.

Cette conception implique la *nécessité* de l'acte de jugement, car la situation est de toute manière en train d'évoluer. Jeté dans une situation qui lui préexiste et qui évolue malgré lui, l'homme deweyen est obligé d'intervenir, et il le fait en faisant de la situation l'objet de sa pensée. Cette intervention ne vise pas la production d'une représentation adéquate, car une représentation aussi exacte que possible d'une phase d'un processus en cours d'évolution n'a pas d'intérêt intrinsèque. Au contraire, une forme d'enquête est mise en place pour intervenir dans le processus qui est déjà en train de se produire, afin d'en contrôler l'évolution. Afin de rendre compte de la nature active et transformative de l'acte de jugement, Dewey a été amené a élaborer une théorie originale de la proposition, en distinguant notamment entre la proposition au sens large et le jugement. Cette distinction correspond à la différence épistémologique entre la représentation et la transformation en tant que fonctions qui définissent le rôle et la nature des actes de langage.

## 5.2 Propositions et jugement

La théorie deweyenne du jugement trouve son point de départ dans l'idée, mentionnée ici plusieurs fois, de la primauté de la dimension d'acte. Pour légitimer cette idée de la pensée comme forme d'action plutôt que comme appréhension d'un contenu représentatif, Dewey doit remettre en question un présupposé important de la théorie logique traditionnelle, à savoir l'identité entre la proposition et le jugement. La distinction entre la proposition et le jugement est importante car elle transpose en logique la théorie fonctionnelle des concepts examinée dans le premier chapitre. Cette distinction permet aussi de comprendre plus précisément la portée de la critique adressée par Dewey au statut de la représentation. Elle permet ainsi de préciser le lieu d'application de la théorie deweyenne du jugement, et notamment de montrer que la nature active et transformative du jugement n'implique pas l'exclusion des propositions d'ordre constatif et représentatif du domaine de l'enquête (et par conséquent de la logique). Contrairement à la tradition logique courante, Dewey ne voit pas de correspondance bi-univoque[38] entre le jugement et la proposition. Le jugement est considéré par Dewey comme

---

[38] Dewey maintient la notion classique de jugement comme « conjugate distinction and relation of subject-predicate » (LW 12 : 127) opérée par le travail de la copule. Seulement, la signification de ces termes a tellement changé que la définition du jugement est radicalement différente.

un type de proposition particulière, caractérisée par le fait de jouer un rôle fonctionnel déterminé dans le contexte de l'enquête. Comme dans les cas de la distinction entre la situation et l'objet ou entre les moyens et les fins, la proposition et le jugement ne se distinguent pas en vertu de leurs propriétés logiques intrinsèques mais *par la position respective qu'elles occupent dans un processus d'enquête donné.* Plus particulièrement, tandis que le contenu des propositions « est intermédiaire, représentatif et effectué par des symboles », le jugement, en tant qu'accomplissement final, « a une portée *directement* existentielle »[39].

'Proposition' est le terme générique qui indique toute expression langagière qui, à l'intérieur d'une séquence d'enquête scientifique ou de sens commun, *occupe une place intermédiaire entre son déclenchement initial et sa conclusion.* Il s'agit d'énonciations qui concernent les faits reconnus et organisés, et les significations (théories, concepts, etc.) dont on se sert pour organiser les données observationnelles en vue du résultat final[40]. Les propositions apportent le matériel qui doit être mis en place pour conduire l'enquête à sa formulation finale. C'est en ce sens que Dewey définit le jugement comme ayant une portée existentielle, tandis que les propositions sont dites être des assertions, particulières ou générales, faites *en vue* de la production du jugement en tant qu'affirmation portant directement sur la situation qui fait l'objet de l'enquête. Du point de vue formel, nous le répétons, entre la proposition et le jugement il n'y a aucune différence, car ils se distinguent uniquement en raison de la *fonction* accomplie dans le contexte de l'enquête. Par conséquent, l'explication de la fonction logique présuppose toujours la référence au contexte d'action (la situation) par rapport auquel l'énonciation a lieu. Pour comprendre la signification logique de cette distinction, nous pouvons prendre l'exemple d'une activité d'enquête ayant lieu dans un tribunal[41]. Le débat judiciaire correspond au déroulement de l'enquête[42]. En son sein, des assertions affirment des faits et des événements ayant valeur d'indices, de preuves, etc. Une bonne partie de l'enquête consiste dans le débat sur les faits qui peuvent être acceptés

---

[39] LW 12 : 123.

[40] La distinction entre ces deux catégories de propositions sera reprise et expliquée dans le prochain paragraphe, en introduisant la définition deweyenne du sujet et du prédicat en logique.

[41] Dans un ouvrage récent, Bruno Latour (Latour, 2002) a montré comment a lieu la « fabrication matérielle du jugement » à l'intérieur des activités judiciaires. Cette fabrication matérielle, qui convoque individus, actes de jugements, savoirs, etc., dans un énorme parcours d'enquête, correspond de près à ce que Dewey entend lorsqu'il définit le jugement comme une activité temporellement étendue. On retrouve ainsi encore une fois les sources pragmatistes de la pensée de B. Latour.

[42] Si bien que Dewey n'hésite pas à l'employer comme exemplification de l'acte de jugement. Cf. notamment LW 12 : 123-124.

comme des preuves valides. En même temps, d'autres assertions concernent ce que Dewey appelle les 'significations', c'est à dire par exemple les lois que les avocats invoquent pour donner une interprétation aux faits d'évidence (*evidential material*) présentés en vue du jugement final. Le débat sert à déterminer quelle loi est pertinente pour interpréter tel fait, le rapport hiérarchique entre principes juridiques différents, etc. L'enquête se termine lorsque tout ce matériel converge vers une proposition finale : le jugement (au sens juridique et logique). Comme le montre cet exemple, le rôle du jugement dans le contexte de l'enquête est fort différent du rôle des propositions. Tandis que les propositions servent à introduire les éléments sur lesquels la pensée doit s'appuyer pour se déployer, le jugement a pour fonction de :

1. compléter l'enquête ;
2. parvenir à une résolution de la situation problématique.

Dans le cadre de l'enquête, les propositions sont énoncées en vue de la détermination de cette proposition finale qui est le jugement. Une différence importante entre la proposition et le jugement est alors que, tandis que les propositions sont enoncées en fonction de la formulation d'une proposition ultérieure (c'est-à-dire le jugement), le référent du jugement n'est pas une autre proposition mais la situation dans sa totalité[43]. Pour cette raison, une enquête ne se termine que par la formulation d'un jugement. On comprend aussi que d'après Dewey le jugement de pratique devient le paradigme de tout jugement, en tant qu'acte logiquement distinct de la proposition. Une fois que l'accusé a été reconnu innocent ou coupable d'un crime, le jugement règle le problème qui avait constitué le point de départ de l'enquête et définit les actions nécessaires pour le résoudre : la punition du coupable, l'éventuel dédommagement de celui qui a porté plainte, etc. Il ne faudrait pourtant pas croire que l'acte de jugement a lieu uniquement, et une seule fois, à la conclusion de l'enquête. Au contraire, tout le processus de l'enquête est parsemé de jugements, qui ont lieu chaque fois qu'il s'agit de délibérer sur les faits qu'on doit reconnaître comme pertinents, sur l'interprétation qu'il faut en donner, sur les hypothèses et théories qu'il faut utiliser pour expliquer, organiser, présenter les faits observés. C'est comme si la situation se décomposait en sous-situations, dont chacune serait structurée suivant la même logique. Tout acte de penser se caractérise par le fait que certaines propositions sont avancées en vue d'obtenir certains résultats (obtenir la

---

[43] « The sentence or proposition is not an end in itself but a decisive directive of future activities ». En revanche, la proposition qui tient lieu de jugement final concluant le débattement (l'arrêt du tribunal), « is a proposition, differing, however, from the propositions formed during the trial [...] in that it takes overt effect in operations which construct a new qualitative situation », LW 12 : 124-125. Cette différence de statut logique est bien celle du jugement par rapport aux propositions ordinaires.

reconnaissance d'un fait probatoire, produire des résultats conformes à une hypothèse de départ, parvenir à une formalisation cohérente et valide, etc.). D'après le paradigme de la connaissance-signe toute connaissance doit en effet présenter la structure d'une médiation. De la même manière, la structure logique du jugement est déterminée par la relation de médiation qui s'établit entre des propositions intermédiaires et instrumentales et un résultat final.

D'un autre point de vue on peut remarquer que la différence logique entre le jugement et les propositions dépend de leur fonction respective dans l'acte de penser. Par rapport à ce dernier, Dewey attribue aux propositions une *fonction cumulative*. Leur valeur intermédiaire et instrumentale consiste précisément à rendre disponible pour l'enquête actuelle les résultats des enquêtes menées dans le passé. En ce sens, l'affirmation d'un état de choses ou la mise en avant d'une hypothèse interprétative constituent des actions instrumentales en vue de l'accomplissement de l'enquête[44]. Tout processus d'enquête exige en effet la réalisation d'actions de sélection et d'intégration des données, qui est confiée aux propositions. Dewey reconnaît ainsi la valeur de la fonction cumulative, traditionnellement attribuée à la connaissance. Connaître, c'est appréhender et posséder des représentations vraies des choses en vue d'un usage futur. Comme nous l'avons dit à maintes reprises, Dewey est loin de vouloir nier cette fonction fondamentale et primaire de la connaissance. Toutefois, il l'incorpore dans une épistémologie qui, au lieu d'en faire l'aboutissement de toute entreprise de recherche de connaissance, lui assigne une fonction instrumentale[45] par rapport à ce qui, d'après Dewey, est l'acte de connaître au sens propre : le jugement qui intervient dans la résolution d'une situation problématique singulière. Les propositions sont donc les moyens symboliques (d'autres, d'ordre différent, seront aussi utilisés) dont la pensée se sert afin d'accomplir le seul acte qui, au sens propre, puisse être dit cognitif : celui du jugement. Nous connaissons des choses (nous possédons des représentations vraies) afin de pouvoir nous en servir lorsque des situations problématiques en demandent l'usage. En tant qu'instrument, la connaissance, qui se sédimente dans les propositions[46], n'a de sens que dans l'acte de son usage, qui a lieu précisément dans le cadre de situations problématiques singulières et est au

[44] « Propositions about hypotheses and about conjunctions of existences have served an indispensable purpose because of their operational character as means », LW 12 : 145.

[45] « Declarative propositions [...] state potentialities, positive and adverse. They function as instrumentalities », LW 12: 164.

[46] Mais aussi dans les instruments, les procédures, etc. Dans Frega 2006 nous posons les conditions auxquelles théorie pragmatiste de la connaissance pourrait s'approprier des résultats de recherches récentes sur la nature tacite, implicite, '*embedded*' de la connaissance, telle qu'elle émerge dans le contexte de pratiques hétérogènes. Les propositions apparaîtront ainsi comme n'étant qu'une des formes possibles d'accumulation de la connaissance.

service de l'acte de jugement. Comme le remarque Dewey, dans la théorie des propositions déclaratives (*declarative propositions*), « le point en question ne concerne pas leur être mais leur fonction et leur interprétation »[47]. Il s'agit toujours de ce que Dewey appelle le 'facteur pratique'. Cette conception a des conséquences logiques importantes. Elle implique notamment que les termes logiques devraient être redéfinis à partir de l'analyse de leur fonctionnement réel à l'intérieur des processus d'enquête. La critique deweyenne de la conception traditionnelle des quantificateurs logiques trouve donc son origine dans l'idée que toute proposition a une nature intermédiaire et instrumentale, et non pas finale[48]. Dewey jette ainsi les bases d'une pragmatique des termes logiques, dont le but n'est pas la description généralisée des usages courants mais l'analyse des processus d'enquête réels, tels qu'ils se déroulent à la fois dans les procédures scientifiques d'enquête et dans l'enquête de sens commun. L'idée que la quantification logique doit être comprise comme étant une activité instrumentale dont les traits varient en fonction du but à atteindre[49] devient ainsi le point de départ pour l'élaboration d'une théorie logique capable d'incorporer le principe de fonctionnalité assigné par Dewey aux propositions, et systématiquement négligé par les théories logiques qui n'assument pas le principe de la nature instrumentale et intermédiaire des propositions[50].

### *5.2.1 Ce que la logique se donne (sans toutefois pouvoir le faire)*

Cette conception du jugement comme activité peut être aussi explicitée à travers la définition deweyenne des éléments qui constituent traditionnellement le jugement : le sujet, le prédicat et la copule. Nous

---

[47] LW 12 : 162.

[48] Il s'agit d'un thème plusieurs fois évoqué dans le chapitre 11 de la *Logic*, consacré à la théorie des quantificateurs logiques.

[49] Ainsi, par exemple, en ce qui concerne la nature qualitative ou quantitative de la quantification, ou la signification exacte revêtue par l'opérateur logique 'all'. Les définitions deweyennes des termes logiques, comme de tout autre élément du langage, doivent être comprises à partir de la distinction logique entre la proposition et le jugement.

[50] On remarquera le fait que la voie tracé ici par Dewey se situe à mi chemin entre l'entreprise formalisante de la logique contemporaine (logique comme théorie normative de la pensée) et la voie ouverte par la pragmatique (linguistique comme théorie descriptive du fonctionnement du langage), et cela en raison du statut de *normativité immanente* que Dewey attribue à la théorie logique. Ce qui intéresse Dewey est en effet la construction d'une théorie capable d'expliquer et de régler nos usages, à partir toutefois non pas d'une superstructure normative *a priori*, mais de la connaissance empirique du fonctionnement des différentes types d'enquête.

abordons l'exposition de sa théorie à partir de la distinction entre les concepts de *donné* et de *assumé*[51]. La logique issue de la révolution formelle du début du vingtième siècle se fonde sur une conception atomiste des éléments qui composent le jugement. Toute la logique du premier ordre (le calcul des prédicats) est construite comme une forme de calcul, c'est à dire comme série de transformations réglées qui ont pour objet des éléments simples : des symboles qui représentent des objets et des prédicats. De la même manière, la logique du deuxième ordre est construite comme une forme de calcul dont les données sont les propositions qui ont été construites à travers les règles de la logique du premier ordre. Dans le cadre de la logique formelle, le sujet aussi bien que le prédicat sont considérés comme étant *donnés*. Ce sont les éléments primitifs à partir desquels l'acte de penser est construit comme acte d'appréhension du vrai. La logique compositionnelle qui régit ce système est la suivante : *des éléments étant donnés*, comment produire des entités d'ordre supérieur en suivant des règles de bonne construction ? Dès lors, la logique est conçue comme théorie du discours vrai et son objet consiste dans la détermination des formes de rapport possibles entre des propositions qui jouent le rôle de prémisses et des propositions qui en découlent (conséquences), le problème majeur étant celui de garantir que la vérité puisse être transférée des prémisses aux conclusions. Cette reconstruction, bien que très rapide, suffit à remarquer en contrepoints les aspects caractéristiques de la théorie logique deweyenne par rapport à la conception de la pensée que cette théorie incarne. Dewey aborde la discussion des termes fondamentaux de la logique par la remise en question du postulat central de la logique formelle. Ce postulat consiste à présupposer que les sujets et les prédicats sont des entités déjà constituées qui constituent les données de départ des fonctions logiques. Refusant ce principe d'ordre compositionnel, implicite dans l'ambiguïté du mot 'donnée', Dewey construit sa théorie logique à partir de la thèse que « ce qui est 'donné' au sens propre, c'est le domaine ou la situation totale »[52]. L'objet propre de la logique devient alors l'explication des processus à travers lesquels un sujet et un prédicat se forment (parviennent à se déterminer)[53]. En ce sens, il n'y a pas de contradiction entre les deux logiques, car elles s'adressent à des moments différents de l'acte de penser : si dans la logique classique le sujet et le prédicat sont les données de départ, la logique deweyenne se propose d'expliquer comment, en partant de l'expérience d'un tout indéterminé, la pensée parvient à la détermination du sujet et du prédicat qui composent le jugement. La logique expérimentale se propose ainsi d'expliquer la genèse

---

[51] En anglais, entre ce qui est *given* et ce qui est *taken*, cf LW 12 : 127.

[52] LW 12 : 127.

[53] Et, en ce sens, ils ne peuvent pas être des donnés, car ce que la logique doit expliquer est précisément *comment* on parvient à leur détermination dans l'acte de penser.

des termes que la logique formelle prend comme des données de départ. Son objet sera alors le mouvement à travers lequel le sujet et le prédicat se déterminent réciproquement (ce qui correspond au moment actif dans la pensée, à la pensée comme forme d'action) rendant ainsi possible la formulation du jugement final. Par conséquent, si la logique est conçue comme théorie de l'acte de penser et non pas uniquement comme théorie des rapports formels entre propositions, elle doit attribuer aux propositions un statut différent. Il en découle que les problèmes de la référence et de l'accord logique ne sont d'après Dewey que des problèmes logiques dérivés. L'explication logique de l'articulation entre sujet et prédicat devra alors prendre comme point de départ l'explication préalable de la manière dont, à l'intérieur de l'acte de penser même, un sujet et un prédicat se constituent progressivement par rapport à un contexte qui – *lui seul et dans sa réalité pré-réflexive* – est donné. Par conséquent, le statut du donné n'est pas celui d'une qualité ontologique fondamentale. Etre donné, Dewey le précise, « signifie avoir une fonction spéciale dans le contrôle de l'objet (*subject-matter*) de l'enquête »[54], car le donné[55] est ce à travers quoi la situation indéterminée parvient à se déterminer en vue de sa possible solution. Ce que la logique considère comme donné, devrait alors être considéré comme 'pris'[56], car il s'agit du résultat d'une activité de différenciation mise en acte afin de parvenir à déterminer la situation indéterminée de départ.

## 5.3 Les éléments du jugement

La distinction entre *donné* et *assumé* est ce qui fait de la théorie du jugement une théorie logique génétique. Elle implique aussi une conception dynamique et active[57] des éléments qui constituent le jugement, et notamment du sujet, du prédicat et de la copule. Les traits distinctifs de cette théorie sont au nombre de deux. D'abord, d'après la conception nominale et fonctionnelle des distinctions, les notions de sujet et de prédicat sont définies à partir d'un même processus de co-détermination : « les matières

[54] LW 12 : 127.

[55] On remarquera ici un passage conceptuel délicat, car la signification de 'donné' change : on passe de la première signification de « ce qui existe avant toute détermination » à la signification logique de « ce qui constitue un élément déterminée à disposition pour des opérations ultérieures ».

[56] « The given [...] in the strict sense, is *taken* rather than given », *Ibid.*

[57] Cela signifie que pour la logique sujet et prédicat ne constituent plus un donné de départ, mais le résultat final du processus de pensée dont la logique doit fournir l'explication.

spécifiques (*the specific subject-matter*) du sujet aussi bien que du prédicat sont déterminées en correspondance entre elles dans le cours et par le moyen du processus de la 'pensée', c'est-à-dire à travers l'enquête »[58]. Deuxièmement, en tant que assumées ou prises (*taken*) et non pas données, le statut logique de ces matières ne dépend pas de relations formelles extrinsèques mais des conditions de leur genèse. Ces deux traits expliquent que d'après Dewey « la substantialité est une détermination logique et non pas ontologique »[59]. Il en découle les définitions suivantes :

1. le sujet est constitué par « les faits observés dans le cas spécifique, dans leur double fonction de faire émerger le problème et de rendre disponible le matériel d'évidence (*evidential material*) pour sa solution » ;
2. le prédicat est constitué par « les contenus conceptuels qui anticipent une solution possible et qui dirigent les opérations d'observation »[60].

Le passage d'une conception ontologique des substances, propre à la métaphysique traditionnelle, à une conception logique se fait sous l'influence de l'opérationnalisme de la science et d'une conception baconienne de l'être comme puissance d'agir et de pâtir. On voit dès lors que la détermination logique du sujet dans le jugement ne fait qu'un avec la détermination expérientielle[61] des substances. Un jugement, tout comme une perception, ne fait qu'isoler certains traits de l'expérience en raison de leurs potentialités en vue de la résolution d'une situation déterminée. Que ce soit dans la détermination immédiate produite par un démonstratif dans l'expression « cela est sucré » ou dans la construction scientifique d'un objet, il s'agit toujours d'une « restriction-sélection opérée pour un but déterminé, à l'intérieur d'une situation problématique qualitativement inclusive »[62]. Cette définition opératoire des substances entraîne des conséquences importantes dans la théorie du jugement, car la détermination du sujet du jugement devient un acte spécifique qui ne se réduit pas à la simple constatation d'un sujet déjà existant. Dire que « cela est sucré » ne s'explique pas logiquement comme étant l'attribution d'un prédicat qualitatif à une substance, mais avant tout comme sélection de certaines qualités en tant que « *potentialités* pour des conséquences existentielles spécifiques »[63]. La cohérence des qualités constitue un sujet – et ainsi une substance – non pas en raison de sa consistance ontologique mais en raison de certaines conséquences produites. Ces conséquences sont de deux ordres. D'abord, il

[58] LW 12 : 128.
[59] LW 12 : 132.
[60] LW 12 : 127-128.
[61] Ce qui signifie à la fois expérimentale et dans l'expérience.
[62] LW 12 : 130.
[63] LW 12 : 132.

s'agit de conséquences produites par une activité d'enquête. On dira ainsi que les propriétés d'une substance sont ses capacités d'agir et de pâtir telles qu'elles émergent de l'observation. Deuxièmement, il s'agit des conséquences des potentialités associées à un objet donné : « la poudre est ce qui explosera sous certaines conditions, l'eau en tant qu'objet substantiel est un groupe de qualités connectées qui apaisera la soif, etc. »[64]. L'unité substantielle de l'objet émerge ainsi de cette double série de corrélations, qui indiquent toutes des manières d'agir et de pâtir, de manière que la constitution du sujet du jugement est la conséquence d'une série d'opération d'expérimentation, de manipulation, d'observation qui contribuent à en déterminer la signification. En ce sens, les objets avec lesquels nous entrons en rapport sont des agrégats de potentialités qui dépendent pour leur consistance de facteurs historiques déterminés par des conditions culturelles, technologiques, épistémologiques, etc. Cette variabilité n'est d'après Dewey ni superficiellement liée à la seule dimension de la signification – qui laisserait donc intacte le noyau dur de la substantialité ontologique – ni profondément ancrée dans des transformations ontologiques. Pour donner un autre exemple, la découverte des méthodes pour la production du papier ne se limite pas à modifier la signification du mot 'bois'. Mais elle ne transforme pas non plus la consistance ontologique (l'être) de son objet de référence. De manière plus complexe, un sujet – ici le bois – est un ensemble cohérent de manières d'agir et de pâtir. Dans l'exemple en question, la capacité d'être travaillé pour obtenir du papier, devient un attribut supplémentaire, qui s'ajoute à une substantialité déjà définie par des traits qui restent inchangés : *ni mentale ni matérielle, la constitution des substances est active*, l'activité étant le lieu de production de l'interface entre la subjectivité logique et la substantialité ontologique. Cette référence aux manières d'agir et de pâtir[65] est précisément ce qui permet de dépasser le dualisme du logique et de l'ontologique dans l'interprétation du statut des prédicats et constitue le fondement conceptuel pour la conception dynamique du jugement comme activité de construction conjointe du sujet et du prédicat. Elle explique aussi la nécessité logique de distinguer la proposition en tant qu'*affirmation* d'un contenu, du jugement en tant qu'*assertion* ayant une portée directement existentielle[66]. Le terme à partir duquel comprendre la logique du jugement ne peut en conclusion pas être la proposition. Même

[64] LW 12 : 132.

[65] Cette référence est ce que, de manière moins précise, Dewey appelle les conséquences ou les potentialités d'un objet.

[66] L'affirmation en tant qu'acte propositionnel est ce qui rend possible la détermination des données pertinentes dans le cadre d'une enquête déterminée. L'assertion comme acte de jugement correspond au moment délibératif dans la pensée. Sur la différence logique entre l'affirmation et l'assertion, cf. LW 12 : 123.

si nous définissons le jugement comme une proposition caractérisée par sa fonction spécifique, comprendre la logique de ce type de proposition impose d'après Dewey la référence à la situation tout entière, et au rôle fonctionnel que la proposition joue en son sein. La situation constitue alors le cadre par rapport auquel la pensée entre en action, des faits sont identifiés et des significations isolées, et cela non pas dans un espace abstrait mais en vue d'une fin spécifique, définie par les exigences de la situation même. L'acte logique de détermination du sujet et du prédicat se décompose alors en trois éléments :

1. l'activité de sélection-restriction de certains éléments singuliers et de certaines significations conceptuelles dans le tout de la situation (c'est le processus logique de détermination du sujet et du prédicat) ;
2. le but de l'enquête, par rapport auquel la sélection-restriction a lieu ;
3. la situation comme totalité qualitative constituant l'horizon de référence de l'activité de penser en cours.

Par rapport à un contexte singulier spécifique, le jugement est la synthèse du processus d'enquête et ce qui par conséquent le conduit à sa conclusion. Le contexte qui définit le cadre dans lequel le jugement est formulé, est à la fois historique (le processus de l'enquête) et fonctionnel (la situation indéterminée qui met en action la pensée). Le jugement relève avant tout de la phase finale d'un processus de pensée, sa conclusion logique. Mais il est aussi un acte pratique qui produit des conséquences réelles. Sa signification est ainsi liée aux conséquences qu'il contribue à produire. Nous retrouvons ici les trois aspects qui constituent la structure logique du jugement : la phase de sélection-restriction du matériel opérée par les propositions qui constituent le sujet et le prédicat ; le but par rapport auquel le jugement est émis, et enfin la situation comme cadre dans lequel et par rapport auquel le jugement a lieu en tant qu'acte[67]. La logique du jugement par conséquent ne doit pas être expliquée dans les termes de sa structure formelle, mais dans ceux de la série d'opérations à travers lesquelles une matière indéterminée se différencie progressivement à travers les propositions qui affirment des faits et les propositions qui énoncent des règles, des principes, des concepts, etc. en vue d'une conclusion, et des conséquences qui s'en suivent. Durant ce processus, « les contenus respectifs du sujet et du prédicat sont établis *provisoirement* en distinction l'un de l'autre et en corrélation réciproque »[68]. Le jugement peut ainsi être défini comme la connexion logique d'un sujet avec un prédicat, mais uniquement à condition de reconnaître que le sujet et le prédicat sont pris ici dans leur valeur de résultat, étant des entités construites par et dans le processus temporellement étendu du jugement.

[67] Cf. à ce propos l'exemple du monument examiné par Dewey dans LW 12 : 129-130, qui généralise cette thèse même pour le cas de l'ostension.
[68] LW 12 : 136.

Sujet et prédicat ne sont donc pas définis par rapport à la place respective qu'ils occupent à l'intérieur d'une proposition, mais en fonction du rôle qu'ils jouent à l'intérieur d'un processus d'enquête et par rapport à la situation qui en détermine le contexte. On pourrait parler à ce propos de 'holisme linguistique', à condition de reconnaître que le 'tout' qui structure la compréhension propositionnelle n'est pas de nature linguistique. Il ne s'agit ni d'une théorie ni d'un système linguistique ni d'une culture, mais d'une situation existentielle. Nous comprenons alors pourquoi les seules conditions que la logique deweyenne impose à la définition du sujet et du prédicat sont des conditions matérielles qui dépendent de l'enquête et non pas des conditions formelles indépendantes de tout contexte. D'après Dewey, un sujet logique[69] doit satisfaire les conditions suivantes. D'abord, « il doit délimiter et décrire le problème de façon à indiquer une solution possible ». Ensuite, « il doit être telle que des données nouvelles, établies par des observations dirigées par des prédicats provisoires (représentant des solutions possibles) puissent s'unir au sujet traité et former un tout cohérent ». A son tour, ce que Dewey appelle prédicat devra permettre d'esquisser un parcours d'action vers une solution, le prédicat étant « ce qui se présente comme une solution possible du problème et qui est pourtant employé à diriger l'observation expérimentale ultérieure »[70].

### *La copule comme acte logique dynamique*

La conception dynamique du sujet et du prédicat demande une restructuration analogue du concept de copule, que Dewey redéfinit en prenant comme référence la relation qui lie l'actuel au possible[71]. La conception dynamique de la copule mise en place par Dewey sert à légitimer le rôle transformatif attribué au jugement : le prédicat est construit d'après une logique active et non plus attributive. Par conséquent, le prédicat ne définit pas les propriétés intrinsèques d'un sujet (ce qu'il *est*) mais anticipe les conséquences d'actions possibles (ce qu'il *peut*). Il a « logiquement la fonction de promouvoir et de diriger une opération d'observation expérimentale »[72]. Ce que Dewey appelle une *conception verbale de la copule* est une autre manière de réaffirmer la même idée dynamique de la pensée comme activité. Si dans la logique formelle la copule exprime une

[69] Ici encore, il faut entendre le sujet au sens de *subject-matter*.
[70] LW 12 : 138.
[71] LW 12 : 134.
[72] *Ibid.*

relation purement logique entre des contenus donnés, dans la logique de l'enquête elle relève d'une série d'opérations à travers lesquelles a lieu la détermination progressive du sujet et du prédicat[73]. La copule est un verbe, car *elle doit exprimer l'action et le changement qui constituent l'acte de jugement*[74] en tant que correspondance fonctionnelle dynamique entre sujet et prédicat dans leurs relations réciproques. La copule exprime la durée temporelle du jugement, car c'est dans la durée d'un processus que la détermination du sujet et du prédicat peut avoir lieu[75]. Temporalité et nature transformative sont des aspects corrélatifs de cette théorie du jugement.

### *5.3.1 Une représentation non représentative ?*

A ce propos, et par rapport à la question du statut représentatif des propositions, il faut observer que la critique deweyenne de la 'Spectator Theory'[76] ne vise pas la fonction représentative en tant que telle mais l'interprétation de sa signification à l'intérieur de l'enquête. Dewey refuse notamment l'idée que la recherche d'une correspondance avec la réalité définirait la tâche de la pensée et le but de la connaissance. La stratégie deweyenne consiste ici à opérer une inversion fonctionnelle : il s'agit de considérer comme un instrument ce que les autres théories considèrent comme une fin. Comment nier alors qu'une proposition comme 'le chat est sur le tapis' représente un état de choses ? Comment nier surtout que toute proposition visant la communication d'informations n'a pas la même fonction ? A partir des écrits des années 1903-1917[77] sur la philosophie de la logique et de la connaissance, Dewey considère que la théorie de la vérité comme correspondance est la seule théorie de la vérité acceptable, à

---

[73] Copule « is a name for the complex of operations by means of which a) certain existences are restrictively-selected to delimit a problem and provide evidential testing material, and by which b) certain conceptual meanings, ideas, hypotheses, are used as characterizing predicates ». LW 12 : 135.

[74] D'où la remarque de Dewey que la forme 'est' est ambiguë, car elle occulte cette dimension dynamique, notamment dans les jugement qui ont la forme « A est x », par exemple « l'herbe est verte » ou « ceci est une vertu ».

[75] « Judgment, like inquiry, is temporal. It is temporal not in the external sense that the act of judgment takes time, but in the sense that its subject-matter undergoes reconstitution in attaining the final state of determinate resolution and unification which is the objective that governs judgment », LW 12: 137.

[76] Sur la critique de Dewey à la théorie de la vérité comme correspondance et à la conception de la connaissance comme représentation, cf., entre autre, Kulp, 1990 ; Kulp, 1992 ; Dicker, 1973 et Dicker, 1976.

[77] A ce sujet, cf. notamment les articles « The problem of truth » de 1911 (MW 6 : 12-68) et « A short catechism concerning truth » de 1910 (MW 6 : 3-11).

condition toutefois de dépasser l'idée courante de correspondance statique au profit d'une conception dynamique[78]. Dans la *Logic*, la question du statut représentatif des propositions est reprise dans le chapitre sur la construction du jugement, à l'occasion de l'introduction de la distinction entre la proposition et le jugement. Dewey affirme ici explicitement l'idée qu'une proposition peut avoir un contenu représentatif. En même temps, il refuse l'idée que la représentation constituerait la finalité principale des propositions, et par conséquent aussi l'idée que la représentation serait le but visé par l'acte de jugement[79]. L'idée que penser, c'est reproduire dans l'esprit (ou à travers des propositions) un état de choses qui existe dans la réalité, n'a pour Dewey strictement aucun sens. Mais cela ne signifie pas que la pensée, pour accomplir sa fonction, ne se sert pas de représentations. La représentation, telle qu'elle est réalisée dans une proposition, reste sans doute un trait important de la pensée, un outil indispensable, qui n'en explique toutefois pas la structure ni les règles de fonctionnement[80]. Les propositions déclaratives existent certes, mais leur place dans l'enquête est celle de « moyens intermédiaires ou instruments (respectivement matériels et procéduraux) pour effectuer cette transformation contrôlée de la matière traitée, qui est la fin intentionnelle (et le but ultime) de toutes les

[78] «Since every proposition is a hypothesis referring to an inquiry still to be undertaken (a proposal in short), its truth is a matter of its career, of its history : that it becomes true (or false) in process of fulfilling or frustrating in use its own proposal », MW 6 : 38-39. Il y a donc correspondance, mais entre une hypothèse et ses conséquences: « Our definition of truth through reference to consequences, uses correspondence as a mark of a meaning or proposition in exactly the same sense in which it is used everywhere else », MW 6: 45.

[79] Ce refus est toutefois différent du refus opéré par la pragmatique du langage. Il ne s'agit par pour Dewey d'ajouter à côté de la fonction représentative d'autres fonctions performatives, mais de remettre en question le statut du rôle représentatif à l'intérieur de l'exercice cognitif de la pensée.

[80] Nous nous éloignons ici de la lecture de Kulp, qui a consacré plusieurs articles et un livre à la question du rapport de Dewey avec la « Spectator theory of knowledge ». Malgré l'étendue considérable de ses analyses, la seule question qui intéresse cet auteur est de savoir si la théorie deweyenne de la connaissance est représentative ou pas. Ce problème n'a d'après nous pas lieu d'exister, car Dewey affirme à maintes reprises que les propositions ont un contenu représentatif. Ce que Kulp ne semble pas voir est que le véritable enjeu de la théorie deweyenne n'est pas celui de nier que les propositions ont un contenu représentatif mais celui de relativiser ce contenu aux conditions fonctionnelles de son emploi dans le cadre de l'enquête. Comme beaucoup d'auteurs contemporains, parmi lesquels il faut sans doute ranger aussi Rorty, Kulp tend à reconduire la question deweyenne de l'enquête dans le cadre du débat contemporain entre relativisme et réalisme. C'est à partir de ce présupposé implicite que Kulp ne voit dans la théorie deweyenne qu'une nouvelle manière de poser le vieux problème du rapport entre le sujet connaissant et l'objet de connaissance. Mais ce faisant on perd de vue la cible essentielle de l'approche deweyenne, c'est-à-dire sa conception fonctionnaliste et contextualiste de la connaissance. Pour une lecture qui nous semble plus équilibrée, cf. Pratt, 1994a et Pratt, 1994b.

affirmations et négations déclaratives »[81]. Ce n'est donc pas l'existence de propositions déclaratives (ou représentatives) qui est en question mais l'interprétation de leur fonction à l'intérieur de l'acte de penser.

Si penser signifie accomplir un processus d'enquête, et si le but de l'enquête est toujours la *transformation contrôlée* d'une situation indéterminée, il est assez évident que le mouvement d'appréhension d'une pensée vraie ne peut pas définir l'acte de penser dans sa totalité, mais uniquement une étape intermédiaire de son déroulement. C'est pour cette raison que, dans la perspective ouverte par la théorie de la pensée comme enquête, l'exemple paradigmatique de la pensée n'est pas celui d'un sujet qui observe un état de choses, énonce une proposition supposée le représenter et en établit la vérité en vérifiant la correspondance de l'un à l'autre. L'appréhension d'une vérité d'ordre représentatif, nous le répétons, est sans doute un moment nécessaire dans tout processus de pensée, mais il n'en constitue pas le point d'aboutissement ni la véritable fin. En ce sens, ce qui semble manquer dans la plupart des exemples à travers lesquels les philosophes de tradition analytique cherchent à comprendre la nature de la pensée c'est toujours la référence à la situation. Austin regardant son chat sur le tapis, Frege distinguant l'étoile du soir de l'étoile du matin, Dennett et Putnam s'interrogeant sur l'identité d'un cerveau détaché de son corps, sont exemplaires d'une conception de la pensée qui opère par abstraction de tout rapport à des contextes réels d'exercice. D'après Dewey il s'agit d'exemples qui ne nous disent rien sur le fonctionnement réel de la pensée, car « toute proposition isolée de la place et de la fonction qu'elle occupe dans l'enquête est logiquement indéterminée »[82], car « une proposition doit être définie par sa fonction »[83]. Mais la fonction, nous le rappelons, n'est pas une propriété intrinsèque de la proposition, mais de la *relation qui lie la proposition à la situation dans laquelle elle est proférée*. On pourrait croire que l'élargissement de la philosophie du langage traditionnelle en direction des actes performatifs contredit ce que nous venons de dire. Il est sans doute vrai que dans une proposition comme « la messe est finie », le rapport à un contexte singulier est présent, et que la référence à une action est explicite. Toutefois, ce qui est en jeu chez Dewey, c'est le statut de l'action et du contexte par rapport aux propositions déclaratives, en direction de la reconnaissance d'une fonctionnalité qui ne soit pas uniquement performative. La question que Dewey a si radicalement abordée dans sa logique ne concerne donc pas l'identification d'une catégorie de propositions que leur caractère performatif rangerait *à côté* des propositions déclaratives, mais le fait que toute proposition en tant que telle doit être comprise – à la

---

[81] LW 12 : 161.
[82] LW 12 : 138.
[83] LW 12 : 139.

fois sur les plans du contenu et de la forme – à partir de la fonction qu'elle remplit au cours d'une enquête. Cette fonction n'est généralement pas déclarative (ou représentative) mais vise la sélection-différenciation d'éléments par rapport à la détermination d'une situation qui au départ était indéterminée. Si je cherche mon chat pour lui donner à manger ou pour le faire sortir, le fait que la proposition 'le chat est sur le tapis' soit vraie constitue sans doute une donnée importante, voir essentielle. Dewey pourrait même accepter la thèse selon laquelle cette proposition est vraie en raison du rapport qu'elle entretient avec un état de choses, et que ce rapport est un rapport de correspondance[84]. Mais sa théorie logique ne se situe pas à ce niveau, car une fois reconnu ce fait, le processus de pensée reste encore indéterminé. La pensée se sert de la vérité et doit par conséquent la rechercher, mais *son rapport primaire est avec l'action*, au double sens que penser signifie agir et qu'on pense parce qu'on doit agir. Même sur ce point nous sommes très loin de la théorie des actes de langage, car le rapport à l'action ne s'exprime pas dans le fait que l'énonciation de certaines propositions est en elle-même une forme d'action (« la messe est finie », « je vous marie »). Le rapport de la pensée à l'action s'exprime plutôt dans le fait qu'une proposition est affirmée en vue d'une fin dont la portée est existentielle (déterminer la position du chat pour lui donner à manger, se rassurer sur sa présence, lui faire des câlins, etc.) et que c'est précisément ce rapport à l'action qui en détermine à la fois les conditions de sens et d'usage. Dès lors, une théorie de la vérité qui ne prend pas en considération les conditions d'usage et qui ne les incorpore pas à son explication, est vouée à l'échec. En ce sens, comme on a déjà eu l'occasion de remarquer, la théorie deweyenne de la pensée établit une relation primitive entre la pensée et l'action. Ce qu'une théorie de la pensée devrait expliquer, ce n'est pas le rapport de la pensée à la vérité (ce que font la plupart des logiques) mais le rapport de la pensée à l'action, tout en reconnaissant que *ce rapport passe par la recherche de la vérité et de la connaissance*. Une vérité (une proposition vraie) prise en elle-même est un élément inerte. Elle n'a ni fonction, ni valeur intrinsèque. Mais elle devient la pièce essentielle dans un processus d'enquête orienté vers la solution d'un problème.

[84] En ce sens, on pourrait même dire que pour Dewey, tout comme pour Tarski, « le chat est sur le tapis » est vrai si et seulement si le chat est sur le tapis. Seulement, cette affirmation ne rend compte que d'un aspect très partiel du problème plus général concernant la nature de la vérité.

## 5.4 Transformation et durée: remarques sur la structure temporelle du jugement

*« Whatever exist in and for judgment is temporal-spatial »*

LW 12 : 221

La nature pratique du jugement semble contredire une autre idée reçue dont la tradition philosophique s'est servie pour théoriser la nature du jugement. A travers la distinction bien connue entre l'acte et le contenu, renforcée au cours du siècle dernier par des raisons disciplinaires[85], la question du rapport de la pensée au temps a généralement conduit à considérer la durée comme une variable extrinsèque par rapport à l'acte du jugement, en tout cas en ce qui concerne sa structure logique. Temporel, le jugement l'était sur le plan de son déploiement psychologique, tandis que sa structure formelle excluait le temps du domaine des considérations logiques. Nous avons vu dans le premier chapitre que la théorie deweyenne de la pensée active dépasse le dualisme du logique et du psychologique vers une conception de la pensée comme forme de conduite observable. Dans un sens déjà explicité, l'enquête constitue une forme concrète d'activité, qui a lieu dans le temps et dans l'espace comme toute autre activité humaine[86]. Avec Dewey, la durée affecte la notion de jugement comme un trait intrinsèque et non plus comme un accident lié à notre constitution mortelle et imparfaite. Mais la temporalité gît au cœur du jugement aussi pour une autre raison, moins liée à l'interprétation du rapport du sujet à sa pensée. Cette raison est donnée par la nature même de l'objet du jugement, c'est à dire la situation totale qualitative dont le jugement constitue à la fois un ingrédient existentiel et le lieu de sa propre réflexion.

Si le processus psychologique de détermination du jugement peut être considéré comme une nécessité liée à la constitution de la pensée humaine, la transformation d'une situation existentielle est par nécessité intrinsèque un processus qui a lieu dans le temps, car toute transformation se produit dans le *medium* du temps et de l'espace. C'est à partir de ce fait que le jugement acquiert une structure expressément *narrative*. La temporalité, comme le remarque Dewey, est doublement installée au cœur du jugement. D'une part,

[85] Nous nous référons aux processus historiques de constitution de la psychologie et de la logique en disciplines indépendantes par rapport au vieux corps de la philosophie, processus qui de façon très significative ont eu lieu à la même époque.
[86] LW 12 : 137.

elle est l'attribut de tout objet de jugement, car chaque situation est, en tant que telle, une totalité qui dure et qui peut devenir un objet pour la pensée uniquement par le fait d'être soumise au changement[87]. Ce trait permet de comprendre le sens de la critique deweyenne de la représentation et de la conception statique des propositions qui en découle. Même sous la staticité apparente d'une proposition comme « cela est sucré », Dewey détecte un dynamisme fondamental, qui dépendrait par exemple du fait que cette proposition en réalité ne se propose pas d'affirmer un état de choses – le fait que cela est sucré – mais « soit que quelque chose soit en train de devenir ou vient de devenir une qualité différente, soit qu'elle ait la capacité de changer – de sucrer – quelque chose d'autre »[88]. Ce contenu de signification n'est pas intrinsèque à la proposition mais impliqué par les conditions de son énonciation, ce qui signifie par la finalité à laquelle son énonciation est subordonnée. Il y aurait donc une narrativité immanente à toute proposition représentative, du fait que toute représentation n'est affirmée qu'en rapport à un changement visé ou ayant eu lieu. D'autre part, c'est le déroulement même du jugement qui se déploie dans le temps transactionnel de la relation entre l'organisme et l'environnement[89] : « l'enquête, qui produit le jugement, est en elle-même un processus de transition temporelle, effectué dans des matériaux existentiels. Sans cela, il n'y a pas de résolution de la situation mais uniquement la substitution d'une croyance subjective non garantie (*subjective unwarranted belief*) à une autre »[90]. En ce qui concerne le premier aspect, la temporalité est invoquée avant tout dans les fonctions de sélection et de délimitation, essentielles à tout processus d'enquête : sans délimitation temporelle un changement ne peut pas être déterminé, car « un changement est caractérisé en termes de direction – *de* quelque chose *à* quelque chose »[91]. Dans la fonction transformative accomplie par le jugement, la proposition *institue* un certain horizon temporel. Elle impose un ordre temporel à une situation en la délimitant et en la scandant en phases, en

87 Un objet soustrait au changement est pour Dewey objet d'une expérience d'ordre esthétique, non épistémologique (au sens où la conception grecque de la connaissance était pour Dewey esthétique).

88 LW 12: 221.

89 « The process of inquiry reflects and embodies the experiential continuum which is established by both biological and cultural conditions. [...] there is no such thing as an instantaneous inquiry », LW 12: 245.

90 LW 12 : 245.

91 LW 12 : 221. Le « *from - to* » est un mouvement essentiel, car il encadre ce que l'enquête recoupe comme situation problématique à partir du tout pré-conceptuel de la situation indéterminée. Ainsi, une proposition apparemment sans détermination temporelle comme « ceci est sucré », renvoie opérationnellement au processus qui l'a faite devenir telle ou à la possibilité future qu'elle a de rendre quelque chose sucré par le biais de certaines opérations.

séquences, etc. La nature fonctionnelle des déterminations temporelles[92] implique qu'un même événement puisse être raconté de plusieurs façons. En ce sens, « *événement* est un terme qui relève du jugement et non pas de la réalité séparée du jugement »[93]. La détermination temporelle est en effet une condition essentielle pour la détermination progressive de la situation qui s'accomplit à travers l'enquête. Elle est l'attribut essentiel de la proposition car ses constituants (sujet, prédicat et copule) n'indiquent pas des entités statiques mais, comme on l'a vu, des processus dynamiques.

Mais la détermination temporelle de la structure de l'expérience intervient aussi à un autre niveau. Dewey remarque notamment que la structure narrative des propositions implique l'impossibilité de considérer comme immédiates même les propositions qui affirment des souvenirs. Comme dans l'argument antiréaliste avancé contre ceux qui affirmaient la nature indépendante des existences passées[94], Dewey conteste l'idée que les recollections mnémoniques constitueraient des affirmations immédiates d'événements. En ce sens, *toute proposition est une narration,* car elle affirme quelque chose non pas sur un événement passé (celui dont nous affirmons nous souvenir) mais sur un *cours* d'événements qui s'étend du moment remémoré au présent de son affirmation[95], dans une durée extensive qui est celle de la structure temporelle de la situation.

## 5.5 Science, philosophie et modèle de l'enquête

La description du processus de la pensée que nous venons d'exposer doit servir selon Dewey pour expliquer à la fois le jugement de sens commun et le jugement scientifique (principe de continuité). Sur ce point, qui a beaucoup troublé les philosophes des sciences, surtout de tradition analytique, il est important d'introduire quelques remarques. On a parfois

---

[92] Nous n'abordons pas ici les conséquences que cette affirmation implique sur le plan de l'interprétation fonctionnaliste des propositions intermédiaires, et notamment du fait qu'un cadrage temporel n'est pas affirmé comme s'il s'agissait de représenter un état de choses indépendant mais en vue d'une certaine fin. Comme pour toutes les autres déterminations, la question ontologique de l'existence n'est pas pertinente. Elles sont introduites comme des coupures instrumentalement utiles aux fins d'une enquête déterminée.

[93] LW 12 : 222.

[94] Cf. à ce propos l'article « Experience as reality » de 1906 (MW 3 : 101-106) où Dewey introduit le concept de *transition towards*, que nous exposons dans le premier chapitre de ce travail. Ecrit plus de trente ans auparavant, il amorce déjà les bases conceptuelles sur lesquelles cette conception narrative des propositions est construite.

[95] LW 12 : 227.

fait l'objection que la logique deweyenne serait une logique de la découverte plutôt qu'une logique de la science. Cette remarque se fonde sur le fait que la logique deweyenne est effectivement focalisée sur le processus d'enquête plutôt que sur la formalisation de ses résultats. Cette thèse nous paraît fausse pour au moins deux raisons. La première raison est que la logique deweyenne n'est pas une logique du processus, mais une logique qui dépasse le dualisme du processus et du résultat. Elle affirme que tout contenu propositionnel doit être compris *en tant* que résultat d'un processus qui vise un but déterminé dans une situation spécifique. Un jugement, selon Dewey, est certainement une proposition au sens classique, mais il s'agit d'une proposition dont la signification et le fonctionnement sont strictement liés au processus de sa genèse, à la fois logique dans le cours de l'enquête et pratique dans le contexte de la situation. Il y a trois conditions à remplir pour qu'une proposition soit un jugement. Tout d'abord, la proposition doit porter directement sur la situation. Ensuite, la proposition doit proposer un parcours d'action possible. Enfin, la proposition doit constituer la conclusion d'un processus argumentatif d'enquête dans lequel sont affirmés des faits et sont avancées des hypothèses.

La deuxième raison, qui exclut que la théorie de l'enquête constitue un cas de logique de la découverte, est que la théorie deweyenne de l'enquête vise la science en tant que science en action. Si nous considérons la philosophie des sciences du début du siècle selon une perspective historique, on doit remarquer que l'objection avancée s'inverse. Prenons par exemple la théorie carnapienne de la science. Tout son effort pour formaliser la structure logique à travers laquelle les énoncés s'articulent en théories correspond aux exigences épistémologiques d'une science qui est en train de se structurer, comme c'était le cas pour la physique théorique et plus généralement pour les sciences de la nature au début du vingtième siècle. Le cadre de référence de cette épistémologie n'est donc pas celui de la nature de la science dans son essence extra-historique, mais plutôt le problème historique spécifique de la constitution d'un domaine de savoir complètement formalisé. L'accomplissement de cette tâche exigeait la résolution de certains problèmes qui concernaient essentiellement la question de l'articulation formelle entre propositions[96]. En termes kuhniens, on pourrait dire que

96 Ce renfermement, qu'on pourrait appeler épistémologique, trouve son pendant institutionnel dans le mouvement qui, à partir du XVIIè siècle, conduit la science à s'isoler aussi physiquement du monde social, renfermant progressivement ses activités dans le clos des laboratoires. Pour l'histoire de ce processus d'auto-enfermement accompli par les sciences, voir Licoppe, 1996. Callon *et al.*, 2001 en ont proposé une lecture dans la perspective de la sociologie des sciences, qui ne fait toutefois qu'apercevoir les implications épistémologiques de ce mouvement. Aux Etats Unis, ce mouvement est aussi celui de la professionnalisation de la recherche scientifique et de la constitution de la science comme profession, dont la réflexion peircienne sur la communauté de recherche comme condition

l'épistémologie positiviste a représenté la tentative de rendre compte d'un phénomène de science révolutionnaire. Il s'agit d'une théorie qui ne vise pas prioritairement l'explication du fonctionnement ordinaire (normal) de la physique tel qu'il a lieu dans les laboratoires. Là où la science se fait[97], le rapport entre les propositions assume précisément les formes de l'enquête au sens deweyen. Il serait alors déplacé d'avancer ici l'opposition entre science pure et science appliquée, car toute découverte, même sur le plan de la physique théorique la plus abstraite, passe nécessairement par les actions qui scandent le processus d'enquête (articulation, reconstruction, vérification et application). Comment imaginer la théorie de la relativité d'Einstein sans l'expérience de Michaelson et Morley et sans la nouvelle interprétation donnée à celle-ci par Einstein ? Comment imaginer la physique galiléenne sans son imagination pratique, sans ses expériences artisanales ? La science a un corps, une matérialité pratique dont une épistémologie fondée sur la séparation entre la pensée et l'action et entre la théorie et la pratique n'est pas en mesure de rendre compte. Toute histoire des sciences sensible à cet aspect montre cet entrelacement des idées et des faits, qui dans le laboratoire ne sont plus que les corrélats de distinctions fonctionnelles, de divisions logiques du travail. On pourrait de la même manière prendre l'exemple d'un professionnel en train d'accomplir son travail. Qu'il s'agisse d'un politicien, d'un artiste ou d'un manager, l'exercice de la pensée qui les caractérise correspond à ce même paradigme de pensée en action qui est l'enquête. Mais nous pouvons aussi prendre l'exemple d'un mathématicien. Penser signifie pour lui aborder une question bien définie, se fixer sur un théorème qu'il n'est pas capable de résoudre. Il l'abordera avec les outils théoriques dont son savoir l'équipe : des théories, des axiomes, des règles de transformation, un cadre théorique de référence, des typologies d'exercices. Qu'il soit en train d'appliquer une théorie à un cas pratique[98] ou qu'il soit en train de démontrer un nouveau théorème, les procédures qu'il suit seront celles décrites par la théorie de l'enquête.

---

pour atteindre la vérité est une conséquence épistémologique. Sur les implications de ce contexte dans la constitution historique de la recherche scientifique aux Etats-Unis et ses rapports aux débats philosophiques sur le concept de vérité, cf. Diggins, 1994 *passim.* Pour une reconstruction détaillée du contexte socio-historique de l'avènement de la recherche professionnelle, cf. Wilson, 1990 et Bender, 1993.

[97] Là où le chercheur mesure une radiation, teste une hypothèse sur un modèle à l'ordinateur, ou cherche une évidence empirique pour sa théorie.

[98] Mais il n'y a jamais d'application dans le même sens où d'après Wittgenstein suivre une règle ne signifie pas mettre en place une procédure automatisée. Appliquer, pour Dewey comme pour Wittgenstein, signifie toujours créer. Cf. à ce propos les remarques de Dewey concernant le rapport entre forme et matière dans le dix-neuvième chapitre de *Logic* (LW 12 : 373-390) : « the minimum meaning that can be assigned to 'application' in physical inquiry is selection (involving elimination) and arrangement », LW 12 : 374.

Lorsque nous pensons, nous ne faisons jamais autre chose que mettre en acte une procédure d'enquête. Même le grand métaphysicien du passé - le berger de l'être à l'écoute du langage - est en train de réaliser son enquête. L'Être lui apparaît comme un tout indéterminé dont il commence peu à peu à définir les articulations internes. D'abord la distinction entre catégories et existentiaux, ensuite une différence entre l'Être et l'étant, puis une série de concepts tels la *Kehre*, l'Ouvert, la Mort, le *Dasein*. Enfin, la solution : un jugement qui porte sur la totalité de l'histoire passé de l'Occident et qui fonde un diagnostic sur notre présent et surtout sur notre futur, et qui ouvre un domaine de possibilité et d'action. La théorie deweyenne de l'enquête nous permet de voir peut-être pour la première fois le fil rouge qui relie toutes ces formes de la pensée en une seule ligne continue (principe de continuité). L'homme, être pensant, à l'âge démocratique devient être de l'enquête, *enquirer* en anglais. Mathématicien, artiste, consultant, philosophe, praticien ou scientifique, l'homme est un rapport qui s'exprime à travers l'activité de penser. Cette activité, d'emblée pratique, présente malgré d'énormes différences un cadre homogène, qui nous permet de passer sans rupture d'une figure à l'autre, car la béance que la pensée philosophique avait établi entre la pensée et l'action et entre la théorie et la pratique est maintenant comblée. Sur le bord d'un fossé maintenant rempli, chercheur et praticien se regardent l'un face à l'autre : c'est le *reflective practitioner* qui s'affirme comme la nouvelle image de la pensée[99]. C'est ici que le thème épistémologique d'une nouvelle image de la pensée et de la connaissance se lie au thème plus vaste du processus de sécularisation qui aurait investi nos sociétés et dont ces transformations ne seraient que certains des effets. De là, encore, le problème d'articuler ces deux thèmes l'un à l'autre à partir d'une analyse du contexte contemporain par le biais des questions suivantes : Comment se présente aujourd'hui cette configuration d'une connaissance entièrement sécularisée ? Dans quels domaines assistons nous à l'émergence de ce nouveau paradigme ? Quelles disciplines ont donné corps à cette évidence et ainsi contribué à démanteler le mythe sacré d'une connaissance pure et d'une pensée désincarnée dont la philosophie s'est nourrie pendant deux millénaires ?

[99] Pour une analyse de ce concept, cf. Frega 2006, ch. 7.

# 6. La nature de la délibération

> *« What is deliberation except weighing of various alternative desires (and hence end-values) in terms of the conditions that are the means of their execution, and which, as means, determine the consequences actually arrived at? »*
>
> LW 13: 213

## 6.1 La théorie de la délibération entre situation et enquête[1]

Comme dans toute théorie de la rationalité pratique, la notion de délibération joue un rôle central aussi dans la théorie deweyenne de la pensée. Pour en comprendre le sens, il est nécessaire de se référer encore une fois au cadre anthropobiologique de la relation entre l'organisme et l'environnement[2]. En cohérence avec l'image de la pensée esquissée jusqu'ici, la théorie de la délibération deweyenne est dominée par le thème de la rupture qui s'ouvre dans la constitution stable d'un sujet constitué par ses habitudes[3]. Si la constance et la continuité du sujet dépendent de la trame des habitudes qui composent son caractère[4], la pensée tient lieu d'instance de régulation, intervenant lorsque – pour une raison quelconque – l'agencement

---

[1] La délibération a fait l'objet d'enquêtes différentes dans l'œuvre de Dewey, notamment dans le cadre de la théorie de la conduite et du désir, par rapport à la théorie de l'évaluation et dans l'éthique. Etant donné la cible de notre recherche, nous nous limitons ici à en commenter les aspects plus directement liés à sa théorie de la pensée comme enquête, notamment en ce qui concerne le dépassement du dualisme moyen-fins, la logique des jugements de valeur et le rôle de l'imagination dans la théorie de la rationalité pratique. Pour une exposition plus générale, cf. Gouinlock, 1972: 299-335. Pour une présentation synthétique, cf. Garrison, 1999. Sur les aspects éthiques de la théorie de la délibération, cf. Welchman, 1995, *passim*.

[2] Ce n'est donc pas un hasard que le traitement deweyen plus complet de la délibération se trouve dans *Human Nature and Conduct*, texte consacré à la question des structures anthropologiques fondamentales.

[3] Sur la théorie deweyenne des habitudes et sur la conception du sujet qui lui correspond, voir l'esquisse précise et essentielle que donne Murphey dans son « Introduction » à *Human Nature and Conduct*, MW 14 : ix-xxiii.

[4] « Character is the interpenetration of habits », MW 12 : 29.

entre l'organisme et l'environnement s'interrompt et l'action est empêchée. La délibération définit le moment spatio-temporel où la pensée s'insère dans le réel pour en déterminer la modification. Elle opère ainsi en vue de la réactivation du rapport au contexte. La théorie deweyenne de la délibération se définit à partir des thèses suivantes :

1. la délibération n'est pas la conclusion d'un processus cognitif interne (un raisonnement) mais l'issue d'un processus à la fois cognitif et actif : le processus transformatif de l'enquête ;
2. l'objet de la délibération est une action à accomplir ;
3. la délibération ne vise pas une fin extérieure future mais l'activité présente ;
4. la délibération constitue l'élément proprement expérimental dans la pensée: il s'agit du test pour comparer des perspectives en conflit à partir de l'examen de leur conséquences futures ;
5. l'imagination a un rôle fondamental dans la délibération, en raison du processus de « *dramatic rehearsal* ».

Selon Dewey, la délibération définit le domaine « des jugements ordinaires concernant ce qu'il est mieux ou plus sage de faire »[5]. Son objet propre est alors le choix entre des options en compétition. Plus précisément, « la délibération au sens propre procède à travers l'institution et l'examen de cours d'activité alternatifs et à travers la considération de leurs conséquences respectives »[6]. Il s'agit de l'étape finale du jugement, qui résout la situation problématique à travers un choix fondé sur le parcours d'enquête précédent. Dans la délibération, tout le processus de détermination réciproque entre le sujet et le prédicat (le jugement comme activité temporellement étendue) culmine dans l'affirmation d'un cours d'action parmi tous ceux qui ont été examinés.

### *6.1.1 Conditions de la délibération*

Avant de déterminer l'objet sur lequel porte l'acte de délibération, nous devons nous interroger sur le rapport plus général de la délibération avec la théorie de la pensée comme activité. James Gouinlock, qui a consacré une étude importante à la théorie deweyenne de l'évaluation, affirme que « le type de situation dans laquelle une personne ou un groupe est confronté avec quelque problème de choix pratique, émerge lorsqu'il n'y a pas de ligne de

---

[5] MW 14 : 132.
[6] LW 12 : 172.

conduite claire et non empêchée qui soit disponible »[7]. De cette prémisse, Dewey conclurait que « dans ces circonstances la situation présente des biens (ou des maux) problématiques divergents, chacun desquels permet des cours d'action divergents ». Le but de la délibération serait par conséquent de choisir entre ces fins en compétition. C'est en effet ainsi que Dewey présente la question dans *Human Nature and Conduct*. La délibération serait alors l'issue naturelle et nécessaire de tout processus d'enquête. Il nous semble toutefois que cette description est insuffisante, car son présupposé est qu'une situation peut être indéterminée et problématique uniquement à cause de sa propre surdétermination. Si la situation est fragmentée à cause d'un excès de signification[8], il est évident que la seule manière de la reconstruire consiste dans la « détermination d'un cours d'action unique à partir de plusieurs possibilités ; et sa solution est d'unifier le maximum de préférences possibles dans la situation »[9]. Ce que Gouinlock ne prend pas en considération est le fait qu'une situation pourrait être problématique pour la raison opposée, c'est à dire à cause de la sous-détermination des facteurs qui la constituent, ou bien pour un manque de sens plutôt que par un excès. Pour mieux éclairer ce point, nous devons maintenant reprendre la question du rapport entre la situation problématique, l'enquête et la délibération. Cette réflexion nous permettra de remettre en question l'idée trop schématique d'une séquence linéaire enchaînant en cascade la situation indéterminée, l'enquête, la délibération et l'action.

Comme le remarque William J. Gavin[10], si les choses vont mal dans l'expérience – si des problèmes émergent – les raisons de cela peuvent être fort différentes. Cet auteur, bien que d'un point de vue assez différent du nôtre, a reconnu la nécessité de poser la question du rapport entre la qualité du problématique et l'expérience à partir d'un cadre conceptuel moins simplifié. Si en effet nous abordons cette question à partir du point de vue du développement logique et temporel de l'enquête, le problème le plus courant semblerait être celui de la sous-détermination, car la situation problématique est avant tout une situation indéterminée, c'est-à-dire une situation qui manque de déterminations. Au contraire, si nous observons les choses du point de vue terminal de l'acte de délibération, le problème principal devient celui de la surdétermination, car la délibération présuppose l'existence de plusieurs formes d'ordre parmi lesquelles il faut choisir[11]. Nous pouvons

[7] Gouinlock, 1972: 301.
[8] Car il y a trop de déterminations alternatives en conflit.
[9] Gouinlock, 1972: 302.
[10] Gavin, 1999.
[11] On trouvera une référence à cette double détermination du problématique chez Dewey en LW 12 : 204. L'élimination de ce qui est superflu et la découverte de ce qui manque constituent les étapes fondamentales à travers lesquelles tout processus d'enquête se déroule. Cette condition de sous-détermination et sur-détermination contemporaines joue ainsi un rôle

expliquer cet apparent contraste de deux manières. Une première explication trouve son point de départ dans la remarque selon laquelle les deux perspectives concernent deux phases du processus d'enquête temporellement et logiquement distinctes. La sous-détermination correspondrait ainsi à l'expérience de la situation comme totalité pré analytique, dont le propre est effectivement l'absence de déterminations suffisantes pour la compréhension de la situation. La surdétermination correspondrait par contre à la phase finale de l'enquête, qui bénéficie du processus de détermination réciproque du sujet et du prédicat et qui aboutit à la formulation d'hypothèses sur le cours d'action à atteindre. On aurait ainsi une représentation de la pensée comme mouvement qui va d'une phase de sous-détermination demandant une enquête à une phase de surdétermination qui exige une délibération sur les hypothèses produites par l'enquête. Cette explication se heurte à une objection, car elle explique dans les termes du déploiement temporel d'un processus ce qui en réalité relève de la différence entre des situations de type différent. Une explication plus adéquate doit tenir compte de cette dernière remarque. Si nous considérons la délibération comme l'acte qui conclut le processus d'enquête, nous pouvons définir trois types de situations problématiques qui demandent un acte de jugement. D'abord la situation sous déterminée, dans laquelle la pensée est dans une impasse car elle ne trouve pas une forme d'ordre donnant sens à la situation et rendant l'action possible. Dans ce cas, nous nous trouvons face à un cours d'action antérieur qui est maintenant bloqué, sans qu'aucune alternative soit disponible. La délibération se présente comme un choix binaire entre la continuation et l'interruption du cours d'action précédent. Il s'agit d'un type de situation où l'impasse assume la forme de la perte de sens, d'un manque d'orientation tellement radicale qu'il empêche la préfiguration de tout cours d'action. Le deuxième cas est celui d'une situation surdéterminée. Dans ce cas, l'enquête parvient à déterminer la situation et anticipe une pluralité d'alternatives par rapport auxquelles la délibération doit se faire en considérant les conséquences associées à chaque possibilité. Il s'agit ici de la délibération au sens propre. Dans le troisième cas, Gavin examine le cas d'une situation tellement déterminée que l'action est paralysée par un excès de singularité : n'étant pas reconductible à une typologie de situations connue, elle est proprement intraitable, car la détermination des traits spécifiques ne s'intègre pas à une interprétation de la situation dans sa totalité. On aurait ici la figure symétrique de la première, où le même effet de paralysie est produit par la cause contraire. Si nous acceptons cette description, nous devons admettre que la délibération en tant que choix entre des fins en compétition

fondamental dans la définition des catégories logiques de la quantité (quantificateurs), de l'affirmation et de la négation.

constitue la conclusion du processus d'enquête seulement dans certains cas, et notamment là où on aboutit à une surdétermination de la situation même. C'est dans ce cas qu'un acte de choix entre cours d'action en compétition est requis. Dans le premier cas tout comme dans le troisième, il y aura au plus délibération sur l'interprétation qu'il faut donner aux événements. Par conséquent, on doit en conclure que tous les problèmes ne sont pas forcément des problèmes de choix. Comme le remarque Gavin, « une situation peut être qualifiée de manière univoque et toutefois être caractérisée socio-politiquement, psychologiquement, religieusement, existentiellement, etc. Elle peut donc être interprétée à partir de paradigmes multiples qui sont incommensurables mais non nécessairement incompatibles. [...] Deuxièmement, une situation peut être qualifiée de manière univoque et son unicité propre, c'est-à-dire sa 'nouveauté', peut servir de défi, ou pire d'obstacle pour parvenir à un nouveau langage (paradigme) à travers lequel avoir affaire avec la situation en question »[12]. Dans le premier et dans le troisième cas de figure, la délibération ne semble pas être la conclusion naturelle de l'enquête. Dans le premier cas, l'existence de perspectives multiples et incommensurables ne peut pas être résolue par une hypothèse visant la sélection d'une perspective à l'encontre des autres. Il s'agit au contraire de se maintenir dans cet état de sous-détermination radicale, où plusieurs points de vue s'affrontent sans pourtant qu'une solution définitive puisse être établie. Dans le troisième, ce qui semble être requis n'est pas non plus une délibération (sur quoi ?) mais plutôt un exercice de l'imagination qui nous porte à voir la situation singulière présente sous d'autres perspectives, afin d'opérer un changement analogue sur le plan de l'action. En ce sens le *voir comme*, c'est-à-dire le fait de voir une situation *comme* une autre, devient le point de départ pour un *agir comme*, qui nous permet enfin de surmonter l'impasse grâce au fait de pouvoir lire la situation présente par rapport à d'autres situations apparemment incommensurables[13]. On pourrait sans doute affirmer que dans ces deux cas il s'agit d'enquêtes qui ne sont pas encore parvenues à leur terme, et que la délibération est ici empêchée à cause de ce fait. Il nous semble toutefois qu'on perdrait ainsi la richesse de l'argument, qui présente une typologie du problématique plus riche et par conséquent une compréhension plus sophistiquée du rôle de la délibération. Gavin ne se

[12] Gavin, 1999: 55.

[13] Je prends l'idée de ce passage du *voir comme* à l'*agir comme* des travaux de Donald Schön. Cet auteur a mêlé de façon très intéressante le thème wittgensteinien du *voir comme* à une conception de l'action qui s'inspire très fortement de Dewey, notamment en ce qui concerne le rapport entre la pensée et l'action. Le *voir comme* ne se configure pas chez Dewey comme expérience cognitive ou perceptive mais comme exercice créatif de l'imagination, donc comme *dramatic rehearsal*.

trompe pas en affirmant que Dewey a tendance à représenter l'enquête sous la forme d'une activité fortement instrumentale, comme si le sujet gardait toujours une maîtrise totale sur son propre système cognitif. A travers cette typologie, Gavin nous montre un sujet beaucoup plus exposé au risque d'égarement, un sujet pour lequel la surdétermination est aussi probable que la sous-détermination, ou pour lequel la surdétermination ne présente pas nécessairement de solution univoque. Ces deux cas nous rappellent ainsi un point qui est souvent oublié par le critiques deweyens, c'est à dire le fait que sa théorie de l'enquête n'est pas uniquement une théorie de la méthode scientifique, mais aussi de l'intelligence immanente à l'expérience humaine et par conséquent aussi des enquêtes à travers lesquelles les hommes construisent leur identité, mettent en question leur rapport à la réalité et plus généralement s'orientent dans le monde. Pour tous ces cas, la séquence situation problématique, enquête, délibération, action constitue sans doute une représentation trop simplifiée[14].

## 6.2 La délibération entre moyens et fins[15]

> *« Means and ends are two names for the same reality »*
>
> MW 14 : 28

> *« Ends framed in separation from consideration of things as means are foolish to the point of irrationality »*
>
> LW 15: 214.

Dans l'effort de comprendre la nature de la délibération, la philosophie a traditionnellement oscillé entre deux thèses opposées, que Dewey réfute également. D'une part, on a soutenu, au moins à partir d'Aristote, que la délibération a pour objet le choix du meilleur moyen en vue de parvenir à un but prédéterminé. Cette conception domine la plupart des théories contemporaines de la rationalité pratique. De l'autre, les philosophes ont très vite reconnu qu'un des aspects les plus important du jugement pratique

[14] Nous reprenons cette question dans le prochain chapitre.

[15] Sur la question du statut du dualisme moyen-fin dans la philosophie de Dewey, cf. surtout Lachs, 1993 ; Lekan, 1998 ; Wachs, 1999; Ross, 1969; Visalberghi, 1953.

concerne au contraire le conflit entre des fins en compétition. Ce dont une théorie de la raison doit rendre compte, c'est alors comment la pensée accomplit le choix entre des fins incompatibles et pourtant impératives[16]. Ce partage entre une rationalité entièrement instrumentale et une rationalité téléologique rend difficilement compte de la théorie deweyenne de la délibération, car malgré son ancrage dans une ascendance aristotélicienne, elle parvient au dépassement de ce dualisme. En réitérant un mouvement de pensée que nous avons déjà vu à l'œuvre, Dewey fera de la critique du dualisme entre le moyen et la fin le point de départ pour une nouvelle théorie de la raison.

L'idée que les notions de moyen et de fin sont conceptuellement problématiques est explicitement affirmée dans *Human Nature and Conduct.* Fidèle à sa théorie fonctionnelle des concepts, Dewey propose d'interpréter cette différence d'après sa théorie de la différenciation fonctionnelle. Appliqué au dualisme en question, le principe de continuité implique que les fins et les moyens constituent des points de vue différents sur une même entité : « la 'fin' est simplement une série d'actes vue à un stade lointain ; le moyen est tout simplement la même série vue à un stade précédent »[17]. Dans les deux cas, c'est la référence à la situation qui détermine ce qui joue le rôle de moyen et ce qui joue le rôle de fin. Notamment, les moyens et les fins sont différenciés afin de focaliser l'attention soit sur les causes ou conditions qui la déterminent, soit sur les conséquences qui en découlent. Réitérant une procédure analytique désormais familière, Dewey remarque que cette distinction « ne relève pas d'une division dans la réalité mais une distinction dans le jugement »[18]. Elle « est donc analytique et formelle, non pas matérielle et chronologique »[19]. Cette remarque ne suffit toutefois pas à éclaircir le problème, car les affirmations deweyennes donnent parfois l'impression d'une certaine oscillation. Parfois il affirme que l'objet propre de la délibération sont les fins, son but étant celui de déterminer ce qui est mieux ou plus sage pour nous[20]. Parfois au contraire il affirme que la délibération, tout comme la raison pratique, concerne la détermination des moyens en vue de fins données. Le dualisme métaphysique semblerait ainsi confirmé, avec de surcroît la confusion consistant à maintenir les deux perspectives à la fois. En réalité, aucune de ces deux alternatives ne représente la position de Dewey[21], car sa théorie de la délibération présuppose l'introduction d'un nouveau concept irréductible au dualisme

[16] Il s'agit d'un thème qui a été largement exploité, notamment par l'existentialisme.
[17] MW 14 : 27.
[18] MW 14 : 28.
[19] LW 1 : 280.
[20] MW 14 : 132 et 133, mais aussi MW 8 : 38 et MW 13 : 12.
[21] Il n'y a donc pas de contradiction.

entre les moyens et les fins, celui de *fin visée*[22]. C'est à partir et en référence à ce dernier concept que la délibération pourra être dite porter *en même temps* sur les fins et sur les moyens. Les deux thèses pourront alors être considérées comme vraies en même temps, mais d'une manière qui dépasse la simple conjonction logique du 'et' vers l'unité modale opérée par toute distinction d'ordre fonctionnel.

Il est devenu usuel, surtout dans les théories contemporaines de la rationalité instrumentale, de concevoir la délibération comme l'acte qui choisit le moyen le plus efficace pour atteindre un but déterminé. Par rapport à l'instrumentalité de ce calcul, la délibération perd son statut d'acte pour se réduire à l'application des résultats produits par le calcul. Les théories de la rationalité instrumentale retrouvent un rôle pour la délibération au niveau de la cohérence entre les fins en compétition[23]. En même temps, la philosophie reconnaît à la pensée un rôle dans la détermination des fins à atteindre, indépendamment de la question instrumentale des moyens pour y parvenir[24]. Pour Dewey aucune de ces démarches n'est satisfaisante. En ce qui concerne les théories instrumentalistes, Dewey critique le présupposé implicite de l'identité entre moyen et instrument. A la conception instrumentale du moyen Dewey substitue une conception constitutive. Par rapport aux théories téléologiques, les reproches de Dewey concernent avant tout le fait de concevoir le but comme une idée, chose ou événement qui transcende la situation actuelle et qui serait à atteindre dans le futur. Ici l'erreur est double, car seules les activités peuvent selon Dewey être légitimement posées comme des fins à atteindre. En second, car la fin doit être immanente à la situation dans laquelle la délibération a lieu, elle ne peut pas être placée à l'extérieur (temporellement ou logiquement) de l'activité délibérative elle-même. Dans les deux cas, l'affirmation de la continuité entre les moyens et les fins explique la distance qui sépare la théorie deweyenne des conceptions reçues ; c'est elle aussi qui soutient le concept original d'acte délibératif. Le dépassement du dualisme entre les moyens et les fins nécessaire à la construction de la théorie deweyenne de la délibération s'opère à travers un double mouvement. D'un coté, en reconnaissant aux fins la fonction de moyens. De l'autre, en attribuant aux moyens le statut de fins. Le premier cas de figure étend à la notion de fin les conséquences de la théorie deweyenne des idées comme hypothèses. Le but à atteindre est conçu

---

[22] Nous traduisons ainsi l'expression anglaise de *end in view.*

[23] De la même manière l'utilitarisme se fonde sur la conception du bien comme utilité pour déployer ensuite une conception de la rationalité totalement centrée sur la détermination instrumentale des moyens les plus efficaces pour l'atteindre.

[24] Il est curieux (mais sans doute significatif) qu'Onora O'Neill, à l'entrée « *Practical reason* » écrite pour la Routledge Encyclopedia of Philosophy ne cite aucun philosophe postérieur à Kant comme représentant de cette position.

comme une idée dont un agent se sert pour déterminer le cours de son action : « les fins sont des conséquences prévues, qui émergent dans le cours de l'activité et qui sont employées afin de donner à l'activité plus de signification et de diriger son cours ultérieur »[25]. En ce sens, les fins comme toute autre entité sont subordonnées à la primauté de l'activité, par rapport à laquelle elles constituent des moyens de contrôle et d'orientation. La théorie deweyenne du *continuum* entre les moyens et les fins définit la nature de la finalité sur deux plans qu'il faut maintenir distincts. D'abord, sur le plan de la représentation l'idée de fin assume un rôle d'idée-guide, dont l'instrumentalité concerne la fonction dans la mise en place de parcours d'action. Ensuite, la question de la finalité se pose sur le plan sémantique. La finalité à atteindre acquiert sa signification de fin non pas en raison de sa valeur intrinsèque supposée, mais par rapport aux activités qu'elle rendra possibles. Nous sommes ici face à une dimension de l'instrumentalité très différente, qui n'est pas associée à l'idée de la fin mais à l'entité réelle que l'idée de fin représente.

Prenons l'exemple d'un artisan qui bâtit une maison. Dans les théories courantes de la rationalité, l'idée de la maison en tant que fin à réaliser relève de l'état terminal qui se trouve à la fin de l'activité (la maison bâtie) et par rapport auquel il s'agirait de déterminer les moyens nécessaires pour y parvenir. Dans une perspective différente, Dewey propose de considérer la fin à atteindre comme l'ensemble des idées et des hypothèses dont l'artisan se sert pour agir et comme étant l'ensemble d'activités que la maison, une fois bâtie, rendra possibles. Considérons avant tout la signification assignée à l'idée de fin. Du point de vue de l'agent, l'idée de fin est avant tout un outil, un instrument employé à l'intérieur de l'activité et qui est indispensable pour la rendre une activité intelligente. L'idée de maison nous sert ainsi à mieux agir dans le cadre de l'activité présente. Elle en fait partie tout autant que les matériaux et les outils dont nous nous servons. Cette thèse, qui du point de vue instrumentaliste paraît incohérente et qui sépare la flèche du temps en séquences rigidement distinctes, devient parfaitement intelligible lorsque nous nous plaçons dans la perspective deweyenne du primat de l'activité. Sur le plan représentatif *l'idée est considérée comme immanente au processus d'une activité* (dans ce cas, l'idée de maison est immanente au processus de sa construction). Elle constitue pour cette raison un facteur instrumental nécessaire à sa continuation. Les fins sont alors conçues comme « ces conséquences prévues qui influencent la délibération présente et qui à la fin l'apaisent »[26]. Cette thèse constitue une première affirmation du principe d'immanence de la fin au moyen. Les fins sont avant

[25] MW 14 : 155.
[26] MW 14 : 154.

tout « des façons de définir et d'approfondir la signification de l'activité »[27] qui est en cours. Définie comme fin visée , la fin doit être considérée comme un facteur appartenant à l'activité présente. Ce passage ne fait qu'articuler un postulat fondamental de la théorie de la situation, car cette théorie attribue à la pensée le statut de facteur immanent, qui se définit par rapport à ses effets à l'intérieur de la situation, et non pas par rapport à un événement futur qu'elle serait censée produire. En ce sens, la délibération ne porte pas sur des fins futures en compétition, mais avant tout sur la situation actuelle. On se rappellera à ce propos que le but de la délibération est de « résoudre des empêchements dans l'activité existante, de restaurer la continuité, de restaurer l'harmonie, d'utiliser les impulsions sans contrôle et de donner une direction aux habitudes »[28]. Dès lors, les fins jouent dans la délibération le même rôle que les théories jouent dans l'enquête. Dewey opère ici la même forme d'inversion logique, imposée par le principe d'immanence. Sur le plan sémantique, la finalité est définie par Dewey par rapport à l'état de chose auquel on attribue une valeur finale. Le principe d'immanence conduit alors à affirmer que la valeur d'une fin dépend des conséquences qu'elle est censée produire. Dans l'exemple de la construction de la maison, avoir une maison est une fin uniquement dans la mesure où elle est un moyen : une fois la fin achevée, des nouvelles activités impossibles auparavant, deviennent enfin possibles. En nous rappelant le simple fait qu'on bâtit une maison pour y habiter, Dewey affirme le primat de l'activité et l'immanence des actes et des artefacts de la pensée aux conditions que l'activité pose. La fin est ainsi soustraite à sa fixité de moment culminant correspondant à une phase de jouissance, pour devenir l'étape intermédiaire qui ouvre d'autres possibilités d'action. Et puisque la signification et la valeur de l'idée considérée comme une fin dépendent des conséquences qu'elle contribue à créer, il s'ensuit que sa valeur est en réalité plus instrumentale que finale. Dès lors, on devra reconnaître qu'une idée est une fin *car elle est un moyen*, et qu'elle est un moyen *car elle est une fin.*

Pour mieux comprendre la signification philosophique de ces deux inversions, il faut les référer au cadre plus vaste de la théorie deweyenne de l'expérience dans laquelle cette conception s'inscrit. La notion d'expérience interroge le statut des moyens et des fins à deux niveaux. D'abord, par rapport au principe de continuité et notamment à son articulation à l'idée de la nature comme processus continu. Ensuite, à travers la critique de la téléologie ancienne, qui voyait dans l'idée de fin l'aboutissement et l'accomplissement de l'activité et qui attribuait à l'équilibre statique la primauté sur le processus. Ces deux aspects sont étroitement liés, car la

---

[27] MW 12 : 156.
[28] MW 14 : 137.

téléologie ancienne séparait le processus de son résultat, parvenant ainsi à l'idée d'un état parfait et complet. L'idée de perfection était associée à l'idée que le processus était nécessaire pour l'atteindre mais n'apportait toutefois rien à sa perfection (extériorité du processus à son résultat). Dewey opère un double renversement et affirme une conception de la *nature comme processus de transformations sans autre fin que sa propre continuation et son perfectionnement.* A partir de cette thèse, Dewey peut renverser le rapport de la stabilité au mouvement. On comprend donc la signification métaphysique de l'affirmation selon laquelle la délibération ne porte jamais sur des idées, des choses ou des états de choses mais toujours sur les activités dans lesquelles ces idées, ces choses ou ces états de choses sont insérés. Le primat de l'activité implique que « tout événement est en même temps le début d'un nouveau processus et la conclusion d'un autre »[29]. La fin comme point culminant et d'arrêt est ainsi réduite au rôle marginal de station intermédiaire entre une phase d'activité et une autre. Comme si la poursuite d'une fin n'était que le prétexte pour que l'activité puisse se déployer. Nous devons nous imposer des fins pour que notre être, qui est activité, puisse s'affirmer. Mais si le mouvement est tout, ce qu'on a traditionnellement considéré comme fin ne peut absolument pas recouvrir cette fonction car *il n'y a d'autre fin que l'activité.*

Revenons donc à l'exemple de l'artisan en train de bâtir une maison. Dans la conception traditionnelle, la maison est la fin à atteindre et les actions pour la construire sont les moyens[30]. L'artisan entreprend l'action de bâtir afin de pouvoir un jour terminer la maison. La relation est externe au sens que si l'artisan pouvait avoir sa maison sans pour cela s'engager dans sa construction, il serait heureux de pouvoir le faire. Nous retrouvons dans cette description la façon de comprendre le rapport entre le mouvement et la stase, entre le processus et le résultat critiquée par Dewey, car le processus est coupé du résultat qu'il vise et, en tant qu'instrument, il est dépourvu de toute valeur constitutive par rapport à ce dernier. Si, au contraire, nous acceptons le principe de continuité posé par Dewey, nous devons reconnaître que la continuité du processus est effectivement respectée. D'abord car l'idée, au lieu d'opérer comme fin transcendante, est placée à l'intérieur de l'activité comme idée-guide dont l'agent se sert pour planifier et organiser ses actions et pour augmenter la signification de ces dernières. Mais ensuite, puisque seules les activités peuvent occuper la place de fins à atteindre, l'accomplissement de l'idée n'est qu'une station intermédiaire entre l'activité nécessaire pour y parvenir et l'activité que son atteinte rendra possible. La fin est donc doublement liée à une forme d'activité : à l'activité

[29] LW 1 : 85.

[30] Malgré sa simplicité, cet exemple contient les présupposés nécessaires pour articuler une théorie de la rationalité instrumentale.

présente où elle joue le rôle d'idée régulatrice ; à l'activité future en tant qu'ensemble de conséquences associées à sa propre réalisation[31].

### *6.2.1 Moyens comme instruments et moyens comme fins*

Le dernier aspect de la théorie deweyenne du *continuum* entre les moyens et les fins qui nous reste à examiner concerne la différence entre la conception instrumentale et la conception constitutive des moyens, précédemment introduite. D'après Dewey, la conception instrumentale se fonde « sur l'habitude d'appeler moyens des choses qui ne sont pas des moyens ; des choses qui sont uniquement des antécédents extérieurs et accidentels. De la même manière, des choses qui sont appelées fins ne sont telles que de façon accidentelle, car elles ne sont pas des réalisations accomplies d'une série de moyens, des objets possibles d'une consommation immédiate, mais sont tout simplement des termes qui concluent un processus »[32]. Dewey opère ici un déplacement sémantique ultérieur de la notion de moyen. Deux entités X et Y se trouvent d'après Dewey en relation de moyen à fin seulement si les deux conditions suivantes sont remplies en même temps :

1. X est condition causale de la production de Y ;
2. X a été délibérément choisie et librement employée « par rapport à la perception d'une connexion avec des conséquences délibérément choisies »[33].

D'après Dewey, les conceptions instrumentales du moyen remplissent uniquement la première condition, car elles réduisent la relation entre le moyen et la fin à une relation causale[34]. Cette condition n'est toutefois pas

---

[31] A. Visalberghi a montré que la thèse du continuum entre les moyens et les fins est un corollaire de la réflexion deweyenne plus large sur la structure de la temporalité. Il s'agirait notamment du fait que « we live in the present and not in the future, that we can master the former but not the latter, or at least, that the future can be controlled *only* by means of the present ». C'est pour cette raison que, d'une part « ends must be judged, and evaluated, in the light of the means available for their attainement » (Visalberghi, 1953: 737) (car on n'agit que sur des moyens présents) et de l'autre les fins doivent être comprises comme fins visées , incorporées dans l'activité présente en tant que plans. La fin devient donc fin visée car c'est seulement ainsi qu'elle peut être réintégrée dans le domaine de l'activité présente : « attention is given to the future as an *organizational* factor, but 'devotion' belongs to the present » (p. 740), car « present experience should be called the only real and all-embracing 'end' » (p. 742).

[32] LW 1 : 280.

[33] *Ibid.*

[34] En réalité, on peut considérer que le passage d'une relation simplement causale à une relation instrumentale peut se faire aussi par rapport à des aspects différents. La référence

suffisante pour la définition du moyen, car selon Dewey cette condition doit être accompagnée par l'élément intentionnel d'une subjectivité qui reconnaît que tel élément entre dans la production de tel autre. « En effet, toutes les activités intelligentes de l'homme, qui se manifestent dans la science, dans les beaux-arts ou dans les relations sociales, ont comme but la conversion des liens causaux, des relations de succession, en une connexion de moyens et conséquences, en significations »[35]. Pour qu'il y ait relation moyen-fin, le premier doit entrer dans la constitution du deuxième à double titre. D'abord au sens matériel, car son obtention ne doit pas être indifférente à la manière comme on y parvenir. Il doit y avoir incorporation du moyen dans la fin au sens où les briques sont incorporées dans la maison mais aussi au sens où dans l'enseignement le style du maître détermine la qualité de l'apprentissage de l'élève[36]. Mais, au sens formel, il y a rapport constitutif lorsque l'agent qui accomplit l'activité perçoit qu'elle est en continuité avec la fin visée, et le moyen devient un constituant effectif de la valeur et de la signification de la fin ainsi poursuivie[37]. Pour prendre un autre exemple, le cas d'un homme qui fait un travail aliénant pour avoir le salaire nécessaire pour survivre ne constitue pas pour Dewey un cas de relation moyen-fin mais uniquement un cas de relation causale ou instrumentale[38]. Cette même relation devient une relation moyen-fin lorsque la relation intentionnelle se superpose à la relation causale. Il n'est toutefois pas clair, dans le texte deweyen, si cette relation doit être entendue au sens de libre choix du moyen ou de compréhension de la nécessité du moyen par rapport aux fins. Dans le premier cas, le fait que l'activité soit entreprise librement est essentiel. Il est en ce sens que la délibération est le critère discriminant. Le travail peut être considéré comme un moyen en vue du salaire à condition que, outre la condition causale, qui demeure une condition nécessaire, l'agent entreprenne librement cette action en vue de cette fin. Lorsqu'il y a coercition de l'extérieur, il n'y a plus relation moyen-fin mais uniquement instrumentalité.

---

exclusive à l'intentionnalité dépend du fait que ce qui est en question dans le texte deweyen est l'analyse de l'action humaine. Par rapport à cette dernière, l'instrumentalité signifie attribution du statut de conséquences aux événements qui se produisent, donc d'événements *intentionnellement* produits.

[35] LW 1 : 277.

[36] C'est en ce sens que par exemple le débat contemporain entre communitariens et libéraux a posé la question du rapport entre l'individu et la société. Ce que des auteurs comme Charles Taylor ou Michael Sandel appellent des biens constitutifs correspond de près à ce que Dewey appelle moyens constitutifs. Dans les deux cas l'appel à la dimension constitutive s'oppose à une même conception instrumentale.

[37] Il en suit que d'après Dewey, la maxime que la fin justifie les moyen est fausse, car si le moyen affecte la fin, en tout cas sur le plan de la valeur et de la signification, les deux ne sont plus dissociables.

[38] Ce qui, par ailleurs, signifie que le relation instrumentale et le relation moyen-fin relèvent chez Dewey de relations différentes.

Dans le deuxième cas, ce qui est essentiel pour configurer une relation moyen-fin est le fait que l'agent comprenne son activité comme étant la condition nécessaire pour atteindre la fin. Il s'agit d'une condition plus faible. Un instrument devient moyen constitutif lorsqu'il est compris par rapport aux fins ultérieures qu'il rend possibles. Dans le cas du travail, ce dernier est un moyen si le travailleur le comprend comme la condition qui rendra possibles des activités ultérieures. On ne dira donc pas que travailler est un moyen qui vise le salaire comme sa propre fin.

Ces deux interprétations ont en commun le fait de concevoir la relation moyen-fin comme une relation causale qualifiée par le fait que le rapport au but « est caractérisé par une réponse active aux choses saisies dans leur signification »[39]. En ce sens la valeur du moyen est définie par rapport à la signification de la fin qu'il permet d'atteindre. A son tour, la valeur de la fin dépend de la valeur et de la signification des conditions nécessaires à sa production. A travers cette réponse active la relation causale « est transformée en une relation moyens-conséquences »[40]. Comme exemple de relation moyen-fin, Dewey cite le cas des couleurs et de l'habileté technique par rapport à la peinture d'un tableau, les notes et la sensibilité musicale par rapport à la musique, l'eau et la farine par rapport au pain et les institutions politiques en relation au bien-être d'une communauté. Dans tous ces cas, ce qui tient la place de moyen a toujours une fonction constitutive par rapport à la fin, c'est-à-dire que la qualité de cette dernière est étroitement dépendante de la qualité des moyens à travers lesquels elle est obtenue.

La théorie du moyen-instrument prend comme donnée de départ ce qui n'est que le résultat d'un processus, c'est-à-dire l'existence de deux états séparés (logiquement et temporellement). Elle s'interroge ensuite sur le rapport qui les lie. Le moyen devient alors nécessairement le lieu de l'extériorité, de l'instrumentalité qui n'a en soi d'autre valeur que de combler la béance ainsi produite et de nous faire parvenir au résultat souhaité. Etant donné une condition de pauvreté et étant donnés des besoins, le travail devient le moyen pour les satisfaire. Etant donné un sujet rationnel et étant donnés des désirs ou intérêts prédéterminés, le rapport du sujet à son action devient un rapport instrumental, que Dewey appelle, en polémique contre l'utilitarisme, un calcul[41]. Au contraire, dans les exemples deweyens on part d'une situation donnée (le tableau, la musique, le pain, le bien être collectif, etc.) et on détermine les conditions qui ont contribué à la produire. Il est en ce sens que Dewey considère l'intentionnalité comme une des conditions nécessaires de la relation entre moyen et fin, qui ne peut pourtant pas être réduite à la seule relation causale. Si nous revenons à l'exemple du

[39] LW 1 : 278.
[40] *Ibid.*
[41] A ce propos, cf. le chapitre 17 de *Human Nature and Conduct,* MW 14 : 139-145.

travailleur, le salaire n'appartient pas à la catégorie des entités qui peuvent légitimement jouer le rôle de fin, et par conséquent la question consistant à demander quels moyens il faut mettre en place pour l'obtenir, est selon Dewey une question mal posée. De la même manière, la reconstruction du modèle de la délibération, proposée par les théories qui se fondent sur le paradigme atomiste de l'individualisme méthodologique, est faussée par le fait de considérer le rapport de l'agent à son but comme étant purement instrumental, alors que, pour Dewey, puisque le soi coïncide avec sa propre activité, le rapport aux fins ne peut être que constitutif. Nous n'avons ici qu'une ultérieure réitération de l'erreur qui consiste à prendre comme *donné* ce qui dans la réalité est le *résultat* d'un processus.

## 6.3 Moyen-fin, jugement de pratique et intériorisation de la norme

Dans le troisième chapitre nous avons abordé la question du statut logique du critère dans la théorie deweyenne du jugement. L'analyse de cette question, qui exigeait pour être éclairée l'introduction de la distinction entre jugement et proposition, peut être maintenant complétée en prenant en considération le rôle que la délibération joue en son sein. C'est en effet à ce niveau, c'est-à-dire dans la phase terminale du processus de l'enquête, que se pose le problème de l'instauration des valeurs. Lorsqu'un standard transcendant est disponible, tout le processus de l'enquête se réduit à un calcul logique, qui consiste à évaluer les cours d'actions possibles (et leurs conséquences) en les comparant à un modèle de référence. Toutefois il est clair que *là où il y a calcul il ne peut pas y avoir délibération*, et que par conséquent, « plus la notion du modèle est complètement formée en dehors des conditions spécifiques de l'action présente et sans en tenir compte, moins l'action est intelligente »[42]. Nous sommes ainsi reconduits à l'idée que « c'est l'acte qui fait la différence, et toutefois l'acte n'est que l'objet complet du jugement, et le jugement est complet en tant que jugement exclusivement dans l'acte »[43]. On parvient à la même conclusion à travers l'analyse du dualisme entre les moyens et les fins. Le primat cognitif attribué par Dewey à l'acte de jugement sur la norme du jugement revient en effet à renverser le rapport qui lie ces deux éléments constitutifs du jugement, car ce renversement fait apparaître la norme dans sa valeur instrumentale de moyen

[42] MW 8 : 39.
[43] MW 8 : 48.

visant une finalité déterminée par une situation de référence. C'est ici que la distinction entre la proposition et le jugement devient pertinente, une fois qu'elle a été articulée à la conception du jugement comme activité complexe et temporellement étendue.

Dans *Theory of Valuation*, Dewey a défini les conditions qui permettent d'attribuer aux jugements d'évaluation un statut autonome face aux simples propositions qui ne font qu'affirmer un état de choses. Il se proposait ainsi de jeter les bases pour une science sociale expérimentale, dans laquelle les évaluations auraient obtenu le statut de faits empiriquement observables et susceptibles de traitement scientifique. Pour ce faire, Dewey procède par un examen critique de certaines théories de l'évaluation. Il commence par critiquer la thèse qui identifie les jugements de valeur aux propositions qui portent sur des comportement appréciatifs ou dépréciatifs. Il s'agit apparemment d'un point de départ qui permet d'inscrire le jugement de valeur dans des conduites empiriquement observables, car le fait d'apprécier quelque chose équivaut, selon certaines hypothèses, à une manifestation comportementale[44]. Cette hypothèse est toutefois insuffisante, car elle réduit l'acte de jugement à la simple assertion d'un état de fait, '*a matter of fact*', qui ne peut en aucun cas jouer le rôle normatif propre aux valeurs. Dire de quelque chose qu'elle a été appréciée par quelqu'un à un moment donné ne nous permet pas de tirer des conséquences sur la conduite future du sujet du jugement. Comme Dewey le remarque justement, une telle proposition ne constitue pas un jugement, mais elle est tout au plus une proposition fournissant au jugement son matériel.

Le modèle logique du jugement exposé dans le chapitre précédent institutionnalise, à travers la distinction entre la proposition et le jugement, le principe de la primauté verbale de l'acte sur la proposition. Que ce soit dans le domaine des jugements scientifiques ou dans le domaine des jugements de valeurs, les idées, les théories, les valeurs et les états de choses sont traités sur le plan logique de la même manière : ils ne constituent que des données de départ. Cette conclusion est utilisée dans *Theory of Valuation* pour établir les caractéristiques distinctives des propositions évaluatives. On peut ainsi distinguer les propositions concernant des évaluations déjà existantes des actes qui se servent de ces mêmes évaluations sous forme propositionnelle afin d'émettre un jugement de valeur sur une situation nouvelle. Dans un tel jugement, ces propositions deviennent elles-mêmes objets d'évaluations. On établit ainsi la valeur qu'on doit attribuer à une valeur existante dans une situation déterminée. C'est seulement cette évaluation de deuxième niveau,

[44] « Whenever a person has an interest in something, he has a stake in the course of events and in their final issue – a stake which leads him to take action to bring into existence a particular result rather than some other one », LW 13 : 206.

que Dewey appelle une transvaluation[45], qui peut constituer au sens propre un jugement d'évaluation logiquement distinct des propositions factuelles ayant pour objet des valeurs[46]. La distinction entre les proposition et le jugement sert ainsi de fondement à une théorie de la genèse des institutions culturelles : les valeurs s'institutionnalisent grâce à leur efficacité dans la résolution de situations problématiques. L'institutionnalisation constitue le moment capitalisant de l'enquête, dans lequel l'expérience accumulée se fixe en règles qui constituent la base pour produire des hypothèses concernant les actions futures. En ce sens il y a une continuité entre méthode scientifique et culture, car dans les deux cas la méthode de fixation est (ou plutôt devrait être) commune. Pour cette raison, une proposition concernant l'état chimique d'une solution et une proposition concernant les *'liking and disliking'* d'une personne, ont, du point de vue du jugement, un statut équivalent : elles sont des affirmations qui concernent des états de fait. Dans un jugement de valeur comme dans tout autre jugement, une pluralité de données concourt à la délibération finale. Ces données particulièrement hétérogènes concernent les concepts, les théories, les valeurs et les états de choses qui entrent dans le processus transformatif de l'enquête[47]. Dans l'exemple d'une décision en politique étrangère proposé par Dewey, le processus de l'enquête est constitué par des propositions des types suivants :

1. propositions qui affirment des valeurs, et qui concernent la place des citoyens, les rapports entre les Etats, le recours à la guerre, la souffrance des êtres humains, etc. ;
2. propositions générales sur les connaissances scientifiques pertinentes pour la situation concernée (lois économiques, normes juridiques internationales, corrélations statistiques, etc.) ;
3. propositions empiriques sur la connaissance des faits spécifiques à la situation.

Suivant ce que nous venons de dire, la nécessité de la délibération vient du fait que cet ensemble de propositions est nécessairement sous déterminé par rapport aux exigences actuelles et ne permet pas de déterminer le cours d'action à suivre de façon univoque[48]. Dewey donne comme exemple la fonction de la délibération par rapport à l'action à travers la comparaison entre deux modèles de sujet connaissant : l'*expert* et le *sage*. L'expertise, dont l'époque de Dewey voyait l'émergence en tant que nouvelle figure socioprofessionnelle, est définie en termes de maîtrise instrumentale de la connaissance, des règles, des procédures et des techniques. L'expert est le

[45] La référence à Nietzsche est explicitement faite par Dewey lui-même. Cf. MW 8 : 47.
[46] Mais de la même manière qu'elles pourrait porter sur des pommes de terre ou sur n'importe quel autre fait empiriquement observable.
[47] MW 13 : 15.
[48] Par ailleurs, s'il en était ainsi, un calcul suffirait.

titulaire d'une compétence technique, c'est-à-dire d'une connaissance capable de mobiliser des moyens à partir de fins données. L'expert est celui qui maîtrise les ressources nécessaires pour résoudre un problème donné. Cette définition de la compétence experte en termes techniques est d'ailleurs solidaire d'une mythologie sociale qui voudrait pouvoir séparer la responsabilité sur les fins de la neutralité des professionnels qui seraient au service d'intentions ne leur appartenant pas. Par opposition à l'expert, le sage est un personnage conceptuel qui incarne une conception tout à fait différente de la rationalité, qui ne sépare pas la maîtrise technique de la compétence à déterminer les fins à atteindre. Si l'expertise concerne la façon d'opérer – c'est-à-dire que l'expert est maître de la technique et par conséquent capable de produire toutes les propositions pertinentes, la sagesse concerne la détermination du moment auquel opérer. Le rapport au temps fait du sage *le maître de la délibération*, celui qui est capable de faire converger toutes les propositions pertinentes en une synthèse dans l'acte créatif qui est le jugement délibératif. Dans ce dernier, les évaluations rassemblées dans les propositions deviennent à leur tour objet d'évaluation. Le jugement accomplit alors ce renversement paradoxal qui le conduit à se prendre soi-même pour objet et à déterminer les critères qu'il doit suivre lui-même.

En ce qui concerne le mode de fonctionnement des jugements de valeur en tant que règles, la position de Dewey peut être définie à travers l'énonciation de deux principes. D'abord, l'idée que les normes émergent toujours à l'intérieur des pratiques qu'elles sont supposées régler, et que leur origine est donc empirique et immanente, même si leur généralisation parvient à en faire des critères normatifs. Ensuite, le principe de normativité immanente implique la subordination de la validité à l'efficacité. Produites par des exigences d'action, les normes ont le droit de régler les expériences futures dans la mesure où elles peuvent se justifier en termes des conséquences qu'elles contribuent à produire. Que ce soit dans les lois de la méthode expérimentale ou dans les valeurs qui fondent une communauté, leur validité dépend de leur capacité à ouvrir des parcours d'actions considérés comme satisfaisants. On parvient ici par conséquent à interpréter de manière instrumentale à la fois les lois générales et les valeurs : les deux sont perçues comme des outils dont la valeur doit être déterminée au cas par cas, d'après les conditions existentielles de la situation en question. L'expérience accumulée joue un rôle fondamental dans la formulation de prévisions qui permettent d'économiser l'effort de la pensée face à tout nouveau cas. C'est même le rôle que les propositions générales ont dans l'enquête[49]. Elles servent à faire converger toute la connaissance et l'expérience accumulées dans l'instant de l'acte de jugement. Leur valeur est toutefois uniquement hypothétique. Elle dépend en effet du degré de proximité entre la situation présente et les situations expérimentées dans le passé[50]. En ce sens, la valeurs des valeurs (ou la force des règles) doit être chaque fois réaffirmée à travers l'acte qui la réitère. Toute valeur est donc immanente dans le sens où sa valeur reconnue (capitalisation de l'expérience passée) doit être distinguée du fait que dans chaque situation singulière la valeur dépend de l'acte de jugement qui l'affirme. La valeur comme propriété est un prédicat relationnel : être bon, c'est être bon *pour* quelque chose, en vue de quelque chose[51]. Cela ne signifie pas qu'on en relativise l'importance, mais uniquement que son statut logique est modifié. 'Instrumental', on ne le dira jamais assez, est pour Dewey un attribut logique, *il définit le rapport du prédicat avec le jugement*. En ce sens, les valeurs sont des instruments dont la pertinence doit être établie de façon contextuelle.

Nous avons donc ici un autre argument contre la thèse qui conçoit la délibération en termes de choix entre moyens en compétition pour une fin donnée. Sa première partie consiste à démontrer que, étant données les prémisses ici déployées, tout jugement d'évaluation vise nécessairement la détermination de la valeur de quelque chose par rapport à un contexte d'action déterminé. Il s'agit donc d'un *jugement de pertinence*. La deuxième partie consiste à montrer que le même acte porte à la fois sur la pertinence d'un moyen en vue d'une fin et sur le choix entre des fins en compétition. Il y a donc délibération sur les fins à partir d'une procédure d'évaluation qui se fonde sur deux critères :

1. leur coût en termes de moyens nécessaires pour les atteindre ;
2. leur valeur (signification) en termes de conséquences ultérieures qui en découlent.

Concernant le premier aspect, sa signification est double. Sur le plan comportemental qui définit les valeurs en termes de conduites d'appréciation, « dans les faits empiriques, la mesure de la valeur qu'une personne attache à une fin donnée est [...] la peine qu'elle se donne pour

[49] « As with general ideas in the conduct of any natural science, these general ideas are used as intellectual instrumentalities in judgment of particular cases as the latter arise ; they are, in effect, tools that direct and facilitate examination of things in the concrete while they are also developed and tested by the results of their application in these cases », LW 13 : 230.

[50] LW 8 : 46.

[51] « Value propositions exist whenever things are appraised as to their suitability and serviceability as means, for such propositions are not about things or events that have occurred or that already exist (although they cannot be validly instituted apart from propositions of the kind mentioned in the previous sentence), but are about things *to be* brought into existence », LW 13 : 237.

obtenir et utiliser les *moyens* sans lesquels cette valeur ne peut pas être atteinte »[52]. D'après le principe dit des préférences révélées[53], non seulement la valeur que les gens attribuent aux choses est révélée par les choix qu'elles font, mais aussi par les efforts qu'elles sont prêtes à faire pour les obtenir. Mais sur un deuxième plan, le même critère peut être employé pour évaluer une idée ou une stratégie politique. Il ne s'agit en effet que du renversement de la maxime machiavélienne que les fins justifient les moyens. Par rapport à cette maxime, Dewey souligne la relation inverse, celle qui montre que parfois une fin est annulée par les conséquences produites par les moyens employés. Il suffit de penser au cas fréquent d'une paix garantie par le moyen de la guerre, ou d'un système de justice qui garantit la sécurité à travers la répression. Mais il faudrait penser aussi au cas de deux fins en compétition ou d'une fin avec deux possibilités (ou plus) de l'atteindre. Même en politique, en éthique et en art nous avons affaire à des buts à atteindre et par conséquent à des moyens limités dont nous disposons, comme cela est clair lorsqu'on parle des coûts de la démocratie, ou généralement des coûts sociaux ou politiques de certaines actions qui toutefois sont entreprises pour d'autres raisons, elles aussi politiques, économiques et sociales. Sur le plan conceptuel, la remarque deweyenne signifie qu'on ne peut pas se former correctement l'idée d'une fin sans se former en même temps l'idée des moyens nécessaires pour y parvenir. En d'autres termes, *l'idée d'une fin est incomplète si elle n'inclut pas l'idée de sa production*[54]. Sur le plan de l'action, cela signifie que vouloir une fin sans vouloir en même temps les conditions qui permettent de l'atteindre est irrationnel : « la différence entre désirs et intérêts raisonnables et non raisonnables est précisément la différence entre ce qui émerge fortuitement et qui n'est pas reconstitué à travers la considération qui décidera à ce moment du résultat et ce qui est formé sur la base des contraintes et des ressources potentielles »[55]. Désirs et intérêts doivent selon Dewey être considérés comme des moyens.

En ce qui concerne le deuxième critère évoqué plus haut, qui lie la signification des fins à la considération de leurs conséquences, on se rappellera de la maxime pragmatiste, selon laquelle on ne peut pas comprendre la signification et donc déterminer la valeur de quelque chose sans connaître les conséquences que produira son obtention, sa réalisation,

---

[52] LW 13 : 215.

[53] Principe qui sera formulé dans les théories économiques du comportement rationnel, mais dont on trouve déjà l'idée chez Dewey.

[54] C'est aussi ce qui nous rappelle le sketch de Charles Lamb (1775-1834) sur la découverte du porc rôti, à travers son absurdité (C. Lamb, « Dissertation upon Roast Pig »), cité par Dewey à maintes reprises.

[55] LW 13 : 217.

etc. Une idée de justice ou de santé n'est rien en dehors des conséquences pratiques qu'elle produit en termes de bien-être individuel, de rapports entre groups et entre individus, etc. Mais la considération deweyenne s'étend bien au delà de l'horizon éthique et politique, car l'inversion du rapport entre le moyen et la fin par rapport à l'action humaine trouve une correspondance dans l'inversion isomorphe de la relation entre cause et effet qui régit les explications dans les sciences de la nature. « Dans les sciences physiques (où 'physique' est un synonyme de *non humain*) le fait que les 'effets' sont aussi des 'causes' ou, en termes plus précis, que rien n'arrive qui soit *final* au sens de ne pas faire partie d'un cours continu d'événements est maintenant acquis. »[56] Le principe de continuité causale trouve ainsi une correspondance dans le principe du *continuum* moyen-fin pour des raisons qui reviennent au principe de la primauté ontologique de l'activité, dont la validité s'étend également au domaine de la nature et à celui de l'expérience humaine[57].

### *6.3.1 Le processus comme concept limite de la téléologie deweyenne*

Dans les différentes expositions du *continuum* moyen-fin données par Dewey que nous avons analysées, émerge une tendance constante à esquiver une question qui paraît cependant majeure. Il s'agit du fait que, malgré sa tentative de mettre en discussion le statut final des valeurs, la nécessité logique d'un critère transcendant demeure. Comme souligné par Dewey, le fait d'évaluer toute fin comme si elle n'était que le moyen pour une fin ultérieure, n'élimine pourtant pas l'exigence d'un critère qui puisse se soustraire à cette régression. Or, dans aucun des textes consacrés par Dewey au statut des jugements de valeur et de pratique cette question n'a pas été résolue. Il en résulte, pour sa théorie de la délibération, un manque qui doit être comblé. Une réponse possible provient de ses écrits de philosophie de l'éducation, à condition de transposer les arguments du plan éducatif au plan logique. C'est dans ce contexte en effet que Dewey affirme une thèse apparemment contradictoire pour un auteur qui refuse le dualisme des moyens et des fins, c'est-à-dire l'affirmation de l'existence de quelque chose de l'ordre d'une fin en soi soustraite à cette logique des conséquences que le pragmatisme deweyen étend d'un bout à l'autre de l'expérience humaine. Ce

---

[56] LW 13 : 229.

[57] Nous reprenons cette question dans le prochain paragraphe, à propos de la thèse deweyenne que le processus de développement constitue la seule et véritable forme de finalité admissible. Cette notion est en fait nécessaire pour conjurer le risque de *regressus ad infinitum* implicite dans l'idée que toute fin est un moyen pour d'autres fins, risque reconnu d'ailleurs par Dewey même (LW 13 : 231).

quelque chose est le *développement*[58]. Dans *Democracy and Education,* Dewey définit l'évolution comme l'« expansion constante des horizons et la formation conséquente de nouveaux buts et de nouvelles réponses ». La considération de l'évolution comme moyen pour des fins ultérieures, plutôt qu'ayant en soi sa propre fin, est indiquée comme la source des principales erreurs en éducation[59]. La notion de développement exprime sur le plan éducatif le principe anthropologique du primat de l'activité et le principe philosophique de l'immanence. Comme le remarque J. L. Green, cette affirmation exprime « la renonciation à un schème de pensée qui évalue le Dernier ou l'Absolu comme une fin »[60]. Dans la perspective d'une philosophie de l'immanence, « la fin n'est plus le terminus ou la limite à atteindre : elle est le processus actif pour transformer la situation existante. Le but ultime de la vie n'est pas la perfection mais le processus infini du perfectionnement »[61]. « Le développement – la reconstruction constante de l'expérience – est la seule fin »[62]. Cette affirmation nous permet d'avancer plus loin notre analyse, car elle exprime clairement l'idée que la structure récursive de l'expérience réfléchissant sur elle-même est la structure de la finalité.

En amont de ses applications politiques, culturelles, sociales et éducatives, cette idée a une signification philosophique de portée générale. Elle exprime de manière cohérente l'engagement deweyen face à la notion d'activité comme catégorie ontologique fondamentale. Se développer, prolonger l'expérience, est la forme de dynamisme propre à l'activité humaine qui, d'après Dewey, est un processus autorégulateur, dans la mesure où il est capable de produire ses propres critères d'évaluation. Ce que Dewey ne peut toutefois pas nous dire est, bien évidemment, d'après quel critère établir s'il y a développement ou pas. A vrai dire, toute conception immanente du critère est destinée à se heurter à cet obstacle insurmontable. Sur le plan politique et éducatif, Dewey voyait dans la démocratie, dans une démocratie cognitive fondée sur l'exercice généralisé de l'intelligence réflexive, une réponse possible, celle en tout cas qui à son époque lui paraissait la plus adéquate. Et toutefois, même cette réponse se soustrait à

[58] « There is nothing to which growth is relative save more growth », MW 9 : 56. D'où la conception de l'éducation comme « a continuous process of growth, having as its aim at every stage an added capacity of growth », MW 9 : 59.
Sur le rôle général de la notion de 'Growth' dans la pensée de Dewey, cf. Green 1976. Nous traduisons le terme anglais '*growth*' par 'développement' et non pas par devenir ou croissance, car le développement est bien la forme de croissance propre à l'homme lorsqu'il s'agit de son évolution sur le plan culturel et non pas purement physique.
[59] MW 9: 55, mais plus en général: 46-58.
[60] Green, 1976: 360.
[61] MW 12 : 119
[62] MW 12 : 123

l'impératif de fournir une conception substantielle de la finalité, car à son tour la démocratie est définie comme cet ensemble d'institutions qui rend possible le développement humain. On n'échappe donc pas au fait que la détermination du critère est immanente : c'est le contexte historique d'une société, d'une civilisation ou d'une époque qui définit les critères valables en son sein, critères à partir desquels il devient possible de dire s'il y a développement ou pas. Si nous transposons ces conclusions sur le plan logique, nous pouvons définir la forme catégorielle de tout critère. Cette forme est définie par la conception fonctionnelle des idées. Quel que soit donc le critère d'après lequel nous jugeons l'expérience, l'important est qu'il soit conçu comme un instrument régulateur, comme un outil dont se servir selon les circonstances, et non comme une norme rigide, modèle dont il ne resterait qu'à déterminer les conditions d'application. Dire que la seul fin en soi est le développement, c'est ne rien dire sur le contenu de la fin, mais tout dire sur sa forme, c'est à dire que toute époque et toute culture produisent leur propres normes d'excellences, leur propres standards, dont l'évaluation doit encore une fois être immanente, c'est à dire rapportée à la forme d'expérience que ces standards règlent et dont ils favorisent ou empêchent l'épanouissement[63]. Mais, à nouveau, ce qui reste indéterminé est *le critère du critère*, celui sur la base duquel reconnaître s'il y a eu épanouissement ou clôture[64]. Ce dernier, on ne se lassera pas de le dire, ne peut jamais être déterminé *a priori*, car sa détermination relève de la liberté propre à l'intelligence, qui ne peut s'exprimer que dans un *acte qui assume la responsabilité de combler le vide d'une indétermination.*

[63] Bien qu'il puisse étonner, on trouvera un principe de solution à ce problème dans la théorie des crises épistémologiques élaborée par Alasdair MacIntyre afin de surmonter la menace du relativisme. Cf. notamment MacIntyre, 1977.

[64] De cette construction logique, Dewey a proposé une fondation métaphysique dans *Experience and Nature*, où la conception immanente du critère est reconduite à sa théorie de l'expérience. Dewey remarque que « common experience is capable of developing within itself methods which will secure direction for itself and will create inherent standards of judgment and value », LW 1 : 1. Cette thèse est affirmée aussi dans *Reconstruction in Philosophy* : « the very fact of experience thus includes the process by which it directs itself in its own betterment », MW 12 :134.

## 6.4 « Practical deliberation as dramatic rehearsal[65] »

*« We think, through imagination »*
MW 14: 140

Dewey ne nous a laissé ni une théorie complète de la délibération pratique ni un traitement systématique du rôle de l'imagination dans la pensée. Dans les deux cas, il s'agit de reconstruire l'architecture d'une conception qui demeure pour Dewey largement implicite, mais qui constitue néanmoins une pièce essentielle de sa théorie de la pensée comme action. L'analyse du rôle du « *dramatic rehearsal* » dans la délibération nous permettra de reconstruire la conception deweyenne du rapport de l'imagination à l'intelligence. La discussion philosophique concernant la nature de la délibération pour Dewey s'est étrangement focalisée sur la nature du jugement éthique. Il est sans doute vrai que la plupart des références deweyennes à ce sujet se trouvent dans des textes qui concernent la conduite humaine et notamment dans *Human nature and Conduct* et dans l'*Ethique* écrite avec Tufts. Etant donné toutefois que la théorie deweyenne du jugement concerne à la fois le raisonnement éthique et le raisonnement scientifique, le concept de *dramatic rehearsal* étend sa validité au delà du domaine éthique à la totalité de la théorie du jugement. D'où notre décision d'en inclure la discussion dans un travail consacré à sa théorie de la pensée. Dans l'Ethique de 1908, Dewey définit la délibération comme « une dramatisation[66] imaginative de plusieurs cours de conduite »[67]. Cette dramatisation est au fondement d'une conception de la rationalité pratique dont le sujet est toujours un *sujet épais*, un sujet qui raisonne à partir de sa propre expérience et de sa puissance d'imaginer des possibles : « nous donnons voie, *dans notre esprit*, à certaines impulsions ; nous essayons, *dans notre esprit*, quelque plan. En suivant ces plans à travers leurs différentes

---

[65] En plus de l'important livre de J. Gouinlock (1972), dont nous ne partageons pas l'approche métaphysique, le rôle de l'imagination par rapport à la délibération a été étudié par W. R. Caspary (1991) et par T. Alexander (1987, 1990, 1993), dont nous nous sommes servi dans notre analyse. Voir aussi l'introduction de C. Stevenson à l'édition de l'*Ethics* de Dewey-Tufts de 1908, MW 5 : xi-xxxiv.

[66] En anglais, *rehearsal* dénote les épreuves qui précèdent la mise en scène effective d'une pièce de théâtre, de musique, de danse, etc. Il faut donc garder au terme la double signification de *preuve réelle* (la pièce est effectivement jouée) et de *mise à l'épreuve*, d'expérimentation qui anticipe et précède la mise en scène effective. Il y a donc à la fois suspension expérimentale des conditions du réel (on est dans la simulation) et du vécu concret, car le sujet est entièrement engagé dans les épreuves.

[67] MW 5 : 292.

étapes, nous nous trouvons dans l'imagination en présence des conséquences qui en dérivent ». Ce processus de dramatisation permet d'évaluer les différentes alternatives par rapport à leurs conséquences possibles. La description deweyenne de ce processus n'est psychologique qu'en apparence[68], car la conception pragmatiste de la signification implique qu'on ne peut déterminer la valeur d'un cours d'action qu'en explorant ses conséquences : « ses conséquences définissent sa *conséquence*, sa signification et sa valeur »[69]. Les idées que nous dramatisons sont comme les hypothèses scientifiques avant leur mise à l'épreuve dans des expériences de test. Comme les expériences qui ont lieu dans le contexte reproductible du laboratoire, l'évaluation d'un cours d'action *dans notre esprit* jouit de conditions neutres de reproductibilité : nous pouvons répéter des expériences diverses sans toutefois modifier les conditions environnantes[70]. C'est en ce sens que Dewey parle de « *mental trial* »[71], en affirmant ainsi la continuité épistémologique entre le raisonnement éthique et le raisonnement scientifique. Il serait toutefois erroné de comprendre le *dramatic rehearsal* comme s'il s'agissait uniquement d'une procédure de vérification, malgré l'insistance de Dewey sur la dimension de l'épreuve ('*trial*'). Il faut au contraire comprendre la théorie de la délibération comme dramatisation dans sa complexité de méthode de raisonnement[72] et même comme théorie originale de la conscience. A ce propos, le rôle de la dramatisation doit être considéré non seulement par rapport aux activités de vérification mais aussi par rapport aux activités de découverte[73]. Dans le contexte de la vérification, *la dramatisation constitue le moment proprement expérimental de la pensée.* Ici, des parcours d'action possibles sont examinés à travers l'exploration de leurs conséquences, pour en déterminer la valeur et la signification. La raison pratique ne se borne toutefois pas à ce moment délibératif, car ce dernier ne configure qu'une issue possible du processus d'enquête. Il faut aussi considérer le rôle du '*dramatic rehearsal*' dans le cadre du contexte de la découverte, c'est à dire de cette dimension de l'enquête qui consiste dans l'exploration et dans la formation des concepts, et dans l'innovation réalisée par l'imagination créatrice. En tant que théorie de la conscience, l'idée d'un

[68] Il y a sans doute un aspect psychologique et même anthropologique de la théorie deweyenne de la délibération. Ce qui nous semble intéressant est toutefois le fait que cette approche détermine en même temps les conditions de sa théorie logique.

[69] MW 5 : 292.

[70] MW 14 : 132-134.

[71] MW 5 : 293.

[72] Stevenson, 1978: xiii.

[73] La distinction classique en philosophie des sciences entre contexte de vérification et contexte de découverte, notamment à partir de l'épistémologie critique de K. Popper, a été employée par rapport à la théorie éthique deweyenne par W. Caspary ( 1991) dans un article remarquable.

théâtre dans lequel des cours d'action en compétition s'affrontent est sans doute originale. Elle se distingue notamment de la conception phénoménologique, qui voit la conscience comme un flux temporellement continu et homogène, par rapport auquel la métaphore de l'écran, avec sa passivité, est sans aucun doute plus appropriée que celle du théâtre. Mais l'idée de '*dramatic rehearsal*' montre son originalité surtout si on la compare à ces conceptions de la conscience construites à partir d'une structure dialogique. La dramatisation deweyenne est en ce sens beaucoup plus qu'un dialogue entre voix contrastées, elle est '*a mental trial*', c'est-à-dire une pratique de test qui vise l'examen et la sélection entre hypothèses d'action en compétition. On dira alors que le '*dramatic rehearsal*' est au fondement d'une conception créative de la rationalité, et cela pour deux raisons. D'abord, car l'activité de la raison est définie en rapport avec un monde ouvert, dans lequel il n'y a pas de plans d'action prédéterminés. Caspary a bien remarqué ce point en comparant la théorie deweyenne avec la théorie de la délibération qu'on trouve par exemple dans la *decision theory*[74], comme par ailleurs dans beaucoup d'autres théories qui se fondent sur une conception formelle et instrumentale de la rationalité. Mais le rapport privilégié que le '*dramatic rehearsal*' instaure avec la dimension créative de la pensée dépend aussi du fait que l'évaluation de parcours d'action en compétition implique en même temps une re-conceptualisation créative qui nous permet à la fois d'inventer de nouvelles possibilités d'action jusque là inimaginables et de restructurer le cadre cognitif duquel notre enquête procède. Cette restructuration joue un rôle essentiel dans une théorie de la raison pragmatiste, car à travers l'articulation dramatisée des différents parcours d'action, ce qui se produit est aussi l'auto-compréhension du sujet. A partir du postulat de « l'identité du soi et de ses actes »[75], Dewey peut affirmer que le sujet approfondit son auto-compréhension et développe son identité *à travers l'expérimentation réglée des conséquences associées à ses propres impulsions*. A travers la délibération, le sujet évalue non seulement des parcours d'action possibles, mais, plus profondément, il choisit le soi qu'il veut être, car chaque parcours d'action est, d'après Dewey, l'expression d'une combinaison d'habitudes et d'impulsions déterminées[76]. De ce point de vue le '*dramatic rehearsal*' est beaucoup plus qu'une procédure expérimentale de vérification d'hypothèses, car il constitue un véritable processus de connaissance de soi, qui à son tour rétroagit sur le processus de l'enquête en l'enrichissant. Il s'agit à ce niveau d'une activité de connaissance et non pas de transformation de soi, car l'expérimentation ne se fait ici que dans la pensée, à travers l'imagination. Encore une fois, nous

[74] Caspary, 1991: 178.
[75] LW 7 : 288.
[76] Nous reprenons ce sujet plus en détails dans le prochain chapitre.

nous trouvons face à une conception circulaire à la fois du rapport entre l'enquête et son objet (la situation) et entre l'enquête et le sujet qui la conduit.

L'introduction de l'imagination dans la théorie de la pensée nous permet de prolonger l'analyse de la dimension temporelle propre à la situation. Comme le remarque Thomas Alexander, la théorie deweyenne de la rationalité se fonde sur « un mode de compréhension dans lequel l'actuel est réinterprété et reconstruit à la lumière du possible »[77]. L'imagination vient jouer un rôle essentiel dans la détermination du rapport entre le sujet et la situation, car la représentation des possibilités non encore actualisées en constitue un aspect primaire[78]. Il s'ensuit que, « afin de comprendre une situation, nous devons non seulement saisir ses actualités, mais aussi ses possibilités »[79]. D'où la définition de l'intelligence comme « l'effort de voir l'actuel à la lumière du possible »[80]. La modalisation de l'expérience sur le plan du possible est au fondement de cette *intensification de l'expérience par augmentation de signification* qui, d'après Dewey, constitue la fonction de la raison. L'imagination permet ainsi d'intégrer la structure temporelle dans sa totalité, car l'exploration des possibles est toujours faite à partir de l'expérience accumulée. Elle nous renvoie à la conception de la pensée comme processus à travers lequel toute la puissance du passé est convoquée à l'extrémité de l'instant présent en vue de la détermination d'un parcours d'action dans le futur. Imagination et intelligence ne sont dès lors que deux aspects de ce même tout qu'est l'expérience, d'après la théorie fonctionnelle des concepts que nous savons être au cœur de la théorie deweyenne de la pensée. La conception du sujet logique comme d'un 'sujet épais', '*embedded*' dans la chair de sa constitution faite d'habitudes et dans la situation faite d'attentes, de contraintes et de possibilités, trouve une confirmation ultérieure.

---

77 Alexander, 1990: 325.

78 Nous nous séparons de l'interprétation d'Alexander lorsqu'il place la question du rôle de l'imagination sur le plan ontologique, en affirmant que cette théorie configure « un point de vue métaphysique dans lequel les modalités ontologiques de l'actuel et du potentiel sont intégrés dans l'idée même d'un 'événement' ou d'une 'situation' » (Alexander, 1990: 325)

79 Alexander, 1990: 339.

80 Alexander, 1990: 336.

# 7. Identité, réflexivité, rationalité

> « *Thinking is instrumental to a control of the environment, a control effected through acts* »
> MW 10 : 338.

> « *The very fact of experience includes the process by which it directs itself in its own betterment* »
> MW 12 : 47.

## 7.1 Identité, rationalité et transformation de soi

La présentation de la philosophie deweyenne de la pensée active que nous avons proposée semble se heurter à une difficulté, lorsque nous tentons d'en dégager un concept de rationalité qui puisse rendre compte de la totalité des phénomènes dont nous reconnaissons qu'ils font partie de l'exercice de la pensée. A moins d'accepter de réduire la notion de pensée à un synonyme de raisonnement et la théorie de l'enquête à une théorie de la connaissance du monde extérieur asservie aux exigences de la science, il devient indispensable de s'interroger sur certains usages de la pensée que nous avons jusqu'ici laissé en marge. Il s'agit notamment de savoir jusqu'à quel point la conception de la pensée active est capable de rendre compte de la dimension autoréflexive associée à la quête du sens et à la constitution de soi. La réponse à cette question est complexe, en raison du fait que le dépassement du dualisme de l'intérieur et de l'extérieur accompli par Dewey rend tout discours sur l'intériorité difficile. Notamment, l'extériorisation totale du soi à laquelle Dewey est progressivement parvenu, semble interdire tout langage de l'intériorité, car le soi et la situation ont été dissous dans la totalité complexe de l'unité organisme-environnement. Cette situation semble bien s'accorder à la théorie de la pensée active telle qu'elle émerge des écrits deweyens de logique et de philosophie de la pensée. Il suffit à ce propos de se rappeler quelles sont, d'après Dewey, les fonctions accomplies par la pensée, que nous pouvons les repartir en trois catégories principales :

1. le contrôle et la prévision dans l'action ;
2. la délibération sur les fins et sur les valeurs qui doivent orienter l'action ;
3. la restructuration créatrice des cadres conceptuels (d'où l'idée avancée par exemple dans *The need for a Recovery of Philosophy*, que la création dans la pensée ne réside pas dans la recherche de nouvelles solutions à un problème considéré comme insoluble mais dans la position d'un nouveau problème).

La conception instrumentale de la pensée que nous avons reconstruite affirme que la pensée humaine se déploie dans l'extériorité observable des actions. Elle nous montre comment poser différemment la question du rapport de la pensée à l'action et de la théorie à la pratique. Elle nous fait voir la matérialité concrète de la pensée, la force active d'un acte de jugement considéré dans toute sa puissance d'intervention et de transformation. Elle fournit un cadre épistémologique légitime à toutes ces recherches qui, dans les dernières décennies, ont restitué de façon plus ou moins explicite à l'action humaine ses droits d'intelligence, détruisant peu à peu la vieille idéologie qui cantonnait la pensée à un usage exclusivement contemplatif. En ce sens, la philosophie deweyenne de la pensée a réellement transformé la compréhension que nous avons de nous-mêmes en tant qu'agents, réintroduisant la pensée dans son domaine naturel et légitime, celui des pratiques humaines. Ce qui toutefois n'émerge pas de cette présentation est précisément la place que Dewey accorde à la question de l'interprétation de soi, et notamment du rôle que celle-ci joue par rapport à l'action humaine. On pourrait supposer que selon Dewey cette question est résolue par son épistémologie de l'hypothèse, car on pourrait voir l'identité comme étant une hypothèse que le sujet fait sur lui-même en tant que point de départ de ses actions. Reste toutefois à expliquer comment cette épistémologie pourrait jouer ce rôle, car sa capacité d'offrir un langage efficace pour articuler le discours que les hommes entretiennent normalement avec et sur eux-mêmes n'apparaît pas d'elle-même. Cette question, qui concerne de près la théorie éthique pragmatiste, investit aussi la théorie deweyenne de la pensée en ce qui concerne sa capacité à rendre compte du vaste et complexe phénomène humain de la 'pensée'. Dans cette perspective, la problématique du contrôle de l'environnement social et naturel ne constitue qu'une dimension restreinte de l'activité de penser, à moins de ne pas vouloir inclure dans la dimension sociale et culturelle du contrôle toute la dimension complexe du rapport à soi. Mais même dans ce cas, il faudra expliquer dans quel sens l'enquête définit un paradigme efficace pour décrire le rapport de soi à soi dans toute la complexité de ses facettes. On pourra ainsi montrer que le pragmatisme deweyen ne se réduit pas à sa dimension instrumentale d'un contrôle dirigé par l'intelligence, mais que sa conception de la pensée nous aide à décrire l'exercice accompli à l'intérieur de l'expérience, dans l'effort de produire une constante amélioration.

## 7.2 De l'éthique de la réalisation de soi à l'éthique du contrôle

Le thème de la transformation de soi a toujours joué un rôle important dans la pensée deweyenne. Dans les textes de psychologie et d'éthique écrits autour de 1890[1], le thème de l'autoréalisation domine l'intérêt de Dewey. Même en logique, le rapport du sujet au monde est considéré avant tout comme étant un rapport de transformation du soi, si bien que tout acte du sujet présente cette caractéristique typiquement idéaliste qui en fait un acte double, portant en même temps sur un objet ou une situation extérieurs et sur soi-même. Nous avons ensuite montré comment cette idée de transformation de soi dominait toute la vision sociale, éducative et politique deweyenne, à travers la notion complexe de développement (*growth*), qui donnait forme à l'idée d'un soi toujours en évolution, idée héritée des écrits de James que Dewey n'abandonnera jamais. Cette lignée de pensée est toutefois accompagnée et partiellement recouverte par une conception qui, à partir de la fin des années dix, travaille à une extériorisation totale du soi, tout en lui conservant un caractère dynamique. Cette dernière lignée se nourrit des perspectives comportementalistes pour accomplir le projet de destitution de la subjectivité substantielle qui s'achève dans la version instrumentaliste du pragmatisme.

### *7.2.1 Stratégies de constitution de soi*

La question de la constitution et de la transformation de soi exige une analyse détaillée, en raison à la fois de la complexité de l'argument et de son importance pour contrer une certaine interprétation du pragmatisme comme idéologie de la rationalité instrumentale. Dans les pages qui suivent, nous présentons une première tentative de réponse possible. L'affirmation progressive d'un tournant comportementaliste constitue sans doute un élément de rupture entre la période qu'on a convenu d'appeler idéaliste et la

[1] Cf. la présentation synthétique que nous proposons dans le chapitre 3. On y retrouvera aussi une bibliographie des études majeures consacrées à ce sujet.

période pragmatiste de la pensée deweyenne. La primauté attribuée par Dewey à la conduite comme unité fondamentale d'analyse ne fait qu'articuler son adhésion à la révolution initiée par Darwin, à la fois dans les domaines de la logique et de l'épistémologie. C'est dans ce cadre que Dewey fait de la notion de situation l'une des pièces centrales de sa théorie de la rationalité. Nous avons vu que l'une des sources de cet intérêt pour le rôle du contexte dans l'exercice de la pensée venait de l'association d'un modèle anthropobiologique avec une conception naturalisée de la connaissance et de la pensée. De cette conjonction, Dewey tirait l'idée qu'une transformation anthropologique fondamentale s'était accomplie dans le passage d'une culture de la certitude symbolique à une culture du contrôle et de l'assurance. Grâce à elle, l'homme passait d'une condition dominée par des stratégies de sécurisation et de contrôle fondées sur la manipulation des croyances, à une condition où l'homme devenait enfin capable de maîtriser directement les conditions matérielles qui rendaient les situations problématiques. Une telle perspective, pour l'importance unilatérale qu'elle attribue à la dimension de l'action dans l'analyse des phénomènes humains, s'expose au risque de sous estimer la dimension autoréflexive de l'intelligence, son déploiement dans l'espace plus privé de l'intériorité. En termes qui sont à la fois psychologiques et épistémologiques, Dewey affirme que « lorsqu'un homme se trouve dans une situation ennuyeuse et troublante, il y a uniquement deux cours d'action qui lui sont ouverts. Il peut produire un changement en lui-même en s'enfuyant loin du problème ou en se maintenant lui-même dans une endurance stoïque; où alors il peut chercher à faire quelque chose pour changer les conditions dont l'insatisfaction constitue une qualité »[2]. Dewey donnait une priorité univoque à la deuxième attitude, celle qu'il appelait reconstructive. Cela est très clair aussi par le fait que l'exercice autoréflexif est défini à partir de deux options dont la connotation est peu flatteuse : la fuite et la résignation. Dans ce texte, il admettait toutefois la possibilité que parfois « quelque changement dans l'attitude personnelle» pouvait constituer la meilleure façon d'aborder une situation problématique, en reconnaissant ainsi la possibilité d'un exercice autoréflexif de l'intelligence, quoique encore asservi à des exigences d'ordre extérieur[3].

Cet forme de réflexivité, bien que peu explorée par Dewey, nous paraît avoir une place essentielle dans une théorie de la rationalité pour au moins trois raisons. D'abord, parce qu'elle est nécessaire pour constituer le soi comme domaine ouvert à l'activité d'enquête et ainsi comme connaissable et transformable. Ensuite, parce qu'elle permet d'éclairer la nature du rapport

---

[2] LW 4 : 185-186. Cité dans Eldridge, 1998: 23.

[3] Influence sans doute excessive du paradigme évolutionniste, qui risque ainsi de restreindre la compréhension de l'agir humain à sa dimension compétitive de lutte pour la survie.

entre le sujet et le processus d'enquête. Enfin, parce qu'elle contribue à la compréhension de cette dimension réflexive qui est essentielle pour une philosophie qui conçoit la pensée comme l'élément réflexif de l'expérience.

### *7.2.2 Pensée et expérience*

On pourrait penser que la théorie deweyenne de l'expérience constitue le lieu le plus naturel où trouver une réponse satisfaisante à la question que nous sommes en train de poser. Comme nous l'avons remarqué plusieurs fois, la philosophie deweyenne conçoit la pensée avant tout comme une fonction interne à l'expérience – un de ses aspects constitutifs, visant à la rendre plus puissante et plus intense et à en favoriser l'épanouissement. Dans un tel cadre, la pensée perd son autonomie pour devenir le moyen à travers lequel il devient possible de « transformer l'expérience par le moyen de l'expérience même »[4]. La théorie fonctionnaliste de la pensée et le principe de continuité de l'expérience que nous avons exposés dans le premier chapitre de ce travail constitueraient ainsi un point de départ approprié pour poser la question du statut de la réflexivité dans la théorie deweyenne de la rationalité. Cette réponse ne nous semble toutefois pas satisfaisante. Il nous faudra donc montrer les raisons pour lesquelles il est nécessaire d'accomplir un pas supplémentaire. Dans la philosophie deweyenne, la notion d'expérience est strictement associée à celle de situation, car elles définissent la totalité organisme-environnement à partir de deux perspectives différentes : la notion d'expérience du point de vue de l'organisme, la notion de situation par rapport aux contraintes extérieures de ce même système. On pourrait alors affirmer que la conception de la pensée comme processus d'enquête visant à résoudre une situation problématique et celle de la pensée comme moyen pour rendre nos pratique plus intelligentes ou notre expérience plus intense, s'équivalent. Dans les deux cas, la pensée est définie à partir de son rôle intermédiaire ou instrumental dans l'articulation du rapport de l'organisme à son environnement. En ce sens, il est facile de voir que la pensée peut et doit jouer un rôle transformatif non seulement par rapport aux situations externes – nous l'avons montré plus haut – mais aussi par rapport à l'expérience du sujet qui affronte ces situations. Pour mieux comprendre comment cette fonction transformative peut être étendue l'expérience, il faut se référer à la distinction entre expérience et intelligence

[4] Eldridge, 1998: 6. Quelque page après, l'intelligence est définie comme « experience deliberately transforming itself » (p. 13)

proposée par Dewey dans *The Quest for Certainty*[5]. Ici, Dewey définit l'expérience comme un ensemble d'interactions *continuelles*, tandis que l'intelligence est définie comme un ensemble d'interactions *directes*. Cette différence revient au fait que si dans le cas de l'expérience ces interactions sont de l'ordre des *effets* qui se produisent naturellement, dans le cas de l'intelligence elles sont de l'ordre des *conséquences* intentionnellement produites[6]. Eldridge distingue deux dimensions de l'expérience. Elle est avant tout *directe*, c'est-à-dire contrôlée, gouvernée. Il s'agit de la dimension immédiate de l'expérience primaire. Mais par rapport à la pensée elle se présente comme *indirecte*, c'est-à-dire médiatisée. La référence est ici à l'expérience secondaire qui caractérise l'intelligence comme suspension de l'action, qui est différée pour en augmenter l'efficacité. En tant que mode de l'expérience, l'intelligence désigne avant tout un mode de la conduite et non pas un processus mental. Il faut toutefois distinguer deux aspects de la pensée en tant que mode de la conduite. D'abord, l'intelligence qualifie toute activité humaine intentionnelle, caractérisée par le fait de manifester un degré de contrôle par opposition aux actions immédiates – mécaniques ou accidentelles. Mais l'intelligence qualifie aussi une catégorie spécifique d'actes : les activités délibératives qui remplissent l'écart dans lequel l'action primaire est différée. On peut alors voir l'enquête à la fois comme un ensemble d'opérations qui ont réellement lieu dans le monde et qui sont par conséquent des constituants réels des situations (comme ensemble d'actes de pensée) et comme étant une modalité caractéristique de certaines activités, dites pour cela intelligentes, qui produisent des effets concrets à l'intérieur des situations, au même titre que les autres formes d'action (l'intentionnalité comme propriété du rapport de l'organisme humain à l'environnement).

L'idée deweyenne du rapport transformatif de l'intelligence à l'expérience signifie notamment que par le fait de rendre notre expérience plus intelligente et plus réflexive, la pensée nous permet de mieux gérer des situations problématiques. Ce qu'on croyait être une relation autoréflexive ne peut être exprimé que dans le langage comportementaliste du système organisme-environnement. S'il y a transformation de soi, dans un tel cadre explicatif elle ne peut être considérée qu'en tant que transformation du rapport qui lie le soi à des situations. C'est ce que plus haut nous avons appelé le *principe de la médiation nécessaire*, et qui consiste à affirmer que le soi ne peut se transformer qu'en transformant les conditions des situations dans lesquelles il se trouve. Dès lors, s'il y a transformation de soi, elle passe

[5] Dans cette analyse nous nous sommes inspirés des travaux de M. Eldridge, dont nous nous séparons toutefois dans les conclusions.

[6] « The effect is what occurs naturally ; the consequence is the result of directed action », Eldridge, 1998: 22.

par et consiste dans la modification de nos manières d'être dans une situation.

### 7.2.3 *La critique de la culture comme transformation de soi*

Le rapport autoréflexif de soi à soi est ainsi reconduit à la figure du rapport à l'autre, rapport dans lequel l'abolition de l'extérieur[7] implique nécessairement un mouvement égal et contraire d'abolition de l'intérieur, à travers le dépassement du dualisme du sujet et de la situation dans l'unité du système organisme-environnement, dont le concept deweyen d'habitude est un élément fondamental. C'est pour cette raison que la philosophie comme logique de l'expérience s'articule dans les deux volets d'une logique comme étude des méthodes de fixation des croyances et une critique de la culture comme analyse historique et généalogique de nos croyances par rapport aux situations de leur production. Comme le remarque toujours Eldridge[8] à partir d'une analyse de « Context and Thought », le mouvement de la pensée en tant qu'activité reconstructive visant à rendre nos pratiques plus intelligentes s'articule selon les trois étapes suivantes :

1. l'analyse historique d'une situation comme reconstruction généalogique des croyances qui la structurent ;
2. l'analyse logico-conceptuelle des méthodes à travers lesquelles nous validons nos croyances ;
3. la reconstruction de la situation actuelle à partir de ses problèmes courants et des analyses historiques et logiques effectuées.

Ce qui émerge de cette analyse est que l'expérience qui peut constituer un objet critique pour la pensée est toujours l'expérience collective d'un groupe social et que sa transformation concerne les pratiques collectives qui définissent une culture[9]. Le développement (*growth*) est donc compris en termes de meilleure capacité à se rapporter à des situations, ce qui signifie en termes d'exercice plus efficace de l'intelligence. Cet exercice est à son tour lié à la capacité de percevoir une plus ample et plus vaste quantité de données et de mieux savoir choisir entre les données importantes et celles

---

[7] Cette abolition consiste, nous le rappelons, dans le fait que la notion de situation inclut celle du sujet par rapport auquel elle est déterminée.

[8] Eldridge, 1998: 35-40.

[9] Ce n'est donc pas un hasard si après cette présentation Eldridge se focalise exclusivement sur la pensée éducative, sociale, politique et religieuse de Dewey, car il s'agit là des domaines publics dans lesquels l'expérience des hommes peut augmenter leur degré d'intelligence à travers une participation plus responsable aux pratiques sociales, affectives, politiques, professionnelles, etc.

qui ne le sont pas. Il y a avancement, amélioration de soi, dans la mesure où il y a perfectionnement dans la façon de rencontrer et de se confronter à des situations, à la fois courantes et nouvelles. Cette réponse à la question que nous sommes en train de poser respecte intégralement le principe de l'extériorité nécessaire et applique le principe de la pensée comme enquête à la dimension culturelle du concept de situation. Elle fonde une théorie pragmatiste du rôle de l'intellectuel comme critique de la culture. Même si elle peut concerner des questions d'identité individuelle, son domaine d'application reste surtout collectif : il s'agit d'une activité de critique des représentations collectives.

### *7.2.4 Transformation de soi comme modification des habitudes*

Une possibilité supplémentaire de concevoir la fonction de la pensée active, dans la constitution subjective des individus, se trouve dans la théorie deweyenne du sujet, et notamment dans son explication du rapport entre les habitudes, les instincts, et la pensée. En raison de la fonction transactionnelle attribuée aux habitudes dans le rapport entre le sujet et la situation, elles sont destinées à jouer un rôle important dans l'explication même du rapport réflexif qui lie un sujet humain à lui-même. Dewey assigne à la théorie des habitudes un rôle fondamental dans son projet d'extériorisation de la subjectivité. L'idée que « la conduite est toujours partagée »[10], signifie notamment que la structure culturelle et naturelle des situations[11] est aussi constitutive de nos habitudes et *a fortiori* de notre identité, de ce que nous sommes[12]. Le rapport entre l'environnement et les habitudes est précisément ce qui rend la médiation de l'action nécessaire dans le système deweyen, car la transformation du contexte devient la condition du changement dans nos façons de nous rapporter à lui et par là même de nos habitudes, ce qui signifie en dernière instance de nous-mêmes. Dès lors, la transformation d'une situation implique non seulement la modification de notre manière d'y répondre, et *à fortiori* de notre identité, mais plus profondément elle semble la seule manière de produire cette transformation. A ce propos, le chapitre deux de *Human nature and conduct*, consacré à l'analyse du rapport entre les habitudes et la volonté, affirme l'impossibilité dans laquelle se trouve l'homme de se transformer de manière directe. L'idée d'une *auto-affection immédiate* impliquée dans le refus du rôle de médiation propre à l'action

[10] MW 14 : 16.

[11] Ce que dans *Logic*, Dewey appellera la matrice sociale et culturelle.

[12] « Functions and habits are ways of using and incorporating the environment in which the latter has its say as surely as the former », MW 14: 15.

exprimerait d'après Dewey une attitude de nature magique, consistant à désirer certains changements sans pouvoir ou vouloir se donner les moyens pour les obtenir : « le principe magique est là chaque fois qu'on espère obtenir des résultats sans pourtant opérer un contrôle intelligent des moyens »[13]. Cette attitude est encore prioritaire dans les domaines de la morale et de la politique, chaque fois que les agents supposent que le simple fait de désirer quelque chose est une condition suffisante pour l'obtenir. Si les formes magiques primitives s'exprimaient dans l'application de ce principe au contrôle des situations extérieures (domaine de la nature), une forme de magie toute contemporaine réside dans l'idée que l'homme pourrait se changer lui-même par la seule application de la volonté. Cette application de la force est 'simple' chaque fois qu'elle ne s'appuie pas sur l'exercice d'habitudes déjà existantes, lorsqu'on présuppose que « les moyens ou les conditions effectives de la réalisation d'un but existent indépendamment des habitudes établies et que ces moyens peuvent être mis en mouvement en opposition aux habitudes »[14].

Pour comprendre la signification de cet appel aux habitudes il faut avant tout se rappeler qu'elles sont les éléments constitutifs du soi et de son caractère, et que les habitudes sont les médiateurs qui « filtrent tous les matériaux qui parviennent à notre perception et à notre pensée »[15]. Dès lors, ce que Dewey veut dire est que toute sensation, toute perception et toute pensée qu'on peut avoir dépend des habitudes qui nous constituent et trouve dans cet enracinement son élément de nécessité, si bien qu'à la limite « seulement l'homme dont les habitudes sont déjà bonnes peut savoir ce qui est bien »[16]. Par conséquent, la seule manière pour l'homme d'arriver à une compréhension du bien exige non pas un effort de réflexion interne, comme si penser plus intensément pouvait produire l'effet espéré, mais une action sur ses habitudes de pensée et sur son caractère[17]. Dès lors, la solution est d'entreprendre un cours d'action qui nous permette de parvenir à modifier les habitudes qui nous contraignent à modifier une posture qui ne nous convient plus. Pour ce faire, « nous devons trouver un acte à la portée de notre puissance ». Au lieu d'agir directement sur la mauvaise posture, « nous devons partir avec une autre chose qui d'une part nous empêche de retomber dans la mauvaise posture habituelle, et qui d'autre part est le commencement d'une série d'actes qui peuvent enfin nous conduire à la posture correcte »[18].

---

[13] MW 14 : 22.
[14] MW 14 : 24.
[15] MW 14 : 26.
[16] *Ibid.* On ne s'étonnera pas du fait que par rapport à la thèse de la nature interne du rapport entre pensée et caractère Dewey retrouve des sources aristotéliciennes.
[17] Ou, comme affirmé par la théorie du *dramatic rehearsal*, par une expérience imaginative visant à tester les conséquences associées aux cours d'action en compétition.
[18] MW 14 : 28.

Cette méthode est valable à la fois sur le plan physiologique des postures du corps, et sur le plan intellectuel et moral de ce qu'on pourrait appeler les postures de l'âme et de l'esprit, et qui ne sont que nos habitudes de penser et de réagir aux événements. Dewey remarque que « si nous devions attendre de réaliser des transformations sociales d'après des exhortations et des idéaux désincarnés, nous attendrions longtemps. Mais le conflit des modèles qui sont impliqués dans des institutions en disharmonie entre elles est déjà en train de produire des changements »[19]. En ce qui concerne les concepts psychologiques, Dewey nous rappelle en outre que toute expression qui dénote une attitude ou une intention comme la faim, la peur, le désir, l'imitation etc., « n'exprime pas des éléments ou des forces qui dans leur intention première seraient psychiques. Ils dénotent des *modes de conduite (ways of behaviour)* »[20]. De la même manière, les coutumes ne dénotent pas des phénomènes de psychologie collective mais plutôt des « modes définis d'interaction des personnes les unes avec les autres »[21]. Dans l'exemple proposé par Dewey, l'alcoolique, qui cherche à se débarrasser de sa dépendance par le seul recours à la force de la volonté, est comme le primitif qui croit provoquer la pluie grâce à sa danse. Au contraire, afin que l'entreprise soit couronnée de succès, il faut que l'alcoolique trouve « un intérêt positif quelconque au cours d'action qui inhibera la série d'actions liées à l'alcoolisme et qui, *par le fait d'instituer un nouveau cours d'action*, le conduira à la fin désirée »[22]. Finalement, la seule manière que l'homme semble avoir à sa disposition pour se changer soi-même est de trouver un cours d'action alternatif, qui le conduise à sa fin véritable : une différente posture de l'âme[23], posture qui à son tour n'est rien de plus qu'un certain schéma de conduite – *a way of behaviour*. L'argument deweyen est construit sur la base de deux présupposés importants. Le premier est le *continuum* moyen-fin exprimé par le concept de fin visée (*end in view*), qui implique que l'idée d'une fin à atteindre (une posture à acquérir) est vide jusqu'au moment où nous formulons des hypothèses concernant les moyens pour

---

[19] MW 14 : 90.
[20] MW 14 : 45.
[21] MW 14 : 44. Dewey est très explicite dans la dénégation d'une intériorité psychologique indépendante des interactions, et il arrive à affirmer que « to understand the existence of organized ways or habits we surely need to go to physics, chemistry and physiology rather than to psychology ». Et encore: « the conditions which determine the nature and extent of the particular grouping in question [...] are not as such subject-matter of psychology, but of the history of politics, law, religion, economics, invention, the technology of communication and intercourse », MW 14 : 46.
[22] *Ibid.* C'est nous qui soulignons. Une critique analogue du principe d'auto-affection, menée toujours à partir d'une perspective dispositionnaliste et anticartésienne se trouve dans Bateson, 1972.
[23] Cela est tellement vrai que « until one takes intermediate acts seriously enough to treat them as ends, one wastes one's time in any effort at change of habits », MW 14 : 28.

l'atteindre[24]. Le deuxième postulat affirme que pour se transformer soi-même, l'homme doit modifier ses habitudes. Etant donné la nature transactionnelle des habitudes, la seule manière de le faire, c'est à travers leur exercice. Influencée par l'activité précédente, l'habitude ne peut dès lors être changée que par le moyen d'une activité ultérieure, qui à son tour pourra être différente de la précédente si les conditions de son exercice ont été changées. Et ces conditions dépendent selon Dewey essentiellement de l'éducation, de l'environnement et des activités précédentes[25].

Une hypothèse différente provient de l'analyse du concept d'impulsion (*impulse*), que Dewey introduit dans le cadre de sa théorie anthropologique comme élément de dynamisation qui s'oppose à l'inertie propre aux habitudes[26]. Ces dernières sont chargées de garantir la stabilité de la conduite et du caractère, Dewey attribue aux impulsions le rôle de déclencheurs d'activités non prévues par la configuration stable des habitudes[27]. Les impulsions produisent sur le sujet un effet analogue à ce que, sur le plan de l'enquête, Dewey décrit comme l'effet produit par la perception de la qualité totale caractérisant une situation dans sa singularité pré-conceptuelle, car « l'impulsion est nécessaire pour faire surgir la pensée, inciter la réflexion et réactiver la croyance »[28]. L'impulsion, tout comme l'habitude, est soustraite par Dewey à l'opposition entre le rationnel et l'irrationnel, si bien qu'à l'idée d'impulsion comme surgissement immédiat, Dewey substitue une typologie nuancée de formes d'impulsion. D'abord, l'impulsion comme décharge impulsive est ce qui correspond à notre idée courante de l'impulsion comme instinct aveugle et dépourvu de toute intelligence. Ensuite, la sublimation représente une forme contrôlée d'impulsion, dans laquelle l'instinct « devient un facteur intelligemment coordonné avec d'autres dans un cours d'action qui se poursuit »[29]. Enfin, l'impulsion peut trouver empêchée toute

---

[24] « We do not *know* what we are really after until a *course* of action is mentally worked out. Aladdin with his lamp could dispense with translating ends into means, but no one else can do so », MW 14 : 29. Dewey attribue aux impulsions un statut complexe. Sur le plan de leur constitution, elles sont dite 'originaires', alors que leur rapport aux habitudes est variable : Dewey remarque à maintes reprises que les mêmes impulsions donnent lieu à des conduites très différentes, selon la configuration d'habitudes dans laquelle elles sont prises et organisées.

[25] MW 14 : 35.

[26] « The inertness of established habits. [...] Habits once formed perpetuate themselves, by acting unremittingly upon the native stock of activities », MW 14 : 88.

[27] Le rôle des impulsions dans le changement de la nature humaine est notamment l'objet des chapitres 9 et 10 de *Human Nature and Conduct*, MW 14 : 76-91 et plus généralementde la deuxième partie du livre.

[28] MW 14 : 118.

[29] MW 14: 108.

voie de décharge extérieure et se replier sur l'organisme lui-même[30]. La conception deweyenne s'écarte explicitement de l'idée selon laquelle les instincts pourraient constituer le fondement originaire de l'autonomie humaine et de la structure de la subjectivité. Pour ce faire, Dewey introduit entre l'instinct et la conduite une forme de médiation dont la nature est double. D'abord, l'action humaine n'est pas directement déterminée par les impulsions – cas dans lequel il y aurait déterminisme causal – mais par le biais des habitudes, qui organisent les impulsions en intérêts et dispositions spécifiques[31]. Notamment, c'est la structure des habitudes qui détermine les différentes formes d'évolution de chaque impulsion (décharge explosive, sublimation, suppression)[32] et par conséquent la forme d'action dans laquelle elles aboutiront. Ensuite, parce que le déclenchement de l'impulsion n'est pas spontané mais il est engendré par des sollicitations du milieu : « un nouveau facteur dans les environs libère une impulsion qui tend à amorcer une activité différente et incompatible, à provoquer une redistribution des éléments de l'activité organisée entre ceux qui étaient essentiels et ceux qui étaient accessoires »[33]. Cette construction n'empêche pas Dewey de reconnaître « la signification du désir et de la pensée dans la rupture des vieilles habitudes rigidifiées et dans l'ouverture de la voie aux actions qui récréeront un environnement »[34]. Toutefois, le passage par la médiation nécessaire opérée par l'action sur les habitudes et sur le surgissement des impulsions ne nous permet pas de sortir du paradigme comportementaliste de l'expérience humaine comme interaction entre l'organisme et l'environnement. De plus, la modification des habitudes peut très bien se comprendre dans les termes purement comportementalistes d'un changement dans les modes de réponse. Ici encore, l'espace intérieur de la subjectivité et l'espace éthique de l'autoréflexion n'obtiennent pas une explication satisfaisante.

C'est ici que nous rencontrons les limites des approches qui extériorisent complètement la nature humaine en la réduisant à un complexe d'habitudes, car d'après Dewey ces dernières manifestent une inertie qui rend leur

[30] Les assonances avec la psychanalyse sont dans ce texte intentionnelles. On remarquera aussi l'étonnante proximité avec l'idée nietzschéenne que la pathologie est toujours issue d'un repli de la force psychique sur elle-même, tandis que la santé est identifiée à l'extériorisation de toute énergie. Pour une évaluation analogue, Cf. A. S. Lothstein, 1977: 255.

[31] MW 14 : 102.

[32] Notamment, la sublimation représente le cas d'une intégration satisfaisante, car à travers elle l'impulsion « becomes a factor coordinated intelligently with others in a continuing course of action », MW 14: 108. Et, comme le remarque Dewey « such an outcome represents the normal or desirable functioning of impulse ».

[33] MW 14: 90.

[34] MW 14 : 42.

changement difficile et souvent impossible[35]. Il n'est donc pas étonnant que Dewey voie dans l'éducation la source la plus importante pour la transformation de la nature humaine, et dans la malléabilité des habitudes des jeunes une matière plus disponible au changement. Une source ultérieure de changement réside dans le réformisme social, car les instincts et les habitudes « sont organisés en intérêts et dispositions d'après les situations auxquelles ils répondent »[36]. La raison de ce fait est bien fondée sur la perspective ontologique que nous avons esquissée. Le primat attribué par Dewey à l'activité sur la substance est aussi à la base de la thèse anthropobiologique que l'homme ne possède pas une nature – donc une identité – préétablie, car il est le produit des expériences qu'il fait, expériences qui naissent grâce à la provocation que le milieu lui fait et qui se consolident dans les habitudes. Ce qui signifie aussi que pour l'homme la seule manière de progresser consiste dans l'acceptation des défis de l'environnement, et cette progression se traduit dans l'apprentissage de nouvelles manières pour surmonter les obstacles et les difficultés qu'il pourra rencontrer par la suite. En ce sens, « l'action impulsive devient une aventure dans la découverte d'un soi possible mais pas encore réalisé, une expérience dans la création d'un soi qui sera plus inclusif que le soi qui existe déjà »[37]. Dès lors, tout l'effort deweyen est orienté vers la réfutation de la notion d'une intériorité fermée sur elle-même et dotée d'une essence propre. Il serait donc erroné de chercher les traces d'une théorie du rapport intérieur et immédiat du soi à soi dans l'anthropologie, car cette dernière est plutôt le lieu où Dewey remet en question l'idée que le rapport de soi à soi serait d'une nature différente de tout autre rapport qui lie le sujet à une dimension extérieure quelconque. Notamment dans *Human nature and conduct,* Dewey va jusqu'à refuser tout usage réflexif des termes psychologiques, comme si le seul fait de concevoir la possibilité d'un retournement de soi sur soi ne devait que conduire à l'isolement par rapport au monde réel et de là à un repli qui appauvrit l'homme[38]. Ce fait est visible par exemple dans l'interprétation que Dewey donne de la signification des impulsions qui se replient sur l'organisme, devenant ainsi un facteur d'affaiblissement et d'autodestruction. Comme si, au lieu d'aider le sujet à se retrouver soi-même, ce mouvement de retournement sur soi n'était en réalité

[35] Si bien que, dans un esprit kuhnien avant la lettre, Dewey remarque que souvent les effets des transformations radicales se perçoivent seulement lorsqu'un changement générationnel a lieu, une fois que les vieilles habitudes ont disparu avec la disparition de ceux qui les incarnaient. MW 14 : 77-78.

[36] MW 14 : 102.

[37] MW 14: 97.

[38] « Many good words get spoiled when the word self is prefixed to them. [...] The word self infects them with a fixed introversion and isolation », MW 14 : 96. Cette critique est tellement radicale qu'elle conduit Dewey à refuser même la notion de self-control.

qu'un mouvement de perte de soi, d'éloignement de cette dimension active qui, constituant le soi, devient le seul lieu où ce dernier puisse faire l'expérience de soi-même, se connaître et se transformer[39]. Il en découle nécessairement la réitération du principe de l'extériorité nécessaire.

Si donc, en un sens important, le principe que « le développement est la seule fin ultime et autosuffisante »[40] se traduit chez Dewey dans l'impératif de rendre l'expérience plus intelligente, c'est-à-dire d'augmenter notre contrôle sur les situations, et par ce biais de nous améliorer nous-mêmes, il nous semble toutefois nécessaire de prolonger ce raisonnement un peu plus loin que là où Dewey semblerait vouloir le circonscrire, en tout cas dans *The Quest for Certainty*. Si l'exercice de l'intelligence est à la fois transformatif et auto-transformatif, nous devons déterminer les conditions[41] auxquelles le soi peut devenir l'objet d'une véritable activité d'enquête réflexive et par conséquent d'une activité de transformation. Il est seulement à ces conditions que cette dernière parvient à ne pas se réduire à une simple modification des croyances et à une variation dans les stratégies d'action, même si l'effet de cette activité devra à la fin être formulé dans le langage des conséquences observables. Il semble donc que chez Dewey le changement doit nécessairement arriver de l'extérieur, sollicité par des provocations externes[42]. Mais par rapport à ces dernières, l'usage actif de l'intelligence permettra de faire de l'impulsion ainsi provoquée le point de départ pour « renouveler les dispositions et réorganiser les habitudes »[43]. Plus que soutenir une conception déterministe de la nature humaine, cette condition attribue alors à la chance une place importante dans l'expérience humaine de pensée et plus généralement de vie. Non seulement nous pensons uniquement lorsqu'une situation nous pousse à le faire, mais de plus

---

[39] Le thème de la critique de la notion d'intériorité chez Dewey a été bien analysé dans Lothstein 1978.

[40] « Growth is the only end in itself ».

[41] Conditions qui, bien sûr, incluent les contraintes externes par rapport auxquelles les habitudes s'exercent et ainsi se forment et se transforment, mais qui doivent en quelque sorte inclure ce que faute de mieux nous appelons des conditions internes. Il s'agit de ce que nous avons appelé des postures de l'esprit et de l'âme, qui d'après Dewey devraient se traduire en habitudes, car l'habitude est ce qui exprime cette unité du corps et de l'esprit (ou de la volonté et de l'action) que Dewey se propose de réaliser. L'importance de la modification des conditions environnantes pour la transformation des habitudes (et donc des postures) est reprise plus loin par Dewey, lorsqu'il affirme que « consequences reveal unexpected potentialities in our habits whenever these habits are exercised in a different environment from that in which they were formed », MW 14 : 38, façon de dire que nous ne savons pas qui nous sommes avant d'avoir expérimenté nous-mêmes dans des parcours et des contextes d'action différents. Car, si « habits incorporate an environment within themselves » (*Ibid.*), alors nous incorporons nous-mêmes notre milieu et, en un sens important, nous le sommes.

[42] Ce qui revient à affirmer l'inefficacité causale des idées aussi bien que des états psychiques.

[43] MW 14: 117.

le déclenchement de l'impulsion qui sollicite la pensée est « le produit du hasard »[44]. Il n'en reste pas moins que dans ce tableau de passivité diffuse, l'homme garde une marge qui rend son autonomie possible[45] : il s'agit du fait que ce changement peut être affronté de différentes manières. Notamment, l'homme peut orienter son activité réflexive vers ses propres habitudes et impulsions pour les interroger et ainsi les transformer. Cette possibilité dépend d'une part de l'existence d'événements extérieurs qui brouillent notre structure d'habitudes et sollicitent des impulsions qui à leur tour appellent un acte de réflexion. De l'autre, du fait que ce brouillage se traduit par un conflit entre habitudes contrastées, qui conduisent à des chemins d'actions différents, et qui s'objectivent en différents cours d'action parmi lesquels il s'agirait de choisir. Il y a donc une étrange alliance entre l'impulsion et l'intelligence[46]. Si d'un côté Dewey remarque explicitement que l'homme est un être d'habitude et non pas d'instinct ou de raison[47], il attribue toutefois au rapport entre l'impulsions et l'intelligence un rôle fondamental dans l'explication de la conduite, et notamment par rapport à la possibilité de créer des schèmes de réponse ajustés à de nouvelles conditions externes qui remettent nos habitudes en question. Dépendant de l'impulsion pour se produire, la pensée est en même temps le facteur nécessaire pour faire du déclenchement de l'impulsion un élément actif dans la transformation de soi. Si sans impulsion aucun changement ne peut avoir lieu, sans pensée le changement ne peut être orienté dans la direction d'une structuration plus ample du soi, capable de surmonter l'impasse éprouvée par les dispositions habituelles à l'action. L'impulsion demeure ainsi à l'état

---

[44] « The release of some portion of the stock of impulses is an opportunity, not an end. In its origin it is the product of chance, but it affords imagination and invention *their* chance », MW 14 : 117.

[45] « Breach in the crust of the cake of custom releases impulses ; but it is the work of intelligence to find the ways of using them », MW 14: 118. Et, plus loin, « habits by themselves are too organized, too insistent and determinate to need to indulge in inquiry or imagination. And impulses are too chaotic, tumultuous and confused to be able to know even if they wanted to », MW 14 : 124. C'est la tâche de l'intelligence d'articuler le pouvoir de guidage des habitudes avec la force de rupture des impulsions dans la création de nouveaux modes d'action. A travers son intervention, « the disturbed adjustment of organism and environment is reflected in a temporary strife which concludes in a coming to terms of the old habit and the new impulse », MW 14 : 125.

[46] Que Dewey appelle des 'frères jumeaux', MW 14: 118. Ce rapport d'interdépendance réciproque dérive du fait que « outside the scope of habits, thought works gropingly, fumbling in confused uncertainty ; and yet habit made complete in routine shuts in thought so effectually that it is no longer needed or possible », MW 14 : 121. Par conséquent, la pensée a besoin de l'activation fournie par une impulsion, tandis que cette dernière a besoin de la pensée pour obtenir la médiation nécessaire pour l'intégrer de façon efficace dans la structure des habitudes.

[47] MW 14: 88.

irrationnel de décharge immédiate qui ne pourra pas être utilisée afin de modifier les habitudes.

En revanche, lorsque l'impulsion est sublimée, son surgissement ne donne pas lieu à une activité immédiate mais à un détournement par la pensée, à une « réflexion sur la façon d'utiliser l'impulsion pour renouveler la disposition et réorganiser l'habitude »[48]. Dès lors, le surgissement d'un problème externe se traduit en un conflit de soi avec soi, qui peut être résolu tout en restant dans l'espace extérieur de l'action, car la délibération entre cours d'actions incompatibles est en réalité une délibération entre différentes combinaisons d'habitudes et d'impulsions, donc entre versions différentes et incompatibles du soi. Choisir un cours d'action (juger) signifiera alors en même temps choisir un soi au détriment d'autres[49]. En ce sens, la conception instrumentale de la pensée n'exclut pas la possibilité de garder une représentation complexe et conflictuelle du soi comme lieu d'affrontement de pulsions et d'habitudes[50] et de l'enquête comme recherche d'un principe de connaissance de soi. De plus, la détermination des significations en termes de conséquences implique que toute impulsion et toute habitude soient définies par rapport aux conséquences qu'elles engendrent et non pas à la perception immédiate que le sujet peut en avoir. Cela signifie que *nous accédons à la compréhension de ce que nous sommes, à travers l'observation de notre conduite*. Le surgissement d'un événement est dès lors le prétexte pour que l'homme apparaisse à soi-même dans toute la complexité de ses identités multiples et commence le travail sans fin de la réflexion, que Dewey décrit en termes comportementalistes comme un travail visant à rétablir l'équilibre entre ce dedans et ce dehors qui ne sont que les phases d'une même et seule unité, mais que nous pourrions aussi décrire dans les termes d'un affrontement entre des identités en conflit qui cherchent une unité.

Variabilité et multiplicité affectent ainsi le sujet à cause de la nature changeante de son milieu. Ce fait n'empêche toutefois pas que le soi garde par rapport au milieu un niveau potentiellement élevé d'autonomie, dont la gestion est confiée à l'intelligence réflexive, seule garante du fait que cette complexité d'instances instables et contrastantes maintienne une configuration à peu près constante malgré le changement soudain et fréquent des conditions visées. De cette manière, le principe de l'extériorité nécessaire se traduit dans une conception active d'un soi qui se fait soi-même à travers ses actions. Ainsi, « l'action impulsive devient une aventure

---

[48] MW 14: 117.

[49] MW 14: 132-133. Cf. aussi le chapitre 4 de ce travail.

[50] « There is no ready-made self behind activities. There are complex, unstable, opposing attitudes, habits, impulses which gradually come to terms with one another, and assume a certain consistency of configuration », MW 14 : 96.

dans la découverte d'un soi possible mais non encore réalisé, une expérience dans la création d'un soi qui sera plus inclusif que celui qui existe maintenant »[51]. Cette inclusivité, on le voit mieux maintenant, consiste dans une intégration d'habitudes et d'impulsions qui soit en même temps plus stable et plus facilement révisable. On ne s'étonnera donc pas du fait que Dewey définit la conscience précisément comme ce qui produit cette « connexion entre des habitudes hautement organisées et des impulsions non organisées »[52]. L'affirmation typiquement instrumentaliste que « toute activité accomplie se termine dans un contrôle accru des conditions, dans un art d'administrer des objets »[53] se complète donc par l'affirmation qu'un tel contrôle ne peut être atteint qu'à travers un rapport fructueux de soi à soi, dans lequel la pensée se fonde sur des habitudes et des impulsions dûment façonnées en même temps qu'elle en interroge la validité. Dans un effort extrême d'objectivation de soi, cela revient à *se traiter soi-même comme une configuration hypothétique et transitoire*, donc comme un processus toujours en train d'évoluer[54]. Car en effet, si le soi peut devenir objet d'enquête et de réflexion, cela ne pourra avoir lieu qu'en rapport à ce qui le constitue, c'est-à-dire aux impulsions et habitudes *telles qu'elles* s'expriment dans des cours d'action possibles.

## 7.3 Expériences de la perte de soi : le pragmatisme face au défi du perfectionnisme emersonien

John E. Smith a remarqué que la vie de l'homme est caractérisée par le fait que la plupart de ses problèmes ne concernent pas son rapport à des situations externes dont il s'agirait d'assurer le contrôle, mais plutôt le rapport qu'il entretient avec soi-même. La question de l'identité du soi ou de sa constitution éthique circonscrit un espace qui, d'après Smith, a été négligé par Dewey, ou qui en tout cas semble inatteignable par les ressources de son instrumentalisme[55]. De la même manière, Ernst Gellner a affirmé que la

[51] MW 14 : 97.
[52] MW 14 : 128.
[53] MW 14 : 97.
[54] Cette théorie rappellerait de près celle de Nietzsche, comme dans l'affirmation que « each impulse or habit is thus a will to its *own* power », si ce n'était que chez Dewey la raison maintient par rapport aux autres instances impulsives une fonction et une signification irréductibles et transcendantes. Elle est en effet le seul facteur capable de produire et de maintenir l'organisation stable des instincts et des habitudes.
[55] La même critique a été adressée à Dewey par J.P. Diggins (cf. Diggins, 1994, Ch. 5), qui voit dans la primauté instrumentaliste du contrôle la limite majeure de la philosophie de

limite majeure du pragmatisme est « de se sentir trop à l'aise dans le monde. Il ne connaît ni nausée ni vertige »[56]. Notamment, Smith considère que chez Dewey l'exercice de la pensée se réduit à cette fonction sans doute importante et nécessaire mais indubitablement non exclusive qui est la résolution de situations dont la nature problématique est définie en termes de mauvais ajustement d'un organisme à son environnement. Cette perspective est responsable du fait que « le succès dans la résolution de problèmes a largement été vu comme une question de contrôle de l'environnement à travers les ressources de la technologie, de la planification sociale et de l'ingénierie ». Dès lors, « le contrôle de soi ou, de façon plus importante, la réorientation du soi par rapport à ses valeurs personnelles et ses idées n'ont pas reçu l'attention qu'ils méritaient »[57]. Cette critique s'adresse notamment au fait que le refus de toute forme d'intériorité conduit Dewey à sous-estimer combien le soi « peut apprendre par sa confrontation à lui-même »[58]. D'après Smith, cette limite de la conception deweyenne de la nature de la pensée est d'autant plus grave à cause du fait que la culture contemporaine est souvent affectée par des problèmes qui ont trait à la confiance en soi, à l'identité et à l'autodétermination et que ces problèmes ne sont ni intelligibles ni résolubles *a fortiori* par le biais du paradigme instrumental du rapport organisme-environnement. Aucune technologie, planification sociale ou ingénierie ne constitue en effet un outil apte à les traiter. L'intelligence instrumentale est d'après Smith caractérisée par le fait de définir tout problème comme étant l'attribut d'une situation objective, dont la résolution s'obtiendrait par l'utilisation de dispositifs de contrôle utilisés par une intelligence instrumentale. D'après Smith, la notion de situation problématique et la réduction de la pensée à l'activité d'enquête qui en découle serait inapte à résoudre les difficultés qui émergent lorsque « le soi devient un problème pour lui-même »[59]. De ce diagnostic Smith tire la conclusion qu'« il y a des problèmes humains par rapport auxquels le concept de *contrôle* n'est pas approprié, et ces problèmes signalent les

---

Dewey. D'après Diggins, la conception deweyenne de la pensée non seulement est incapable de rendre compte des aspects tragiques de l'existence humaine, mais aussi de toute la dimension expressive liée à la création artistique. Nous croyons toutefois, pour les raisons que nous allons dire dans la suite, que la critique de Diggins, tout comme celle de Smith, dépend du fait d'avoir réduit la théorie deweyenne de la pensée à sa dimension instrumentale. Une conception moins réductive du pragmatisme en tant que philosophie du contrôle et de la maîtrise leur aurait permis de voir que la philosophie de Dewey possède toutes les ressources nécessaires pour rendre compte de tous les phénomènes existentiels et expressifs qu'ils soulèvent.

[56] Cité dans Diggins, 1994: 235.

[57] Smith, 1978: 88.

[58] Smith, 1963: 129.

[59] Smith, 1978: 89.

limites de l'intelligence instrumentale »[60]. Dès lors, il n'y a que deux manières pour soustraire la théorie deweyenne de la pensée à cette critique : soit montrer que le contrôle n'est pas incompatible avec l'extension de la notion de problème au domaine du soi, soit montrer que la notion d'instrumentalité présente chez Dewey une ampleur plus grande de celle que Smith lui attribue.

Cette impression de malaise face au pouvoir explicatif de la philosophie de Dewey semble être partagée par un certain nombre de philosophes[61]. Récemment, elle a été réaffirmée entre autres par Stanley Cavell dans plusieurs interventions. Elle se lie à la considération du fait que parfois « dans votre vie ce qui est problématique, ce n'est pas le fait qu'il soit devenu difficile de trouver parmi deux conduites possibles laquelle est juste, mais que dans le cours de votre vie vous avez perdu votre chemin »[62] et que Cavell définit comme une « quête d'intelligibilité » ayant pour objet son propre moi et se définissant par l'impératif de « se rendre intelligible à soi-même ». Ou, plus généralement, par rapport à cette expérience de perte d'orientation que Cavell appelle scepticisme, et qui est caractérisée par l'impossibilité de continuer à se fier à ses propres critères habituels. Il s'agit, si l'on veut, d'une expérience qui se rapproche de celle du doute, quoique avec une tonalité différente qu'il est important de mesurer. Il devient donc important de savoir si la conception deweyenne de la pensée est capable de se rapporter à cette dimension et comment elle le fait. On pourrait par exemple se demander si cette expérience d'égarement est en quelque sorte comparable, disons, à celle discutée plus haut de se perdre dans un bois, c'est-à-dire dans le contexte d'une situation déterminée devenue problématique, et par rapport à laquelle nous avons eu l'occasion de tester l'efficacité du modèle de l'enquête. Ce qu'il faudra mesurer, c'est la distance entre l'image d'un soi mettant en place des stratégies d'action (et utilisant l'intelligence à cette fin) et celle d'un moi qui est en train de retrouver sa voix, de la réclamer[63], un moi donc qui ne sait pas trop ce que penser peut signifier pour lui. Dans un cas, l'exercice de la pensée ressemble beaucoup –

---

[60] *Ibid.*

[61] A.S. Lothstein remarque par exemple que « Dewey wrongly assumes that a defense of the 'inner' life is necessary self-alienating » (Lothstein, 1977: 265) et lui oppose la stratégie emersonienne qui consiste à faire de la solitude du soi un point d'ancrage essentiel de tout rapport satisfaisant du soi à son milieu. Cavell reprendra cette même stratégie qui consiste à jouer Emerson contre Dewey sur un terrain qu'il considère avoir été mal compris par le deuxième. Pour une différente réponse deweyenne à Cavell, cf. Colapietro, 2004. Pour une évaluation différente mais très discutable des dimensions non instrumentalistes de la pensée de Dewey cf. le ch. 5 de Diggins, 1994.

[62] Cavell, 1993: 33. Il s'agit de ce que dans le chapitre précédent nous avons appelé un cas de sous-détermination.

[63] Cavell, 1993: 42.

mais est-ce vrai ? – à l'application d'une méthode, dans l'autre à la recherche des mots pour dire ce qu'on ne sait pas d'avance. Ce qui pousse Cavell à affirmer que « devenir intelligible à soi-même peut se présenter comme la découverte, entre toutes les voix qui rivalisent pour exprimer votre nature, de celles qu'il vous revient de posséder ici, maintenant »[64]. On pourrait se demander si et comment cette recherche, qui chez Dewey semble avoir été réglée par avance, configure une forme d'enquête, étant donné que la quête de soi est sans doute, en un sens qu'il reste à préciser, une forme d'enquête.

Il nous semble que les obstacles qui s'opposent à une telle lecture reviennent essentiellement à deux types d'arguments. Le premier argument consiste à accepter sans nuances la thèse qu'avec Dewey on aurait à faire avec un « soi-en-action sans un soi »[65]. Au contraire, il nous semble avoir montré que Dewey reconnaît explicitement le fait que chez l'homme la dialectique organisme – environnement, tout en se déployant dans l'extériorité, conduit à la formation d'une subjectivité d'après une logique qu'on pourrait appeler de pliure[66]. Le paradigme anthropobiologique esquissé par Dewey, tout en attribuant une priorité explicative à la question de la transaction organisme-environnement, reconnaît toutefois le fait que, à travers la formation d'habitudes, un soi se constitue comme le dedans d'un dehors, c'est à dire comme le lieu d'affrontement de modes de réponses qui réagissent aux sollicitations de la situation. La complexification des formes de vie atteint chez l'homme ce niveau auquel la suspension de la réponse par rapport à la stimulation qui la provoque se traduit par un *théâtre délibératif occupé par l'imagination*, dans lequel la recherche du sens et de l'intelligibilité devient une médiation nécessaire. Quoique expliqué par Dewey dans le langage scientifique de l'évolutionnisme, ce processus nous semble assez adéquat pour rendre compte de la place que cette dimension acquiert dans l'expérience humaine. Il n'en reste pas moins vrai que chez Dewey cette constitution n'aboutit jamais à une forme d'autonomie, que ce soit sur le plan ontologique de la constitution du sujet ou sur le plan épistémologique de son explication. Le dedans est et reste le dedans d'un dehors, c'est-à-dire une intériorité en prise directe avec l'extériorité dans laquelle elle peut devenir visible par le biais d'une conduite. Nous ne trouvons pas chez Dewey de réduction du premier terme au deuxième. Mais nous ne trouvons pas non plus une autonomisation complète de l'un par

[64] Cavell, 1993: 42.

[65] L'expression est de Martin Hollis.

[66] Au sens que Deleuze donne au concept de pli comme constitution d'un dedans coextensive à la détermination d'un dehors Il faudrait considérer ici le Foucault de Deleuze, plutôt que 'son' Leibniz. On retrouverait ainsi sur un autre plan l'idée de la nature essentiellement pragmatiste de la pensée de Foucault.

rapport à l'autre. L'homme a une intériorité, s'interroge sur le sens de sa vie, recherche son intelligibilité uniquement car il est un être d'action, engagé dans des activités, défié par des problèmes, pris dans une trame sociale et naturelle qui le sollicite sans cesse. Sans tout cela ou sans rapport à tout cela, soit il n'y a pas d'intériorité, soit elle assume une forme pathologique que Dewey ne cesse de critiquer. Une erreur similaire est commise par ces théories qui soutiennent l'inconsistance du soi pragmatiste en raison de sa nature changeante. Cette opposition entre permanence substantielle et dissolution processive, que Dewey reconnaissait déjà au fondement de la théorie jamesienne du soi[67], est issue du même présupposé erroné qui gît au fondement de la conception transcendante du critère. Elle consiste en effet à affirmer que soit le soi pré-existe à ses actions, ne pouvant ainsi pas avoir la nature processuelle que Dewey lui attribue, soit il se réduit totalement à ses actions, n'ayant en ce cas aucune consistance ontologique[68]. Etant donné le lien établi par Dewey entre enquête et situation dans la détermination de la nature de la pensée, il semble que la possibilité d'une réponse affirmative à la question que nous posons requiert qu'on parvienne à déterminer les contours de la situation par rapport à laquelle on peut parler de cette perte d'orientation et si, dans ce cadre, l'expérience de pensée peut être décrite comme une forme d'enquête. En réalité, comme la discussion sur le critère l'a montré, le soi est à la fois stable et changeant : stable, par rapport aux actions qu'il accomplit en accord avec les expériences passées consolidées dans ses habitudes ; changeant, car les activités qu'il accomplit – qu'il est – le changent sans cesse. Comme la logique par rapport à la pensée, de la même manière le soi présent est stable par rapport aux actions futures (il les détermine), mais transformé par l'apprentissage que toute activité lui apporte (il en est déterminé). On dira donc que le soi est en même temps condition de l'action et conditionné par elle, toujours transcendant par rapport à une action singulière mais immanent au flux continu de ses expériences[69].

Le deuxième argument qui semble légitimer la critique de Smith consiste à prendre au pied de la lettre la conception instrumentale de la raison, en la réduisant – comme Dewey semble parfois le faire – à la dimension du contrôle des conditions externes. La perte d'orientation définit alors cet état de suspens dans lequel certaines de nos habitudes et de nos croyances sont mises entre parenthèses et par là soumises au travail de l'enquête. Il s'agirait d'une attitude qui est à la fois intellectuelle, car elle relève de l'exercice de l'intelligence, et qui en même temps dépasse l'horizon restreint de

[67] J. Dewey, « The vanishing subject in the psychology of James », LW 14 : 155-167.

[68] Pour un exemple de ce genre de lecture, cf. l'article de Hollis cité plus haut, qui croit détecter cette contradiction chez Dewey.

[69] Cette dialectique entre stabilité présente et variabilité future est bien analysé dans Garreta, 2002.

l'instrumentalité, donnant lieu à ce que William Blake appelait une « capacité négative »[70]. L'impératif de « devenir intelligible à soi-même » implique une posture herméneutique de la pensée, car ce problème n'est pas déterminé par les traits objectifs d'une situation mais par l'incertitude produite par la perte d'orientation[71]. En même temps, il faut remarquer que, dans les descriptions cavelliennes de l'expérience éthique dans le perfectionnisme, cet état ressemble à ce que Dewey définit comme *une* qualité, car cette dernière devient le trait unifiant d'une situation. Dès lors, la troublante condition de la perte de repères peut être décrite dans le langage deweyen comme perception non encore articulée d'une situation dont le trait qualitatif est celui du trouble, trouble dont la nature peut aussi bien être interne qu'externe, en raison de l'unité que Dewey postule entre les deux dimensions. Ce qui est moins clair, c'est comment l'intermédiation de l'action prendrait la place que Dewey lui attribue de façon universelle. Nous rappelons que pour Dewey l'idée d'une résolution des problèmes 'en pensée' est nécessairement illusoire[72], car la seule possibilité de transformation est confiée aux conséquences produites par l'action. Cela n'empêche toutefois pas de reconnaître aux activités de lecture, d'écriture, de réflexion et de conversation cette nature active que Dewey attribue à toute activité de pensée. Reste bien sûr à déterminer en quel sens cette activité s'accorde au modèle expérimental de la formulation et de la vérification d'hypothèses.

### *7.3.1 La délibération comme acte de liberté*

On peut examiner la critique de réductionnisme instrumentaliste adressée à Dewey par une autre perspective, focalisée toutefois encore sur la dimension active et transformative que ce dernier attribue à tout acte de penser. Nous devons à ce propos reprendre notre analyse de la délibération en tant qu'acte qui complète un processus d'enquête en la mettant en rapport avec la théorie du jugement, et notamment avec la conception deweyenne du

---

[70] C'est G.F. Lanzara qui a employé la métaphore de Blake comme point de départ pour une théorie de l'action. Cf. Lanzara, 1993.

[71] Il s'agit donc d'un problème de sens et non pas de connaissance.

[72] Cf., pour ne prendre qu'un exemple, la critique menée dans *Human Nature and Conduct* contre l'idée que la volonté pourrait être changée par la simple application de la pensée à elle-même. Au contraire, c'est en agissant sur les conditions extérieures qu'elle peut être modifiée. Il en est de même pour les habitudes : « we cannot change habit directly: that notion is magic. But we can change it indirectly by modifying conditions, by an intelligent selecting and weighting of the objects which engage attention and which influence the fulfillment of desires », MW 14: 18-19. Ce thème sera repris ensuite dans *Quest.* Cf. notamment LW 4 : 186 ss.

jugement comme acte double. Par rapport à ce dernier, nous avons montré que, malgré les évolutions qui ont caractérisé sa réflexion, Dewey n'a jamais remis en cause le postulat d'après lequel dans tout acte de jugement c'est le sujet tout entier qui s'exprime. Cette position a évidemment des implications importantes pour la compréhension de la nature de l'instrumentalité. Elle permet en outre de voir comment la conception deweyenne du choix comme noyau de la liberté humaine se différencie des conceptions rivales, et notamment des conceptions libérales, qui consistent précisément à concevoir le rapport du soi à ses actions en référence à un paradigme instrumental. Dewey remarque avant tout que chaque choix n'est intelligible que en tant qu'exprimant une *histoire de vie* (*life-history*[73]). Par conséquent, le résultat du jugement concluant l'enquête dépend du niveau de complexité atteint par une personnalité, car l'espace des possibles par rapport auquel le sujet opère sa délibération n'est pas une fonction logique des possibilités réelles mais dépend de la richesse de son expérience. Deuxièmement, Dewey remarque que délibérer sur et dans une situation signifie en même temps se choisir soi-même. Il s'agit par conséquent d'un acte existentiel important, qui présuppose et exige une réflexion sur sa propre identité. Pour cette raison, l'acte qui conclut une enquête fait beaucoup plus que déterminer un cours d'action pour rétablir un équilibre entre un organisme et un environnement : il participe véritablement à la construction du soi, en vertu de la correspondance existant entre la qualité du choix et la richesse de l'expérience, entre les espaces de possibilités disponibles et les niveaux d'articulation interne du soi. Choisir n'est jamais un caprice, car ce qui est en question dans un choix c'est toujours l'évaluation de préférences diverses et incompatibles[74]. Dans la délibération sur un cours d'action à entreprendre, il y a certes évaluation des conséquences, et cela par rapport aux exigences et aux contraintes du milieu – ce qui en fait une action instrumentale – mais il y a aussi *choix du soi que nous voulons devenir*, en plus de la formation de nouvelles préférences, ce qui signifie encore une fois une modification dans la constitution du soi. Dès lors, résoudre un problème ne signifie pas simplement régler son rapport à l'environnement, mais aussi s'interroger sur le soi qu'on est, réfléchir sur la qualité et la nature de nos préférences, évaluer la portée de nos intentions et actions, etc. En ce sens, *la délibération est la forme fondamentale de quête de* soi car, au fondement de la délibération se trouve le processus imaginatif à travers lequel le sujet fait

[73] « That life-history of which his present preference is a function », LW 3: 95. Cette primauté de la dimension historique avait par ailleurs déjà été mise en évidence dans *Experience and Nature* en tant que trait constitutif de la nature tout entière, à partir du moment où, grâce à la révolution scientifique, cette dernière avait commencé à être conçue comme constituée d'événements et non plus de substances. Cf. LW 1: 5.

[74] Comme l'évaluation, la délibération implique une conception immanente du critère.

l'expérience des différents soi-même qui correspondent aux différents cours d'actions possibles. Imaginant des réponses différentes à la situation qu'il vise, le sujet imagine en même temps des formes de vie différentes (des configurations diverses d'habitudes et impulsions) de sorte que l'acte de décision sur l'action est en même temps un acte à travers lequel le sujet détermine son identité, pouvant ainsi se changer lui-même.

A travers ces identifications dramatiques, on peut donc dire que l'esprit se constitue[75]. Tous ces éléments convergent vers une possibilité nouvelle, apparemment absente des textes deweyens, de rendre compte de ce mouvement de recherche d'intelligibilité, à partir du noyau central du pragmatisme. D'abord, la notion de situation problématique comme situation qui rend l'action impossible recoupe une idée fondatrice des traditions analytiques et psychothérapeutiques du vingtième siècle. Ces dernières nous ont montré que la demande thérapeutique naît lorsque le sujet s'expérimente comme étant dépourvu de perspectives de vie. La souffrance existentielle est donc formulée avant tout comme cause d'une impasse dans l'action, d'une impossibilité de faire l'expérience du monde et des autres de façon satisfaisante, ce qui veut dire de manière à rendre possible ce processus de développement qui pour Dewey définit la vie. Ensuite, la recherche du sens se place à la frontière du soi et du monde et se configure comme enquête qui a pour objet à la fois l'un et l'autre. Enfin, l'usage de l'imagination prend une place essentielle. La possibilité « d'imaginer autrement »[76] doit son pouvoir thérapeutique de production de sens au fait de réactiver et d'articuler un espace de vie plus riche. Cet espace de vie n'est rien d'autre que l'espace des actions que le sujet voit comme possibles, en parvenant ainsi à cette extériorisation du soi dans les mondes possibles qui lui sont ouverts par le biais de l'action. Si donc les problèmes de sens sont des problèmes d'action, c'est à la délibération imaginative, au *dramatic rehearsal* que leur résolution est confiée, à travers un travail pour imaginer autrement dont la théorie deweyenne de la délibération permet de rendre compte de façon satisfaisante. Mais il faudrait considérer aussi les réflexions que Dewey consacre au thème de la narration comme structure de l'identité, notamment dans *Experience and Nature*. La narration biographique devient en ce sens une figure possible d'enquête sur le soi, car la réappropriation de soi en tant qu'être d'habitudes formées dans le travail temporel de l'expérience est indissociable de la considération, à la fois imaginative et expérimentale, de

[75] « Through speech a person dramatically identifies himself with potential acts and deeds ; he plays many roles, not in successive stages of life but in a contemporaneously enacted drama. *Thus mind emerges* », LW 1 : 135 (c'est nous qui soulignons).

[76] Nous suivons ici les suggestions proposées par Romano Màdera, qui a élaboré une philosophie biographique à partir d'une relecture de la psychanalyse, notamment junghienne. Cf. Màdera –Tarca, 2003, première partie.

notre espace d'action possible. Il faut à ce propos se souvenir de l'importance que Dewey attribue à la richesse d'habitudes comme condition d'un espace d'action dont la complexité ne peut qu'être corrélative.

En conclusion, il ne faut pas exagérer l'importance du thème du contrôle dans la pensée deweyenne[77], car s'il est vrai que ce dernier la domine, il est aussi vrai que chez Dewey *la notion de contrôle s'amplifie jusqu'à comprendre toute activité humaine se souciant de ses propres effets*, c'est-à-dire toute activité intelligente. L'homme deweyen n'est pas libre en raison de son emprise technique sur son environnement, mais en raison du fait qu'*il réfléchit à ses choix en termes de connaissance de leurs conséquences.* La puissance et le contrôle dont Dewey parle devraient en ce sens être compris comme étant surtout et avant tout des formes de maîtrise de soi, et non pas du monde extérieur. D'où la définition de la liberté proposée par Dewey : « la liberté est un cours de conduite qui rend les choix plus diversifiés et flexibles, plus plastiques et plus conscients de leur signification, et qui en même temps amplifie la gamme des opérations non restreintes »[78]. Dès lors, la maîtrise, le contrôle, la liberté et l'éducation deviennent des aspects indissociables de toute conduite humaine intelligente et responsable[79].

[77] A ce propos, Colapietro, 2004 aussi reconnaît la nécessité de rapprocher la pensée de Dewey de celle de Cavell. Cette stratégie nous paraît intellectuellement plus fructueuse de celle qui, pour avoir trop radicalisé la veine instrumentaliste du pragmatisme, en revient à en méconnaître les traits qui le rapprocheraient de ses sources emersoniennes. Comme le remarque Colapietro, « to read Dewey *reductively* as a pragmatist or instrumentalist is to miss more than half of his meaning », Colapietro, 2004: 187. Ce que nous effort présent se proposent, c'est précisément de faire émerger cette deuxième moitié de la philosophie deweyenne, dont l'importance pour une théorie pragmatiste de la rationalité réflexive est incontournable. Nous le faisons toutefois à partir d'un projet d'élargissement de sa théorie de l'enquête, et non pas à travers le repérage de sources emersoniennes qu'à notre sens demeurent irréductibles au projet de philosophie de la pensée et de la connaissance mis en place par Dewey.

[78] LW 3 : 108.

[79] Cf. à ce propos l'important article « Philosophies of Freedom », LW 3 : 92-113, où Dewey affirme clairement que la forme de contrôle nécessaire à la liberté humaine n'est pas celui qui vise la maîtrise technique et scientifique des événements extérieurs. Ce que l'intelligence doit réaliser n'est pas une forme de maîtrise visant l'exploitation mais la construction de soi à travers la transformation critique de ses propres habitudes et du rapport au monde dans lequel nous vivons.

# Conclusions. Une théorie pragmatiste de la (raison) pratique

> « *The prime function of philosophy is that of rationalizing the possibilities of experience, especially collective human experience* »
> MW 12 : 150

Dans le cours de ce travail, nous avons montré comment, à partir d'une théorie de la pensée comme action, se met en place chez Dewey une théorie du jugement et de la connaissance. Ce vaste mouvement, dont nous avons voulu expliciter les implications philosophiques, aboutit à une théorie de la rationalité, à une vision de l'activité humaine comme activité intelligente, à la fois rationnelle et raisonnable. Que ce soit dans le domaine de la science, de l'expression artistique, de la politique, de l'agir professionnel ou de l'expérience personnelle, Dewey affirme que l'agir humain est orienté par l'exercice réflexif de la pensée. Il a proposé de cet agir une théorisation ambitieuse, qui trouve dans la théorie du jugement et dans l'épistémologie des pratiques son point d'aboutissement. Mais le projet d'une théorie pragmatiste de la rationalité dépasse le cadre logique de la théorie du jugement, pour constituer le cadre d'une théorie de l'agir humain dans toutes ses manifestations. Dans tous ses domaines d'expression, l'activité humaine montre son fondement rationnel en intégrant des habitudes et des pratiques à la fois individuelles et collectives, à travers l'exercice réflexif de l'intelligence. En cela, le projet deweyen constitue une rupture radicale avec le programme épistémologique de la modernité, dont le poids excessivement axé sur la science avait produit l'éloignement de la philosophie des pratiques humaines. Cette rupture s'est faite au nom de la science elle-même car chez Dewey, loin de soutenir le projet d'une philosophie scientifique, l'appel à la méthode scientifique est le point de départ d'une théorie de l'usage généralisé de l'intelligence. Ce passage détermine un changement radical dans la compréhension de la nature de la rationalité. La primauté de l'intelligence affirmée par Dewey porte au premier plan la pratique comme lieu de la production et de l'exercice de la rationalité. S'accomplit ainsi le déplacement de l'enjeu central de la philosophie du thème de la nature pratique de la raison au thème de la nature intelligente de l'agir. La théorie deweyenne de la rationalité est en ce sens à la fois théorie des usages pratiques de la pensée et théorie des usages rationnels des pratiques. Cette unité indissociable est déjà en place dans le concept de l'unité du pratique et du logique, qui est au cœur de la théorie logique deweyenne à partir de 1900. Mais elle se consolidera notamment dans le projet d'une épistémologie des pratiques, car d'après Dewey le passage de la raison à l'intelligence s'accomplit avant tout grâce et à travers la révolution scientifique.

Toutefois, Dewey ne nous a pas légué une théorie complète de la rationalité. La théorie de la pensée manque à cet égard de nombreux éléments, dont l'importance demeure essentielle. Afin de montrer l'articulation complexe et complète du projet deweyen nous avons alors cherché de reconstituer, sur la base de remarques dispersées dans les textes, la structure générale qu'une telle théorie pourrait avoir. A côté de la théorie de la pensée et de la connaissance, la théorie deweyenne de la rationalité inclut une théorie de l'action et une théorie du sujet, dont les fondements se trouvent dans son anthropologie philosophique, mais dont les conséquences affectent aussi la logique et l'épistémologie. Comme nous l'avons montré à maintes reprises dans le cours de ce travail, Dewey a construit un paradigme qui se propose de décrire l'expérience humaine dans la complexité de ses aspects constitutifs : rapport du sujet à la pensée, rapport du sujet à l'action, rapport du sujet aux autres et à son environnement. Une théorie pragmatiste de la rationalité devrait prendre en considération toutes ces dimensions. Cela est possible si l'on prend comme point de départ la théorie deweyenne du jugement, qui se définit par rapport à trois formes d'action :

1. la *transformation contrôlée* (de la situation indéterminée en situation déterminée) ;
2. l'*articulation* (de la situation indéterminée en situation problématique) ;
3. la *reconstruction* (d'un nouvel état d'équilibre).

La transformation, l'articulation et la reconstruction sont les traits qui définissent la nature et le rôle de la pensée selon Dewey. De ces trois formes d'action, on peut dériver les trois thèses qui structurent l'image deweyenne de la pensée. D'abord, l*a pensée est active*. Le dualisme entre la pensée et l'action est dépassé en faveur d'une conception de la pensée comme forme d'activité qui se déploie dans l'espace – temps à travers des actions. Ensuite, Dewey affirme que *penser c'est articuler* : le dualisme de l'analyse et de la synthèse est dépassé au profit d'une conception de la pensée comme activité d'articulation d'un tout indéterminé en distinctions dont la nature est fonctionnelle. Enfin, *penser vise toujours la reconstruction d'une situation problématique*. Le modèle de la 'spectator theory' et l'idée de la pensée comme saisie sont ainsi dépassés et remplacés par une conception téléologique de la pensée comme activité orientée vers la reconstruction critique et réflexive d'une situation singulière. Il est à partir de cette image de la pensée que Dewey construira son épistémologie.

Son analyse, malgré le fait qu'elle constitue une condition indispensable de sa théorie de la rationalité, n'a pas trouvé sa juste place dans ce travail, et demande d'autres recherches, dont nous exposons les résultats dans un deuxième livre, qui constitue la suite et la conclusion de ce travail, car il développe les conséquences de la théorie deweyenne de la pensée comme action sur le plan épistémologique de ce que nous appelons une épistémologie des pratiques de connaissance. C'est à ce travail que nous renvoyons le lecteur désirant poursuivre l'étude de cette théorie de la rationalité, dont la théorie du jugement constitue le premier volet.

# Bibliographie

## Ouvrages de John Dewey[1]


"The Superstition of Necessity", 1893, EW 4 : 19-36.

"Self-Realization as the Moral Ideal", 1893, EW 4 : 42-53.

"The Theory of Emotions", 1894-1895, EW 4 : 152-188.

"The Study of Ethics : A Syllabus", 1894, EW 4 : 221-364.

"The Reflex Arc Concept in Psychology", 1896, EW 5 : 96-110.

"Some Stages of Logical Thought", 1900, MW 1 :151-174.

"The Evolutionary Method as Applied to Morality", 1902, MW 2 : 3-38.

"Interpretation of Savage Mind", 1902, MW 2 : 39-52.

"Studies in Logical Theory", 1903, MW 2 : 293-378.

"Logical Conditions of a Scientific Treatment of Morality", 1903, MW 2 : 3-39.

"Emerson – The Philosopher of Democracy", 1903, MW 3: 184-192.

"Belief and Existences", 1906, MW 2 : 83-100.

"Reality as Experience", 1906, MW 2 : 101-106.

"The Experimental Theory of Knowledge", 1906, MW 3: 107-127.

"The Realism of Pragmatism", 1905, MW 3: 153-157.

"The Postulate of Immediate Empiricism", 1906, MW 3°: 158-167.

"The Knowledge Experience and its Relationships", 1906, MW3 : 171-177.


---

[1] Les écrits de Dewey sont maintenant tous disponibles dans le recueil des œuvres complètes, *The Collected Works of John Dewey,* qui a été réalisé par le Center for Dewey Studies, Southern Illinois University at Carbondale sous la direction de Jo Ann Boydston. Nous les citons d'après les critères suivants :
EW *The Early Works, 1882-1898*, en 5 volumes, Carbondale, Southern Illinois University Press, 1969-1972.
MW *The Middle Works,1899-1924*, en 15 volumes, Carbondale, Southern Illinois University Press, 1976-1983.
LW *The Later Works, 1925-1953*, en 17 volumes, Carbondale, Southern Illinois University Press, 1981-1991.

"The Influence of Darwinism in Philosophy", 1907, MW 4 : 3-14.
"The Intellectualist Criterion for Truth", 1907, MW 4 :50-75.
"The Control of Ideas by Facts", 1907, MW 4 : 78-90.
"The Logical Character of Ideas", 1907, MW 4 : 91-97.
"What Pragmatism means by Practical ?", 1908, MW 4 : 98-115.
"Does Reality possess Practical Character? ", 1908, MW 4 : 125-142.
*Ethics*, 1908, MW 5.
"A Short Catechism concerning Truth", 1910, LW 6 : 3-10.
"The Problem of Truth", 1910, LW 6 : 11-68.
"Brief Studies in Realism", 1911, LW 6 : 103-122.
"What are States of Mind?", 1912, MW 7 : 31-42.
"The Logic of Judgment of Practice", 1915, MW 8 : 14-82.
*Democracy and Education*, 1916, MW 9.
"The Need for a Recovery of Philosophy", 1916, MW 10 : 3-48.
"The Pragmatism of Peirce", 1916, MW 10 : 71-78.
"Logical Objects", 1916, MW 10 : 89-97.
"Introduction to *Essays in Experimental Logic*", 1916, MW 10 : 320-365.
"An Added Note as to the 'Practical' in *Essays in Experimental Logic*", 1916, MW 10 : 366-369.
"The Object of Valuation", 1918, MW 11 : 3-9.
"Reconstruction in philosophy", 1920, MW 12: 77-203.
"Valuation and Experimental Knowledge", 1921, MW 13 : 3-28.
*Human nature and conduct*, 1922, MW 14.
"Values, Liking and Thought", 1923, MW 15 : 20-26.
*Experience and Nature*, 1925, LW 1.
"The Development of American Pragmatism", 1925, LW 2 : 3-21.
"The Meaning of Value", 1925, LW 2 : 69-77.
*The Public and Its Problems*, 1926, LW 2 : 235-374.
"Philosophies of Freedom", 1927, LW 3 : 92-114.
*The Quest for Certainty*, 1929, LW 4.
*Individualism, Old and New*, 1929, LW 5 : 41-144.
"From Absolutism to Experimentalism", 1930, LW 5 : 147-160.
"Qualitative thought", 1930, LW5 : 243-262.
"Context and Thought", 1931, LW 6, 3-21.
*Art as Experience*, 1934, LW 10.

*Logic : The Theory of Inquiry*, 1938, LW 12.

*Theory of Valuation*, 1939, LW 13 : 189-252.

"Experience, Knowledge and Value : a rejoinder", 1939, LW 14 : 3-90.

"The Vanishing Subject in the Psychology of James", 1940 LW 14 : 155-167.

*Knowing and the Known*, 1949, LW 16 : 3-279.

Dewey J., *Lectures in the Theory of Logic 1899-1900*, edited by S. A. Nosfinger, Ann Arbor, Michigan State University, 1989.

## Etudes sur Dewey et sur le pragmatisme

Alcaro M., (1972), *La logica sperimentale di John Dewey*, Messina, La Libra.

Alcaro M., (1997), *John Dewey: Scienza, prassi, democrazia*, Bari-Roma, Laterza.

Alexander, T. M., (1993) "John Dewey and the Moral Imagination: Beyond Putnam and Rorty toward a Postmodern Ethics", *Transactions of the Charles S. Peirce Society*, 29, 369-400.

Alexander, T. M., (1990), "Pragmatic Imagination", *Transactions of the Charles S. Peirce Society*, 26, 325-48.

Alexander, T. M., (1987), *John Dewey's Theory of Art, Experience, and Nature: The Horizons of Feeling*, Albany, State University of New York Press.

Allport G. W., (1939), "Dewey's Individual and Social Psychology", dans Schilpp 1939.

Bernstein R., (1983), *Beyond Objectivism and Relativism*, Philadelphia, University of Pennsylvania Press.

Bernstein R., (1971), *Praxis and Action*, Philadelphia, University of Pennsylvania Press.

Bhattacharya, N. C, (1975), "Inquiry, Values, and Growth: A Re-Assessment of Dewey's Theory of Valuation", *Educational Theory*, 25, 92-101.

Blacker D., (1994), "On the Alleged Neutrality of Technology: A Study in Dewey's Experience and Nature", *Journal of Speculative Philosophy*, 8, 297-317.

Blewett J., (ed), (1960), *John Dewey: His Thought and Influence*, New York, Fordham University Press.

Bourdeaux R. M, (1972), "John Dewey's Concept of a Functional Self", *Educational Theory*, 22, 334-43.

Burke T., (1994), *Dewey's New Logic*, Chicago University Press, Chicago and London.

Burke T., Hester M., Talisse R., (2002), *Dewey's Logical Theory*, Nashville, Vanderbilt University Press.

Callan E., (1982), "Dewey's Conception of Education As Growth", *Educational Theory,* 32, 19-27.

Capps J., (1996), "Dewey, Quine, and Pragmatic Naturalized Epistemology", *Transactions-of-the-Charles-S.-Peirce-Society*, 32(4), 634-668.

Caraher B. G., (1982), "Construing the Knowledge Situation: Stephen Pepper and a Deweyan Approach to Literary Experience and Inquiry", *Journal of Mind and Behavior,* 3, 385-401.

Caspary W. R., (1991), "Ethical Deliberation as Dramatic Rehearsal: John Dewey's Theory", *Educational Theory*, 41, 175-88.

Cavell S., (1988), "What's the Use of Calling Emerson a Pragmatist ?", dans Dickstein 1998, 72-80.

Chambliss J. J., (1993), "Common Ground in Aristotle's and Dewey's Theories of Conduct", *Educational Theory*, 43, 249-60.

Chambliss, J. J. , (1988), *Educational Theory as Theory of Conduct: From Aristotle to Dewey,* Albany: State University of New York Press.

Chambliss, J. J., (1990), *The Influence of Plato and Aristotle on John Dewey's Philosophy*, Lampeter, Edwin Mellen Press.

Chauviré C. (2004a), "Aux sources de la théorie de l'enquête", dans Karsenti – Quéré 2004.

Colapietro V., (2004), "The Question of Voice and the Limits of Pragmatism: Emerson, Dewey, and Cavell", *Metaphilosophy*, 35, 1/2, 178-202.

Cunningham C. A, (1994), "Unique Potential: A Metaphor for John Dewey's Later Conception of the Self", *Educational Theory*, 44, 211-24.

Cunningham C. A, (1994-1995), "Dewey's Methaphisics and the Self", *Studies in philosophy and education*, 13, 343-360.

Dearden P. H., Hirst, Peters R. S., (eds), (1972), *Education and the Development of Reason*, London, Routledge and Kegan Paul.

Dearden, R. F., (1972), "Education as a Process of Growth", dans Peters 1972, pp. 65-84.

Dicker G., (1972), "John Dewey on the Object of Knowledge", *Transactions of the Charles S. Peirce Society*, 8, 152-66.

Dicker G., (1971), "John Dewey: Instrumentalism in Social Action", *Transactions of the Charles S. Peirce Society,* 7, 221-32.

Dicker G., (1973), "Knowing and Coming-to-Know in John Dewey's Theory of Knowledge", *The Monist,* 57, 191-219.

Dicker G., (1973), "Warranted Assertibility and the Uniformity of Nature", *Transactions of the Charles S. Peirce Society*, 9, 110-15.

Dicker G., (1976), *Dewey's Theory of Knowing*, Philadelphia, Philosophical Monographs.

Dickstein M., (ed), (1998), *The Revival of Pragmatism*, London, Duke University Press.

Diggins J.P. (1994), *The Promise of Pragmatism*, Chicago, The University of Chicago Press.

Donohue J. W., (1960), "Dewey and the Problem of Technology", dans Blewett 1960, 117-44.

Egginton W. – Sandbothe M. (eds) (2004), *The Pragmatic Turn in Philosophy*, New York, SUNY Press.

Eldridge M., (1988), *Transforming Experience: Dewey's Cultural Instrumentalism*, Nashville, Vanderbilt University Press.

Fairfield P., (2000), *Theorizing Praxis. Studies in Hermeneutical Pragmatism*, New York, P. Lang.

Fesmire S. A., (1995), "Dramatic Rehearsal and the Moral Artist: A Deweyan Theory of Moral Understanding", *Transactions of the Charles S. Peirce-Society*, 31(3), 568-597.

Fesmire S. A., (1995), "Educating the Moral Artist: Dramatic Rehearsal in Moral Education", *Studies in Philosophy and Education*, 13(3-4), 213-227.

Flower, E., (1977), "A Naturalistic Psychology, Individual and Social", dans Tiles 1992, vol. 1.

Fontrodona J., (2002), *Pragmatism and Management Inquiry: Insights from the Thought of Charles S. Peirce*, Westport, Greenwood.

Fornel de M., Quéré L. (eds), (1999), *La logique des situations*, Paris, Ed. de l'EHESS.

Frega R., (2006), *John Dewey et la philosophie comme épistémologie de la pratique*, Paris, L'Harmattan.

Frega R., (2003), "The Secularisation of Knowledge: Towards a Pragmatist Theory of Reason", dans Nyiri 2003, 99-116.

Frisina, W., (2002), *The Unity of Knowledge and Action: Toward a Non representational Theory of Knowledge*. Albany, State University of New York Press.

Gale R. M., (1959), "Russell's Drill Sergeant and Bricklayer and Dewey's Logic", *The journal of philosophy*, 56, 401-406.

Garreta G.,(2004), "Le sens en action. usages de la 'pratique' dans la philosophie de James et Dewey", dans Haber 2004.

Garreta G., (2002), "Une régularité sans répétition", dans Chauviré, Ogien 2002, 137-160.

Garreta G., (1999), "Situation et objectivité. Activité et émergence des objets dans le pragmatisme de Dewey et Mead", dans de Fornel, Quéré 1999, 35-68.

Chauviré C., Ogien A. (eds), (2002), *La régularité*, Paris, Ed. de l'EHESS.

Garrison J., (1999), "John Dewey's Theory of Practical Reasoning", *Educational Philosophy and Theory*, 31(3).

Gavin W.J. (ed), (2003), *In Dewey's Wake : Unfinished Work of Pragmatic Reconstruction*, Albany, SUNY Press.

Gavin W. J., (1999), "How Things Go Wrong in Our Experience : J. Dewey vs. F. Kafka vs. W.C. Williams", *Transactions of the Charles Sanders Peirce Society*, 35, 40-68.

Gouinlock J., (1978), "Dewey's Theory of Moral Deliberation", *Ethics*, 88, 218-28.

Gouinlock J., (1972), *John Dewey's Philosophy of Value*, New York, Humanities Press.

Green J. L., (1976), "The Deweyan Growth Metaphor and the Problem of Sufficiency", *Educational Theory*, 26, 355-65.

Grunewald R. N., (1965), "Dewey's `Situation' and the Ames Demonstrations", *Educational Theory* 15, 293-304.

Hickman L., (1990), *John Dewey's Pragmatic Technology*, Bloomington, Indiana University Press.

Hickman L., (2001), *Philosophical Tools for Technological Culture: Putting Pragmatism to Work*. Bloomington: Indiana University Press.

Hollis M., (1977), "The Self in Action", dans Peters 1977, 56-75.

Hook S., (1959), "John Dewey Philosopher of Growth", *Journal of Philosophy*, 56, 1010-18.

Innis R.E., (1983), "Dewey's Aesthetic Theory and the Critique of Technology", *Phänomenologische Forschungen*, 15, 7-42.

Jackson, Phillip W., (2002), *John Dewey and the Philosopher's Task*. New York, Teachers College Press.

Joas H., (1992), *Pragmatism and Social Theory*, Chicago, The University of Chicago Press, 1993.

Joas H., (1992), *The Creativity of Action*, London, Polity Press, 1996.

Karsenti B., Quéré L., (eds), (2004), *La croyance et l'enquête*, Paris, EHESS.

Kaufman-Osborn T., (1985), "Pragmatism, Policy Science, and the State", *American Journal of Political Science*, 29, 4.

Kestenbaum V., (1977), *The Phenomenological Sense of John Dewey: Habit and Meaning*, Atlantic Highlands, Humanities Press.

Kuklick B., (1977), *The Rise of American Philosophy*, New Have, Yale University Press.

Kulp B.C, (1992), *The End of Epistemology: Dewey and His Current Allies on the Spectator Theory of Knowledge*, Westport, Greenwood Press.

Kulp C.B., (1990), "Dewey, Indeterminacy and the Spectator Theory of Knowledge", *Modern Schoolman*, 68, 207-221.

Lachs J., (1993), "Aristotle and Dewey on the Rat Race", dans Stuhr 1993.

Langsdorf L., Smith A. R., (eds), (1995), *Recovering Pragmatism's Voice: The Classical Tradition, Rorty, and the Philosophy of Communication*, Albany, SUNY Press.

Lekan T.M., (1998), "Ideals, Practical Reason and Pessimism : Dewey's Reconstruction of Means and Ends", *Transactions of Charles Sanders Peirce Society*, 34, 113-147.

Levitt M., (1960), *Freud and Dewey on the Nature of Man*, New York, Philosophical Library.

Long J.W., (2002), "Who's a Pragmatist: Distinguishing Epistemic Pragmatism and Contextualism", *The Journal of Speculative Philosophy*, 16, 1, 39-49.

Lothstein A.S., (1978), "The Pathology of Inwardness: John Dewey's Critique of the `Inner Life", dans Tiles 1992, vol. 1, 246-283.

Mackay D. S., (1942), "What does Mr. Dewey mean by an 'Indeterminate Situation' ?", *The journal of philosophy*, 39, 141-148.

Margolis J., (2002), *Reinventing Pragmatism: American Philosophy at the End of the Twentieth Century*, Ithica, N.Y., Cornell University Press.

Marsonet M., (1997), *La verità fallibile*, Milano, Franco Angeli.

Mayhew K., Edwards A., (1966), *The Dewey School*, New York, Atherton Press.

Mead, George, (1934), *Mind, Self, and Society*, Chicago, University of Chicago Press, 1970.

Menand L., (2001), *The Metaphysical Club*, New York, Farrar Straus & Giroux.

Miettinen R., (2001) "Artifact Mediation in Dewey and in Cultural-historical Activity Theory", *Mind, Culture, and Activity*, 8, 297-308.

Miettinen R., (1989), "John Dewey and the concept of activity", *Quarterly Newsletter of Activity Theory*, 3/4, 47-49.

Miettinen R., (2000), "The Concept of Experiential Learning and John Dewey's Theory of Reflective Thought and Action", *International Journal of Lifelong Education*, 19, 54-72.

Morris C.S., (1932), "Dewey's Doctrine of Experience as Adjectival", dans Tiles 1992, vol. 1.

Nissen B., (1977), "John Dewey on Means and Ends", *Philosophy Research Archives*, 3.

O'Connor J. J., (1953), "Indeterminate Situation and Problem in Dewey's Logical Theory", *Journal of Philosophy*, 50, 753-70.

Nyiri K. (ed), (2003), *Mobile Learning. Essays on Philosophy, Psychology and Education*, Vienna, Passagen Verlag, 2003.

Peters R. S. (éd.), (1977), *John Dewey Reconsidered*, London, Routledge and Kegan Paul.

Poulain J., (1993), *L'âge pragmatique ou l'expérimentation totale*, Paris, L'Harmattan.

Pratt S. L, (1994b), "Two Cases Against Spectator Theories of Knowledge: Lorraine Code's What Can She Know? and John Dewey's The Quest for Certainty", *Southwest Philosophy Review*, 10, 105-15.

Pratt S. L., (1994a), "A Reply to Kulp", *Modern Schoolman*, 72.

Preti G., (1951), "Dewey e la filosofia della scienza", dans id., *Scritti filosofici*, Firenze, La Nuova Italia, 1976.

Putnam H. – Putnam R., (1989), "Dewey's Logic: Epistemology as Hypothesis", *Transactions of the C. S. Peirce Society*, 24.

Putnam H., (2002) *Pragmatism and Realism*, London, Routledge.

Putnam H., (1995), *Pragmatism, an Open Question*, Oxford, Blackwell.

Putnam H., (1981), *Reason, Truth, and History*, Cambridge, Cambridge University Press.

Putnam H., (1991), *Renewing Philosophy*, Cambridge, Mass, Harvard University Press.

Putnam H., (1994), *Words and Life*, Cambridge, Mass, Harvard University Press.

Putnam H. (2004), "Philosophy as a Reconstructive Activity: William James on Moral Philosophy", dans Egginton – Sandbothe (2004), pp. 31-46.

Reck A.J., (1984), "The Influence of William James on John Dewey in Psychology", *Transactions of the C. S. Peirce Society*, 20.

Rorty R., (1982), *Consequences of Pragmatism*, Harvester Press Ltd.

Rorty R., (1989), *Contingency, Irony and Solidarity*, Cambridge University Press.

Rorty R., (1991b), *Essays on Heidegger and Others. Philosophical papers vol. 2*, Cambridge University Press.

Rorty R., (1995), *L'espoir au lieu du savoir*, Paris, Albin Michel.

Rorty R., (1991a), *Objectivism, Relativism and Truth. Philosophical papers vol. 1*, Cambridge University Press.

Rorty R., (1979), *Philosophy and the Mirror of Nature*, Blackwell.

Rorty R., (1998), *Truth and Progress. Philosophical papers vol. 3*, Cambridge University Press.

Rosenthal S., (1987), "The Pragmatic A Priori: Lewis and Dewey", *Southern Journal of Philosophy*, 25, 109-21.

Rosenthal S., (ed), (1999), *Classical American Pragmatism: Its Contemporary Vitality*, Urbana-Champaign, University of Illinois Press.

Rosenthal S., (1981), John Dewey: Scientific Method And Lived Immediacy, *Transactions-of-the-Charles-S.-Peirce-Society*, 17, 358-368

Ross S.D., (1969), "The Means-end Distinction in Dewey's Philosophy", *Transactions of Charles Sanders Peirce Society*, 5, 107-120.

Roth, R. J., (1962), *John Dewey and Self-Realization*, Englewood Cliffs, N.J Prentice-Hall.

Rucker D., (1980), "Selves into Persons: Another Legacy from John Dewey", *Rice University Studies,* 66, 103-18.

Ryan F.X., (1994), "Primary Experience as Settled Meaning: Dewey's Conception of Experience", *Philosophy Today*, 38, 29-42.

Santucci A., (1983), *Storia del pragmatismo*, Roma-Bari, Laterza.

Schilpp A. (éd.), (1939), *The philosophy of John Dewey*, New York, Tudor, 1959.

Semetski I., (2003), "Deleuze's New Image of Thought, or Dewey Revisited", *Educational Philosophy and Theory*, 35.

Shusterman R., (1994), "Pragmatism and Liberalism Between Dewey and Rorty", *Political-Theory*, 22, 391-413

Shusterman R., (1989), "Why Dewey Now?", *Journal-of-Aesthetic-Education,* 23, 60-67.

Shusterman R., (1997), *Practicing Philosophy*, London, Routledge.

Shusterman R., (2000), *Pragmatist Aesthetics*, Rowman & Littlefiend Publishers, Lanham.

Simpson E., (1987), *Anti-Foundationalism and Practical Reasoning*, Edmonton, Alberta, Academic Printing and Publishing.

Smith J. E., (1963), *The Spirit of American Philosophy*, New York, Oxford University Press.

Smith J.E., (1969), "Reflective turn, Linguistic Turn and Pragmatist Outcome", *The Monist*, 53.

Smith J.E., (1978), *Purpose and Thought*, Chicago, The University of Chicago Press.

Stevenson, L. (1962), "Reflections on Dewey's Ethics", *Proceedings of the Aristotelian Society*, 61-62, 77-98.

Stevenson, L., (1944), *Ethics and Language*, New Haven.

Stever J.A., (1993), "Technology, Organization, Freedom: The Organizational Theory of John Dewey", *Administration and Society*, 24, 419-43.

Stuhr J., (ed ), (1993), *Philosophy and the Reconstruction of Culture*, Albany, State University of New York Press.

Stuhr, J., (2002), *Experience and Criticism: John Dewey's Reconstruction of Philosophy*. Nashville, Vanderbilt University Press.

Thayer H.S., (1990), "Dewey and the Theory of Knowledge", *Transactions of the Charles S. Peirce Society,* 26, 443-58.

Thayer, H.S., (1993), "Objects of Knowledge", dans Stuhr 1993.

Tiercelin C., (2002), *Hilary Putnam. L'héritage pragmatiste*, Paris, PUF.

Tiercelin C., (1993), *La pensée-signe. Etude sur Peirce*, Ed. Chambon, Nîmes.

Tiles J. (éd.), (1992), *Dewey's Critical Assessment*, 4 volumes, London, Routledge.

Tiles J., (1992), "On Deafness in the Mind's Ear: John Dewey and Michael Polanyi", *Tradition-and-Discovery*, 18(3), 9-16.

Tiles J., (1988), *Dewey*, London, Routledge.

Van Manen M., (2001), "On the Epistemology of Reflective Practice", *Teachers and Teaching: theory and practice*, 1, 33-50.

Visalberghi A., (1953), "Remarks on Dewey's Conception of Ends and Means", *Journal of Philosophy*, 50, 737-53.

Wachs L. J., (1999), "The Means-ends Continuum and the Reconciliation of Science and Art", *Transactions of Charles Sanders Peirce Society*, 35, 595-609.

Waks L. J., (2001), "Donald Schön's Philosophy of Design and Design Education", *International Journal of Technology and Design Education*, 11, 37-51.

Waks L. J., (1992), "The Theory of Inquiry: Dewey's Legacy to Education", *Curriculum Inquiry*, 22 (2), 119-139.

Welchman, J., (1995), *Dewey's Ethical Thought*, Ithaca and London, Cornell University Press.

Welsh P., (1959), "Means and Ends in Dewey's Ethical Theory", *Journal of Philosophy*, 56, 960-61.

West C., (1989), *The American Evasion of Philosophy: A Genealogy of Pragmatism*, Madison, University of Wisconsin Press.

Westbrook R., (1991), *John Dewey and American Democracy*, Ithaca and London, Cornell University Press.

Wilson J., (1990), *Science, Community and the Transformation of American Philosophy, 1860-1930,* Chicago, Chicago University Press.

Zask J., (1999a), *L'opinion publique et son double 1. L'opinion sondée*, Paris, L'Harmattan.

Zask J., (1999b), *L'opinion publique et son double 2. J. Dewey. Philosophe du public*, Paris, L'Harmattan.

## Autres livres et articles consultés

Nous indiquons ici des textes qui, tout en ne se rapportant pas directement à la tradition pragmatiste, ont joué un rôle important dans la rédaction de cette étude.


Arendt H., (1958), *The Human Condition*, Chicago, The University of Chicago Press.

Aristotele, *Etica Nicomachea*, Milano, Rusconi, 1993.

Aristotele, *La politica*, Bari-Roma, Laterza, 1993.

Aristotele, *Metafisica*, Milano, Rusconi, 1993.

Aune B., (1986), "Formal Logic and Practical Reasoning", *Theory and decision*, 20.

Ayer A.J., (1936), *Language, Truth and Logic*, London, Gollancz.

Balaban O., (1989), "Praxis And Poesis In Aristotle's Practical Philosophy", *The Journal of Value Inquiry*, 24, 185-198.

Bateson G., (1972), *Steps to an Ecology of Mind*, San Francisco, Chandler Pub. Co.

Beck U., Giddens A., Lasch S., (1994), *Reflexive Modernisation*, London, Polity Press.

Bégout B., (2002), "La pensée en acte. Logique et activité de penser chez Frege et Husserl", dans Brisart 2002.

Bender T., (1993), *Intellect and Public Life. Essays on the Social History of Academic Intellectuals in the United States*, Baltimore, The Johns Hopkins University Press, 1997.

Bloor D., (1976), *Knowledge and Social Imagery*, London, Routledge & Kegan Paul.

Bourdieu E., (1998), *Savoir faire. Contribution à une théorie dispositionnelle de l'action*, Paris, Seuil.

Bourdieu P., (1972), *Esquisse d'une théorie de la pratique*, Paris, Points, 2000.

Bourdieu P., (1980), *Le sens pratique*, Paris, Les Editions de Minuit.

Bourdieu P., (1997), *Méditations pascaliennes*, Paris, Seuil.

Brandom R., (1994), *Making it Explicit*, Cambridge, Harvard University Press.

Brandom R., (2002), *Articulating Reasons*, Harvard, Harvard University Press.

Brisart R. (ed), (2002), *Husserl et Frege. Les ambiguïtés de l'antipsychologisme*, Paris, Vrin.

Callon M., Lascoumes P., Barthe Y., (2001), *Agir dans un monde incertain. Essai sur la démocratie technique*, Paris, Seuil.

Cavell S., (1969), *Must we Mean what we Say ?*, Cambridge, Cambridge University Press.

Cavell S., (1991), *Conditions Handsome and Unhandsome: The Constitution of Emersonian Perfectionism*, Chicago, University of Chicago Press, ( tr. fr., *Conditions nobles et ignobles*, Paris, Ed. de l'éclat, 1993).

Cavell S., (2003), *Emerson's Transcendental Etudes*, Stanford UP, Stanford.

Chaiklin A., Lave J., (eds), (1993), *Understanding Practice*, Cambridge, Cambridge University Press.

Chauviré C. (2004b), *Le tournant anthropologique de Wittgenstein*, Paris, Kimé.

Contesini S., Frega R., Ruffini C., Tomelleri S., (2005), *Fare cose con la filosofia*, Milano, Apogeo.

Debray R., (1989), *Apprendre à penser. Le programme de R. Feuerstein : une issue à l'échec scolaire*, Paris, ESHEL.

Deleuze G., (1968), *Différence et répétition*, Paris, PUF, 1998.

Deleuze G., (1968), *Spinoza et le problème de l'expression*, Paris, Ed. de Minuit, 1996.

Deleuze G., (1986), *Foucault*, Paris, Minuit.

Descombes V., 1996), *Les institutions du sens*, Paris, Minuit.

Di Francesco M., (1990), "Pensare il pensiero", dans Frege 1990.

Dunne J., (1993), *Back to the Rough Ground*, Notre Dame, University of Notre Dame Press.

Elster J., (1979), *Ulysses and the Sirens*, Cambridge, Cambridge University Press.

Foucault M., (1971), "Nietzsche, la généalogie, l'histoire", dans id., *Dits et écrits*, vol. II, Paris, Gallimard, 1994, 136-156,.

Foucault M., (1984), *L'usage des plaisirs*, Paris, Gallimard, 1999.

Frega R., (2000), *Forme del pensiero attivo. Etica e costruzione concettuale nel pensiero di Gilles Deleuze*, Preprints, CLUEB, Bologna.

Frega R., (2003), "Antropologia della dipendenza: saggio sulla ragione comunitaria di Alasdair MacIntyre", *Discipline filosofiche*, XIII, n. 2.

Frega R. (2005), "Antiprofessionalismo e filosofia dell'ordinario", dans Frega, Brigati 2005.

Frega R., Brigati R. (eds), (2004), *La svolta pratica in filosofia vol. 1. Il concetto di pratica, Discipline Filosofiche*, XIV, n. 1.

Frega R., Brigati R. (eds), (2005), *La svolta pratica in filosofia vol. 2. Dalla filosofia pratica alla pratica filosofica, Discipline Filosofiche*, XV, n. 1.

Frege G., (1990), *Ricerche Logiche*, Milano, Guerini.

Frege G., (1999), *Ecrits posthumes*, Nîmes, Chambon.

Frege, G., (1918-19),"Der Gedanke", *Beiträge zur Philosophie des deutschen Idealismus*, I, pp. 58-77.

Geertz C., (1973), *Interpretation of Cultures*, New York, Basic Books

Gehlen A. (1950), *Der Mensch. Seine Natur und seine Stellung in der Welt*, Wiesbaden, Akademische Verlagsgesellschaft Athenaion, 1978.

Goodman N., (1978), *Ways of Worldmaking*, Indianapolis, Hackett.

Haber S. (éd.), (2004), *L'action dans la philosophie contemporaine*, Paris, Ellipses.

Hacking I., (1983), *Representing and Intervening*, Cambridge, Cambridge University Press.

Haskell T. (ed), (1984), *The Authority of Experts*, Bloomington, Indiana University Press.

Kuhn T., (1966), *The Structure of Scientific Revolutions*, Chicago, University of Chicago Press, 1970.

Kuhn T., (1977), *The essential Tension*, Chicago, University of Chicago Press.

Kuhn T., (1979), "Metaphor in Science", dans Ortony 1979, 409-419.

Kuklick B., (1977), *The Rise of the American Philosophy, Cambridge, Massachusetts, 1860-1930*, New Haven, Yale University Press.

Kumar K., (1995), *From Post-Industrial to Post-Modern Society. New Theories of the Contemporary World*, Oxford, Blackwell.

Lanteigne J., (1993), *La question du jugement*, Paris, Éditions L'Harmattan.

Latour B., (1987), *Science in Action*, Cambridge, Mass., Harvard University Press.

Latour B., (2001), *Politiques de la nature*, Paris, La Découverte.

Latour B., (2002), *La fabrique du droit*, Paris, La Découverte.

Laudan L, (1996), *Beyond Positivism and Relativism*, Boulder-Oxford, Westview Press, 1996.

Laugier S., (1999), *Recommencer la philosophie*, Paris, PUF.

Laugier S., (2004a), "L'esperienza, l'ordinario, la pratica : dagli atti di linguaggio all'*agency*", dans Frega – Brigati 2004.

Laugier S., (2004b), *Une autre pensée politique américaine*, Houdiard Editeur, Paris.

MacIntyre A., (1977), "Epistemological crisis, dramatic narrative, and the philosophy of science", *The Monist*, 60, 453-472.

MacIntyre A., (1981), *After Virtue, A Study in Moral Theory*, London, Duckworth.

MacIntyre A., (1988), *Whose Justice ? Which Rationality ?*, London, Duckworth.

Mackie, J.L. (1977), *Ethics: Inventing Right and Wrong*, Harmondsworth, Penguin.

Màdera R. –Tarca L., (2003), *La filosofia come stile di vita*, Milano, Mondatori.

Nehamas, A., (1998), *The Art of living. Socratic Reflections from Plato to Foucault*, University of California Press.

Phillips D.C., (1976), *Holistic Thought in Social Science*, Stanford, Stanford University Press.

Picardi E., (1994), *La chimica dei concetti*, Bologna, Il Mulino.

Pickering A., (1995), *The Mangle of Practice*, Chicago, University of Chicago Press.

Polanyi M., (1958), *Personal knowledge*, London, Routledge and Kegan Paul.

Polanyi M., (1966), *The Tacit Dimension*, Doubleday, Garden City.

Rawls J., (1985), "Justice as Fairness: Political, not Metaphysical", *Philosophy and Public Affairs*, 14 (3): 223-51.

Rawls J., (1993), *Political Liberalism*, New York, Columbia University Press.

Rey B., (1996), *Les compétences transversales en question*, Paris, ESF.

Rosenblum N., (éd.), (1989), *Liberalism and the Moral Life*, Cambridge Mass., Harvard University Press.

Ryle G., (1949), *The concept of Mind*, London, Penguin, 1971.

Schatzki T., Cetina K., von Savigny E. (éd.), (2001), *The Practice Turn in Contemporary Theory*, London, Routledge.

Sellars W., (1956), *Empiricism and the Philosophy of Mind*, Harvard, Harvard University Press, 1997.

Stevenson C.L., (1944), *Ethics and Language*, New Haven, Yale University Press.

Taylor C., (1964), *The Explanation of Behaviour*, London, Routledge, 1964.

Taylor C., (1989), "Cross-purposes: the Liberal-communitarian Debate", dans Rosenblum 1989.

Toulmin S., (2001), *Return to Reason*, Cambridge Mass., Harvard University Press, 2003.

Uexküll J. von, (1921), *Umwelt und Innenwelt der Tiere* , Berlin, Springer, (tr. fr., *Mondes animaux et monde humain*, Paris, Gonthier, 1965).

Von Wright G. H., (1971), *Explaining and Understanding*, Ithaca, Cornell University Press.

Walzer M., (1994), *Thick and Thin. Moral Arguments at Home and Abroad*, Notre Dame, Notre Dame University Press.

Wenger E., (1998), *Communities of Practice*, Cambridge, Cambridge University Press.

Wertsch J., (1981), *The Concept of Activity in Soviet Psychology*, Armonk, Ed. Sharpe.

Whitehead A., (1922), *Science and the Modern World*, New York, Macmillan.

Wilson J., (1979), "Professionalization and Organized Discussion in the APA", *The Journal of History of Philosophy*, 17, 1979.

Wilson, J., 1990: *Science, Community and the Transformation of American Philosophy, 1860-1930*, Chicago UP, Chicago.

Wittgenstein L., (1989), *Bemerkungen uber die Philosophie der Psychologie*, Frankfurt am Main, Suhrkamp, (tr. fr., *Remarques sur la philosophie de la psychologie, vol. 1*, Paris, TER, 1989).

# Table des matières

## La Philosophie en commun

*Collection dirigée par Stéphane Douailler, Jacques Poulain, Patrice Vermeren*

Nourrie trop exclusivement par la vie solitaire de la pensée, l'exercice de la réflexion a souvent voué les philosophes à un individualisme forcené, renforcé par le culte de l'écriture. Les querelles engendrées par l'adulation de l'originalité y ont trop aisément supplanté tout débat politique théorique.

Notre siècle a découvert l'enracinement de la pensée dans le langage. S'invalidait et tombait du même coup en désuétude cet étrange usage du jugement où le désir de tout soumettre à la critique du vrai y soustrayait royalement ses propres résultats. Condamnées également à l'éclatement, les diverses traditions philosophiques se voyaient contraintes de franchir les frontières de langue et de culture qui les enserraient encore. La crise des fondements scientifiques, la falsification des divers régimes politiques, la neutralisation des sciences humaines et l'explosion technologique ont fait apparaître de leur côté leurs faillites, induisant à reporter leurs espoirs sur la philosophie, autorisant à attendre du partage critique de la vérité jusqu'à la satisfaction des exigences sociales de justice et de liberté. Le débat critique se reconnaissait être une forme de vie.

Ce bouleversement en profondeur de la culture a ramené les philosophes à la pratique orale de l'argumentation, faisant surgir des institutions comme l'École de Korcula (Yougoslavie), le Collège de Philosophie (Paris) ou l'Institut de Philosophie (Madrid). L'objectif de cette collection est de rendre accessibles les fruits de ce partage en commun du jugement de vérité. Il est d'affronter et de surmonter ce qui, dans la crise de civilisation que nous vivons tous, dérive de la dénégation et du refoulement de ce partage du jugement.

### Dernières parutions

Jad HATEM, *Marx, philosophe du mal*, 2006.
J.-M. BUÉE, E. RENAULT, D. WITTMANN (sous la dir.), *Logique et sciences concrètes (Nature et Esprit) dans le système hégélien*, 2006.
Stéphanette VENDEVILLE , *Au maître nu*, 2006.
Bernard MOTTEZ, *Les Sourds existent-ils ?* Textes réunis et présentés par Andrea Benvenuto, 2006.
Henri BERGSON, *Leçons clermontoises II*, 2006.
Christina KOMI KALLINIKOS, *Digressions sur la métropole. Roberto Arlt, Juan Carlos Onetti autour de Buenos Aires*, 2006.

641525 - Février 2016
Achevé d'imprimer par